CB128714

DIREITO PROCESSUAL DO TRABALHO

PONTO A PONTO

1ª edição — 1997
2ª edição — 2001
3ª edição — 2012
4ª edição — 2016

DECIO SEBASTIÃO DAIDONE
Desembargador Federal do Trabalho Aposentado — TRT da 2ª Região

DIREITO PROCESSUAL DO TRABALHO

PONTO A PONTO

4ª edição

LTr 80

LTr

EDITORA LTDA.

Rua Jaguaribe, 571
CEP 01224-003
São Paulo, SP — Brasil
Fone (11) 2167-1101
www.ltr.com.br
Agosto, 2016

versão impressa — LTr 5607.7 — ISBN 978-85-361-8964-2
versão digital — LTr 9011.0 — ISBN 978-85-361-8974-1

Dados Internacionais de Catalogação na Publicação (CIP)
(Câmara Brasileira do Livro, SP, Brasil)

Daidone, Decio Sebastião

Direito processual do trabalho : ponto a ponto / Decio Sebastião Daidone. — 4. ed. — São Paulo : LTr, 2016.

Bibliografia.

1. Direito processual do trabalho I. Título.

16-05273 CDU-347.9:331(81)

Índices para catálogo sistemático:

1. Brasil : Direito processual do trabalho 347.9:331(81)

DEDICO
Aos meus pais, in memoriam,
SEBASTIÃO e LUZIA,
por tudo que me possibilitaram ser.

À minha mulher,
LEILA,
amada, incentivadora e razão do que sou.

Aos meus filhos,
MARIA CLÁUDIA,
ALESSANDRA e
DECIO JUNIOR,
exemplos e orgulhos de minha existência

Aos meus netos,
DANILO,
MARCELO,
PETER SEBASTIAN,
POLLY ANNA e
LIVIA.
Continuidade digna do amor que nos une e nutrimos.

Aos familiares e amigos
que contribuíram e contribuem para nossa felicidade.

Índice

Prefácio

Somos agraciados mais uma vez, e agora com a quarta edição de um livro sobre Direito Processual do Trabalho, da autoria do Desembargador do Trabalho, Mestre e Professor Universitário *Decio Sebastião Daidone.*

O fato em si já é importante, porque continua modesta nossa bibliografia específica de Direito Processual do Trabalho, daí por que, importante o enriquecimento do mercado editorial com obra de qualidade e que trata de tema relevante.

Mas a importância aumenta muito porque o autor é *Decio Sebastião Daidone,* Desembargador do Tribunal Regional da 2ª Região, hoje aposentado, e Mestre em Direito do Trabalho, ex-corregedor Regional e Presidente do Tribunal do Trabalho de São Paulo, portanto, reconhecidamente um profissional capaz e operoso.

Colega e amigo há trinta e cinco anos, é dedicado, competente e entusiasmado em tudo o que faz. Esposo, pai, amigo, Juiz e Professor, é, pelo testemunho dos que com ele convivem, além de por demais sincero, devotado a tudo e a todos os que o circundam.

Eis aí, nas qualidades pessoais e profissionais, o atributo fundamental para o Professor e Autor, que impregna suas atividades de atrativos para os alunos e leitores.

Revela-se seu Direito Processual fruto da preocupação que tem com a transmissão de conhecimento a seus alunos. Assim, decidiu-se por fazer um Manual que fornece excelente panorama ao leitor, sobre os diversos assuntos que aborda, sempre de forma direta e segura. Abandona a retórica e decide-se, felizmente, pela abordagem objetiva, explicando o significado dos vários institutos, seu fundamento e sua aplicação prática.

Inclui a obra a formação e a estrutura da Justiça do Trabalho, as ações especiais cabíveis, os dissídios individuais e coletivos, sua formação e desenvolvimento, a estática e a dinâmica do processo, as fases postulatória, probatória e decisória, a execução e a tipologia recursal, o que significa uma abordagem completa do Processo do Trabalho e agora enriquecida com aspectos do processo eletrônico e adaptado às novas regras do novo Código de Processo Civil.

Alia informações preciosas e a preocupação maior de informar o leitor a linguagem direta e simples que alcança o interessado na informação objetiva e direta.

Digno de nota o rigor com que oculta seu saber doutrinário, para não trair a missão a que se obrigou, de informar, dar conhecimento de cada instituto e explicar sua razão de ser, sem tornar-se enfadonho e prolixo.

O Professor experiente e dedicado subjugou o ex-Advogado militante, o Juiz e Desembargador experimentado e o estudioso do Direito, logrando dar vida ao Autor atual, objetivo, competente e de linguagem fácil, precisa e direita, como o momento que vivemos exige.

Estamos de parabéns por mais esta obra de valor, que tanto pelo seu conteúdo quanto pela excelente autoria cumprirá sua missão e resultará em grande sucesso.

Dr. Pedro Paulo Teixeira Manus

Ministro aposentado do TST e atual

Diretor da Faculdade de Direito da PUC.

I Justiça do Trabalho

1. ORIGEM

No início do século XX, com a revolução industrial induzida pelo crescimento do capitalismo, o instrumento de luta contra as más condições de trabalho eram os protestos e principalmente as greves, que se resolviam mediante conversações diretas entre trabalhadores e patrões. Foi uma fase de conciliação espontânea, que se seguiu da obrigatória, necessariamente oferecida, quando o Estado passou a intervir nos litígios, por meio de mediação e arbitragem, cujos órgãos, então administrativos, corresponderiam à atual Justiça do Trabalho.

Anteriormente, buscavam-se as soluções para conflitos trabalhistas, à falta de direito especial, como ocorre hoje com o Direito do Trabalho, nas leis civis e comerciais, calcadas em contratos e especialmente de locação de serviços e dirimidas pela Magistratura Estadual Ordinária, cujo procedimento processual era o sumário, fixado pelo Regulamento n. 737 de 25.11.1850.

As primeiras tentativas de criação de órgãos dedicados à solução de problemas trabalhistas iniciaram-se com a criação dos tribunais rurais por meio da Lei Paulista n. 1.869 em 1922, sem qualquer êxito, mas na qual, entretanto, já se previa uma composição paritária; em 1932 criaram-se órgãos semijudiciais, sem qualquer força judicante, pois suas decisões podiam ser revogadas pelo titular da Pasta do Trabalho, que foram posteriormente reformados em 1939 e 1940 para criar a estrutura fundamental da Justiça do Trabalho, que somente passou a fazer parte do judiciário em 1946 com a promulgação da então Constituição Federal. Nas demais que se seguiram, até a atual de 1988, trataram da mesma forma a Justiça do Trabalho, ou seja, como parte integrante do Poder Judiciário da União.

Portanto, nesse breve histórico da Justiça do Trabalho, em seus poucos anos de existência, constata-se a necessidade cada vez maior de seu aprimoramento e adequação ao meio social, como fiel da balança reguladora das relações jurídicas entre o capital e o trabalho, como instrumentos da sociedade moderna.

As Emendas Constitucionais editadas, principalmente as de ns. 24/99 e 45/2004, além de outras leis infraconstitucionais, modificaram e modernizaram a Justiça do Trabalho, embora ainda não como ela merece e espera.

2. ORGANIZAÇÃO

Prevista na Constituição Federal, tomou inicialmente como modelo o adotado pela Itália fascista, que após a última guerra mundial se transformou, abandonando arcaica estrutura, enquanto a nossa permaneceu estanque até a publicação da Emenda Constitucional n. 24, de 9 de dezembro de 1999, extinguindo a representação classista, e com a edição da Emenda Constitucional n. 45, de 2004, criando o Conselho Superior da Justiça do Trabalho e aumentando sobremaneira a competência jurisdicional. Mas não veio qualquer outra modificação significativa e de ordem estrutural, muito embora, nestes últimos anos tenha dado a Justiça do Trabalho ótimos avanços tecnológicos na informatização de seus serviços.

São órgãos da Justiça do Trabalho, conforme previsão constitucional (art. 111):

a) o Tribunal Superior do Trabalho;
b) os Tribunais Regionais do Trabalho;
c) Juízes do Trabalho.

A Justiça do Trabalho é autônoma e federal, ou seja, independente de outros órgãos judiciais, federais ou estaduais.

Não é organizada ou estruturada pelo estado-membro, mas pela União, por meio de normas constitucionais, infraconstitucionais e ordinárias, que ditam, além dos órgãos componentes da Justiça do Trabalho, as suas composições e competências, e ainda o critério da instalação de Tribunais Regionais nos Estados. Pode-se dizer que por essa razão é tida como uma justiça federal, pois quando a Constituição se refere à justiça comum, no art. 125, trata-a sob o título Dos Tribunais e Juízes dos Estados, relegando às constituições estaduais a organização e competência da sua Justiça. Muito embora todos os ramos da Justiça estejam vinculados ao Conselho Nacional do Judiciário.

Portanto, contrário senso, a organizada pela União deve ser chamada de Justiça Federal e, por ser especializada em direito do trabalho, singularizada com a expressão do Trabalho. Não deve ser confundida com a Justiça Federal, prevista na Seção IV, Capítulo III, da Constituição Federal, cuja organização também é independente de outros órgãos judicantes e com competência genérica e básica, entre outras, para as causas em que a União, entidade autárquica ou empresa pública federal forem interessadas na condição de autoras, rés, assistentes ou oponentes, exceto as de falência, as de acidentes do trabalho e as sujeitas à Justiça Eleitoral e à própria Justiça do Trabalho.

A Justiça do Trabalho, até a promulgação da referida Emenda Constitucional n. 24/99, era paritária, pois tinha a participação, em todos os seus órgãos, de leigos representantes de empregados e de empregadores, ou seja, das próprias partes que recorriam ao judiciário trabalhista, que por determinado tempo (três anos) eram nomeados pelo Presidente da República para integrarem a corte superior e as regionais pelo Presidente do respectivo Tribunal Regional, para as então Juntas de Conciliação e Julgamento, hoje Varas do Trabalho, que julgavam juntamente com Ministros e Juízes togados e sempre em pares, ou seja, necessariamente presente um representante indicado pelos empregadores e outro pelos empregados.

Essas pessoas leigas, ainda que por vezes bacharéis em direito ou detentores de outros diplomas de cursos e até superiores, eram tratadas como Juízes Classistas pela Constituição Federal, que os agrupava no art. 115 como magistrados, lado a lado com ministros e Juízes do trabalho concursados e nomeados conforme legislação própria.

A arregimentação dos Juízes Classistas, antigos Vogais como eram tratados pela lei ordinária, era feita junto aos Sindicatos, para os órgãos de primeiro grau, nomeados pelos Presidentes dos respectivos Tribunais, a seu critério, apenas observando as exigências que eram ditadas pelo Tribunal Superior; os dos Tribunais Regionais eram provenientes das federações; e, finalmente, das confederações para o Superior, nomeados pelo Presidente da República. Os que integravam o Tribunal Superior mereciam a designação de Ministro, que era o mesmo tratamento dispensado aos demais magistrados integrantes, provindos da carreira de magistrados ou do quinto constitucional.

Como disse, não havia necessidade que Juízes e Ministros Classistas apresentassem grau de escolaridade ou que fossem bacharéis em direito, mas sindicalistas, com determinado tempo de filiação à entidade de classe a que pertenciam e onde deviam ser eleitos para a função, pelos associados, integrando uma lista tríplice para disputar a escolha na forma preconizada. Uma das justificativas para a existência dos classistas na Justiça do Trabalho era para que levassem diretamente ao conhecimento do judiciário as peculiaridades fáticas das relações de emprego e trabalho dentro da sociedade.

Hoje, portanto, não há mais representação classista ou Juízes Classistas temporários na Justiça do Trabalho em todos os graus de jurisdição, como restou assegurado na norma constitucional.

À época, o C. Tribunal Superior do Trabalho baixou Resolução Administrativa n. 665, de 15 de dezembro de 1999, dispondo sobre a distribuição de Juízes Classistas titulares que possuíam mandatos remanescentes na função, em observação ao direito adquirido, como previa a EC n. 24/99.

Dessa forma, a Emenda Constitucional n. 24/99 somente teve aplicação plena com a extinção da representação classista, conforme foram findando os respectivos mandatos, o que ocorreu aproximadamente no ano de 2003. Enquanto persistiram, nos órgãos em que estiveram atuando, fizeram plenamente, com os mesmos direitos e obrigações decorrentes da lei anterior, com algumas restrições nos Tribunais, em que não participaram em processos de eleição de Juízes a cargos diretivos e em promoção por merecimento ou antiguidade.

Por outro lado, integram a Justiça do Trabalho, em seus Tribunais, os representantes dos Advogados e do Ministério Público, pelo chamado quinto constitucional, pois, conforme trata o art. 94 da Constituição Federal, essa proporção em relação ao total dos membros integrantes de todos os Tribunais do país deve ser preenchida por eles e quando possível matematicamente, em partes iguais.

Esses Juízes são nomeados pelo Presidente da República, escolhidos de uma lista tríplice apresentada pelo Tribunal, que, por sua vez, os elegeu de uma sêxtupla, composta e apresentada respectivamente pela Ordem dos Advogados do Brasil da localidade onde se situa o Tribunal e pelo Ministério Público do Trabalho, conforme a hipótese, regional para os Tribunais Regionais ou geral para o Tribunal Superior.

Os membros do Ministério Público, para comporem o rol de elegíveis, devem possuir mais de dez anos de carreira efetiva, como os Advogados, que devem ainda possuir notório saber jurídico e reputação ilibada.

Uma vez nomeados, adquirem as mesmas prerrogativas constitucionais dos magistrados de carreira, da vitaliciedade, irremovibilidade e irredutibilidade de vencimentos, além dos mesmos direitos e obrigações. Na Justiça do Trabalho, os nomeados para o Tribunal Superior são denominados Ministros e nos Tribunais Regionais, Juízes. Regimentalmente, adiantando-se à modificação legislativa que se encontra em trâmite para completar a reforma judiciária iniciada pela EC n. 45/2004, os Tribunais Regionais tratam seus magistrados de segunda instância pelo título de Desembargadores, a exemplo do que ocorre nos Tribunais de Justiça, em que, contudo, há previsão constitucional para tanto.

2.1. TRIBUNAL SUPERIOR DO TRABALHO — TST

O Tribunal Superior do Trabalho, órgão de cúpula da Justiça do Trabalho, tem sua sede na Capital da República, ao lado dos demais Tribunais Superiores (STF, STJ, TSE e STM), com jurisdição em todo o Território Nacional.

Fixado pelo art. 111-A da Constituição Federal, o TST compõe-se de vinte e sete Ministros, escolhidos dentre brasileiros com mais de trinta e cinco anos e menos de sessenta e cinco, nomeados pelo Presidente da República após aprovação pelo Senado Federal, dos quais um quinto são escolhidos dentre Advogados e membros do Ministério Público do Trabalho com mais de dez anos de atividade efetiva nas respectivas atividades, e os demais dentre Juízes (Desembargadores) dos Tribunais Regionais do Trabalho, integrantes da carreira da magistratura trabalhista, indicados pelo próprio Tribunal Superior.

São seus Órgãos internos:

I — Tribunal Pleno;

II — Órgão Especial;

III — Seção Especializada em Dissídios Coletivos;

IV — Seção Especializada em Dissídios Individuais, dividida em Subseção 1 e Subseção 2;

V — As 8 (oito) Turmas.

Além de seus órgãos internos, criados pela Emenda Constitucional n. 45/2004, funcionam junto ao Tribunal Superior:

I — Escola Nacional de Formação e Aperfeiçoamento de Magistrados do Trabalho;

II — Conselho Superior da Justiça do Trabalho.

2.1.1. Cargos de Direção

2.1.1.1. Generalidades

A Presidência, a Vice-Presidência e a Corregedoria-Geral da Justiça do Trabalho são cargos de direção do Tribunal, preenchidos mediante eleição, em escrutínio secreto e pela maioria absoluta do Tribunal Pleno, concorrendo os Ministros mais antigos da Corte, em número correspondente ao dos cargos de direção, sendo proibida a reeleição.

O mandato é para um período de dois anos. Se houver vacância do cargo de Presidente antes do término do respectivo mandato, uma nova eleição será determinada para todos os cargos nos trinta dias seguintes (ao da vacância), e os eleitos tomarão posse em sessão solene na data marcada pelo Tribunal Pleno. Nessa hipótese, caberá ao Vice--Presidente a regência provisória do Tribunal e a convocação de sessão extraordinária para tal fim. Os remanescentes mandatos dos demais exercentes de cargos de direção se extinguirão na data da posse dos novos eleitos.

Na impossibilidade da posse de qualquer dos eleitos na data estabelecida, por fato superveniente à eleição, observar-se-á se for de caráter temporário, dar-se-á posse, na data marcada, aos demais eleitos, e, ao remanescente, em data oportuna; e se for de natureza definitiva e do eleito Presidente, proceder-se-á à nova eleição para todos os cargos de direção; se do Vice-Presidente, a eleição será para esse cargo e para o de Corregedor-Geral da Justiça do Trabalho; se a impossibilidade de posse for apenas do eleito para a Corregedoria, a eleição será somente para Corregedor-Geral.

2.1.1.2. Presidência e Vice-Presidência

Dispõe o Regimento Interno que o Presidente do Tribunal exercerá o cargo com a colaboração do Vice-Presidente, desempenhando as atribuições delegadas e as previstas nos casos de substituição em razão de férias, ausências e impedimentos eventuais.

É salutar essa previsão regimental pois reforça o caráter solidário que deve ser exercido pelos gestores de um Tribunal, principalmente Superior e de tamanha complexidade como é o do Trabalho, considerando-se, ainda, que o Presidente acumula a presidência do Conselho Superior da Justiça do Trabalho como se verá.

Compete ao Presidente representar o Tribunal perante os Poderes Públicos e demais autoridades, observando fielmente as diretrizes estabelecidas pelo Órgão Especial, que agora existe com a elevação do número de ministros.

O elenco de atribuições do Presidente é enorme, encontrando-se no Regimento Interno em seu art. 35.

Importante salientar que, apesar de o regime ser Presidencialista, o colegiado é sempre ouvido, de modo que todos participam ativamente do funcionamento do Tribunal.

Ao Vice-Presidente, compete, além de substituir o Presidente e cumprir suas delegações, também o faz com relação ao Ministro Corregedor-Geral durante suas férias, ausências e impedimentos.

2.1.1.3. Corregedoria-Geral da Justiça do Trabalho

O Corregedor-Geral da Justiça do Trabalho não concorre à distribuição de processos e apenas participa das sessões dos órgãos judicantes com direito a voto, quando não estiver ausente em função corregedora em Tribunais Regionais. Não participa nunca das Turmas. Concorre à distribuição de processos, somente os referentes ao Conselho Superior da Justiça do Trabalho.

As atribuições vêm definidas no Regimento Interno da própria Corregedoria-Geral. Das decisões da Corregedoria cabe agravo regimental para o Órgão Especial, incumbindo ao próprio Corregedor determinar sua inclusão em pauta.

Incumbe-lhe, principalmente, exercer funções de inspeção permanente ou periódica, ordinária ou extraordinária, geral ou parcial sobre os serviços judiciários de segundo grau da Justiça do Trabalho; decidir reclamações contra atos atentatórios à boa ordem processual, praticados pelos Tribunais Regionais, seus Presidentes e Juízes, quando inexistir recurso processual específico; expedir provimentos para disciplinar os procedimentos a serem adotados pelos órgãos da Justiça do Trabalho e consolidar as respectivas normas.

Nas ausências, nos impedimentos e nas férias o Ministro Corregedor-Geral é substituído no exercício de suas funções pelo Ministro Vice-Presidente ou, na ausência deste, pelo Ministro Presidente do Tribunal e, não sendo isso possível, pelos Ministros em ordem decrescente de antiguidade.

O Ministro Corregedor tem por obrigação apresentar ao Órgão Especial, na última sessão do mês seguinte ao do término de cada ano de sua gestão, relatório circunstanciado das atividades durante o ano findo.

2.1.1.4. Comissões

Funcionam no Tribunal Superior as chamadas Comissões Permanentes que colaboram no desempenho dos encargos do Tribunal, compostas por três Ministros e um suplente designados pelo Órgão Especial, recaindo preferencialmente sobre os membros mais antigos do Tribunal, excluindo-se os exercentes de cargo de direção e o Diretor e o Vice-Diretor da Escola Nacional de Formação e Aperfeiçoamento de Magistrados do Trabalho — ENAMAT. A presidência dessas comissões sempre é exercida pelo mais antigo que a compuser.

Além das permanentes, poderão ser estabelecidas pelo Órgão Especial as Comissões Temporárias, que se extinguem quando cumprido o fim a que se destinavam.

São Comissões Permanentes: de Regimento Interno; de Jurisprudência e de Precedentes Normativos; e de Documentação:

a) Regimento Interno — Cabe à Comissão Regimental cuidar da atualização das normas regimentais, propondo emendas e emitindo pareceres sobre aquelas de iniciativa dos membros da Corte. Essa Comissão fica à disposição do Presidente do Tribunal, do Tribunal Pleno ou do Órgão Especial para opinar em processos administrativos que envolvam matéria regimental.
b) Jurisprudência e Precedentes Normativos — A incumbência é sumamente importante, pois cuida da expansão, atualização e publicação da Jurisprudência do Tribunal, além de supervisionar o serviço de sistematização, determinado medidas atinentes à seleção e o registro dos temas para fim de pesquisa, bem como administrar a base de dados informatizada de jurisprudência sugerindo o seu aperfeiçoamento; propor a edição, revisão ou cancelamento de Súmulas, de Precedentes Normativos e de Orientações Jurisprudenciais; inserir as Orientações das Seções do Tribunal que retratem a jurisprudência pacificada da Corte, indicando os precedentes que a espelham; e, finalmente, manter a seleção dos repertórios idôneos de divulgação dos julgados da Justiça do Trabalho.

Como se verá no capítulo destinado aos recursos, a jurisprudência sumulada ou pacificada pelo TST é importantíssima para a propositura e seguimento de recursos.

c) Documentação — suas atribuições são várias e se encontram dispostas no art. 57 do Regimento Interno do TST.

Dentre outras, cabe-lhe principalmente publicar a Revista do Tribunal; supervisionar a Biblioteca do Tribunal; propor a política de gestão documental do Tribunal; eliminar processos; propor alterações na Tabela de Temporalidade e no Plano de Classificação; orientar a biblioteca na divulgação para os Ministros e seus Gabinetes do acervo bibliográfico e atualização legislativa e jurisprudencial; selecionar os acórdãos a serem encaminhados para a publicação nas revistas do Tribunal e demais periódicos autorizados.

2.1.2. Órgãos e Competências

2.1.2.1. Generalidades

Compete ao TST processar, conciliar e julgar, na forma da lei, em grau originário ou recursal ordinário ou extraordinário, as demandas individuais e os dissídios coletivos que excedam a jurisdição dos Tribunais Regionais, os conflitos de direito sindical, assim como outras controvérsias decorrentes de relação de trabalho, e os litígios relativos ao cumprimento de suas próprias decisões, de laudos arbitrais e de convenções e acordos coletivos.

Nas questões coletivas, por exemplo citam-se os dissídios com empresas que devem abranger todo o território nacional e que somente podem ser dirimidos pelo TST com essa jurisdição.

O art. 76 do Regimento Interno dita algumas normas genéricas aos processos de competência referentes ao Órgão Especial, às Seções Especializadas e às Turmas para:

I — julgar:

a) embargos de declaração interpostos contra suas decisões;
b) ações cautelares incidentais e preparatórias e as demais arguições;
c) incidentes que lhes forem submetidos; e
d) restauração de autos perdidos, em se tratando de processo de sua competência.

II — homologar desistências de recursos, decidir sobre pedido de desistência de ação quanto aos processos incluídos em pauta para julgamento e homologar os acordos em processos de competência originária do Tribunal; e

III — representar à autoridade competente, quando, em autos ou documentos de que conhecer, houver indício de crime de ação pública.

A proclamação do resultado da votação será suspensa:

I — pelas Seções Especializadas e pelas Turmas, para remessa do processo ao Tribunal Pleno, quando se verificar que a maioria respectiva se inclina pelo acolhimento da arguição de inconstitucionalidade de norma em matéria que ainda não tenha sido decidida pelo Tribunal Pleno ou pelo Supremo Tribunal Federal;

II — pelas Seções Especializadas, quando convier o pronunciamento do Tribunal Pleno, em razão da relevância da questão jurídica, do interesse público ou da necessidade de prevenir divergência de julgados.

2.1.2.2. *Tribunal Pleno*

É composto por todos os membros do Tribunal, com competência para quase a totalidade da matéria administrativa, ou seja:

I — eleger, por escrutínio secreto, o Presidente e o Vice-Presidente do Tribunal Superior do Trabalho, o Corregedor-Geral da Justiça do Trabalho, os sete Ministros para integrarem o Órgão Especial, o Diretor, o Vice-Diretor e os membros do Conselho Consultivo da Escola Nacional de Formação e Aperfeiçoamento de Magistrados do Trabalho — ENAMAT, os Ministros membros do Conselho Superior da Justiça do Trabalho — CSJT e respectivos suplentes, e os membros do Conselho Nacional de Justiça — CNJ;

II — dar posse aos membros eleitos para os cargos de direção do Tribunal, aos Ministros nomeados para o Tribunal, aos membros da direção e do Conselho Consultivo da Escola Nacional de Formação e Aperfeiçoamento de Magistrados do Trabalho — ENAMAT;

III — escolher integrantes das listas para preenchimento das vagas de Ministro do Tribunal;

IV — deliberar sobre prorrogação do prazo para a posse no cargo de Ministro do Tribunal Superior do Trabalho e o início do exercício;

V — determinar a disponibilidade ou a aposentadoria de Ministro do Tribunal;

VI — opinar sobre propostas de alterações da legislação trabalhista, inclusive processual, quando entender que deve manifestar-se oficialmente;

VII — aprovar, modificar ou revogar, em caráter de urgência e com preferência na pauta, Súmula da Jurisprudência predominante em Dissídios Individuais e os Precedentes Normativos da Seção Especializada em Dissídios Coletivos;

VIII — julgar os Incidentes de Uniformização de Jurisprudência;

IX — decidir sobre a declaração de inconstitucionalidade de lei ou ato normativo do Poder Público, quando aprovada a arguição pelas Seções Especializadas ou Turmas; e

X — aprovar e emendar o Regimento Interno do Tribunal Superior do Trabalho e finalmente

XI — aprovar o cancelamento e a revisão de orientação jurisprudencial.

2.1.2.3. *Órgão Especial*

É composto por catorze Ministros, sendo metade pelos mais antigos e os demais eleitos dentre os mais novos. Possui competência:

I — Matéria judiciária:

a) processar e julgar as reclamações destinadas à preservação da competência dos órgãos do Tribunal, assim considerados aqueles mencionados no art. 59 do Regimento Interno, ou a garantir a autoridade de suas decisões;

b) julgar mandado de segurança impetrado contra atos do Presidente ou de qualquer Ministro do Tribunal, ressalvada a competência das Seções Especializadas;

c) julgar recursos interpostos contra decisões dos Tribunais Regionais em mandado de segurança de interesse de Juízes e servidores da Justiça do Trabalho;

d) julgar recursos contra decisão em matéria de concurso para a Magistratura do Trabalho;

e) julgar recursos ordinários em agravos regimentais contra decisões proferidas em reclamações correcionais ou pedidos de providências em impugnações de cálculos de precatórios;

f) julgar os recursos ordinários interpostos contra decisões proferidas em mandado de segurança impetrado contra ato do Presidente de Tribunal Regional em sede de precatório;

g) julgar os agravos regimentais contra decisões do Corregedor-Geral;

g.1) julgar os agravos internos interpostos contra decisões que denegam seguimento a recurso extraordinário por ausência de repercussão geral da questão constitucional debatida; e

h) deliberar sobre matérias jurisdicionais não incluídas na competência dos outros Órgãos do Tribunal.

II — Matéria administrativa:

a) proceder à abertura e ao encerramento do semestre judiciário;

b) eleger membros do Conselho da Ordem do Mérito e os das Comissões;

c) aprovar e emendar o Regulamento Geral da Secretaria do Tribunal, o Regimento da Corregedoria-Geral, o Regulamento da Ordem do Mérito, os Estatutos da ENAMAT e o Regimento Interno do CSJT;

d) propor ao Poder Legislativo, após a deliberação do Conselho Superior, a criação, extinção ou modificação de Tribunais Regionais e Varas do Trabalho, assim como a alteração de jurisdição e de sede destes;

e) propor ao Poder Legislativo a criação, extinção e transformação de cargos e funções públicas e a fixação dos respectivos vencimentos ou gratificações;

f) escolher, mediante escrutínio secreto e pelo voto da maioria absoluta dos seus membros, Juízes de Tribunal Regional do Trabalho para substituir temporariamente Ministro do Tribunal;

g) aprovar a lista dos admitidos na Ordem do Mérito Judiciário do Trabalho;

h) aprovar a lotação das funções comissionadas do Quadro de Pessoal do Tribunal;

i) conceder licença, férias e outros afastamentos aos membros do Tribunal;

j) fixar e rever diárias e ajudas de custo do Presidente, Ministros e servidores do Tribunal;

k) designar as comissões temporárias para exame e elaboração de estudo sobre matéria relevante, respeitada a competência das comissões permanentes;

l) aprovar instruções de concurso para provimento dos cargos de Juiz do Trabalho Substituto;

m) aprovar as instruções dos concursos para provimento dos cargos do Quadro de Pessoal do Tribunal e homologar seu resultado final;

n) nomear, promover e demitir servidores do Quadro de Pessoal do Tribunal;

p) julgar os recursos de decisões ou atos do Presidente do Tribunal em matéria\administrativa;

q) julgar os recursos interpostos contra decisões dos Tribunais Regionais do Trabalho em processo administrativo disciplinar envolvendo magistrado, estritamente para controle da legalidade;

r) examinar as matérias encaminhadas pelo Conselho Superior da Justiça do Trabalho;

s) aprovar a proposta orçamentaria da Justiça do Trabalho; e

t) julgar os recursos ordinários interpostos contra agravos regimentais em que tenha sido apreciada decisão de Presidente de Tribunal Regional em precatório.

2.1.2.4. Seção Especializada em Dissídios Coletivos — SDC

Compete-lhe:

I — Originariamente:

a) julgar dissídios coletivos de natureza econômica e jurídica ou rever suas próprias sentenças normativas, nos casos previstos em lei;

b) homologar conciliações firmadas nos dissídios coletivos;

c) julgar ações anulatórias de acordos e convenções coletivas;

d) julgar ações rescisórias propostas contra suas sentenças normativas;

e) julgar agravos regimentais contra despachos ou decisões não definitivas, proferidos pelo Presidente do Tribunal, ou por qualquer dos Ministros integrantes da SEDC;

f) julgar conflitos de competência entre Tribunais Regionais em processos de dissídio coletivo;

g) processar e julgar medidas cautelares incidentais nos processos de dissídio coletivo; e

h) processar e julgar ações em matéria de greve, quando o conflito exceder a jurisdição de Tribunal Regional.

II — Última instância, julgar:

a) recursos ordinários contra decisões proferidas pelos Tribunais Regionais em dissídios coletivos de natureza econômica ou jurídica;

b) recursos ordinários contra decisões proferidas pelos Tribunais Regionais em ações rescisórias e mandados de segurança pertinentes a dissídios coletivos e a direito sindical e em ações anulatórias de acordos e convenções coletivas;

c) embargos infringentes contra decisão não unânime proferida em processo de dissídio coletivo de sua competência originária, salvo se a decisão embargada estiver em consonância com precedente normativo do Tribunal Superior do Trabalho ou com Súmula de sua jurisprudência; e

d) agravos de instrumento contra despacho denegatório de recurso ordinário nos processos de sua competência.

2.1.2.5. Seção Especializada em Dissídios Individuais — SDI

I — Em composição plena ou dividida em duas Subseções, compete1 julgar, em caráter de urgência e com preferência na pauta, os processos nos quais tenha sido estabelecida, na votação, divergência entre as Subseções 1I e 2II da Seção Especializada em Dissídios Individuais, quanto à aplicação de dispositivo de Lei Federal ou da Constituição da República.

II — à Subseção I

a) julgar embargos contra decisões divergentes das Turmas, ou destas que divirjam de decisão da Seção de Dissídios Individuais, de Orientação Jurisprudencial ou de Súmula; e

b) julgar agravos e agravos regimentais contra despacho exarado em processos de sua competência.

III — à Subseção II:

a) originariamente:

— julgar ações rescisórias contra suas decisões, da Subseção I e das Turmas do Tribunal;

— julgar mandados de segurança contra atos praticados pelo Presidente do Tribunal ou por qualquer dos Ministros integrantes da SDI, nos processos de sua competência;

— julgar ações cautelares; e

— julgar *habeas corpus*.

b) em única instância:

— julgar agravos e agravos regimentais contra despacho exarado em processos de sua competência; e

— julgar conflitos de competência entre Tribunais Regionais e os que envolvam Juízes de Direito investidos da jurisdição trabalhista e Varas do Trabalho em processos de dissídios individuais.

c) em última instância:

— julgar recursos ordinários contra decisões dos Tribunais Regionais em processos de dissídio individual de sua competência originária; e

— julgar agravos de instrumento contra despacho denegatório de recurso ordinário em processos de sua competência.

2.1.2.6. Turmas

Compete às Turmas julgar:

I — os recursos de revista interpostos contra decisão dos Tribunais Regionais do Trabalho, nos casos previstos em lei;

II — os agravos de instrumento dos despachos de Presidente de Tribunal Regional que denegarem seguimento a recurso de revista;

III — os agravos e os agravos regimentais interpostos contra despacho exarado em processos de sua competência; e

IV — os recursos ordinários em ação cautelar, quando a competência para julgamento do recurso do processo principal for atribuída à Turma.

2.1.3. Enamat — *Escola Nacional*

O art. 73 do Regimento Interno do TST trata da Escola Nacional de Formação e Aperfeiçoamento de Magistrados do Trabalho — ENAMAT por ser um órgão que funciona junto ao Tribunal, com autonomia administrativa.

A Escola foi instituída pelo TST por meio da Resolução Administrativa n. 1.140, do Tribunal Pleno em 1º de junho de 2006, atendendo ao disposto pela Emenda Constitucional n. 45/2004.

O objetivo da ENAMAT é promover a seleção, formação e o aperfeiçoamento dos magistrados trabalhistas que necessitam de qualificação profissional específica e atualização contínua. Cabe-lhe ainda constitucionalmente, regulamentar os cursos oficiais para o ingresso e promoção na carreira, na forma dos seus estatutos.

A Escola promove as seguintes atividades básicas:

1) Cursos de formação inicial presencial, em sua sede em Brasília, dirigidos aos Juízes do Trabalho Substitutos recém-empossados;
2) Cursos de formação continuada, sob a forma de seminários e colóquios jurídicos, presenciais ou a distância, dirigidos a todos os magistrados trabalhistas em exercício, de qualquer grau de jurisdição;
3) Cursos de formação de formadores, dirigidos a Juízes-formadores das escolas regionais de magistratura, para a qualificação de instrutores no âmbito regional;
4) Outros eventos de estudo e pesquisa, possibilitando a participação de magistrados para o aperfeiçoamento da prestação jurisdicional diretamente ou por meio de convênios com outras instituições nacionais ou estrangeiras;
5) Coordenação nacional das atividades de formação promovidas pelas escolas regionais voltadas à qualificação do magistrado.

Os Juízes do trabalho substitutos recém-empossados têm feito os cursos oferecidos pela ENAMAT, de forma obrigatória e normalmente com duração de um mês, com aulas diárias e variadas a respeito do exercício da magistratura. Nesse período, além de conhecerem *in loco* toda estrutura do TST e do próprio STF, convivem com os Ministros e servidores do Tribunal e principalmente com outros colegas vindos das demais regiões do Brasil para o mesmo curso. Quando voltam, estão aptos a enfrentar na prática a atividade judicante.

No TST, o art. 74 do Regimento Interno prevê que o Diretor, o Vice-Diretor e os membros do Conselho Consultivo da Escola sejam eleitos pelo Tribunal Pleno, em escrutínio secreto, para mandato de dois anos, permitida uma recondução, perante o qual também tomarão posse.

2.1.4. *Conselho Superior da Justiça do Trabalho*

A Justiça do Trabalho vinha se ressentindo da ausência de um órgão superior para exercer a supervisão orçamentária e administrativa de forma igualitária entre todos os Tribunais Regionais do Trabalho, que, por possuírem autonomia administrativa, muitas vezes decidiam ao arrepio dos demais.

Por meio da Resolução Administrativa n. 733/2000, o Egrégio Pleno do Tribunal Superior do Trabalho, sob a Presidência do Exmo. Ministro Almir Pazzianotto Pinto, por unanimidade, aprovou o Regimento Interno do Conselho Superior da Justiça do Trabalho, ditando sua composição, organização e competência.

O Conselho, portanto, é mais um Órgão que funciona junto ao TST e por essa razão também está previsto pelo seu Regimento Interno no art. 75 que traça seus objetos genéricos:

> "O Conselho Superior da Justiça do Trabalho é órgão que funciona junto ao Tribunal Superior da Trabalho, com autonomia administrativa, cabendo-lhe exercer a supervisão administrativa, orçamentária, financeira e patrimonial da Justiça do Trabalho, de primeiro e segundo graus, como órgão central do sistema."

Compõem o Conselho Superior da Justiça do Trabalho:

I — o Presidente e o Vice-Presidente do Tribunal Superior do Trabalho e o Corregedor-Geral da Justiça do Trabalho, como membros natos;

II — três Ministros do Tribunal Superior do Trabalho, eleitos pelo Tribunal Pleno; e

III — cinco Presidentes de Tribunais Regionais do Trabalho, eleito cada um deles por região geográfica do país.

O Tribunal Superior do Trabalho, ao escolher os três Ministros integrantes do Conselho, indicará os respectivos suplentes. Os mandatos dos membros natos do Conselho, inclusive os dos respectivos suplentes, coincidirão com os mandatos dos cargos de direção do Tribunal Superior do Trabalho e, portanto, para um período de dois anos vedada a recondução.

Os membros representantes das regiões geográficas brasileiras, serão escolhidos pelos Presidentes dos Tribunais Regionais do Trabalho com sede nos estados da Federação da respectiva região, entre os que, na data da eleição, tenham cumprido menos de um ano de mandato no cargo de Presidente, observado o rodízio, salvo se impossível, entre os Tribunais de cada região. A suplência desses membros será exercida por seus respectivos Vice-Presidentes. Os mandatos do Conselho encerrar-se-ão ao término de seus mandatos nos respectivos Tribunais.

A Presidência do Conselho Superior da Justiça do Trabalho é exercida pelo Presidente do Tribunal Superior do Trabalho, com direito a voto em todas as matérias submetidas à apreciação do Colegiado.

2.2. *TRIBUNAIS REGIONAIS DO TRABALHO — TRT*

2.2.1. *Generalidades*

Como órgão constitucional da Justiça do Trabalho em segunda instância funcionam os Tribunais Regionais, que abrangem regiões fixadas em lei federal e que às vezes, compostas até por mais de um Estado ou mesmo por parte de um deles.

No Estado de São Paulo, excepcionalmente funcionam dois Tribunais Regionais: Tribunal Regional da 2ª Região (São Paulo), com sede em São Paulo, abrangendo a Grande São Paulo e adjacências, Baixada Santista até o Município de Praia Grande ao Sul e até Bertioga ao Norte; e Tribunal Regional da 15ª Região (Campinas) com sede em Campinas, para as demais localidades do interior e parte do Litoral Sul e Litoral Norte do Estado, não abrangidos pela 2ª Região.

Outrora, a 2ª Região, que ainda é a de São Paulo como vimos, abrangia, além de todo o Estado, os Estados do Paraná e Mato Grosso, antes e após sua divisão geográfica e política. Com o tempo foram sendo criados os respectivos Tribunais, desvinculando-se totalmente do original. Isso ocorreu também no restante do país e hoje há quase que um Tribunal por Estado, conforme previsão constitucional.

Conforme redação determinada pela EC n. 24/1999, o art. 113 da Constituição Federal, eliminando a representação classista, autoriza à lei infraconstitucional dispor sobre a constituição, investidura, jurisdição, competência, garantias e condições de exercício dos órgãos da Justiça do Trabalho. No que couber, aplicam-se os arts. 670 e seguintes da Consolidação das Leis do Trabalho e complementados pelos respectivos Regimentos Internos dos Tribunais.

As composições variam nos Tribunais, dependendo da Região abrangida e o número de feitos ajuizados, determinando quantos Desembargadores deve possuir.

A Constituição Federal de 1988, em seu art. 115, regulamenta a composição dos Tribunais, fixando-lhes um mínimo de sete Desembargadores recrutados, quando possível, na respectiva região, e nomeados pelo Presidente da República dentre brasileiros com mais de trinta e menos de sessenta e cinco anos de idade, sendo, tal como ocorre no TST, um quinto dentre Advogados e membros do Ministério Público do Trabalho com mais de dez anos de efetiva atividade profissional, com notório saber jurídico e de reputação ilibada, indicados em lista sêxtupla pelos órgãos de representação das respectivas classes. Os demais, por promoção de Juízes do trabalho, alternadamente, por antiguidade e merecimento.

Constitucionalmente os Tribunais estão autorizados a instalar a justiça itinerante com a realização de audiências e demais funções de atividade jurisdicional, nos limites territoriais da respectiva jurisdição, servindo-se de equipamentos públicos e comunitários. Da mesma forma poderão funcionar descentralizadamente, constituindo câmaras regionais, a fim de assegurar pleno acesso do jurisdicionado à justiça em todas as fases do processo.

Poucos são os Tribunais que se utilizaram dessas faculdades e se restringiram aqueles que abrangem áreas jurisdicionais de grande extensão de modo que o deslocamento de reclamantes se torna extremamente dificultoso. Ademais, é plenamente aconselhável nessas hipóteses, para os órgãos de primeira instância, pois a estrutura necessária é bem menor do que para a segunda instância.

Tribunais maiores podem se dividir em Seções e Turmas, cada qual com sua competência, além de um Órgão Especial que substitui o Tribunal Pleno com todos os Desembargadores.

Os Tribunais elegerão seus respectivos Presidente e Vice-Presidente, bem como o Corregedor Regional e os Presidentes de Turmas, onde houver.

Para que o Tribunal possa se subdividir em Turmas, necessitará contar com número suficiente de Desembargadores para tanto, pois cada uma deve possuir três Juízes no mínimo, conforme se depreende do art. 941, § 2º do NCPC.

A decisão será tomada pela maioria dos votos dos presentes e a redação do acórdão será pelo Desembargador que primeiro proferiu o voto prevalecente.

A composição das Turmas nos Tribunais depende única e exclusivamente do que dispõe o respectivo Regimento Interno, que poderá fixar o número e os seus componentes, *quorum* mínimo para instalação e julgamento, como também a existência ou não de Desembargador Revisor.

O melhor procedimento seria sempre a composição de Turmas com no mínimo cinco Desembargadores, com o julgamento tomado pelo voto de três, seguindo-se ao do relator e do revisor e do terceiro, na ordem de antiguidade.

Para os julgamentos de recursos decorrentes de procedimentos sumaríssimos, conforme inciso II do § 1º do art. 895 da CLT, modificado pela Lei n. 9.957/2000, fica expressamente dispensado o revisor, quando então o relator sorteado proporá seu voto para apreciação dos demais integrantes, diretamente na sessão de julgamento. Para facilitação, os Desembargadores costumam adiantar os fundamentos aos seus colegas de Turma.

É facultativa a presença do Ministério Público, cuja manifestação se faz nos autos anteriormente.

A jurisdição do Tribunal é para a respectiva região geográfica que abrange dentro do território nacional, conforme disposição em lei específica, e os Tribunais são classificados em números ordinais, com base na data de instalação.

2.2.2. Competência

Basicamente, a competência de todos os Tribunais Regionais, em dissídios individuais e coletivos, é:

I — originária:

Para processar, conciliar e julgar revisões de sentenças normativas (dissídios coletivos), extensão das decisões proferidas em dissídios coletivos;

II — última instância:

Para processar e julgar recursos das multas impostas pelas Turmas, ações rescisórias das Varas do Trabalho, dos Juízes de Direito investidos na jurisdição trabalhista, das Turmas e de seus próprios acórdãos, conflitos de jurisdição entre as suas Turmas, os Juízes de Direito investidos na jurisdição trabalhista, as Varas do Trabalho, ou entre aqueles e estas;

III — única ou última instância:

Para julgar processos e recursos de natureza administrativa e reclamações contra atos administrativos;

IV — recursal:

De feitos originários da primeira instância, em recursos ordinários, agravos de petição e de instrumento.

V — Compete ainda aos Tribunais Regionais:

Pode-se chamar de competência jurídico-administrativa, pois cabe-lhes determinar às Varas do Trabalho e aos Juízes de direito a realização dos atos processuais e diligências necessárias ao julgamento dos feitos sob sua apreciação; fiscalizar o cumprimento de suas próprias decisões; declarar a nulidade dos atos praticados com infração de suas decisões; julgar as suspeições arguidas contra seus membros; julgar as exceções de incompetência que lhes forem opostas; requisitar às autoridades competentes as diligências necessárias ao esclarecimento dos feitos sob apreciação, representando contra aquelas que não atenderem a tais requisições; exercer, em geral, no interesse da Justiça do Trabalho, as demais atribuições que decorram de sua jurisdição.

2.2.3. Uniformização de Jurisprudência

Diante das novas regras processuais introduzidas no processo trabalhista, sem contar nos procedimentos processuais dos demais ramos do direito, da importância da jurisprudência para aplicação especialmente no conhecimento e decisões de recursos.

O processo do trabalho não poderia fugir à uniformização de sua jurisprudência, determinando no § 3º do art. 896 da CLT:

> "Os Tribunais Regionais do Trabalho procederão, obrigatoriamente, à uniformização de sua jurisprudência e aplicarão, nas causas da competência da Justiça do Trabalho, no que couber, o incidente de uniformização de jurisprudência previsto nos termos do Código de Processo Civil.".

O NCPC disciplina a matéria nos arts. 926 ao 928, recepcionados pelo TST em sua IN 39/2016:

> "Art. 926. Os tribunais devem uniformizar sua jurisprudência e mantê-la estável, íntegra e coerente.
>
> § 1º Na forma estabelecida e segundo os pressupostos fixados no regimento interno, os tribunais editarão enunciados de súmula correspondentes a sua jurisprudência dominante.
>
> § 2º Ao editar enunciados de súmula, os tribunais devem ater-se às circunstâncias fáticas dos precedentes que motivaram sua criação.
>
> Art. 927. Os juízes e os tribunais observarão:
>
> I — as decisões do Supremo Tribunal Federal em controle concentrado de constitucionalidade;
>
> II — os enunciados de súmula vinculante;
>
> III — os acórdãos em incidente de assunção de competência ou de resolução de demandas repetitivas e em julgamento de recursos extraordinário e especial repetitivos;
>
> IV — os enunciados das súmulas do Supremo Tribunal Federal em matéria constitucional e do Superior Tribunal de Justiça em matéria infraconstitucional;
>
> V — a orientação do plenário ou do órgão especial aos quais estiverem vinculados.
>
> § 1º Os juízes e os tribunais observarão o disposto no art. 10 e no art. 489, § 1º, quando decidirem com fundamento neste artigo.
>
> § 2º A alteração de tese jurídica adotada em enunciado de súmula ou em julgamento de casos repetitivos poderá ser precedida de audiências públicas e da participação de pessoas, órgãos ou entidades que possam contribuir para a rediscussão da tese.
>
> § 3º Na hipótese de alteração de jurisprudência dominante do Supremo Tribunal Federal e dos tribunais superiores ou daquela oriunda de julgamento de casos repetitivos, pode haver modulação dos efeitos da alteração no interesse social e no da segurança jurídica.

§ 4º A modificação de enunciado de súmula, de jurisprudência pacificada ou de tese adotada em julgamento de casos repetitivos observará a necessidade de fundamentação adequada e específica, considerando os princípios da segurança jurídica, da proteção da confiança e da isonomia.

§ 5º Os tribunais darão publicidade a seus precedentes, organizando-os por questão jurídica decidida e divulgando-os, preferencialmente, na rede mundial de computadores.

Art. 928. Para os fins deste Código, considera-se julgamento de casos repetitivos a decisão proferida em:

I — incidente de resolução de demandas repetitivas;

II — recursos especial e extraordinário repetitivos.

Parágrafo único. O julgamento de casos repetitivos tem por objeto questão de direito material ou processual."

2.2.4. Reclamação nos Tribunais

2.2.4.1. Propositura

Trata-se de um procedimento recursal que constitucionalmente permitia ao Supremo Tribunal Federal ou Superior Tribunal de Justiça para preservar, precipuamente, a competência do tribunal.

Pelo atual Código de Processo Civil em seus arts. 988 ao 993, admitida sua aplicação no processo do trabalho pela IN n. 39/2016 do C. TST, permitir igualmente o instituto da Reclamação no Tribunal Superior do Trabalho e nos Tribunais Regionais pela relevância da matéria que poderá ser invocada, ante a atual necessidade dos tribunais em geral, uniformizar sua jurisprudência.

Poderão propor Reclamação a parte no processo e o Ministério Público para:

"I — preservar a competência do tribunal;

II — garantir a autoridade das decisões do tribunal;

III — garantir a observância de enunciado de súmula vinculante e decisão do Supremo Tribunal Federal em controle concentrado de constitucionalidade;

IV — garantir a observância de acórdão proferido em julgamento de incidente de resolução de demandas repetitivas ou de incidente de assunção de competência.".

A propositura pode ser perante qualquer tribunal e seu julgamento compete ao órgão jurisdicional cuja competência se busca preservar ou cuja autoridade se pretenda garantir, devidamente instruída com prova documental e dirigida ao presidente do tribunal para autuação e distribuição regular ao relator do processo principal, sempre que possível.

As hipóteses dos incisos III e IV mencionados, compreendem a aplicação indevida da tese jurídica e sua não aplicação aos casos que a ela correspondam.

2.2.4.2. Inadmissibilidade

É inadmissível a proposta de reclamação:

"I — proposta após o trânsito em julgado da decisão reclamada;

II — proposta para garantir a observância de acórdão de recurso extraordinário com repercussão geral reconhecida ou de acórdão proferido em julgamento de recursos extraordinário ou especial repetitivos, quando não esgotadas as instâncias ordinárias."

A inadmissibilidade ou o julgamento do recurso interposto contra a decisão proferida pelo órgão reclamado não prejudica a reclamação.

Portanto, a Reclamatória respeita o trânsito em julgado da decisão da eventual reclamação ou até mesmo para garantir a observância de acórdão proferido em recurso extraordinário ou especial repetitivos, enquanto não esgotas as instâncias ordinárias.

2.2.4.3. *Processamento*

Proposta a reclamatória e distribuída, o relator deverá requisitar informações da autoridade a quem foi imputada a prática do ato impugnado e, se necessário, ordenará a suspensão do processo ou do ato impugnado para se evitar a superveniência de dano irreparável para a parte, cujo beneficiário deverá ser citado para apresentar contestação.

Por outro lado, qualquer interessa poderá impugnar o pedido do reclamante.

O Ministério Público, se não tiver sido o autor da reclamação, deverá ter vista por cinco dias, após o decurso do prazo para informações e para o oferecimento da contestação pelo beneficiário do ato impugnado.

Julgando procedente a reclamação, a decisão atacada será pelo tribunal cassada ou determinará medida adequada à solução da controvérsia.

2.3. *AUXILIARES*

Completando a organização judiciária, a Justiça do Trabalho conta com os serviços auxiliares do quadro de funcionários estatutários e alguns poucos de contratação livre externa, para função de confiança de assessoria.

A criação de cargo para esse mister depende de lei federal, como ocorre para todo e qualquer cargo ou função pública. O preenchimento depende de aprovação em concurso público, à exceção daqueles de livre nomeação em cargo de confiança, criado também por lei.

Os Tribunais, incluindo-se o Superior, contam com Secretarias e Diretorias para as diversas atividades, quer judiciais ou administrativas, além de um corpo de servidores, contratados ou estatutários, que funcionam como assessores de Juízes.

Grandes Tribunais contam com pessoal especializado em informática, medicina (Médicos Clínicos, Psicólogos, Psiquiatras, Fisioterapeutas, Enfermeiros), Contadores, Estatísticos e, enfim, outros profissionais para exercerem a atividade meio.

As Varas são apoiadas por Secretarias, onde os funcionários, chefiados por um Diretor, sob a ordem direta do Juiz da Vara, executam serviços administrativos e judiciais, e em algumas localidades, até como responsáveis pela redução a termo de reclamações verbais de empregados que procuram diretamente a Justiça do Trabalho.

Dentre os funcionários auxiliares diretos, incluem-se os Oficiais de Justiça Avaliadores, que têm suas atribuições fixadas pelo art. 721 da CLT, ou seja, realizam atos decorrentes da execução dos julgados pela Vara do Trabalho e dos Tribunais Regionais do Trabalho, que lhes forem cometidos pelos respectivos Juízes e Presidentes.

Possuem, eles também, a competência legal de avaliar bens que penhoram, sem necessitar do auxílio de qualquer outro avaliador, o que reduz em muito o tempo nesse ato processual, que é muito importante e necessário para o cumprimento de uma decisão. Isso não invalida a nomeação, pelo Juiz, de perito para avaliações mais complexas e que necessitem de especialistas na matéria.

O Oficial de Justiça Avaliador deve ficar à disposição da Vara do Trabalho ou, ainda, de um órgão ou setor específico destinado a distribuição de mandados, como efeito de racionalização de serviços, principalmente em cidades de médio e grande porte.

Na 2ª Região, principalmente na Capital, há a Central de Mandados onde se concentram todos os Oficiais de Justiças e que trabalham externamente conforme o Código de Endereçamento Postal, para que não haja sobreposição de atividade. Essa Central é coordenada por um Servidor qualificado e supervisionado por um Juiz Substituto, que acumula com os setores de Hastas Públicas e Distribuição de Processos.

Nas localidades ou regiões que contem com mais de uma Vara do Trabalho, haverá necessariamente um serviço auxiliar denominado simplesmente de Distribuidor, para receber, registrar e distribuir entre elas, aleatoriamente, os feitos propostos na jurisdição, além de outros expedientes genéricos destinados às Varas.

3. TRIBUNAL REGIONAL DA 2ª REGIÃO

Por ser o maior Tribunal Regional do Trabalho do país e, obviamente, juntamente com o Tribunal congênere de Campinas, deve despertar maior interesse dos estudantes e Advogados trabalhistas em geral, merecendo, pois, especial destaque.

O TRT da 2ª Região possui atualmente noventa e quatro Desembargadores, com setenta e cinco de carreira e dezenove pelo quinto constitucional, sendo dez para os Advogados e nove para o Ministério Público do Trabalho. Neste particular há um rodízio conforme as vagas, de modo a ficar ora um membro a mais para os Advogados e ora para os Procuradores, pois o quinto soma um número ímpar.

Sua Sede é em São Paulo e todas as Varas da Capital se localizam no Fórum Ruy Barbosa, juntamente com outros setores administrativos e jurisdicionais auxiliares.

3.1. ÓRGÃOS DO TRIBUNAL

São Órgãos do Tribunal:

I — Tribunal Pleno, constituído pela totalidade dos Desembargadores;
II — Órgão Especial, constituído de vinte e cinco Desembargadores;
III — Presidência do Tribunal;
IV — Vice-Presidência Administrativa;
V — Vice-Presidência Judicial;
VI — Corregedoria Regional;
VII — Seção Especializada em Dissídios Coletivos (SDC) composta de 12 Desembargadores, dentre eles o Presidente do Tribunal e o Vice-Presidente Judicial;
VIII — Oito Seções Especializadas em Dissídios Individuais (SDI) de competência originária, compostas de 10 Desembargadores cada uma;
IX — Dezoito Turmas, compostas de cinco Desembargadores cada;
X — Escola Judicial do Tribunal Regional do Trabalho da 2ª Região — EJUD 2;
XI — Conselho da Ordem do Mérito Judiciário do Trabalho da 2ª Região.

O Tribunal poderá constituir a justiça itinerante de âmbito municipal ou distrital, bem como Turmas Regionais e especializar Turmas.

3.1.1. Tribunal Pleno

3.1.1.1. Generalidades

As sessões do Tribunal Pleno serão ordinárias ou extraordinárias e instaladas por convocação do Presidente do Tribunal ou por requisição de um quinto dos Desembargadores em condições legais de votar, excluindo-se os licenciados, os suspeitos, os impedidos e as vacâncias.

As sessões serão solenes com o uso de toga de gala, para as posses dos Desembargadores eleitos para os cargos de direção ou na hipótese de Desembargador promovido ou admitido, para outorga da Ordem do Mérito Judiciário do Trabalho e na última sessão do Tribunal Pleno em que deva participar o Desembargador prestes a se aposentar e, finalmente, em outras ocasiões singulares ou especiais a critério do Presidente do Tribunal.

Essas solenidades dão-se em todos os Tribunais, como ocorre igualmente em outros organismos governamentais, e apenas tornam-se obrigatórias se previstas regimentalmente.

A ocupação dos lugares no plenário é protocolar e obedece a antiguidade, seguindo-se sempre após os membros que exercem os cargos de direção e sempre com a presença de um membro do Ministério Público do Trabalho à direita do Presidente, conforme previsão na Lei Orgânica do Ministério Público.

As sessões judiciais, abertas ao público, devem ser designadas, mediante convocação pelo Presidente do Tribunal, em dia e hora de acordo com pautas previamente organizadas e publicadas no Diário Oficial com antecedência mínima de oito dias.

O Pleno poderá se reunir extraordinariamente sempre que necessário, quando a publicação da pauta no Diário Oficial observará a antecedência mínima de cinco dias.

Na ausência do Presidente ou em seus impedimentos, sua substituição será pelo Vice-Presidente Administrativo e, na ausência deste, também, será pelo Vice-Presidente Judicial e sucessivamente pelo Corregedor, e Desembargadores, pela ordem de antiguidade decrescente.

Para a abertura da sessão, deverá haver *quorum* mínimo de Desembargadores presentes, caso contrário, após quinze minutos de espera para a formação, deverá ser adiada.

As decisões do Tribunal Pleno e do Órgão Especial, em sessão judicial ou administrativa, ressalvadas as hipóteses previstas em lei ou regimentalmente, serão tomadas por maioria simples de votos. O Presidente da sessão proferirá voto de desempate, adotando a solução de uma das vertentes, sendo-lhe facultado ressalvar o seu entendimento.

O Presidente não poderá votar ou adiar o julgamento de processo administrativo que contenha recurso contra decisão que tenha proferido. Ocorrendo empate, prevalecerá a decisão ou o despacho recorrido.

Enfim, conforme art. 48 do Regimento Interno do Tribunal, o Pleno reúne-se com todos os Desembargadores para eleição dos membros de direção, do órgão especial e da direção e conselho consultivo da EJUD 2; na última sessão do Tribunal Pleno em que deva participar o Desembargador do Trabalho prestes a se aposentar; outras ocasiões singulares ou especiais, a critério do Presidente do Tribunal; para posses, solenes ou não e para apreciar matéria administrativa ou judicial de sua competência.

3.1.1.2. Competência

Ao Tribunal Pleno, órgão soberano do Tribunal, compete:

I — conhecer, instruir e julgar todas as questões administrativas no âmbito da 2ª Região;

II — delegar competência ao Órgão Especial, sempre em caráter transitório, podendo extinguir ou variar essa delegação a qualquer tempo;

III — processar e julgar originariamente:

a) ações rescisórias de seus próprios acórdãos;

b) os mandados de segurança contra ato do próprio Tribunal Pleno.;

IV — processar e julgar:

a) conflitos de competência entre Desembargadores envolvendo processos da competência do Tribunal Pleno;

b) exceções de suspeição ou impedimento de Desembargadores, de incompetência, e habilitações incidentes nos processos pendentes de sua decisão;

c) embargos de declaração opostos aos seus acórdãos;

d) agravos regimentais nos processos de sua competência;

e) incidentes de uniformização de jurisprudência;

V — declarar inconstitucionalidade de lei ou de ato normativo do Poder Público;

VI — decidir sobre promoção de Juízes por antiguidade e elaborar listas tríplices para a promoção de Juiz por merecimento e para o preenchimento das vagas do quinto constitucional;

VII — julgar a restauração de autos, quando se tratar de processo de sua competência;

VIII — declarar nulidade dos atos praticados com infração de suas decisões em procedimentos administrativos;

IX — elaborar o Regimento Interno, o Regulamento Geral do Tribunal e suas estruturas administrativas, o Estatuto da EJUD 2 e o Estatuto do Conselho da Ordem, promover emendas e assentos regimentais;

X — estabelecer, regimentalmente, as atribuições dos titulares de cargos de direção que, por lei, não sejam da competência de cada um;

XIII — constituir ou extinguir Turmas Regionais ou especializar Turmas do Tribunal;

XIV — exercer as seguintes atribuições:

a) organizar seus serviços auxiliares;

b) determinar processamento de demissões, aposentadorias e representações contra Magistrados;

c) fixar os dias e os horários de suas sessões;

d) julgar representações contra Magistrados;

e) resolver dúvidas submetidas pelo Presidente ou Desembargador sobre interpretação e execução de norma regimental ou ordem dos processos e dos trabalhos administrativos ou jurisdicionais;
f) exercer a disciplina sobre os Juízes de primeiro grau;
g) remeter às autoridades competentes cópias de peças de autos ou de papéis de que conhecer, quando neles, ou por intermédio deles, ocorrer crime de responsabilidade ou crime comum em que caiba ação pública, ou verificarem-se infrações de natureza administrativa;
h) deliberar sobre vitaliciedade ou perda do cargo de Juízes não vitalícios;
i) ordenar instauração de procedimento administrativo, quando se tratar da perda do cargo de Magistrado;
j) decidir, por motivo de interesse público, sobre remoção ou disponibilidade com vencimentos proporcionais ao tempo de serviço, de Juiz do Trabalho ou membro do Tribunal;
k) julgar os processos de verificação de invalidez de Magistrado;
l) determinar às Varas a realização dos atos processuais e diligências necessárias ao julgamento dos processos sob sua apreciação;
m) requisitar às autoridades competentes as providências necessárias, representando contra as recalcitrantes;
n) fiscalizar o cumprimento de suas próprias decisões e exercer em geral, no interesse da Justiça do Trabalho, as demais atribuições que decorram da sua jurisdição;
q) eleger o Diretor, Vice-Diretor e o Conselho Consultivo da EJUD 2.

3.1.2. Órgão Especial

3.1.2.1. Formação

O Órgão Especial do Tribunal, para representar o Tribunal em diversas matérias jurisdicionais e administrativas, é formado por vinte e cinco Desembargadores para representar o Tribunal Pleno, constituído na forma preconizada pela Constituição Federal e regulamentado pelo CNJ da seguinte forma:

I — Treze Desembargadores definidos por antiguidade sendo:
a) Dez Desembargadores de carreira;
b) Três Desembargadores do quinto constitucional, representantes da Ordem dos Advogados do Brasil e do Ministério Público, fixando-se a alternância da composição ímpar, de modo que, em mandatos sucessivos, os representantes de uma classe superem o da outra em uma unidade.

II — Doze Desembargadores eleitos pelo Tribunal Pleno, sendo:
a) Dez Desembargadores de carreira;
b) Um Desembargador oriundo do quinto constitucional pela Ordem dos Advogados do Brasil;
c) Um Desembargador oriundo do quinto constitucional pelo Ministério Público.

Os ocupantes dos cargos diretivos integrarão, necessariamente, o Órgão Especial, cabendo ao Presidente do Tribunal a direção dos trabalhos de qualquer natureza.

No caso de haver, dentre os eleitos para cargo de direção, Desembargadores que não integram a lista dos treze mais antigos, serão eles considerados eleitos, também, para o Órgão Especial, passando a integrar, independentemente de novo escrutínio, a cota de Desembargadores eleitos, em suas respectivas classes de origem no Tribunal.

A formação do Órgão Especial deve ser feita na mesma sessão de eleição dos cargos de direção do Tribunal, sendo que as vagas por antiguidade são providas conforme a ordem decrescente, respeitadas as respectivas classes, de magistrados de carreira e oriundos do quinto constitucional pelo Ministério Público do Trabalho e alternadamente pela Ordem dos Advogados do Brasil, com mandatos de dois anos, permitida uma reeleição até que se esgotem todos os nomes possíveis.

Para ocupar a vaga dentre os mais antigos, o Desembargador da oportunidade não poderá recusar preencher seu cargo no Órgão. Para a eleição, os pretendentes necessitam se inscrever previamente.

No mais, para convocação, instalação, adiamentos, votações etc., segue, no que couber, o que se aplica às sessões do Pleno, devidamente disciplinada no Regimento Interno do Tribunal.

3.1.2.2. Competência

Compete ao Órgão Especial:

I — processar e julgar originariamente:

a) ações rescisórias de seus próprios acórdãos;

b) mandados de segurança contra ato de membro do Órgão Especial ou de membro da Comissão de Concursos;

c) mandados de segurança contra ato do Presidente do Tribunal, do Vice-Presidente Administrativo, do Vice Presidente Judicial, do Corregedor Regional ou do Desembargador Auxiliar da Corregedoria;

d) agravos regimentais contra decisão proferida em correição parcial.

II — processar e julgar em única instância:

a) conflitos de competência entre Seções Especializadas, entre Turmas e Seções Especializadas do Tribunal e entre os Desembargadores de um ou mais Órgãos Fracionários;

b) exceções de suspeição ou de impedimento de seus Desembargadores, de incompetência, e as habilitações incidentes nos processos pendentes de sua decisão;

c) embargos de declaração opostos aos seus acórdãos;

d) agravos regimentais nos processos de sua competência.

III — julgar a restauração de autos de processo de sua competência;

IV — declarar a nulidade dos atos praticados com infração de suas decisões em procedimentos administrativos;

V — julgar os recursos de decisões do Presidente do Tribunal sobre postulações dos servidores em matéria administrativa e de Magistrados, das quais não caiba recurso específico;

VI — impor aos servidores do Tribunal as penas disciplinares, quando excederem da alçada do Presidente e das demais autoridades;

VII — rever e fixar as diárias e ajuda de custo dos Magistrados e servidores da 2ª Região;

VIII — determinar a abertura de concursos, estabelecer os critérios, aprovar as respectivas instruções e classificação final dos candidatos nos concursos para provimento dos cargos de Juiz do Trabalho Substituto e de servidores do Quadro de Pessoal da Justiça do Trabalho da 2ª Região, que terão validade pelo prazo de dois anos, prorrogável uma vez, por igual período, a seu critério;

IX — aprovar ou modificar a lista geral de antiguidade dos Desembargadores, proposta anualmente pelo Presidente do Tribunal, conhecendo das reclamações oferecidas nos quinze dias subsequentes à sua publicação no Diário Oficial, promovendo nova publicação quando for o caso;

X — propor ao Tribunal Superior do Trabalho projeto de lei de criação de unidades judiciárias;

XI — propor ao Tribunal Superior do Trabalho projeto de lei de criação ou extinção de cargos, bem como a fixação dos respectivos vencimentos;

XII — deliberar sobre pedido de residência do Magistrado fora da respectiva jurisdição;

XIII — exercer, na forma da lei, as seguintes atribuições:

a) organizar os seus serviços auxiliares;

b) conceder licença aos Magistrados;

c) fixar os dias e horários de suas sessões;

d) determinar correições ou sindicâncias nas Varas do Trabalho;

e) remeter às autoridades competentes cópia de documentos que revelem fato criminoso sujeito à ação pública incondicionada, ou fato de infração administrativa;

f) determinar às Varas a realização dos atos processuais e diligências necessárias ao julgamento dos processos sob sua apreciação, como também, para esse fim, requisitar às autoridades competentes as providências necessárias, representando contra as recalcitrantes;

g) fiscalizar o cumprimento de suas decisões e exercer atribuições que decorram da sua jurisdição;

h) autorizar a denominação dos Fóruns, bem como a colocação de retratos e placas nas respectivas dependências;

i) decidir sobre a outorga de homenagem da Ordem do Mérito Judiciário do Trabalho.

Cabe ainda decidir sobre questões administrativas envolvendo quaisquer faltas ao serviço cometidas pelos servidores ou diferenças remuneratórias de Juízes e servidores; sobre pedido de afastamento dos Juízes para participação em cursos, congressos ou seminários.

Na última sessão administrativa de novembro, deve definir o planejamento da produção jurisdicional do ano seguinte, a partir de dados objetivos que comportem a projeção do crescimento vegetativo das demandas.

Finalmente, a responsabilidade em deliberar sobre a justiça itinerante também é do Órgão Especial.

Constitucionalmente, os Órgãos Especiais poderão ter no máximo vinte e cinco membros e no mínimo onze para o exercício das atribuições administrativas e jurisdicionais delegadas da competência do tribunal pleno, que poderá ser total ou parcial. A maioria que possui o órgão faz total, reservando apenas as eleições, posses e sessões solenes ao Pleno.

3.1.3. Eleição e Posse — Cargos de Gestão

Os cargos de gestão ou de direção do Tribunal, Presidente, Vice-Presidente Administrativo, Vice-Presidente Judicial e Corregedor, serão escolhidos por seus pares em eleição direta, com votação secreta e obrigatória pelos presentes, separadamente e nessa ordem, dentre os Desembargadores elegíveis, a cada dois anos.

São elegíveis os Desembargadores que integrarem o Tribunal Pleno há cinco anos ou mais na data do sufrágio, ou seja, no dia efetivamente da eleição designada e que deve ocorrer no dia primeiro de agosto dos anos pares ou no primeiro dia útil seguinte, os quais deverão se inscrever até oito dias anteriores, sendo admitida a inscrição simultânea para mais de um cargo em ordem sucessiva.

Não havendo inscrição dentre os elegíveis, a qualquer dos cargos, o rol de concorrentes será completado pela ordem decrescente de antiguidade. Havendo renúncia em número que comprometa a escolha por eleição, todas as renúncias serão excluídas e todos os desembargadores desimpedidos se tornarão elegíveis.

São considerados inelegíveis, os Desembargadores que tiverem exercido quaisquer cargos de direção por quatro anos, ou o de Presidente, até que se esgotem todos os nomes na ordem de antiguidade. O impedimento não se aplicará ao Desembargador que completar período de mandato inferior a um ano.

Para se considerar eleito, deverá haver o voto da maioria absoluta dos votos em primeiro escrutínio; caso contrário, se esse *quorum* não for atingido, os dois mais votados concorrerão a novo pleito em seguida e eleito será o mais votado e, na eventualidade de empate, considerar-se-á eleito o mais antigo.

A posse dos eleitos se dará no dia primeiro de outubro ou no primeiro dia útil seguinte, perante o Tribunal Pleno.

Na hipótese de vacância de qualquer dos cargos antes de concluído o primeiro ano, a eleição deverá se processar na sessão seguinte à ocorrência da vaga, que deverá ocorrer no prazo máximo de trinta dias do evento, completando o Desembargador eleito o período de mandato do seu antecessor, devendo o eleito, assumir imediatamente o cargo. Nesta eleição, poderão concorrer os demais Desembargadores que estejam desempenhando cargo de direção, desde que não estejam impedidos, como na hipótese de já terem exercido aquele cargo anteriormente ou mesmo o de Presidente.

Os dirigentes eleitos deverão ter acesso a relatórios das atividades administrativas, devidamente atualizados pelos os que estiverem em exercício e em até dez dias após a eleição.

3.1.4. Presidência do Tribunal

3.1.4.1. Competência

Toda a competência do Presidente vem explicitada no art. 70 do Regimento Interno e, em síntese, cabe-lhe superintender todo o serviço judiciário e administrativo do Tribunal, representando-o interna e externamente em todos os sentidos.

O Presidente pode delegar algumas de suas funções a outros membros do Tribunal, bem como a servidores, tal como normalmente ocorre com a ordenação de despesas, que geralmente é atribuída ao Diretor-Geral.

Da mesma forma, outros atos dependem da aprovação do Tribunal Pleno, os quais, se praticados *ad referendum*, devem ser referendados dentro de noventa dias, sob pena de perder a eficácia, não gerando nenhum efeito e ficando vedada sua renovação.

3.1.5. *Vice-Presidência Administrativa*

3.1.5.1. *Competência*

Compete-lhe, principalmente, substituir o Presidente do Tribunal em suas ausências ou impedimentos e ser relator nato em processos administrativos, inclusive de competência originária do Órgão Especial ou do Pleno, à exceção de processos de representação disciplinar.

Atua igualmente como Relator, nos recursos interpostos contra decisões em matéria administrativa de competência do Presidente do Tribunal, pois que este não tem qualquer atribuição a título de Relator ou mesmo de Revisor.

Em todos processos relatados, o Vice-Presidente Administrativo terá direito a voto.

Finalmente, poderá receber atribuições administrativas delegadas pelo Presidente do Tribunal.

3.1.6. *Vice-Presidência Judicial*

3.1.6.1. *Competência*

O cargo de Vice-Presidente Judicial é próprio do Tribunal de São Paulo e está sendo seguido hoje por alguns outros, como ocorre com Campinas (15ª Região), embora cada qual com competências distintas previstas em seus respectivos regimentos.

Em São Paulo, sua criação deu-se em época em que ocorriam muitas greves na Região e o Tribunal abrangia jurisdicionalmente todo o Estado de São Paulo e, portanto, era necessário que um Desembargador ocupando cargo de gestão da importância de uma Vice-Presidência ficasse à frente para mediação coletiva.

Regimentalmente compete ao Vice-Presidente Judicial: a) participar das sessões de julgamento da Seção Especializada em Dissídios Coletivos, presidindo-a na ausência do Presidente do Tribunal e na de seu Presidente; convocar e presidir as audiências de conciliação e de instrução de dissídios coletivos; auxiliar o Presidente do Tribunal nos despachos em geral; despachar as petições, nos casos de urgência, nas Seções Especializadas ou nas Turmas, desde que a ausência do Relator esteja certificada nos autos por tempo que lhe impeça de despachar antes de serem evitados os prejuízos pela demora; exercer outras atribuições que, de comum acordo com a Presidência do Tribunal, lhe sejam delegadas.

Como se verifica, a participação dele das sessões de julgamento da SDC não é obrigatória, mas se o fizer, não a presidirá, pois a Seção tem seu Presidente eleito dentre os seus pares. O Presidente nato desta Seção é somente o Presidente do Tribunal, e o Vice Judicial somente a presidirá se houver ausência dos dois ou, ainda, do eleito e se o Presidente do Tribunal não estiver presente.

Muitos Advogados desconhecem que é o Vice-Presidente Judicial, competente para despachar petições em caso de urgência para processos que tramitam nas Seções Especializadas ou nas Turmas, nas condições previstas no Regimento supramencionadas, nas ausências dos relatores. Outros entendem que sua competência é para todos os atos jurisdicionais do Tribunal, o que é um engano, como vimos.

3.1.7. *Corregedoria Regional*

3.1.7.1. *Competência*

O Corregedor tem o direito regimental de escolher, dentre os seus pares do Tribunal, Desembargador para que seja seu Corregedor Auxiliar.

A competência da Corregedoria é basicamente correcional administrativa, disciplinar e impositiva de normas jurisdicionais, de validade obrigatória regional.

Compete objetivamente ao Corregedor Regional:

I — exercer correição nas Varas e em todas as unidades de serviço de primeiro grau, obrigatoriamente, uma vez por ano;

II — realizar, de ofício, a requerimento ou por determinação do Tribunal Pleno, correições extraordinárias e inspeções nas Varas e nas demais unidades de serviço de primeiro grau;

III — conhecer das representações e das reclamações relativas aos serviços judiciários de primeiro grau, determinando ou promovendo diligências que se fizerem necessárias;

IV — processar, instruir e julgar correições parciais e pedidos de providências, proferindo decisão dentro de dez dias contados da conclusão;

V — exercer permanente vigilância sobre serviço judiciário de primeiro grau, seja quanto à omissão dos deveres ou quanto ao cometimento de abusos, especialmente sobre descumprimento dos prazos de decisão pelos Juízes;

VI — providenciar sindicâncias e proposição de processos administrativos nas matérias de sua competência;

VII — fiscalizar a assiduidade e diligência dos Juízes de primeiro grau;

VIII — baixar provimentos, recomendações, ordens de serviço e portarias de observação obrigatória pelos Juízes e pelas demais unidades de serviço de primeiro grau;

IX — propor ao Órgão Especial a alteração e a fixação da jurisdição das Varas, assim como a transferência da sede de um Município, conforme a necessidade de agilização da prestação jurisdicional;

X — instituir o regime de recuperação correcional em Vara, regulando sua duração e funcionamento;

XI — propor a instauração de procedimento disciplinar contra Juiz de primeiro grau e servidores;

XII — referir ao Tribunal Pleno o que consta no prontuário dos Juízes em processos de vitaliciamento, promoção, remoção, permuta, licença ou disciplinar, bem como sempre que solicitado;

XIII — apresentar ao Tribunal Pleno, anualmente, para ciência, relatório das correições ordinárias realizadas e atividades da Corregedoria Regional, até a última sessão de fevereiro do ano subsequente;

XIV — realizar, no âmbito de sua competência, sindicâncias e medidas indispensáveis ao bom funcionamento da Corregedoria Regional e da respectiva Secretaria;

XV — apresentar ao Tribunal Pleno, para ciência e deliberação, relatório da produtividade dos Juízes de primeiro grau, destacando: data, lotação, sentenças proferidas e decisões em atraso;

XVI — exercer outras atribuições administrativas que, de comum acordo com a Presidência do Tribunal, lhe sejam delegadas;

XVII — indicar ao Presidente do Tribunal o nome do Desembargador Auxiliar da Corregedoria Regional dentre os Desembargadores;

XVIII — ser Relator, com direito a voto, nos agravos regimentais contra suas decisões.

Muitos confundem reclamação correcional com representação em relação aos Juízes de primeira instância. A primeira é quando se referem às atividades jurisdicionais em audiência ou em processos, subvertendo a boa ordem processual ou não aplicando o devido processo legal à questão jurídica apresentada, e a segunda é quanto à atividade disciplinar do Juiz, ou seja, quando não atua com ética e urbanidade.

Importante salientar a competência da Corregedoria de instituir o regime de recuperação correcional em Vara do Trabalho, regulando sua duração e funcionamento, como já ocorreu, recompondo toda a atividade jurisdicional da Vara e tirando o atraso de mais de mil sentenças que se encontravam engavetadas, além de promover representação disciplinar contra o responsável.

3.1.7.2. Auxiliar da Corregedoria

Nomeação facultativa ao Corregedor Regional, mas que obrigatoriamente deve ser um Desembargador, que trabalhará em dedicação exclusiva e em regime de cooperação com o Corregedor Regional em todas as tarefas inerentes à função correcional, assumindo as atribuições que, de comum acordo, lhe forem delegadas.

O Auxiliar permanece livre de distribuição processual, para que possa exercer plenamente suas atribuições especiais.

3.1.8. Seções Especializadas

3.1.8.1. Generalidades

O Tribunal é dividido em nove Seções Especializadas, sendo uma para dissídios coletivos (SDC) e oito para dissídios individuais (SDI) de competência para processos originários, que devem ter origem diretamente na instância.

As Seções se compõem de dez Desembargadores, sendo que a SDC também é integrada pelo Presidente e Vice-Presidente Judicial do Tribunal. Comparecendo o Presidente do Tribunal à Sessão, a ele caberá presidi-la.

O *quorum* de instalação é de seis Desembargadores, decidindo-se sempre pela maioria simples. Não havendo número suficiente para a instalação, poderão ser convocados pelo Presidente da Seção, Desembargadores de outras Seções, respeitada a antiguidade decrescente, lavrando-se nos respectivos autos, certidão dos impedimentos sucessivos até a validação do nome do convocado, para que haja plena demonstração da lisura na substituição efetuada.

As pautas são publicadas no órgão oficial com antecedência mínima de cinco dias.

As Seções poderão requisitar às autoridades competentes as diligências necessárias aos esclarecimentos dos processos; determinar às Varas do Trabalho a realização de diligências necessárias ao julgamento dos processos sob sua apreciação; declarar nulidades decorrentes de atos praticados com infração de suas decisões; impor multa e demais penalidades relativas aos atos de suas competências; remeter às autoridades competentes cópia de documentos que revelem fato criminoso sujeito à ação pública incondicionada, ou fato de infração administrativa; fiscalizar o cumprimento de suas próprias decisões; e, finalmente, exercer, no interesse da Justiça do Trabalho, as demais atribuições que decorram da sua jurisdição.

Os Presidentes das Especializadas são eleitos por seus respectivos pares a cada dois anos, no primeiro dia após a posse dos eleitos para os cargos de direção do Tribunal, competindo-lhes precipuamente presidir as sessões, dirigir os trabalhos, votar com os demais Desembargadores e proclamar os resultados.

3.1.8.2. Seção Especializada de Dissídios Coletivos — SDC

É importantíssima a atividade da Seção em Dissídios Coletivos, pois tem sob sua competência jurisdicional exclusiva e originária os dissídios coletivos de natureza econômica ou jurídica, bem como as revisões de sentenças normativas, extensão das decisões proferidas em dissídios coletivos e ações anulatórias de Convenção ou de Acordo Coletivo.

O Vice-Presidente Judicial tem por incumbência, como se verificou, presidir as audiências de instrução e de conciliação dos dissídios coletivos. Havendo acordo, a homologação deve ser feita pela Seção Especializada, com Desembargador Relator sorteado, que poderá ser ratificado ou não.

Todos os Tribunais que funcionarem divididos em Grupos de Turmas devem ter uma Seção ou Turma com competência especializada em dissídio coletivo, conforme dispõe o art. 6º da Lei n. 7.701/1988 que Dispõe sobre a especialização de Turmas dos Tribunais do Trabalho em processos coletivos e dá outras providências.

3.1.8.3. Seções Especializadas em Dissídios Individuais — SDI

São oito, identificadas por numeração ordinal, e funcionam com dez Desembargadores cada, sem qualquer vínculo com as Turmas às quais pertencem.

Os Presidentes são eleitos bienalmente e recebem distribuição normal, tal como seus pares componentes.

São auxiliadas por Secretaria, chefiada por secretário, que participa das sessões de julgamento para seus efeitos.

Têm por competência:

I — originariamente processar e julgar:

a) ação rescisória de sentenças, acórdãos das Turmas e de seus próprios acórdãos;
b) mandado de segurança contra atos judiciais de seus Desembargadores ou de Juiz de primeiro grau;
c) *habeas corpus*, quando a autoridade coatora for Juiz de primeiro grau;
d) agravo contra decisões monocráticas dos Desembargadores da Seção;
e) restauração de autos de processos de sua competência;
f) incidentes de falsidade nos processos de sua competência;
g) embargos de declaração opostos aos seus acórdãos;
h) habilitações incidentais nos processos de sua competência.

II — em única instância processar e julgar:

a) conflitos de competência entre os Juízes de primeiro grau;

b) embargos de declaração opostos aos seus acórdãos;

c) suspeições e impedimentos arguidos contra seus Desembargadores, nos processos pendentes de sua decisão;

d) medidas cautelares nos processos de sua competência;

e) exceções de incompetência que lhe forem opostas.

3.1.9. Turmas

As Turmas, em número de dezoito, são formadas por cinco Desembargadores e identificadas por numeração ordinal.

A Turma funciona com a presença de três Desembargadores. Durante o julgamento, se um Desembargador não puder atuar por impedimento, suspeição ou ausência, será formado o *quorum* com o que lhe seguir na ordem de votação.

As sessões ordinárias das Turmas, com acesso permitido ao público, terão lugar em dias úteis e início, preferencialmente, às 13:00 hs, de acordo com as pautas previamente organizadas e publicadas no Diário Oficial, com antecedência mínima de oito dias.

Sempre que necessário, a Turma poderá reunir-se extraordinariamente, mediante convocação do respectivo Presidente, em dias e horários previamente estabelecidos com os demais Desembargadores, caso em que a publicação da pauta no órgão oficial deverá ser feita com antecedência mínima de cinco dias.

Embora a Turma seja formada por cinco Desembargadores, o julgamento será feito com o voto de três Magistrados, sendo obrigatória a participação de, no mínimo, um Desembargador na formação com Juízes convocados.

Houve época que havia Juízes convocados, independentemente de estar substituindo ou cobrindo vaga e nessas oportunidades, não se poderia julgar com três deles apenas.

Hoje, há ainda quem entenda que convocados podem ser aqueles que são chamados pelo Presidente para substituir Desembargadores em férias por mais de trinta dias ou em licenças de qualquer espécie ou ainda em vagas ainda não preenchidas por promoção ou pelo quinto constitucional. Entretanto, estas convocações devem ser feitas apenas entre os Juízes que são eleitos nos meses de novembro de cada ano, para substituírem no Tribunal no ano seguinte e, de preferência, nas Turmas escolhidas, o que afastaria a necessidade de se ter um Desembargador dentre os três para haver julgamento de um processo. A necessidade é de Desembargador, dentre os cinco componentes da Turma, para presidi-la e consequentemente as sessões.

As Turmas são auxiliadas por secretarias próprias, com o seu respectivo secretário, que atua nas sessões para os devidos efeitos.

Compete às Turmas:

I — julgar:

a) Recursos Ordinários contra sentenças proferidas pelos Juízes do Trabalho;

b) Agravos de Petição contra sentenças proferidas em execução pelos Juízes do Trabalho;

c) Agravos de Instrumento contra o indeferimento de recursos;

d) Embargos de Declaração opostos aos seus acórdãos;

e) Exceções de suspeição, de impedimento ou de incompetência;

f) Habilitações nos processos pendentes de sua decisão;

g) Agravos regimentais nos processos de sua competência;

h) Medidas cautelares.

II — julgar, em instância única, restauração de autos de processos de sua competência.

3.1.10. Varas do Trabalho

3.1.10.1. Generalidades

Como órgãos de primeira instância, são as Varas do Trabalho com jurisdição e competência fixada por lei federal, na forma do art. 650 e seguintes da CLT, estendendo-se, às vezes, por mais de uma Comarca ou Município, dependendo do número de habitantes e das necessidades locais.

A jurisdição de uma Vara, exercida por um Juiz do Trabalho, não se confunde com a civil ou criminal, tanto que em algumas localidades, que não são abrangidas pela jurisdição trabalhista, ela é exercida pelo Juiz de Direito da Comarca.

Até a promulgação da Emenda Constitucional n. 24/99, as Varas do Trabalho chamavam-se Juntas de Conciliação e Julgamento.

Juntas porque eram compostas por três Juízes: um togado de carreira que necessariamente as presidiam e dois classistas temporários, sendo um representante dos empregados e outro dos empregadores, com mandatos de três anos, com possibilidade de uma renovação. Esses Juízes Classistas não precisavam ser bacharéis em direito ou mesmo possuir qualquer curso superior, técnico ou secundário. Bastava pertencerem a um Sindicato, serem eleitos e nomeados livremente pelo Presidente do Tribunal Regional.

Portanto, o juízo do Trabalho em primeira instância, desde a Emenda Constitucional e a extinção total dos Juízes Classistas, é monocrático, de responsabilidade de um Juiz do Trabalho, concursado e nomeado pelo Presidente do Tribunal Regional.

A 2ª Região conta atualmente com duzentas e trinta uma Varas.

Várias das Varas foram instaladas pelo sistema virtual com a implantação do processo judicial eletrônico (PJe) na Justiça do Trabalho. As novas instalações foram feitas ao longo de um período relativamente longo em razão da necessidade de locações e adaptações de prédios, enquanto que o aumento de Desembargadores no Tribunal, de sessenta e quatro para noventa e quatro, cujas vagas foram preenchidas de imediato com a convocação de Juízes de Primeira Instância, permitindo a redistribuição de todo o passivo de processos em fase recursal entre todos, dando ensejo a maior celeridade nos julgamentos.

Varas, para efeito administrativo e designações de Juízes Substitutos, são localizadas em cinco Circunscrições, sendo a primeira na Capital, com dois fóruns distritais:

1ª — Capital: Centro (Ruy Barbosa), Zona Leste e Zona Sul.

2ª — ABC: Sto. André, Diadema, S. Bernardo do Campo, Mauá e São Caetano;

3ª — Santos: Santos, São Vicente, Guarujá, Cubatão, Praia Grande, Ribeirão Pires e Bertioga;

4ª — Osasco: Osasco, Barueri, Itapevi, Cotia, Taboão da Serra, Carapicuíba, Santana de Parnaíba, Embu das Artes, Cajamar, Itapecerica da Serra, Jandira, Franco da Rocha, Caieiras e Ibiúna;

5ª — Guarulhos: Guarulhos, Itaquaquecetuba, Mogi das Cruzes, Ferraz de Vasconcelos, Suzano, Poá e Arujá;

3.1.10.2. Atribuições Primárias — Funcionalidade

Mesmo não se tratando mais de Juntas de Conciliação e Julgamento, as Varas do Trabalho continuam tendo, como uma de suas atribuições legais, a tentativa de conciliação entre as partes litigantes, proposta obrigatoriamente pelo próprio Juiz do Trabalho, para então, na hipótese de recusa, passar à instrução e julgamento do feito, como órgão integrante da Justiça do Trabalho e, portanto, do Poder Judiciário.

Por ser uma atribuição legal da Vara e princípio da própria Justiça do Trabalho é que com frequência ocorre a insistência do juízo na realização de acordo e que, na maioria das vezes, é benéfico às partes. Ao reclamante, pois, há o recebimento do valor que vai lhe ajudar em sua manutenção pessoal e da família e que às vezes é premente e inadiável. Para o empregador, não necessitará voltar em novas audiências, o que representa para ele economia de tempo e até monetária, pois estará livre de apresentar testemunhas, que quase sempre são seus empregados, que naquele dia deixarão de produzir, e terá da mesma forma retribuindo-os em forma de salário.

O Conselho Nacional de Justiça, desde 2006 e mais acentuadamente em 2008, vem incentivando em todos os Tribunais Brasileiros a cultura da negociação, mediação e conciliação, como modo de agilizar a solução dos litígios ou, ainda, para que não haja judicialização deles. O TRT de São Paulo está engajado nesse movimento, participando e promovendo programas permanentes e específicos, com grande aceitação pelos jurisdicionados e Advogados em geral.

Nas localidades onde não há jurisdição de uma Vara do Trabalho, o Juiz de Direito acumula a competência sobre os feitos trabalhistas, que, em grau de recurso, são encaminhados ao Tribunal Regional do Trabalho com jurisdição naquele território (local).

Os artigos da CLT que ainda dispõem sobre Juntas de Conciliação e Julgamento ou mesmo sobre Vogais ou Juízes Classistas devem ser considerados revogados ou derrogados, aplicando-se apenas o que não contraria o funcionamento ou as atividades de uma Vara, dirigida por um Juiz Togado, seja na condição de Titular, Substituto ou Auxiliar.

O § 1º do art. 649 da CLT foi tacitamente revogado pela lei que deu nova redação ao art. 894 do mesmo diploma legal que trata dos recursos de embargos e, portanto, inaplicável sob qualquer forma, já que não há nenhum recurso atualmente que possa ser apreciado pela própria Vara. Por outro lado, embargos declaratórios, que devem ser decididos pelo próprio órgão que prolatou a decisão e na hipótese a Vara, não se confundem com os embargos mencionados pelo referido parágrafo, pois não são classificados tecnicamente como recursos, como eram os revogados tacitamente.

A Secretaria da Vara é dirigida por um servidor identificado funcionalmente por Diretor, livremente indicado pelo Juiz Titular da Vara para esse fim, com curso superior e de preferência bacharel em direito, com cursos feitos na Escola da Magistratura do Tribunal e escolhido no Quadro de Servidores do Tribunal, portanto, devidamente qualificado para tanto.

O Juiz do Trabalho, responsável pela Vara, é o Corregedor nato dos trabalhos desenvolvidos na unidade.

3.1.11. Varas Distritais

Por Resolução Administrativa (01/2013) o Tribunal estabeleceu a divisão da jurisdição das Varas do Trabalho do Município de São Paulo, conforme aprovação pelo Órgão Especial em Sessão Administrativa Ordinária realizada em 18 de fevereiro de 2013.

A divisão despertou contrariedade principalmente por advogados militantes na Justiça do Trabalho mas que tiveram de aceitar, em razão de confirmação ofertada pelo Conselho Superior da Justiça do Trabalho e do Conselho Nacional de Justiça, com força nos fundamentos apresentados pelo Tribunal, privilegiando o acesso à Justiça de parcela considerável de jurisdicionados, de implantação de Varas Virtuais pelo PJe-JT, garantindo desse modo maior agilidade nas soluções trabalhistas.

A Resolução dividiu o município de São Paulo em cinco regiões:

A — Centro Expandido, delimitada pelas Subprefeituras da Sé, Moóca, Lapa, Pinheiros, Ipiranga e Vila Mariana.

B — Zona Leste, delimitada pelas Subprefeituras de Aricanduva, Cidade Tiradentes, Ermelino Matarazzo, Guaianazes, Itaquera, Itaim Paulista, São Miguel, Penha, São Mateus e Vila Prudente.

C — Zona Norte, delimitada pelas Subprefeituras da Casa Verde, Freguesia do Ó, Jaçanã, Vila Maria, Pirituba, Perus e Santana.

D — Zona Oeste, delimitada pela Subprefeitura do Butantã.

E — Zona Sul, delimitada pelas Subprefeituras de Cidade Ademar, Campo Limpo, Capela do Socorro, Jabaquara, M'Boi Mirim, Parelheiros e Santo Amaro.

A apresentação das ações trabalhistas deverá observar os limites territoriais de cada Subprefeitura e as faixas do Código de Endereçamento Postal (CEP) correspondentes, bem como as disposições do art. 651 da CLT.

3.1.12. Justiça Itinerante — Turmas Regionais — Especialização de Turmas

Há previsão legal e regimental para a instalação, mas efetivamente no Tribunal Regional do Trabalho de São Paulo não existem.

Justiça Itinerante, seja de âmbito municipal ou distrital, é interessante para regiões extensas, com Varas ou localidades de difícil acesso e com grande potencialidade de afluência judiciária trabalhista. Muitas vezes é dificultosa a criação de uma Vara, que deve ser por lei federal e, portanto, dependente do Congresso Nacional; desse modo, é mais fácil e rápido fazê-la administrativamente, como se fosse o prolongamento de uma Vara já existente, ocupando bens comunitários da localidade necessitada. Particularmente favorável a essa instalação ou até mesmo de posto avançado nos extremos da Capital de São Paulo, como existe, entretanto, aquém do necessitado na zona sul, em razão da locomoção de reclamantes, testemunhas e mesmo Advogados, é dificultoso chegar até o Fórum Ruy Barbosa, onde se concentram todas as Varas.

O mesmo se diga com as Turmas Regionais que seriam para o segundo grau. É igualmente desaconselhável para qualquer Região e aqui, com um agravante, com o deslocamento da estrutura necessária de Tribunal para o funcionamento de uma Turma e, consequentemente, ainda restariam as Seções Especializadas para completar. A facilidade não seria para o acesso de reclamantes à Justiça como aconteceria com a Justiça Itinerante, mas apenas para os Advogados que atuariam em segunda instância e que são poucos que se dispõem a isso, basta ver as estatísticas de São Paulo em relação às regiões que eventualmente comportariam Turmas Regionais.

Finalmente, a especialização de Varas ou Turmas também não se aconselha, pois retira da vala comum unidades julgadoras de processos comuns que são numerosíssimos em relação a processos considerados especiais e que poderiam merecer uma especialização. O que se pode fazer é o que se experimentou em São Paulo com bastante sucesso, ou seja, Juízo Auxiliar, que com Juízes Substitutos, locados em chamadas Varas Auxiliares, atua para auxiliar todas as Varas da Região em diversos seguimentos em que haja necessidade.

4. TRIBUNAL REGIONAL — 15ª REGIÃO — CAMPINAS

É considerado um Tribunal relativamente novo no contexto do judiciário nacional trabalhista e já ocupa o segundo lugar em movimentação processual do país.

É composto por cinquenta e cinco Desembargadores, que igualmente são Federais e do Trabalho, com o quinto constitucional advindo da Procuradoria Regional do Trabalho, com sede em Campinas, e da Ordem dos Advogados do Brasil.

4.1. ÓRGÃOS DO TRIBUNAL

A configuração do Tribunal difere ligeiramente da do Tribunal de São Paulo, no que se refere às Turmas, que se subdividem em Câmaras e nas Vice-Presidências, como se verá.

São considerados Órgãos do Tribunal:

I — o Tribunal Pleno;

II — o Órgão Especial;

III — a Presidência;

IV — a Corregedoria;

V — as Seções Especializadas;

VI — as Turmas e respectivas Câmaras;

VII — a Escola Judicial;

VII — a Ouvidoria.

Constituem cargos de direção do Tribunal os de Presidente, Vice-Presidente Administrativo, Vice-Presidente Judicial, Corregedor Regional e Vice-Corregedor Regional.

A eleição dos cargos de direção obedece os mesmos critérios dos demais Tribunais, diferindo apenas no número dos candidatos mais antigos, que são cinco, em razão de serem cinco os cargos disputados.

4.1.1. Tribunal Pleno

É constituído pela totalidade dos Desembargadores, com Presidente do Tribunal eleito, que, nos casos de impedimento, é substituído sucessivamente, pelos Vice-Presidentes Administrativo e Judicial, ou pelo Desembargador mais antigo e elegível, em exercício.

Possui competência

I — Em matéria judiciária:

a) processar e julgar originariamente:

1. arguições de inconstitucionalidade de lei ou de ato do poder público, quando acolhidas pelo Órgão Especial, pelas Seções Especializadas, pelas Câmaras, ou quando opostas em processos de sua competência originária;
2. as ações rescisórias de seus próprios acórdãos;
3. *habeas corpus* e mandados de segurança contra seus próprios atos e do seu Presidente, nesta qualidade;
4. incidentes de uniformização da jurisprudência em dissídios individuais;

b) processar e julgar nos feitos de sua competência, principalmente:

1. exceções de suspeição e impedimento de seus Desembargadores;
2. exceções de incompetência que lhe forem opostas;
3. restaurações de autos;
4. habilitações incidentes e as arguições de falsidade;
5. agravos regimentais e os agravos internos;
6. embargos de declaração opostos aos seus acórdãos;

II — Em matéria administrativa:

a) aprovar e alterar, as disposições regimentais;

b) eleger e dar posse aos membros da direção do Tribunal;

c) eleger e dar posse aos membros do Órgão Especial;

d) compor, para promoção por merecimento, as listas tríplices dos Juízes e indicar Juiz para promoção por antiguidade;

e) organizar as listas tríplices dos candidatos ao preenchimento de vagas destinadas ao quinto constitucional;

f) elaborar, anualmente e mediante votação pública e fundamentada, lista de Juízes Titulares das Varas do Trabalho, destinada à convocação para substituição no Tribunal;

g) constituir comissões;

h) eleger e dar posse ao Diretor e ao Vice-Diretor da Escola Judicial;

i) fixar os dias e horários de suas sessões ordinárias, assim como do funcionamento dos demais órgãos do Tribunal;

III — editar, modificar ou revogar Súmula da Jurisprudência predominante, ou Tese Prevalecente, em dissídios individuais, exceto em matéria de competência das Seções Especializadas;

IV — resolver as dúvidas que lhe forem submetidas pelo Presidente ou por seus Desembargadores, sobre a ordem dos trabalhos ou a interpretação e execução do Regimento.

Seguem os incisos sobre a competência do Tribunal Pleno discriminados no art. 20 do Regimento Interno, desnecessários para os efeitos didáticos processuais.

4.1.2. Órgão Especial

É formado por vinte e cinco membros: Presidente do Tribunal, doze Desembargadores mais antigos e doze eleitos.

Os mandatos serão de dois anos, permitida a reeleição; eventual renúncia à eleição deve ser manifestada anteriormente.

O Regimento silencia quanto à necessidade preconizada pelo Conselho Nacional da Magistratura da observação da proporcionalidade entre os integrantes do Órgão, conforme disposto na Constituição Federal, entre os Desembargadores de carreira e os oriundos do quinto, tanto da Procuradoria como também da Advocacia.

O *quorum* de deliberações é de catorze membros, deduzidos os afastamentos legais e regimentais.

A competência do Órgão Especial é mais extensa do que a de São Paulo, como se pode concluir:

I — Em matéria judiciária:

a) Processar e julgar originariamente:

— quaisquer conflitos de competência, jurisdição e atribuições envolvendo os órgãos do Tribunal e os Desembargadores que os integram, ressalvada a competência prevista nos arts. 29, XX, 47, § 3º, 49, § 2º, 49-B, § 2º, e 51, § 2º;

— *habeas corpus*, *habeas data* e mandado de segurança em processos de sua competência e contra os atos do Presidente do Tribunal, Vice-Presidente Administrativo, Vice-Presidente Judicial, Corregedor Regional, Vice-Corregedor Regional, assim como nas questões administrativas, contra os atos de suas Seções Especializadas, de suas Turmas, de quaisquer de seus órgãos, de seus Desembargadores, de Juízes de primeiro grau e de seus servidores;

— agravos regimentais, nas hipóteses do art. 281, II, do RI;

— ações rescisórias de seus acórdãos;

— mandado de segurança contra atos praticados pelos membros de Comissão de Concurso;

— habilitações **incidentes**, arguições de falsidade, exceções de impedimento e de suspeição vinculadas a processos pendentes de sua decisão;

— agravos de petição, nos casos previstos no § 2º do art. 263 do RI, assim como aqueles decorrentes da execução da decisão proferida na ação rescisória, aplicando-se o disposto no art. 54, II, do mesmo Regimento;

— demais exceções de suspeição e impedimento opostas contra Juízes de 1º grau não enquadradas nas competências dos órgãos fracionários, aplicando-se, no que couber, as disposições do citado art. 54, inciso XX;

b) deliberar sobre as demais matérias jurisdicionais não incluídas na competência dos outros órgãos do Tribunal;

c) processar e julgar nos feitos de sua competência:

— exceções de suspeição e impedimento de seus Desembargadores;

— exceções de incompetência que lhe forem opostas;

— restaurações de autos;

— habilitações incidentes e arguições de falsidade;

— agravos regimentais e agravos internos;

— embargos de declaração opostos aos seus acórdãos;

II — Em matéria administrativa:

— processar e julgar questões e recursos, originários de atos do Presidente do Tribunal, da Corregedoria, de quaisquer de seus Desembargadores, dos Juízes de primeiro grau e de seus servidores;

— deliberar, referendar e determinar o processamento de:

— exoneração e aposentadoria de Desembargadores;

— promoções, remoções voluntárias e permutas de Juízes Titulares das Varas do Trabalho e Juízes Substitutos;

— exercer disciplina sobre os Juízes de primeira instância e julgar os processos disciplinares em que sejam partes, garantida sempre a ampla defesa;

— determinar, nos casos de interesse público, a remoção, a disponibilidade ou a aposentadoria de Juízes de 1ª Instância, assim como a disponibilidade ou aposentadoria de membro do próprio Tribunal;

— deliberar sobre proposta de não vitaliciamento ou perda do cargo de Juiz não vitalício;

— aprovar listas de antiguidade preparadas anualmente pelo Presidente do Tribunal, conhecendo das reclamações contra elas oferecidas, nos quinze dias seguintes à sua publicação oficial;

— fixar e rever as diárias e ajudas de custo do Presidente, do Vice-Presidente Administrativo, do Vice-Presidente Judicial, do Corregedor Regional, do Vice-Corregedor Regional, dos Desembargadores Federais do Trabalho, dos Juízes de primeira instância e dos servidores;

— apreciar e decidir os pedidos de remoção de Turmas, Câmaras e Seções Especializadas entre os Desembargadores, observada a ordem de antiguidade entre os interessados que tenham apresentado o requerimento no prazo de dez dias, contados da publicação do respectivo edital, noticiando a abertura da vaga;

— deliberar sobre a definição das circunscrições judiciárias, com a finalidade de distribuição e lotação dos Magistrados de primeiro grau, mediante proposta da Corregedoria Regional;

— deliberar sobre a alteração e estabelecimento da jurisdição das Varas do Trabalho, assim como a transferência de sua sede de um Município para outro, visando à melhoria e agilização na prestação jurisdicional, mediante proposta da Corregedoria Regional;

— deliberar sobre as indicações para o cargo de Diretor de Secretaria e de Serviço de Distribuição de Feitos, assim como de Secretários das Seções Especializadas e das Turmas;

— deliberar sobre as demais matérias administrativas não incluídas na competência dos outros órgãos do Tribunal;

— conceder licenças para frequências em cursos ou seminários de aperfeiçoamento e estudos;

— aprovar as comissões de licitação;

— propor ao Tribunal Superior do Trabalho a criação, com a fixação dos vencimentos correspondentes, e a extinção de cargos ou funções, além de outros órgãos;

— estabelecer os critérios, designar as comissões, aprovar as instruções, a classificação final dos candidatos, a prestação de contas dos concursos para provimento dos cargos de Juiz do Trabalho Substituto e de servidores do quadro de pessoal — os concursos terão validade por até dois anos, prorrogável uma vez por igual período; autorizar a denominação dos Fóruns e prédios;

— deliberar sobre pedido de residência fora da respectiva jurisdição ou circunscrição.

— aprovar o regulamento da secretaria e serviços auxiliares, assim como as alterações necessárias.

— organizar seus serviços auxiliares

— fixar os dias de suas sessões;

— convocar Desembargador para a formação de *quorum*, respeitada a ordem de antiguidade;

— editar resoluções, provimentos e outros atos;

— praticar outros atos necessários ao bom funcionamento da Justiça do Trabalho da 15ª Região, assim como deliberar o que for cabível, nos casos não previstos neste Regimento;

— fiscalizar o cumprimento de suas decisões, declarando a nulidade dos atos contra elas praticados;

— dar ciência à Corregedoria de atos considerados atentatórios à boa ordem processual;

— determinar às Varas do Trabalho a realização dos atos processuais e das diligências necessárias ao esclarecimento dos feitos sob sua apreciação;

— requisitar às autoridades competentes as diligências necessárias ao esclarecimento dos feitos sob sua apreciação, representando contra aquelas que não atenderem às requisições.

4.1.3. Presidência do Tribunal

O Presidente do Tribunal tem todas as atribuições corriqueiras de um sistema presidencialista, ou seja, convocar e presidir as sessões ordinárias e extraordinárias do Tribunal Pleno e Órgão Especial, além de representar o próprio Tribunal em todos os sentidos administrativos, sociais e judiciais. É quem nomeia e dá posse a Servidores e Juízes Substitutos e Titulares, bem como dá posse a Desembargadores nomeados pelo Presidente da República.

Inova o Regimento Campineiro, possibilitando ao Presidente, em decisão fundamentada e *ad referendum* do Órgão Especial suspender preventivamente Juiz não vitalício nas hipóteses de falta grave, manifesta negligência no cumprimento dos deveres do cargo, procedimento incompatível com a dignidade, a honra e o decoro de suas funções, de escassa ou insuficiente capacidade de trabalho, ou cujo proceder funcional seja incompatível com o bom andamento das atividades do Poder Judiciário.

Essa possibilidade torna mais célere eventual demissão de Juiz que comprovadamente demonstra não ter aptidão para a magistratura.

4.1.4. *Vice-Presidência Administrativa*

Precipuamente compete ao Vice-Presidente Administrativo substituir o Presidente no caso de férias, licenças e nos impedimentos ou ausências ocasionais.

É o Relator nato, como ocorre em São Paulo, dos processos administrativos dirigidos ao Tribunal Pleno e ao Órgão Especial. Tem ainda competência para atuar nos processos de natureza administrativa cujas decisões sejam da competência privativa dos Colegiados.

Preside a 3ª Seção de Dissídios Individuais, o que também difere de São Paulo, pois neste, o Vice não participa de qualquer Seção Especializada.

4.1.5. *Vice-Presidente Judicial*

Tem uma competência bastante diferenciada do Vice-Presidente Judicial de São Paulo. A ele cabe a distribuição dos feitos, o que em São Paulo é atribuição exclusiva do Presidente, que quando muito poderá delegá-la.

Outra competência que possui é decidir sobre quaisquer incidentes processuais, inclusive desistências e homologações de acordos, nos períodos de recesso do Tribunal, bem como quando os processos já tiverem sido julgados ou não tiverem sido ainda distribuídos, apreciando, liminarmente, mas de modo provisório e sem prejuízo de o Relator sorteado decidir, desde logo, sobre a concessão de pedido de liminar da ordem impetrada.

Os recursos de revista impetrados também estão sob sua responsabilidade para despacho de processamento ou não, como também os recursos interpostos dos acórdãos das Seções Especializadas e do Tribunal Pleno, além dos agravos de instrumento resultantes de despacho denegatório.

Finalmente, compete-lhe convocar e presidir audiências de conciliação e de instrução de dissídios coletivos por delegação do Presidente do Tribunal, participar das sessões de julgamento da Seção de Dissídio Coletivo e, na ausência do Presidente do Tribunal, presidi-la.

Como se conclui, a atividade do Vice-Presidente Judicial do Tribunal de Campinas é mais intensa e voltada ao judicial propriamente dito, individual e coletivo, lidando diretamente com processos, sessões, recursos etc.

4.1.6. *Corregedoria Regional*

A Corregedoria Campineira, regimentalmente, compõe-se pelo Corregedor Regional e pelo Vice-Corregedor Regional. Ambos têm as funções de inspeção e correição permanentes com relação aos Juízes de primeiro grau e respectivos órgãos e serviços.

A cada exercício de dois anos, ambos os Corregedores elaboram plano estratégico de gestão, apresentando-o no mês de março de cada ano ao Órgão Especial, prestando contas de seus resultados.

A Corregedoria conta com Secretaria que ordena e executa todos os serviços que são atinentes ao órgão, principalmente pela elaboração e publicação de estatística do movimento judiciário de primeira instância.

4.1.6.1. *Corregedor*

Compete ao Corregedor, principalmente:

— exercer, ordinariamente uma vez por ano ou extraordinariamente sempre que necessário, correição ou inspeção nas Varas do Trabalho, inclusive naquelas de caráter itinerante, nas Diretorias de foro, nos Serviços de Distribuição de Feitos de primeira instância e nas Centrais de Mandados, facultado tal procedimento por meio de informações fornecidas pelo sistema de dados;

— processar e apreciar pedidos de providências ou processar contra ato ou despacho de Juiz de primeira instância a reclamação correcional requerida pela parte e, se admitida, julgá-la no prazo de dez dias, após a instrução;

— processar representações alusivas aos serviços judiciários e auxiliares das Varas do Trabalho e as que envolverem Juiz do Trabalho, determinando e promovendo as medidas necessárias à regularidade do procedimento administrativo ou jurisdicional;
— apurar, de ofício ou mediante representação, ordenando, quando necessário, a imediata regularização ou as providências e as medidas adequadas, ao cumprimento de prazos legais pelos Juízes; à prática de atos ou omissões dos órgãos e serviços auxiliares, que devam ser corrigidos;
— baixar provimentos sobre matéria de sua competência, *ad referendum* do Órgão Especial e decidir as questões deles provenientes, bem como analisar e, se for o caso, cancelar ou mandar retificar portarias, ordens de serviço, instruções e outros atos de natureza administrativa baixados por Juízes de primeira instância e seus serviços auxiliares, quando contrariarem a lei ou Regimento do Tribunal;
— prestar informações sobre Juízes do Trabalho de primeira instância para os fins de acesso, promoção, remoção, permuta e aplicação de penalidades;
— expedir instruções normativas aos serviços auxiliares das Varas do Trabalho;
— instaurar, instruir e submeter à apreciação do Órgão Especial, nos casos de incorreção ou descumprimento de deveres e obrigações por parte de Juiz do Trabalho de primeira instância, assim como nos demais casos de faltas disciplinares, observado o princípio da ampla defesa;
— propor ao Órgão Especial, por motivo de interesse público, a instauração de processo administrativo contra Juízes do Trabalho de primeira instância, em casos de punição que possa importar a perda do cargo, remoção, disponibilidade e aposentadoria compulsória;
— comunicar ao Presidente do Tribunal a necessidade de decretar regime de exceção em Vara e de designar Juízes para responder pelo expediente judiciário, definindo normas a serem observadas durante a vigência do regime de exceção, mediante aprovação do Órgão Especial;
— realizar sindicâncias no âmbito de sua competência;
— decidir os conflitos de atribuições entre Juízes de primeiro grau;
— decidir os recursos dos atos de natureza administrativa praticados por Juízes de primeiro grau ou por servidores a eles vinculados, no âmbito das respectivas atribuições;
— presidir a 1ª Seção de Dissídios Individuais (1ª SDI);
— emitir parecer nos processos de vitaliciamento de Juízes.

4.1.6.2. Vice-Corregedor Regional

Campinas inova com a presença do Desembargador Vice-Corregedor Regional eleito juntamente com os demais membros gestores do Tribunal que, nos pequenos, se resumem a dois, ou seja, o Presidente que acumula o cargo de Corregedor, e Vice-Presidente; Tribunais médios possuem três, pois, ao Presidente e Vice-Presidente, é acrescentado o Corregedor. Poucos acrescentam a esses o Vice-Presidente Judicial.

São Paulo pode possuir o Auxiliar da Corregedoria na pessoa de um Desembargador escolhido pelo Corregedor, como já salientado anteriormente.

Em Campinas, portanto, pode se justificar pelo tamanho do território jurisdicional e o número de Varas do Trabalho existentes, tanto que o Vice, diferindo apenas em alguns aspectos, tem quase que as mesmas competências que o Corregedor, como segue:

— substituir o Corregedor nos casos de ausência ou impedimento;
— exercer, ordinariamente uma vez por ano ou extraordinariamente sempre que necessário, correição ou inspeção nas Varas do Trabalho, inclusive naquelas de caráter itinerante, nas Diretorias de foro, nos Serviços de Distribuição de Feitos de primeira instância e nas Centrais de Mandados, facultado tal procedimento por meio de informações fornecidas pelo sistema de dados;
— processar representações alusivas aos serviços judiciários e auxiliares das Varas do Trabalho e as que envolverem Juiz do Trabalho de primeira instância, determinando e promovendo as medidas necessárias à regularidade do procedimento administrativo ou jurisdicional;
— determinar a realização de sindicância nos casos de sua competência;

- — dirigir os serviços da Ouvidoria e apreciar os expedientes recebidos, tomando as providências que se fizerem necessárias relativamente aos Juízes e servidores de 1º Grau, além das respectivas Secretarias;
- — exercer outras atribuições que forem delegadas, no todo ou em parte, de comum acordo, pelo Corregedor;
- — acompanhar, no âmbito da Corregedoria Regional, o processo de vitaliciamento do magistrado em estágio probatório;
- — presidir a Segunda Seção de Dissídios Individuais (SDI).

4.1.7. *Turmas e Câmaras*

O Tribunal compõe-se de seis Turmas julgadoras, integradas por todos os seus Desembargadores e subdivididas em Câmaras.

Cada Câmara compõe-se por cinco Desembargadores, observado o critério de antiguidade, e funcionará com três de seus membros, incluindo os eventuais Juízes Substitutos.

Em razão do número de Desembargadores do Tribunal e dos gestores, para a composição das Turmas, as cinco primeiras serão compostas por duas Câmaras e a sexta será em Câmara única. Conclui-se que também os membros gestores integram as Turmas e respectivas Câmaras, participando dos julgamentos quando necessário, para compor o *quorum*, conforme dispõe o § 8º do art. 52 do Regimento Interno do Tribunal.

Todos os julgamentos, a exemplo de São Paulo, são proferidos por três Magistrados, observando-se a ordem de antiguidade, a contar do Relator.

A Presidência da Turma dirigirá a Câmara que integra, e a outra Câmara é dirigida pelo seu componente mais antigo, que da mesma forma são substituídos.

No julgamento, havendo impedimento ou ausência ocasional, o Desembargador, quando não relator, será substituído, observada a ordem de antiguidade, por um dos seus pares ou por outro Juiz, presentes na sessão. Na impossibilidade, a substituição se dará com Desembargadores das demais Câmaras, com preferência da Câmara integrante da mesma Turma, mediante sorteio.

II Procuradoria da Justiça do Trabalho

1. GENERALIDADES

A Procuradoria, embora atue na Justiça do Trabalho, é órgão pertencente ao Ministério Público do Trabalho e, portanto, integrante do Poder Executivo, cuja missão primordial é fiscalizar a atuação das Cortes e zelar pelos interesses da União e, dentre outros, na forma das leis processuais, nos litígios trabalhistas que envolvam, especialmente, interesses de menores e incapazes.

A Constituição Federal atual, dispensou, à categoria, ampla atividade e força jurídica, quando previu em seu art. 127 que é instituição permanente, essencial à função jurisdicional do Estado, incumbindo-lhe a defesa da ordem jurídica, do regime democrático e dos interesses sociais e individuais indisponíveis, com autonomia funcional, e administrativa e inclusive com autoridade para elaborar proposta orçamentária.

A Lei Complementar n. 75/93 dispõe sobre a organização, as atribuições e o estatuto do Ministério Público da União.

Divide-se em Procuradoria-Geral, que funciona junto ao Tribunal do Superior Trabalho e Procuradorias Regionais por meio, respectivamente, do Procurador-Geral e Subprocuradores-Gerais e Chefe da Procuradoria Regional e Procuradores Regionais.

Nos Tribunais, a atuação da Procuradoria é constante, manifestando-se nos processos, coletivos ou individuais, originários ou mesmo em fase recursal, na conformidade dos Regimentos Internos, facultando-se também acompanhar os julgamentos realizados pelas Turmas e Plenários dos Tribunais e, inclusive, interpor recursos de suas decisões, tudo na conformidade com o art. 83 da Lei Complementar n. 75/93.

Função importante desempenha a Procuradoria em processos coletivos de greve, participando de sua instrução e tentativa de conciliação com competência para instaurar instância, quando a defesa da ordem jurídica ou o interesse público assim o exigir.

Possui competência para promover ação civil pública, para defesa de interesses coletivos, quando desrespeitados os direitos sociais constitucionalmente garantidos, desde que, entretanto, o interesse seja coletivo e não individual ou por partes possivelmente individualizadas, ainda que seja em grande número, como veremos mais adiante, devidamente esmiuçado, com o seu competente procedimento na Justiça do Trabalho.

2. PROCURADORIA REGIONAL — 2ª REGIÃO

Em São Paulo, 2ª Região, a atuação da Procuradoria no Tribunal vem regulamentada pelo art. 85 do Regimento Interno, pelo que os Procuradores se manifestam nos termos da Lei (art. 83 da Lei Complementar n. 75/93) e poderá ter vista de todos os processos judiciais tramitando no Tribunal, tendo, dentre outras prerrogativas legais, as seguintes:

— manifestar-se, de ofício ou não, verbalmente ou por escrito, quando reputar de interesse público ou relevante a matéria objeto do processo;
— faculdade recursal, com prazo em dobro, de todas as decisões, tanto nos processos em que figurar como parte como naqueles em que oficiar como fiscal da lei;
— pedir a revisão da Súmula de jurisprudência uniforme editada pelo Tribunal;
— oficiar nas sessões de julgamento do Tribunal, fazendo uso da palavra para manifestação sobre a matéria posta em julgamento, podendo pedir vista em qualquer momento, como também solicitar requisições ou diligências que entender necessárias;
— instaurar a instância em caso de greve.

Muitas vezes o Ministério Público atua como Parte no processo judicial e, nessa hipótese, deve ser tratado como tal, dentro do que estabelece a Lei Complementar que regulamenta a atividade. Dúvida surge com relação ao posicionamento do representante durante a audiência ou sessão no Tribunal. Nestas, é óbvio que sempre será à direita do Presidente, pois não teria cabimento, por exemplo, para fazer sustentação oral a que também tem direito, tivesse que se levantar e se dirigir à tribuna para fazê-lo. A questão maior surge nas Varas, pois na maioria não há lugar suficiente para se colocar um assento suplementar. Há, ainda, que se considerar as partes desigualmente quando a outra não tem o mesmo direito.

De qualquer forma, a matéria está pacificada nas normas da Consolidação da Corregedoria-Geral da Justiça do Trabalho bem como no Regimento Interno do Tribunal Regional da 2ª Região, que, como parte ou fiscal da lei, em primeira ou segunda instância, sempre deverá estar à direita do Juiz, no mesmo patamar.

Serão enviados à Procuradoria Regional os autos processuais nas seguintes hipóteses:

— for parte pessoa jurídica de direito público, Estado estrangeiro ou organismo Internacional;
— processos que envolvam interesses de incapazes, inclusive menores de idade;
— processos de competência originária e incidentes processados perante o Tribunal;
— iniciativa do Relator, entendendo ser matéria que recomende a prévia manifestação;
— iniciativa do Ministério Público do Trabalho, quando entender existente interesse público que justifique intervenção.

Não haverá parecer nos processos em que figurar como parte e tomará ciência dos acórdãos em processos onde haja apresentado parecer escrito ou verbal.

III

Comissões Prévias de Conciliação

1. GENERALIDADES

Embora não façam parte diretamente da Justiça do Trabalho, merecem ser tratadas pelos efeitos substantivos e processuais trabalhistas que possuem, pois estarão atuando como entidades jurídicas auxiliares ou extrajudiciais, com competência para tentar conciliar os conflitos individuais do trabalho, como dispõe a Lei n. 9.958/2000, em vigor desde 13 de abril de 2000, que faculta a criação das Comissões Prévias de Conciliação.

Citada lei alterou e acrescentou artigos à Consolidação das Leis do Trabalho — CLT, não apenas dispondo sobre a criação e funcionamento de Comissões Prévias de Conciliação, como também permitindo a execução de título executivo extrajudicial na Justiça do Trabalho.

Essa lei recebeu e tem recebido inúmeras críticas, principalmente por parte dos Advogados que militam na área da Justiça do Trabalho, que a têm como inconstitucional em vários aspectos e notadamente por eventualmente excluir a possibilidade de a parte recorrer diretamente ao Judiciário para a solução dos litígios trabalhistas e por deixar à margem a própria atuação deles, que, a teor do que dispõe o art. 133 da Constituição Federal, são indispensáveis à administração da Justiça.

A intenção clara do legislador, em interpretação lógica do texto da lei, tendo-se uma visão do excesso de feitos que tramitam pelo judiciário trabalhista, é de desafogar a Justiça do Trabalho de novas reclamatórias, como também agilizar a solução de conflitos trabalhistas por meio de iniciativas individuais e com plena validade e segurança jurídica.

Infelizmente não foi o que se verificou ao longo de algum tempo de vigência da lei, pois houve muitos abusos por parte de Comissões submissas e que obrigaram os empregados dispensados a procurar o judiciário para verificação final.

Evidentemente cada crítico terá por justificadas suas razões, mas também neste aspecto não se pode olvidar da necessidade de se impor maior dinâmica às relações entre empregados e empregadores, com a solução de seus conflitos extrajudicialmente e deixando-se apenas para a Justiça, o que não foi possível dirimir por esse sistema, seja por intransigência das partes ou mesmo pela importância da matéria proposta.

Os óbices poderão ser postergados ou superados com base no nexo causal que motiva uma disposição legal, com os intérpretes procurando conciliar os termos da lei em questão com as demais existentes, inclusive com autoridade constitucional, em favor dos jurisdicionados.

O Tribunal Regional do Trabalho da 2ª Região editou, em 2002, a Súmula n. 2 tratando do art. 625-D da CLT, que determina a obrigatoriedade de se submeter à Comissão Prévia de Conciliação antes de ajuizar reclamatória perante a Justiça do Trabalho, nos seguintes termos:

"SÚMULA N. 2

COMISSÃO DE CONCILIAÇÃO PRÉVIA. EXTINÇÃO DE PROCESSO.

O comparecimento perante a Comissão de Conciliação Prévia é uma faculdade assegurada ao obreiro, objetivando a obtenção de um título executivo extrajudicial, conforme previsto pelo artigo 625-E, parágrafo único da CLT, mas não constitui condição da ação, nem tampouco pressuposto processual na reclamatória trabalhista, diante do comando emergente do artigo 5º, XXXV, da Constituição Federal."

O Supremo Tribunal Federal, em maio de 2009, deferiu liminar a respeito, na ADIN n. 2.139, confirmando o posicionamento do TRT da 2ª Região, ou seja, liberando o judiciário para apreciar reclamatórias mesmo que não tenham passado previamente por Comissão Prévia de Conciliação.

Tive oportunidade de proferir vários julgados no sentido da Súmula n. 2 do TRT pois o acesso livremente ao judiciário é um direito inalienável do cidadão e uma das garantias fundamentais previstas na Constituição Federal, em seu art. 5º, XXXV: a lei não excluirá da apreciação do Poder Judiciário lesão ou ameaça a direito. Ademais, quem pode o mais, pode o menos, conforme a máxima jurídica ensina.

2. INSTITUIÇÃO DAS COMISSÕES

As empresas e os sindicatos podem facultativamente instituir Comissões, que podem ser por empresa individualmente ou por grupos ou ter caráter intersindical.

Sempre deverá ser paritária, com representantes dos empregadores e empregados e obviamente com um Presidente, que a rigor deveria se manter neutro nas questões apresentadas. É a volta do vocalato que se verificava nas Juntas de Conciliação e Julgamento. Nada contra em princípio, desde que houve completa isenção dos componentes na condução das atividades.

A constituição no âmbito da empresa será composta de no mínimo dois e no máximo dez membros. Sempre de forma paritária, inclusive com suplentes, com mandatos de um ano, com direito a uma recondução. Todos os membros, enquanto exercentes dos mandatos, gozarão de garantia de emprego até um ano após o término.

A Comissão instituída no âmbito do sindicato deverá ter suas normas de funcionamento definidas em convenção ou acordo coletivo da categoria.

Qualquer demanda de natureza trabalhista poderá ser apresentada à Comissão, seja de empresa ou de Sindicato, se houver na localidade da prestação de serviços. Deverá ser por escrito ou verbalmente, que será reduzida a termo.

Não prosperando a conciliação, deve ser fornecido comprovante às partes da tentativa frustrada, para ser juntada a eventual reclamatória trabalhista. Havendo motivo relevante que impossibilite essa tentativa de comparecimento perante uma Comissão, deverá ser circunstanciada na petição inicial da reclamação trabalhista.

Aceita a conciliação, deve ser lavrado o termo, assinado pelas partes e pelos membros da Comissão, o qual terá valor de título executivo extrajudicial e terá eficácia liberatória geral, exceto quanto às parcelas expressamente ressalvadas.

IV Jurisdição e Competência da Justiça do Trabalho

1. JURISDIÇÃO

Inicialmente cabe compreender o que é jurisdição para posteriormente passar à competência, pois há diferença entre esses institutos, muito embora alguns doutrinadores entendam que não.

Jurisdição é a área geográfica onde o Juiz tem o poder de dizer o direito, de exercer sua competência fixada pelo Estado nos casos concretos que lhes são submetidos pelas partes, por meio de regulares processos autuados. Portanto, a jurisdição das Varas do Trabalho de São Paulo, Capital, por exemplo, é da própria cidade; de Guarulhos, a cidade de Guarulhos e assim sucessivamente.

Algumas jurisdições atingem mais de uma cidade, pois essa fixação depende de algumas variantes, tais como número de habitantes na localidade, atividades econômicas, projeção do potencial número de processos superior à média de 1.500 ano etc.

São jurisdicionados as pessoas físicas ou jurídicas que ocupam essas localidades e que, em razão da matéria jurídica que invocam ou da condição delas próprias, podem requerer a prestação jurisdicional dos respectivos órgãos judiciais, para dizer do direito que foi violado ou que está sendo violado ou que se pretende resguardar.

Exemplificando, na hipótese de que estejam envolvidas em questões trabalhistas (em razão da matéria), ou que seja empregador, empregado ou qualquer ente envolvido em uma relação de trabalho (em razão da pessoa), e necessitando dirimir uma pendência qualificada como trabalhista, como veremos mais especificadamente em competência, irão invocar a prestação jurisdicional da Justiça do Trabalho da localidade, da qual são jurisdicionadas; se fosse uma matéria criminal, correto pretender a solução junto a um órgão criminal, civil no órgão civil e assim sucessivamente.

As jurisdições trabalhistas são fixadas por lei federal e por ela podem ser consequentemente alteradas, fracionando ou agrupando regiões como vimos anteriormente.

Como exemplo, temos a 2ª Região, que antigamente abrangia o Estado de São Paulo, Paraná e Mato Grosso, o que significa que sua atuação atingia todas essas localidades, por mais longínquas que fossem, como no caso da cidade de Corumbá, hoje no Estado de Mato Grosso do Sul, divisa com a Bolívia. O recurso interposto pelas partes era apreciado pelo Tribunal que se localizava em São Paulo, Capital, onde se encontra até hoje, demandando grande sacrifício às partes e principalmente aos Advogados para o acompanhamento de processos na instância superior.

Com o passar dos tempos e com o preenchimento dos requisitos necessários para tanto, foi desmembrado o Estado do Paraná (9ª Região) e posteriormente Mato Grosso, que, por sua vez, com a divisão do Estado, criando-se o Estado de Mato Grosso do Sul, passou a ter dois Tribunais que passaram a constituir regiões autônomas (23ª e 24ª Regiões, respectivamente). É a Justiça do Trabalho chegando mais perto de seus jurisdicionados, que são os que se socorrem dela e a ela ficam obrigados.

Hoje, o Estado de São Paulo encontra-se dividido em duas regiões, como vimos, sendo a original (2ª Região) para a Grande São Paulo, Baixada Santista até Praia Grande ao Sul e Bertioga ao Norte, e mais algumas cidades circunvizinhas à Capital; e a outra, 15ª Região, com sede em Campinas, para todas as demais localidades do interior e restante do litoral Sul e Norte do Estado.

A identificação numérica dos Tribunais é conforme a data da instalação, iniciando-se pelo Rio de Janeiro, 1ª Região, pois, à época, era a Capital do país, seguida por São Paulo, Minas Gerais, Rio Grande do Sul, Bahia, Pernambuco etc.

1.1. CONFLITOS

Na estrutura atual da Justiça do Trabalho, a jurisdição do Tribunal Superior do Trabalho, ou seja, sua competência, abrange todo o território nacional; a dos Tribunais Regionais, as respectivas regiões e, finalmente, as Varas do Trabalho, abrangem as localidades fixadas e que não se limitam necessariamente a uma Comarca. A Comarca que não for abrangida pela jurisdição trabalhista, a exercerá o respectivo Juiz de Direito, como órgão de primeira instância e, neste caso, continuando o Tribunal Regional correspondente como de Segunda.

Dentro da classificação jurisdicional, muitas vezes poderá a questão ser dirigida a um juízo que entenda não ser dele a jurisdição, seja pela matéria, pessoa ou até mesmo pela localidade, mas sim de outro, que por sua vez entenda ser do primeiro. Estará aí formado um conflito entre dois órgãos, que necessita ser dirimido para que o processo apresentado possa ser apreciado e decidido pelo Judiciário. Somente juízos competentes, em razão do que lhes é atribuído por lei, podem solucionar os feitos que são ajuizados. Como os dois juízos se deram por incompetentes, poderiam também se dar por competentes, e da mesma forma estaria estabelecido um conflito entre ambos.

Os conflitos, portanto, como exemplificado, poderão ser positivos ou negativos, se ambas as autoridades se derem por competentes ou incompetentes, respectivamente; e podem ser suscitados, invocados pelas partes, por meio de exceções arguidas antes da defesa de mérito do processo estabelecido ou, ainda, ser suscitado de ofício pelo próprio Juiz ou pela Procuradoria do Trabalho, por cota aposta no processo. De qualquer forma, deverá ser dirimido para que o processo tenha seu curso restabelecido perante o juízo competente para conhecer e decidir sobre a questão apresentada pelo jurisdicionado.

Os conflitos de jurisdição, que mais apropriadamente são chamados de conflitos de competência, eventualmente surgidos entre órgãos da Justiça do Trabalho de uma mesma Região, são dirimidos pelo Tribunal imediatamente superior a ambas as autoridades conflitantes, mesmo que uma delas seja Juiz de Direito, mas investido de jurisdição trabalhista. Esses órgãos são inferiores ao Tribunal Regional e, portanto, é natural que suas divergências sejam solucionadas desse modo. Não teria qualquer lógica se tivessem que ser dirimidas por Tribunal de outra Região ou mesmo por um órgão do Judiciário civil, que seria uma ingerência indevida. Não acontece isso com relação ao conflito que se estabelece entre uma Vara do Trabalho com um Juiz de Direito na jurisdição trabalhista, porque nessa oportunidade o vínculo processual deste Juiz é com a Justiça do Trabalho.

Quando o conflito ocorrer entre órgãos da Justiça do Trabalho de Regiões diferentes, incluindo-se Juiz de Direito investido de jurisdição trabalhista, será dirimido pelo Tribunal Superior do Trabalho, caso contrário encontrar-se-ia um impasse: qual dos dois Tribunais seria o competente, de uma ou de outra região e poderia não haver imparcialidade absoluta ou isenção de ânimo até. Portanto, é também natural que um Órgão superior aos dois Tribunais seja o Juiz dessa discussão.

Poderá ainda haver conflito entre órgãos diversos da Justiça do Trabalho e da Justiça Comum, e agora não mais na jurisdição trabalhista, dentro de uma mesma Região ou não. Nessa hipótese, a solução será dada pelo Superior Tribunal de Justiça, conforme dispõe o art. 105, letra *d,* da Constituição Federal. Da mesma forma que o conflito de jurisdição entre dois órgãos de Regiões Trabalhistas distintas deve ser dirimido por um Tribunal neutro, no caso o Superior, aqui também há a mesma necessidade e portanto é chamado o Superior Tribunal de Justiça, como se fosse um terceiro, distante de um e de outro.

Finalmente, poderão ocorrer conflitos entre o STJ e quaisquer outros tribunais, superiores ou não, ou entre os próprios Tribunais Superiores, que serão decididos pelo STF (art. 102, I, *o,* da Constituição Federal), que é o órgão máximo no Judiciário Nacional.

Dúvidas surgem na instalação de novas Varas do Trabalho ou mesmo Tribunais, redividindo as regiões de abrangência, quando a própria lei que criou novos órgãos definindo jurisdições dispõe sobre os processos em andamento na localidade original, atribuindo a um ou ao outro a competência de prosseguirem.

No silêncio, os processos em andamento na região original devem passar incontinentes para a recém-instalada, que passou a abranger a jurisdição, o que tornará mais célere o processo e principalmente eventual execução, em razão não apenas de estar o novo juízo aliviado de processos antigos, como também por estar mais próximo eventualmente do executado e das partes, sem necessidade de diligenciar por meio de precatórias.

Suscitados os conflitos, poderão ser instruídos, com provas orais e principalmente materiais, e deverão ser decididos antes do mérito, por quem de direito, como vimos anteriormente, atribuindo a competência a quem deve ser.

Até que se profira decisão, o processo fica suspenso para seus ulteriores termos, pelo juízo considerado competente.

Quando da instalação da Vara do Trabalho de Carapicuíba, estabeleceu-se um conflito negativo de jurisdição ou de competência com a Vara do Trabalho de Barueri, que até então era de sua abrangência a localidade onde se instalou, e que tivemos a oportunidade de assim decidir:

> "VOTO:
>
> Conheço do conflito negativo de competência.
>
> ....
>
> O art. 35 da Lei 7.729/89 que criou entre outras, a Junta de Conciliação e Julgamento de Carapicuíba, alterou a jurisdição da Junta de Conciliação e Julgamento de Barueri, tirando-lhe a competência sobre o município de Carapicuíba, com a instalação da respectiva Junta e não fez qualquer ressalva quanto a competência residual, como ocorreu recentemente com a promulgação da Constituição Federal, que ressalvou a competência da Justiça Federal, nas ações propostas até então, inclusive daquelas cuja matéria tenha passado à competência de outro ramo do Judiciário (art. 27, parágrafo décimo da Const. Federal). Portanto, a lei expressa quando deve ser respeitada a competência residual.
>
> Finalmente, a modificação da competência das Juntas de Conciliação e Julgamento pode ser determinada por lei federal, como a que se seguiu, conforme art. 650 e seu parágrafo único da CLT.
>
> Mero formalismo, que em nome da economia e celeridade processual pode ser superado, ser a deslocação de competência decretada de ofício pelo Juiz monocrático e não pela Junta, não trazendo qualquer nulidade, por se tratar eminentemente de matéria de direito e não de fato. Para a ocorrência de nulidade, é necessário que se tenha prejuízo com o ato e analisar-se o fim a que se destina. O ato em questão, ao contrário, somente trará benefícios às partes litigantes, como também se destina a corrigir a competência da Junta e esta sim, de nulidade absoluta.
>
> Ante o exposto, julgo IMPROCEDENTE o presente conflito negativo de competência, atribuindo-a à Junta suscitante, para conhecer e decidir sobre o feito."

2. COMPETÊNCIA

2.1. GENERALIDADES

Competência é a parcela de jurisdição atribuída ao Juiz para dizer o direito, ou seja, dentro do setor do Direito em que pode conhecer das questões e decidir, em determinada área geográfica ou região. Diz-se, que competência é a medida da jurisdição ou vice-versa.

Até 30 de dezembro de 2004, a competência era extraída basicamente do art. 114 da Constituição Federal, promulgada em 5 de outubro de 1988, que dizia que à Justiça do Trabalho, cabia:

> "Conciliar e julgar os dissídios individuais e coletivos entre os trabalhadores e empregadores, abrangidos os entes de direito público externo e da administração pública direta e indireta dos Municípios, do Distrito Federal, dos Estados e da União e, na forma da lei, outras controvérsias decorrentes da relação de trabalho, bem como os litígios que tenham origem no cumprimento de suas próprias sentenças, inclusive coletivas."

Assim sendo, a competência era em decorrência de toda a matéria que envolvia relação de trabalho com eventual ou não vínculo empregatício e mediante lei, outras controvérsias decorrentes do trabalho, mesmo que estivessem envolvidas pessoas jurídicas de direito público interno e externo.

Com o advento da Emenda Constitucional n. 45 de 30 de dezembro de 2004, abriu-se um novo horizonte na competência para a Justiça do Trabalho, projetando-a além daquela barreira que era imposta pelo trabalho entre empregado e empregador e outras controvérsias decorrentes da relação de trabalho o que se entendia como vínculo empregatício determinado na própria Consolidação das Leis do Trabalho ou por outras leis ordinárias.

Em princípio, interessante notar que o novo texto constitucional que trata da competência da Justiça do Trabalho, silencia quanto à conciliação, como sempre ocorreu com os anteriores. Entretanto, o silêncio constitucional não revoga o texto da lei ordinária que expressamente prevê na competência da Vara do Trabalho (art. 652 da CLT) a atribuição de conciliar e julgar, além da determinação ao Juiz do Trabalho, que deve utilizar dos seus bons ofícios no sentido de aproximar as partes à conciliação.

A Justiça do Trabalho continua sendo a única competente para declarar a existência ou não de vínculo empregatício, pelas verificações pessoais e materiais da relação jurídica estabelecida entre as partes.

Dispõe o texto constitucional que compete à Justiça do Trabalho processar e julgar:

"I — as ações oriundas da relação de trabalho, abrangidos os entes de direito público externo e da administração pública direta e indireta da União, dos Estados, do Distrito Federal e dos municípios;

II — as ações que envolvam exercício do direito de greve;

III — as ações sobre representação sindical, entre sindicatos, entre sindicatos e trabalhadores, e entre sindicatos e empregadores;

IV — os mandados de segurança, *habeas corpus* e *habeas data*, quando o ato questionado envolver matéria sujeita à sua jurisdição;

V — os conflitos de competência entre órgãos com jurisdição trabalhista, ressalvado o disposto no art. 102, I, *o*;

VI — as ações de indenização por dano moral ou patrimonial, decorrentes da relação de trabalho;

VII — as ações relativas às penalidades administrativas impostas aos empregadores pelos órgãos de fiscalização das relações de trabalho;

VIII — a execução, de ofício, das contribuições sociais previstas no art. 195, I, *a*, e II, e seus acréscimos legais, decorrentes das sentenças que proferir;

IX — outras controvérsias decorrentes da relação de trabalho, na forma da lei.

§ 1º Frustrada a negociação coletiva, as partes poderão eleger árbitros.

§ 2º Recusando-se qualquer das partes à negociação coletiva ou à arbitragem, é facultado às mesmas, de comum acordo, ajuizar dissídio coletivo de natureza econômica, podendo a Justiça do Trabalho decidir o conflito, respeitadas as disposições mínimas legais de proteção ao trabalho, bem como as convencionadas anteriormente.

§ 3º Em caso de greve em atividade essencial, com possibilidade de lesão do interesse público, o Ministério Público do Trabalho poderá ajuizar dissídio coletivo, competindo à Justiça do Trabalho decidir o conflito."

Como se nota, para a fixação da competência da Justiça do Trabalho leva-se em conta basicamente:

Matéria — Pessoa — Local — Tipicidade — Normativa — De ofício.

2.2. *EM RAZÃO DA MATÉRIA* — RATIONE MATERIAE

A competência em razão da matéria pode ser de origem individual e coletiva, quando diz respeito a uma pessoa ou a uma coletividade propriamente; pública ou privada, quando relacionada a uma entidade pública de qualquer natureza ou privada.

2.2.1. Origem Individual

A abrangência material é toda relação de trabalho, não importando ser ou não com vínculo empregatício ou apenas uma das hipóteses que a lei definia como competência da Justiça do Trabalho, tais como a atividade proveniente do artífice ou pequeno empreiteiro, empregada doméstica, trabalhador avulso e o tomador dos serviços, temporário e a empresa temporária e tantos outros.

Compreende-se por relação de trabalho, prevista na competência constitucional atual, toda e qualquer prestação de serviço pessoal, excepcionando-se a estatutária com as pessoas jurídicas de direito público interno, direto ou indireto, o que inclui entidades autárquicas e fundacionais.

Portanto, tudo o que se pode incluir dentro de uma relação de trabalho, subtraindo-se as exceções mencionadas, entende-se ser da competência da Justiça do Trabalho.

Desde a introdução da EC n. 45/04 vem sendo debatido quais as prestações de serviço se incluem nessa competência da Justiça do Trabalho e quais as que permanecem na Justiça Comum. Alguns autores defendem que apenas os trabalhos que podem ser classificados como uma relação de consumo protegidos pelo Código do Consumidor ficam fora da competência da Justiça do Trabalho. Mas não é tão simples assim.

Trata-se de uma zona cinzenta de difícil definição. Por princípio, aqueles que possuem algum tipo de subordinação, ainda, por óbvio, que não enquadráveis inteiramente na disposição do art. 3º, combinado com o 2º, ambos da CLT, são de competência da Justiça do Trabalho.

Wagner Giglio, citado em artigo publicado por Luís Carlos Mello dos Santos, salienta:

> "Convém enfim observar, em cumprimento ao princípio da razoabilidade, que a se exagerar o alcance da ampliação da competência, e como quase todas as relações sociais implicam ou estão vinculadas a uma relação de trabalho, muito pouco restaria sob a égide da Justiça Ordinária: as relações de família, as patrimoniais não derivadas do trabalho, as de comércio não relacionadas à prestação de serviços e as de defesa da propriedade, como lembra JORGE LUIZ SOUTO MAIOR, para concluir que chegaríamos ao absurdo de transformar a Justiça do Trabalho em Justiça Comum e esta, em Justiça Especial" (*in* Nova Competência da Justiça do Trabalho, p. 183).

Uma das boas regras da hermenêutica é a interpretação obedecendo ao princípio da razoabilidade e não ao que pode levar ao absurdo, fora de qualquer contexto harmônico, pois as normas jurídicas regram a normalidade dentro de uma sociedade, visando sua harmonia e complementaridade.

Portanto, sem colocar um ponto final na discussão, é razoável realmente deixar para a Justiça chamada comum as relações profissionais, vinculadas inteiramente por um contrato bilateral e sinalagmático, mas que o prestador de serviços não possui qualquer subordinação além daquele objetivo específico. Havendo alguma subordinação, sem a presença de um ou alguns dos elementos previstos nos arts. 3º e 2º da CLT, e que não se enquadram no leque de consumidor, pode-se reclamar perante a Justiça do Trabalho.

O inciso VI do art. 114 da CF atribui competência às ações de indenização por dano moral ou patrimonial, decorrentes da relação de trabalho sedimentando o que jurisprudencialmente se vinha decidindo.

São igualmente competência material da Justiça do Trabalho as ações relativas às penalidades administrativas impostas aos empregadores pelos órgãos de fiscalização das relações de trabalho (inciso VII). A Emenda Constitucional também acrescentou a execução, de ofício das contribuições sociais previstas na Constituição Federal, no art. 195, I, *a*, e II, e seus acréscimos legais, decorrentes das sentenças que proferir.

Sedimentou-se a competência para julgamento de mandados de segurança, *habeas corpus* e *habeas data* quando o ato questionado envolver matéria correlata à relação de trabalho (art. 114, IV, da CF). Da mesma forma ocorre com os conflitos de competência entre órgãos com jurisdição trabalhista, ressalvado o disposto no art. 102, I, *o* (art. 114, V, da CF).

Anteriormente já se conheciam essas matérias na Justiça do Trabalho, inclusive com relação aos conflitos de competência que em nada foram modificados.

Arremata a competência material individual a previsão de outras controvérsias decorrentes da relação de trabalho, na forma da lei, repetindo texto constitucional anterior, na parte final do *caput* do art. 114. É uma janela aberta para aquelas atividades que se encontram regulamentadas por lei ordinária e que figuram na legislação trabalhista e outras mais que poderão advir pela mesma via.

2.2.2. Origem Coletiva

No coletivo, a competência material esteve muito ameaçada de extinção, mas a EC n. 45/04 manteve-a no art. 114 da CF, com a previsão do poder normativo da Justiça do Trabalho, acrescentando e reforçando com outras atribuições, como as ações sobre representação sindical, entre sindicatos, entre sindicatos e trabalhadores e entre sindicatos e empregadores.

Coletivamente, portanto, dispõe o texto constitucional que, frustrada a negociação coletiva ou arbitral, é facultado, de comum acordo, ajuizar dissídio coletivo de natureza econômica para decisão da Justiça do Trabalho para pôr fim ao conflito, respeitando as disposições mínimas legais de proteção ao trabalho, bem como as convencionadas anteriormente. Com nova roupagem é o que ocorria anteriormente, somente agora há a insistência legal para que haja negociação prévia entre as partes e que poderão, inclusive, recorrer à decisão arbitral antes da judicial.

Pela Lei n. 8.984, de 07.02.95, restou expressa a competência da Justiça do Trabalho para apreciar e decidir sobre feitos que tenham origem no cumprimento de convenções coletivas de trabalho ou acordos coletivos de trabalho, mesmo quando ocorram entre sindicatos ou entre sindicatos de trabalhadores e empregadores, como, por exemplo, a contribuição assistencial, colocando um ponto final na cansativa discussão que se travava entre os intérpretes e aplicadores da lei sobre de quem era a competência nessas hipóteses: da Justiça Comum, porque muitas vezes não trata de matéria trabalhista, ou da Justiça do Trabalho, em razão da causa e efeitos. A EC n. 45/2004 confirmou essa competência constitucionalmente.

Ressalvou-se a proteção ao interesse público com relação à greve em atividade essencial, quando o Ministério Público possui legitimidade para ajuizar dissídio coletivo diretamente, para que seja o conflito decidido rapidamente pela Justiça do Trabalho.

Algumas consequências do exercício de greve, tais como multas, danos materiais etc., também são de competência material da Justiça do Trabalho.

2.2.3. Conclusão

Materialmente, portanto, após a EC n. 45, a competência da Justiça do Trabalho não se limita mais se a discussão gira em torno do reconhecimento do vínculo empregatício, se o empregado foi ou não dispensado com justa causa, se houve ou não gozo e pagamento de férias, se há estabilidade no emprego, se os salários estão de acordo com o que ditam as regras legais, se o pequeno empreiteiro ou artífice executou ou não o seu serviço e principalmente se recebeu adequadamente por ele etc. São matérias, assuntos que dizem respeito à Justiça do Trabalho conhecer e decidir.

Toda e qualquer matéria surgida pelas próprias decisões da Justiça do Trabalho são também de sua competência: exemplificativamente, se por decisão a Justiça do Trabalho determina que o ex-empregado deve deixar a moradia de propriedade do ex-empregador e que em razão do contrato de trabalho ocupava e não o faz, a competência é dela própria efetuar o despejo, não necessitando de socorrer-se da Justiça Comum, apenas por ser uma matéria de natureza civil, para fazê-lo. Não seria próprio ou lógico, que houvesse necessidade de se atribuir a competência a outro ramo do Judiciário para executar uma decisão de cunho ou com causa, originária de uma relação jurídica eminentemente trabalhista.

Reclamações de dano material ou moral, independentemente de valores rescisórios ou de outros valores contratuais não trabalhistas, mas de relação de trabalho, também são da competência da Justiça do Trabalho. Igualmente, não resta mais dúvida quanto ao trabalho de trabalhadores eventuais, autônomos como representantes comerciais, corretores etc., que têm guarida na Justiça do Trabalho e não mais na Cível.

Pacificou-se a competência por ações declaratórias de consignação em pagamento, mandado de segurança, *habeas corpus*, rescisórias etc., que, conceitualmente, não eram de procedimentos típicos trabalhistas.

Curiosamente, a competência em razão da matéria é fixada sempre em razão das pessoas litigantes, se jurisdicionados da Justiça do Trabalho. Nesse aspecto, a única exceção que se faz é com relação à matéria acidentária que, apesar de possuir cunho eminentemente trabalhista, é de competência da Justiça Comum, organizada pelos Estados-membros, porque se observa, acima de tudo, o interesse da seguridade e previdência social e, consequentemente, de indenizações por parte da União.

Entretanto, para declarar se houve ou não acidente do trabalho, em razão das consequências contratuais que acarreta, como a estabilidade e garantia no emprego em função de lei e principalmente de norma coletiva, a competência exclusiva é da Justiça do Trabalho.

2.3. EM RAZÃO DA PESSOA — *RATIONE PERSONAE*

Para esta fixação, consideram-se as partes envolvidas na relação (*ratione personae* — em razão da pessoa), ou seja, basicamente quando envolvem entes físicos ou jurídicos em relações de trabalho, incluindo-se os de direito público externo e da administração pública direta e indireta da União, dos Estados, do Distrito Federal e dos Municípios que não sejam estatutários, entre sindicatos e entre sindicatos e trabalhadores.

Leva em consideração as pessoas, os agentes que intervêm numa relação jurídica trabalhista, ou que ostentem qualificações próprias e sejam abrangidos ou não por legislação específica.

2.3.1. *Prestadores e Tomadores de Serviços*

A competência não é mais apenas entre empregados e empregadores, mas entre prestadores e tomadores de serviços gênero do qual aqueles são espécies. Genericamente é fixada em razão das pessoas que se relacionam no negócio jurídico trabalhista, ou seja, sobre os litígios que se estabelecem entre aqueles que se envolvem em uma relação de trabalho como previsto constitucionalmente, o que abrange outros que expressamente são definidos em lei ordinária infraconstitucional, como ocorre com o pequeno empreiteiro ou artífice (art. 652, III, *a* da CLT), empregados domésticos (Lei n. 5.859/72), temporários (Lei n. 6.019/74), rurícolas (Lei n. 5.889/73), trabalhadores avulsos etc.

Como a distinção entre a competência material e pessoal é tênue, como vimos, muito do que se comentou anteriormente aplica-se aqui: todo e qualquer prestador e tomador de serviços que possa preencher alguns dos requisitos previstos na CLT nos arts. 2º, que define o empregador, e 3º, o empregado, pode ter guarida na Justiça do Trabalho.

2.3.2. *O Pequeno Empreiteiro ou Artífice*

Tratado no art. 652, III, *a*, da CLT, é o trabalhador que presta serviços a outrem, normalmente solitário ou com a ajuda de mais alguma pessoa por ele remunerada, que, entretanto, não pode ser considerado empregado por não preencher os requisitos do art. 3º da CLT e principalmente quanto a subordinação jurídica e prestação de serviços não eventuais. Artífice, por sua vez, é o simples operário ou artesão que trabalha com suas próprias mãos ou com auxílio de algumas ferramentas pessoais.

Entretanto, a Justiça do Trabalho abre as portas para esses trabalhadores reclamarem contra o seu contratante, apenas para reivindicar o preço da obra contratada e executada, parcial ou totalmente.

A questão maior é avaliar quando se é ou não pequeno empreiteiro para ter guarida na Justiça do Trabalho. Para tanto, deve ser considerado o porte da empreitada ou do empreendimento contratado e, principalmente, o instrumental e o pessoal utilizado.

Concluindo, deve assim ser considerada uma simples empreitada que não demanda o emprego de mais de uma ou duas pessoas e poucos dias na execução e que ainda o pequeno empreiteiro não apresente organização de empresa. Como exemplo pode-se citar aquele que executa reparos de qualquer natureza em alguma residência, estabelecimento etc. e que não tem condições materiais de invocar a Justiça Comum para cobrar o que entende devido.

Sendo um grande empreiteiro, a competência será da Justiça Comum, pois certamente será uma empresa e não mais uma pessoa física.

2.3.3. *Empregados Domésticos*

Por definição legal (Lei n. 5.859/72) é aquele que presta serviços de natureza contínua e não eventual, com finalidade não lucrativa à pessoa ou à família, no âmbito residencial destas.

Muito se poderia falar sobre o empregado doméstico, ou seja, quem assim pode ser considerado, seus direitos e obrigações etc., o que é matéria substantiva e não processual.

A Lei Complementar n. 150, de 1º de junho de 2015 alterou juridicamente a relação entre trabalhadores em residências domésticas e empregadores, revogando e alterando vários textos legais em diversas leis esparsas sobre o tema e, hoje, basicamente o empregado doméstico é considerado empregado na acepção jurídico trabalhista do termo, pois não é mais excluído dessa relação pela CLT em seu art. 7º, alínea *a* e o inciso XXXIV, parágrafo único do art. 7º da Constituição Federal, aplicando-lhes todos os direitos que anteriormente eram somente do empregado protegido pela legislação obreira, inclusive o recolhimento fundiário e adendos.

2.3.4. Trabalhador Temporário

Conceituado e regido pela Lei n. 6.019/74 e Decreto n. 73.841/74 a regulamenta, é aquele contratado por empresa de trabalho temporário, para prestação de serviço destinado a atender à necessidade transitória de substituição de pessoal regular e permanente ou a acréscimo extraordinário de tarefas de outras empresas.

Assim, o trabalhador temporário não tem vínculo empregatício direto com o tomador de serviços, mas com a empresa temporária de prestação de serviços temporários e, portanto, não é considerado empregado protegido pela CLT, mas apenas pelo seu diploma legal próprio, que estabelece a Justiça do Trabalho como competente para conhecer e decidir sobre litígios dessa natureza.

2.3.5. Rurícola

Essa classe de trabalhadores, é excluída da Consolidação das Leis do Trabalho, conforme alínea *b*, do seu art. 7º, mas que a tem, juntamente com outras leis suplementares, como fonte subsidiária da legislação própria, que rege a atividade, partindo-se da Lei n. 5.889/73.

Por força dessa legislação própria, a Justiça do Trabalho é competente para conhecer e decidir sobre litígios que envolvam trabalhadores e empregadores rurais, assim considerados como toda pessoa física que, em propriedade rural ou prédio rústico, presta serviços de natureza não eventual a empregador rural, sob a dependência deste e mediante salário e à pessoa física ou jurídica, proprietário ou não, que explore atividade agro econômica, em caráter permanente ou temporário, diretamente ou por intermédio de prepostos e com auxílio de empregados respectivamente, incluindo-se ainda nestes a exploração industrial em estabelecimento agrário não compreendido na Consolidação das Leis do Trabalho.

2.3.6. Trabalhadores Avulsos

São aqueles que prestam serviços com a intermediação de sindicato que os arregimenta, respondendo pela administração da contratação, rateando pagamentos, recolhendo previdência etc., como ocorre na orla marítima, por meio de órgão de gestão de mão de obra de trabalho portuário pelo trabalhador portuário e avulso, conforme preconiza a Lei n. 8.630/93.

Não são empregados na acepção do art. 3º da CLT, mas têm eles sua competência garantida na Justiça do Trabalho, pelo que dispõe o art. 643 da CLT.

A Lei n. 12.023, de 27 de agosto de 2009, veio regulamentar as atividades de movimentação de mercadorias em geral e consequentemente sobre o trabalho avulso.

Dispõe referida lei que as atividades de movimentação de mercadorias, em geral exercidas por trabalhadores avulsos, são aquelas desenvolvidas em áreas urbanas ou rurais sem vínculo empregatício, mediante intermediação obrigatória do sindicato da categoria, por meio de Acordo ou Convenção Coletiva de Trabalho para execução das atividades, negociando a remuneração, definição das funções, composição de equipes e condições de trabalho genéricas.

Têm direito a repouso remunerado, FGTS, 13º salário, férias remuneradas com o terço constitucional, adicional noturno e de trabalho extraordinário.

Assim podem ser também considerados aqueles que prestam serviços sem qualquer vínculo com os contratantes ou com sindicatos ou organizações profissionais como preconiza a citada lei, mas que apenas prestam e se utilizam de mão de obra de modo eventual e ligeira sem qualquer subordinação, a não ser pelo objetivo do próprio serviço.

2.3.7. Entes de Direito Público Interno

O art. 114 da Constituição Federal atribui competência à Justiça do Trabalho sobre entes da administração pública direta e indireta dos Municípios, Estados, Distrito Federal e da União.

Por essa disposição legal, a competência seria da Justiça Trabalhista, qualquer que fosse o regime existente entre essas entidades e seus servidores.

Entretanto, a Constituição Federal também previu por meio de seu art. 39, a instituição de regime único aos servidores públicos de um modo geral, que poderia ser estatutária ou fundiária, segundo os modelos existentes em nosso cenário jurídico.

Dispõe o referido art. 39:

> "A União, os Estados, o Distrito Federal e os Municípios instituirão, no âmbito de sua competência, regime jurídico único e planos de carreira para os servidores da administração pública direta, das autarquias e das fundações públicas."

A União, Estados-membros em sua grande maioria, e vários Municípios brasileiros, autorizados pelo princípio constitucional, adotaram como regime único de seus servidores o estatutário, que são vinculados apenas ao Estatuto da Pessoa Jurídica de Direito Público Interno respectiva e não às normas ditadas pela Consolidação das Leis do Trabalho, que visa apenas ao trabalhador comum da sociedade privada, por assim dizer.

A União editou a Lei n. 8.112, em 11 de dezembro de 1990, instituindo o regime jurídico único de estatutário, entre seus servidores civis, abrangidos os das autarquias e das fundações públicas federais, confirmado por decisão do STF, ao retomar o julgamento da ADI n. 2.135, em 05.08.07.

Mesmo antes, entendiam alguns que a competência era efetivamente da Justiça Federal, pelo que dispunha o mesmo art. 109, I, em sua parte inicial, que lhe atribui competência, para processar e julgar as causas em que a União, entidade autárquica ou empresa pública federal forem interessadas na condição de autoras, rés, assistentes ou oponentes.

Com a instituição do regime único, levantou-se a divergência quanto aos servidores que estavam sob a égide da CLT, e o STJ veio pacificar a questão com a edição da Súmula n. 97:

> "Servidor Público — Competência
>
> Compete à Justiça do Trabalho processar e julgar reclamação de servidor público relativamente a vantagens trabalhistas anteriores à instituição do regime jurídico único."

Assim sendo, toda e qualquer relação de serviço estabelecida entre entes de direito público interno de natureza federal e seus servidores, que sejam anteriores à Lei n. 8.112, de 11 de dezembro de 1990, regidos pela CLT, é de competência da Justiça do Trabalho; o que se referir ao lapso posterior é da Justiça Federal. A crítica que se faz a essa situação é que, hipoteticamente, pode-se ter duas soluções para um mesmo fato, apenas considerando se anterior ou posterior à referida lei, pois serão julgadas por ramos distintos do Judiciário e sob legislação também própria.

O mesmo se aplica aos Estados-membros e Municípios que instituíram, em suas relações com seus servidores, o regime único estatutário, em que a competência é da Vara Estadual dos Feitos da Fazenda Estadual ou Municipal e, consequentemente, em oposição, se não instituíram, a competência é da Justiça do Trabalho.

2.3.8. Entes de Direito Público Externo

Como prevê o art. 114 da Constituição Federal, com relação a funcionários de entes de direito público externo a competência é da Justiça do Trabalho para conhecer e decidir sobre seus litígios.

O art. 42 do Código Civil Brasileiro dispõe:

> "São pessoas jurídicas de direito público externo os Estados estrangeiros e todas as pessoas que forem regidas pelo direito internacional público."

Entretanto, deve ser superado o óbice da soberania do Ente Estrangeiro que se encontra processado perante a Justiça Brasileira e a imunidade diplomática que possui, principalmente em fase de execução da própria decisão, pois corre-se o perigo de cair no vazio. Em razão dessa imunidade diplomática, e de normas e tratados internacionais que regem a relação, a jurisdição da Justiça Brasileira é relativa.

O Tribunal Superior do Trabalho tem assim decidido, como se denota pela Ementa:

"TST — Trabalhista — Ente de direito público externo — Competência da justiça do trabalho — Imunidade de jurisdição — Caráter relativo.

Ente de direito público externo — Competência da justiça do Trabalho — Imunidade de jurisdição — Caráter relativo — A propósito do problema da imunidade jurisdicional invocada em conflito de natureza trabalhista, quando litigam um ente de direito público externo e seu empregado, a jurisprudência firmada pelo Supremo Tribunal Federal, sob a égide da Vigente Constituição, consolidou-se no sentido de atribuir-lhe caráter meramente relativo e, em consequência, não impede que os Juízes e tribunais brasileiros conheçam de tais controvérsias e sobre elas exerçam o poder jurisdicional que lhes é inerente, tal como reconhecida pelo direito internacional público e consagrada na prática internacional. (TST — AIRR 649528 — 5ª T. — Rel. Min. Conv. Walmir Oliveira da Costa — DJU 20.04.2001 — p. 592)"

Portanto, o Embaixador dos Estados Unidos, por exemplo, somente atenderá ao chamamento da Justiça Brasileira se assim desejar ou que lhe seja permitido pelas leis de seu país; na eventualidade de não pagamento dos valores reconhecidos como devidos pela Justiça Brasileira, os bens dessas entidades não podem ficar sujeitos a constrição judicial de outro país, em razão da própria soberania que detém.

Esses relacionamentos se decidem por meio de Tratados Internacionais ou mesmo por via diplomática entre os dois países, com relação a uma eventual violação de direitos dos funcionários brasileiros que servem esses entes.

Outras entidades públicas de direito externo, mas que não exerçam atividade de soberania, incontestavelmente são jurisdicionadas na Justiça do Trabalho.

2.4. *EM RAZÃO DO LUGAR* — RATIONE LOCI

Trata-se da competência territorial dos órgãos da Justiça do Trabalho, seja do Tribunal ou das Varas do Trabalho, para conhecer e decidir sobre os processos apresentados pelas partes, conforme o local onde se situarem. Especificamente com relação às Varas, é fixada pelo art. 651 e parágrafos da Consolidação das Leis do Trabalho.

A regra geral dessa competência é ditada pelo *caput* do referido art. 651 da CLT:

"A competência das Varas do Trabalho é determinada pela localidade onde o empregado, reclamante ou reclamado, prestar serviços ao empregador, ainda que tenha sido contratado noutro local ou no estrangeiro."

Portanto, leva inicialmente em consideração principal o local da prestação de serviço, tenha ou não o empregado sido contratado nesse local específico: um empregado que foi contratado na cidade de São Paulo e presta serviço na cidade de Guarulhos, onde inclusive é dispensado, terá por jurisdição esta última cidade, por uma de suas Varas do Trabalho, seja como autor (reclamante) ou réu (reclamado).

O § 1º, modificado pela Lei n. 9.851 de 27 de outubro de 1999, dispõe sobre as duas primeiras exceções:

"Quando for parte no dissídio agente ou viajante comercial, a competência será da Vara da localidade em que a empresa tenha agência ou filial e a esta o empregado esteja subordinado e, na falta, será competente a Vara da localização em que o empregado tenha domicílio ou a localidade mais próxima."

Esse parágrafo somente tem aplicação se o empregado for agente ou viajante comercial, que é aquele que outrora era chamado de caixeiro-viajante, porque viajava vendendo produtos em várias localidades distantes do domicílio do empregador e de seu próprio.

O conceito atualmente não difere muito, pois que continua sendo aquele que, representando seu empregador, vai em busca de fregueses e clientes em diversas localidades distintas de onde se encontra o estabelecimento principal, para vender seu produto, seja de que espécie for.

Após a modificação, a lei restringiu o alcance, pois passou da figura genérica de viajante para viajante comercial, entretanto, continua a não fazer distinção entre agente e viajante comercial, dando o mesmo tratamento a ambos.

Esse parágrafo subdivide-se em duas partes distintas na fixação da competência sobre litígios que envolva agente ou viajante comercial, segundo o empregador tenha ou não agência ou filial a que esteja ou não o trabalhador vinculado.

A primeira parte dispõe:

> "Quando for parte no dissídio agente ou viajante comercial, a competência será da Vara da localidade em que a empresa tenha agência ou filial e a esta o empregado esteja subordinado."

É a primeira exceção à regra geral e leva em consideração se o empregador, cujo objetivo social é a venda de seu produto, tem agência ou filial e a ela o empregado, agente ou viajante comercial esteja vinculado.

Neste caso, o empregado, possuindo várias localidades para prestar serviços, específicas ou não, diante de suas características peculiares, terá por competente, seja como autor ou réu, a Vara onde se localiza a agência ou filial e a ela esteja diretamente vinculado, subordinado a seus superiores hierárquicos etc.

É a hipótese, por exemplo, de um empregador que tenha seu estabelecimento principal localizado na cidade de Guarulhos e contrata empregado para vender seus produtos, nas praças abrangidas pelas cidades de Ribeirão Preto e Franca no Estado de São Paulo, e Uberlândia e Uberaba no Estado de Minas Gerais, determinando-lhe que se reporte, em tudo e por tudo, à filial situada na cidade de Campinas, que conterá seus assentamentos etc. Como réu ou autor, terá por competente para dissídio individual que estiver envolvido uma das Varas que se localize na cidade de Campinas. O mesmo ocorreria se não houvesse cidades determinadas para o exercício de sua atividade, mas que do mesmo modo estivesse vinculado à filial ou agência localizada na Cidade de Campinas.

A segunda exceção é marcada pela segunda parte do § 1º:

> "e, na falta, será competente a Vara do Trabalho da localização em que o empregado tenha domicílio ou a localidade mais próxima."

Portanto, nesta situação, não faz qualquer efeito a existência de alguma filial ou agência do empregador, mas que a ela não esteja vinculado ou subordinado o empregado, quando terá por competente a Vara do Trabalho que se localize na cidade em que tenha domicílio ou residência e, na hipótese de não haver jurisdição trabalhista nela, será da mais próxima que houver.

No mesmo exemplo anterior, modificando-se apenas que o agente não está vinculado à agência ou filial, mas ao próprio estabelecimento principal situado na cidade de Guarulhos e que ele tenha domicílio na cidade de Batatais, no Estado de São Paulo: a competência será da Vara do Trabalho da cidade de Batatais e se, por hipótese, não houver jurisdição trabalhista, deverá ser a da cidade que esteja mais próxima.

Justificam-se essas situações para facilitar ao empregado o acesso à Justiça, como autor ou réu.

A terceira hipótese é a fixada pelo § 3º:

> "Em se tratando de empregador que promova realização de atividades fora do lugar do contrato de trabalho, é assegurado ao empregado apresentar reclamação no foro da celebração do contrato ou no da prestação dos respectivos serviços."

Esta situação não pode ser confundida com a regra geral estabelecida pelo *caput* do artigo, porque aqui, o empregador, embora estabelecido em determinada localidade, promove a realização de atividade em outra distinta, como acontece com uma empresa construtora, com sede em determinada localidade, e promove uma construção em outra, para a qual necessitará de mão de obra que se presume, inclusive, por determinado período, longo ou não.

Naquela, o empregador tem vários estabelecimentos para a mesma finalidade e nos quais distintamente promove suas atividades, como ocorre na hipótese de uma instituição bancária que possui várias agências, cada qual com seus empregados próprios.

Não há que se confundir com as previsões ditadas pelo § 1º, pois aqui o empregado será agente ou viajante comercial e o empregador continuará a promover suas atividades onde esteja estabelecido, independentemente de possuir ou não filial ou agência, que tenha também uma unidade de produção qualquer.

Na hipótese do § 3º, portanto, caberá ao empregado escolher a Vara do Trabalho do local onde está trabalhando ou de onde foi contratado, conforme melhor lhe convier.

Exemplo característico é de um empregado que é contratado por uma construtora com sede em Guarulhos e que tenha firmado um contrato para a construção de uma barragem hidroelétrica numa cidade de Mato Grosso. Portanto, estará, por um período, promovendo uma atividade fora de seu domicílio e, nesse caso, o empregado poderá optar pela localidade onde estiver prestando serviços ou na sede da empresa onde foi contratado.

O § 2º fixa a competência da Justiça do Trabalho Brasileira, na eventualidade de dissídios ocorridos em agência ou filial no estrangeiro, desde que o empregado seja brasileiro e não haja convenção internacional dispondo em contrário:

> "A competência das Varas do Trabalho estabelecida neste artigo, estende-se aos dissídios ocorridos em agência ou filial no estrangeiro, desde que o empregado seja brasileiro e não haja convenção internacional dispondo em contrário."

Deduz-se, pois, a necessidade de empresa estar sediada no território nacional e promover atividade no exterior, por meio de filial ou agência, à qual o empregado, que deve ser brasileiro, esteja vinculado e, finalmente, de não haver convenção internacional dispondo em sentido contrário.

Note-se que esse parágrafo abraça todas as demais hipóteses previstas no artigo, com a única diferença que o empregado deve estar trabalhando no estrangeiro e que não haverá convenção internacional dispondo em contrário.

Dificuldade se encontra em definir a lei que rege a relação desenvolvida no exterior, em face ao que dispõe o art. 12 da Lei de Introdução ao Código Civil, o que, em princípio, foi solucionada pela jurisprudência, cristalizada pela Súmula n. 207 do C. TST, que fixa o princípio da *lex loci executionis* (aplicação da lei do local da execução) dirimindo o conflito de leis trabalhistas no espaço:

> "A relação jurídica trabalhista é regida pelas leis vigentes no país da prestação de serviço e não por aquelas do local da contratação."

Como se verifica, em confronto ao que dispõe o art. 651, § 2º, da CLT, deixa ainda algumas dúvidas que necessitam ser dirimidas em cada caso concreto que se apresente, na dependência da qualidade técnica do empregado e da transitoriedade ou não de sua atividade no exterior, por exemplo.

Na hipótese da necessidade de submissão à Comissão Prévia de Conciliação, introduzida pela Lei n. 9.958/2000, como pressuposto para ingressar com reclamatória em juízo, por não haver unicidade na instalação, seja por empresa ou sindicatos, os interessados poderão optar por uma ou por outra, mantendo-se, entretanto, a competência daquela que primeiro conhecer do pedido, o que evitará que se possa estabelecer conflitos ou principalmente que se possa estabelecer um jogo com as demandas entre elas, na tentativa de proveitos escusos.

Uma vez eleita a Comissão Prévia, protocolando-se a demanda, deverá ser mantida até o final, com a conciliação ou não entre as partes.

O próximo passo, na eventualidade de se desejar continuar na demanda, é obrigatoriamente ajuizar o dissídio judicialmente, dentro da competência em razão do lugar tratada anteriormente e não submeter a demanda à outra Comissão.

2.5. *TÍPICAS*

Afixa-se competência às relações atípicas decorrentes de uma relação de trabalho, seja em razão da pessoa e matéria, mas sem vínculo empregatício, como ocorre com o pequeno empreiteiro ou artífice, o meeiro ou parceiro nas relações de trabalho rural, trabalhador temporário etc.

Essas competências, como vimos, são atribuídas por leis ordinárias infraconstitucionais. Entretanto, após a Emenda Constitucional n. 45/2004, são mais abrangentes, atingindo Relações de Trabalho nem sempre previstas especificamente em lei ordinária ou com vínculo empregatício.

2.6. *COMPETÊNCIA NORMATIVA*

Como previsto pelo § 2º do mesmo art. 114 da Constituição, complementando o § 1º, competência normativa trata-se de uma atividade jurisdicional que distingue e caracteriza a Justiça do Trabalho dentre os demais órgãos judiciários, mediante um procedimento especial, chamado de dissídios coletivos, de natureza econômica ou jurídica, que estabelecem normas abstratas, que são impostas às partes ou a um todo de uma categoria profissional envolvida com a respectiva categoria econômica.

É a chamada competência normativa da Justiça do Trabalho, na qual se elaboram normas e diretrizes às partes para cumprimento obrigatório.

As partes no dissídio coletivo normalmente são as categorias profissionais correspondentes, por meio de seus sindicatos, federações ou confederações, de trabalhadores ou empregadores.

O dissídio é a fase seguinte à negociação coletiva, que restou frustrada e se converteu em litígio que deve ser dirimida pela justiça.

2.7. COMPETÊNCIA DE OFÍCIO

A Lei n. 10.035, promulgada em 25 de outubro de 2000, estabelecia, no âmbito da Justiça do Trabalho, procedimentos de execução das contribuições devidas à Previdência Social, que, até então, eram de competência exclusiva da Justiça Federal, regulamentando o § 3º do art. 114 da Constituição Federal. A competência era apenas para executar os valores devidos à Previdência Social, decorrentes de verbas salariais constantes em qualquer sentença condenatória e acordos homologados, além dos Termos de Conciliação Prévia e de Ajuste de Conduta e não sobre aquelas apuradas administrativamente pelo Órgão da Previdência Social, através de seus procedimentos regulares. Para tanto, o Juiz deveria identificar sempre a natureza das parcelas devidas ao trabalhador, se indenizatória ou salarial.

Com a fixação dessa competência às Varas do Trabalho, atribuiu-se também a elas a obrigação de encaminhar ao órgão competente do INSS, mensalmente, conforme § 2º do art. 884 da CLT, cópias das guias pertinentes aos recolhimentos efetivados nos autos.

Atualmente, conforme inciso VIII do art. 114 da Constituição Federal incluído pela EC n. 45/04, continua a competência da Justiça do Trabalho para execução das contribuições sociais, especificamente previstas no art. 195, I, *a*, e II e seus acréscimos legais, e as decorrentes das sentenças proferidas pela própria Justiça Trabalhista.

O art. 195 da Constituição Federal dispõe:

> "A seguridade social será financiada por toda a sociedade, de forma direta e indireta, nos termos da lei, mediante recursos provenientes dos orçamentos da União, dos Estados, do Distrito Federal e dos Municípios, e das seguintes contribuições sociais:"

Os incisos I e II especificam os agentes passivos dessas cobranças, ou seja, os empregadores, que são as empresas ou entidades a elas equiparadas na forma da lei; e o trabalhador e dos demais segurados da previdência social.

A base é a folha de salários e demais rendimentos do trabalho pagos ou creditados, a qualquer título, à pessoa física que preste serviço, mesmo sem vínculo empregatício àquelas entidades mencionadas no inciso I, e sobre a receita ou faturamento e lucro.

O grande diferencial, ainda, e entretanto, é a execução de ofício, o que torna o Juiz da causa o impulsionador da cobrança em todos os seus atos regulares.

3. MODIFICAÇÕES DA COMPETÊNCIA

A competência da Justiça do Trabalho em razão da matéria e da pessoa não pode ser modificada pela vontade das partes, pois depende de lei expressa nesse sentido. O que se admite são interpretações dos dispositivos legais para aplicação ao caso concreto, que poderá variar conforme o intérprete e é dirimida sempre por meio da doutrina e jurisprudência. O mesmo ocorre com relação ao local, disciplinado pelo art. 651 da Consolidação das Leis do Trabalho, que também conforme a corrente jurisprudencial pode ou não ser prorrogada, como estudado anteriormente.

Modificação da competência, por outro lado, trata-se da deslocação do processo distribuído ou não a determinado juízo para outro da mesma ou outra localidade ou jurisdição, onde esteja se processando outro feito com o qual guarde semelhanças definidas na lei (conexão ou continência de ações), para que sejam decididos por um mesmo Juiz, sem possibilidade de haver decisões conflitantes ou sem continuidades.

A competência, nesse sentido, modifica-se em razão da ocorrência da conexão e continência de ações, conforme arts. 54 ao 59 do NCPC, de aplicação subsidiária, hipóteses em que reúnem-se dois ou mais processos desde que estejam em termos, inclusive quanto à fase em que se encontrarem e que não estejam julgados, de modo a não se repetirem atos praticados num e noutro. Se não houver condições de reunião, poderá haver ainda a possibilidade de ser sobrestado o mais recente, aguardando o julgamento do mais antigo, se este for influir no julgamento daquele, mas cada qual em seu respectivo juízo a quem coube o processo por distribuição regular.

Para que se possa decidir sobre a reunião de ações ou prorrogação da competência em razão de conexão ou continência, há que se verificar, antes, os elementos que identificam as ações, que são três:

— *Personae* (pessoa), que são as partes, os sujeitos que intervêm no feito na qualidade de autor e réu;
— *Res* (coisa), que se constitui no objeto do litígio, sobre o qual se pretende o pronunciamento do Judiciário; e, finalmente,
— *Causa petendi* (causa de pedir), que é a razão ou a motivação de pedir, da qual o objeto é sua consequência lógica.

Dispõe o art. 110 das Normas da Corregedoria Regional do TRT da 2ª Região que todas as ações distribuídas que tenham os mesmos autores e réus, serão encaminhadas automaticamente à Vara que recebeu, pelo sorteio eletrônico, a primeira demanda, independentemente da distribuição ordinária dos feitos. Esse procedimento evita a repetição de feito em juízos diversos e que possam ser decididos diversamente.

A regra do artigo mencionado não se aplica aos executivos fiscais.

Os demais pormenores da distribuição serão estudados mais adiante.

3.1. CONEXÃO

Dá-se quando há em comum, nas ações ajuizadas, o objeto ou a causa de pedir, e desse modo basta a presença coincidente de um deles e sem a necessidade que seja entre as mesmas partes (art. 55 do NCPC).

Exemplos:

— Mesmas partes, em razão do pedido ou pela causa de pedir: Antônio propõe reclamatória contra o seu empregador, Padaria Flor do Brejo, pretendendo a usufruição de férias vencidas e seu respectivo pagamento, sem contudo fazer o pedido do pagamento da dobra na forma da lei.

  Como não há possibilidades de se modificarem ou acrescentarem novos pedidos, principalmente depois de contestada a ação pela parte contrária, deverá fazê-lo por meio de outra ação autônoma, requerendo sua distribuição por dependência ou, se após distribuída para juízo distinto, requerer a unificação dos processos, arguindo a ocorrência de conexão entre eles;
— Partes distintas e identidade da causa de pedir: Antônio propõe reclamatória pretendendo pagamento de determinada gratificação prometida pelo seu empregador, Padaria Flor do Brejo, em que a causa de pedir é a promessa de pagamento de gratificação e o pedido é o próprio pagamento, no valor de R$ 100,00; João, colega de Antônio, resolve também propor reclamatória contra o mesmo empregador, que é também seu, com a mesma razão de pedir e o pedido do pagamento no valor de R$ 120,00, adotando o mesmo procedimento do exemplo anterior. Verifica-se aqui a não identidade entre os autores e os valores dos objetos, mas apenas da causa de pedir e consequentemente do objeto propriamente dito.

A competência na conexão será prorrogada para o juízo que teve a primazia da distribuição dos feitos, cuja verificação se fará pela data: a mais recente será anexada, por prorrogação de competência, à mais antiga, dependendo sempre do estado em que se encontrarem.

Poderá haver conexão na execução de título extrajudicial e à ação de conhecimento relativa ao mesmo ato jurídico, como também, às execuções fundadas no mesmo título executivo.

3.2. CONTINÊNCIA

Verifica-se quando há, nas ações, identidade quanto às partes e à causa de pedir, mas o objeto de um é mais amplo que o outro, abrangendo-o. Nesta hipótese, dentro dos requisitos essenciais para sua verificação, encontra-se a necessidade da identidade quanto às partes e à causa de pedir; caso contrário, seria também conexão. Na continência, somente o objeto de uma será mais amplo, abrangendo o da outra.

Exemplo: Antônio propõe reclamatória contra o seu empregador, Padaria Flor do Brejo, pleiteando o reconhecimento de trabalho em horas extras e, em outra, o pagamento dessas horas. Portanto, em se decidindo a primeira reclamatória, estará se decidindo também a segunda, pois a amplitude da primeira abrange também a segunda. A competência na continência, dependendo sempre do estado em que se encontrarem os feitos, por conclusão lógica de interpretação, será prorrogada para o juízo que recebeu aquele com o objeto mais amplo, pois, do contrário, de nada valeria o instituto, já que teriam que ser julgados os dois processos.

Não há que se confundir os institutos da conexão e continência com litispendência, que são totalmente distintos, principalmente quanto aos efeitos, pois na verificação dos primeiros, como vimos, haverá a reunião de dois ou mais processos e no segundo, a extinção simplesmente do segundo proposto.

Dá-se a litispendência entre dois processos, por inteiro ou parte deles, quando houver identidade dos três elementos da ação proposta com a que se está processando e anterior ao julgamento, ou seja, as mesmas partes, causa e objeto. Havendo essa tríplice identidade e o feito se encontrar julgado, estará então ocorrendo com relação ao mais recente, coisa julgada.

4. ÁRBITROS E MEDIADORES

Em apêndice à competência da Justiça do Trabalho, o § 1º do art. 114 da Constituição Federal dispõe sobre a faculdade de as partes elegerem árbitros para a solução dos conflitos coletivos, como uma fase pré-judicial, sendo que o § 2º do mesmo artigo conclui:

> "Recusando-se qualquer das partes à negociação coletiva ou à arbitragem, é facultado às mesmas, de comum acordo, ajuizar dissídio coletivo de natureza econômica, podendo a Justiça do Trabalho decidir o conflito, respeitadas as disposições mínimas legais de proteção ao trabalho, bem como as convencionadas anteriormente."

É sabido que dificilmente as partes em dissídio coletivo se alinham em seus interesses que sempre são antagônicos. Por outro lado, se uma das partes recorre ao Judiciário, é sinal de que entre eles não haverá possibilidade de uma negociação coletiva amistosa, sem a intervenção judicial.

A propósito, fala-se muito na criação de arbitragem para a solução de pendengas trabalhistas, quando há previsão legal e constitucional para tanto, bastando ser exercida.

Nesse sentido, a Lei n. 8.630/93 dispõe sobre o regime jurídico da exploração dos portos organizados e das instalações portuárias, prevê em seu art. 23 e parágrafos a constituição no âmbito do órgão de gestão de mão de obra, de Comissão Paritária para solucionar litígios decorrentes da aplicação das normas a que se referem os arts. 18, 19 e 21 da mesma Lei, e que, em caso de impasse, as partes devem recorrer à arbitragem de ofertas finais e na hipótese, firmado o compromisso arbitral, não será admitida a desistência de qualquer das partes. Dispõe, ainda, que os árbitros devem ser escolhidos de comum acordo entre as partes e que o laudo arbitral proferido para solução da pendência possui força normativa, independentemente de homologação judicial.

Posteriormente a essa lei, foi editado o Decreto n. 1.572/95, regulamentando a mediação na negociação coletiva de natureza trabalhista, dispondo em seu art. 2º, que frustrada a negociação direta, na respectiva data-base anual, as partes poderão escolher, de comum acordo, mediador para composição do conflito.

Finalmente, em 1996 foi promulgada a Lei n. 9.307, dispondo sobre a arbitragem e para tanto, além de introduzir conceitos jurídicos sobre a questão, alterando previsões processuais civis a respeito do procedimento, que subsidiariamente pode ser prorrogado ao processo trabalhista. Essa lei, entretanto, somente permite às pessoas capazes de contratar valer-se da arbitragem para dirimir litígios relativos a direitos patrimoniais disponíveis.

Árbitro é aquele que dirime questões, eleito pelas partes litigantes, ou são designados pela Justiça para agirem como Juiz, sem, entretanto, integrarem os seus quadros de funcionários e principalmente de Magistrados, com os quais não se confundem.

Chamados à intervenção, a sua decisão deve ser acatada pelas partes e pelo próprio Judiciário, como prevê o art. 31 da citada Lei n. 9.307, com as reservas que a mesma lei impõe, quanto a nomeação, qualificação do árbitro etc., ou seja, quanto a legalidade do Juízo Arbitral.

O árbitro não se confunde com o mediador, que apenas servirá de elo entre as partes envolvidas em determinado procedimento, como vem sendo utilizado nas negociações coletivas, na forma do Decreto n. 1572 e com base no citado § 1º do art. 114 da Constituição Federal.

Versando o processo sobre direitos que admitam autocomposição, entende o E. TST em sua Instrução Normativa n. 39/2016 que dispõe sobre aplicação do NCPC no processo trabalhista, é inaplicável o parágrafo único do art. 190, que permitiria o Juiz, de ofício ou a requerimento, controlar a validade das convenções previstas, recusando-lhes aplicação somente nos casos de nulidade ou de inserção abusiva em contrato de adesão ou em que alguma parte se encontre em manifesta situação de vulnerabilidade.

5. AÇÕES ESPECIAIS CABÍVEIS

Encontram guarida na Justiça do Trabalho, além das reclamatórias ou ações que podem ser chamadas de ordinárias, outras especiais e previstas diretamente no Código de Processo Civil, de aplicação subsidiária no processo trabalhista.

5.1. *DA TUTELA PROVISÓRIA*

5.1.1. *Disposições Gerais*

O processo trabalhista, desde sua implantação, notabilizou-se pelos avanços introduzidos na sistemática adjetiva, em sua oralidade, simplicidade, celeridade e economia processual, afastando-se da rigidez da civil então vigente, e isto porque, evidentemente, o Direito do Trabalho, em razão de sua peculiaridade e cunho social, exigia e exige soluções céleres dos conflitos trabalhistas, a ponto de considerar como regra geral, o que era excepcional no cível, ou seja, o processo com rito sumário e sempre sujeito à conciliação, que também é uma forma de solução rápida do litígio.

Há tempos, entretanto, que o processo civil vem se modificando e buscando soluções modernas e mais rápidas dos litígios que até então arrastavam-se lentamente e hoje também possui para várias hipóteses, o procedimento processual sumário ou sumaríssimo e mesmo o Juizado de pequenas causas, em que se tenta dirimir o conflito quase que de imediato, sujeitando também as partes à eventual conciliação.

O processo do Trabalho supletiva ou subsidiariamente admite o processamento de ações tutelares nas formas preconizadas pelo Novo Código de Processo Civil e que se fazem absolutamente necessárias nos procedimentos ordinários que, muitas vezes, dependem de uma providência antecipada ou paralela, para a completa e efetiva prestação jurisdicional, atribuindo o direito a quem o teve ameaçado ou violado.

Algumas tutelas previstas no CPC anterior, nominadas ou inominadas, encontram-se citadas dentro das tutelas provisórias, que as substituíram, ou em outros procedimentos, como ocorre, por exemplo, com a antecipação de produção de provas ou exibição de documentos ou coisa, que foram colocadas exata e apropriadamente no Capítulo das provas.

A tutela provisória pode ser de urgência e de evidência. A de urgência pode ser em caráter cautelar ou antecipada, permitindo-se que sejam pleiteadas na forma antecedente ou incidental, como se verá adiante.

Medidas tutelares possibilitam ao juízo conhecer e decidir antecipada ou incidentalmente na ação principal, fatos capazes de fundamentar o litígio sem, contudo, apreciar o mérito em definitivo e que sem uma pronta intervenção do Judiciário podem desaparecer pela ação do tempo ou do homem. Por vezes podem ser satisfativas, encerrando em si mesmas a decisão de mérito, embora necessitem serem confirmadas para sua efetividade definitiva, cujo objetivo somente pode ser atingido pelo feito principal de que são dependentes.

Deverão ser utilizadas com parcimônia, pois a concessão não criteriosa e sem análise de suas consequências imediatas ou mediatas podem trazer prejuízos irreparáveis ao requerido.

O requerente deverá demonstrar a presença do *fumus boni juris* (fumaça do bom direito) e o *periculum in mora* (perigo de dano por retardamento), ou seja, desde que se vislumbre, na medida proposta, aparência ou probabilidade de direito reconhecível, viável, justo e lógico ou, ainda, que haja a possibilidade de não mais se recuperar o direito pretendido, com a demora na solução do feito, tornando inócua a ação e a prestação jurisdicional da Justiça.

Portanto, os fundamentos que justificam as medidas cautelares se assemelham aos do mandado de segurança, que trazem também a possibilidade jurídica de se anteciparem aos efeitos pelos quais se pretende.

O indeferimento da medida cautelar não obsta que a parte intente a ação principal e tampouco influi no seu julgamento, salvo se for acolhida alegação de decadência ou de prescrição do direito do autor.

Não é demais lembrar, pois o próprio NCPC o faz, que nas decisões que conceder, negar, modificar ou revogar a tutela provisória, o magistrado terá que motivar ou justificar seu convencimento de modo claro e preciso.

Concedida a tutela provisória, sua eficácia se conserva durante a pendência do processo, ainda que haja sua suspensão, mas pode a qualquer tempo, ser revogada ou modificada pelo seu prolator ou mesmo por decisão judicial em contrário.

Caberá ao Juízo, a seu critério, determinar as medidas que considerar adequadas para a efetivação da tutela provisória, observando as normas referentes ao cumprimento provisório da sentença no que couber como também, está autorizado a dilatar prazos processuais e alterar a ordem de produção dos meios de prova para o mesmo fim. Quando "incidental", a tutela deverá ser requerida ao juízo da causa. A "antecedente", ao juízo competente para conhecer do pedido principal, sendo que nesta hipótese, deverá ser distribuída aleatoriamente.

Nas ações de competência originária do Tribunal, deverá ser requerida ao órgão jurisdicional competente para apreciar o mérito.

A efetivação de tutela provisória pode ser executada por meio de juízes cooperantes (arts. 67 *usque* 69 do NCPC), que é uma fórmula para auxiliar o juiz diretor do processo em forma de recíproca cooperação para determinados fatos jurídicos e feitos processados, por meio de magistrados e servidores que, quando solicitado, deve ser prontamente atendido, independentemente de forma específica e podem ser executados diretamente, por reunião de apensamento de processos, informações, atos concertados entre os juízes cooperantes para citação, intimação ou notificação de ato, obtenção e apresentação de provas e a coleta de depoimentos, efetivação de tutela provisória, medidas e providências para recuperação e preservação de empresas, facilitação de habilitação de créditos na falência e na recuperação judicial, centralização de processos repetitivos, execução de decisão jurisdicional ou quaisquer outros que possam ser solicitados, inclusive cartas de ordem, precatória e arbitral.

5.1.2. Tutela de Urgência

É cabível e justifica-se quando houver elementos que evidenciem a probabilidade do direito e o perigo de dano ou o risco ao resultado útil do processo. Pode ser concedida liminarmente independentemente da oitiva da parte contrária (art. 9º, I do NCPC) ou após justificação prévia por parte do requerido, pois é vedada a prolação de decisão em qualquer grau de jurisdição, um "decisão surpresa", que é aquela que no julgamento final do mérito, aplicar fundamento jurídico ou embasar-se em fato não submetido à audiência prévia de uma ou de ambas as partes. Não se considera "decisão surpresa", se a parte tinha obrigação de prever os pressupostos de admissibilidade de recurso e aos pressupostos processuais, salvo disposição legal expressa em contrário (IN n. 39/2016 do TST).

Para a concessão da tutela de urgência, o juiz pode, conforme o caso, exigir caução real ou fidejussória idônea para ressarcir os danos que a outra parte possa vir a sofrer, podendo a caução ser dispensada se a parte economicamente hipossuficiente não puder oferecê-la.

Na hipótese de "tutela de urgência de natureza antecipada", não poderá ser concedida quando houver perigo de irreversibilidade dos efeitos da decisão, evitando-se eventual prejuízo do requerido,

Caução real ou fidejussória idônea, como eram definidas no ACPC, trata-se de garantias tomadas para acautelar-se contra um dano provável. É real, nas hipóteses de hipoteca e penhor; fidejussória quando prestada por terceiros mediante fiança.

Por "probabilidade do direito", não se pode entender que deva ser "líquido e certo" para o proponente, mas que tenha elementos suficientes e demonstrados para uma possível decisão favorável. Quanto ao "perigo de dano ou risco ao resultado útil do processo", é da prudência judicial não aguardar o final, por vezes demasiadamente moroso, a ponto de prejudicar ou inviabilizar o direito pretendido pela parte. De certa forma, é uma típica decisão de natureza satisfativa.

Sendo de "natureza cautelar", poderá ser efetivado mediante arresto, sequestro, arrolamento de bens, registro de protesto contra alienação de bem e qualquer outra medida idônea que entender o Juízo, para assegurar o direito pleiteado.

Arresto trata-se de providência jurídica que o detentor de eventual direito lança mão para se resguardar em futura condenação do requerido devedor, reservando bens, quaisquer que sejam eles, desde que suficientes à liquidação.

Com essa medida, evita-se que o empregador, na iminência de uma reclamatória em que se verá possivelmente vencido, delapide seu patrimônio, vendendo ou transferindo para terceiros, de modo a obstar eventual execução, tornando inócua a procedência da ação e a prestação jurisdicional.

Ressalvando a hipótese de indeferimento da medida, pelo acolhimento da alegação de decadência ou prescrição do direito do autor, a sentença proferida no arresto não faz coisa julgada na ação principal.

Sequestro por sua vez, assemelha-se ao arresto, do qual se diferencia apenas pelo objetivo, pois visa sempre bens determinados ou aos seus frutos ou rendimentos, quando lhes for disputada a propriedade ou a posse, como objeto do litígio, havendo fundado receio de rixas ou danificações, para que se possa entregar em bom estado, ao vencedor.

Incumbirá ao Juiz nomear o depositário dos bens sequestrados, que poderá se dar em pessoa indicada de comum acordo pelas partes ou, ainda, em uma das partes, desde que ofereça maiores garantias e preste caução idônea.

Aplica-se ao sequestro tudo o que se referir ao arresto e lhe for compatível.

O arrolamento de bens é um processo simplificado de inventário, destituídos de atos formais ou de solenidades. Nesta hipótese deve haver o pedido de reserva de bens para a cobertura da tutela.

Pelo protesto contra alienação de bens, o requerido vê-se privado da propriedade plena sobre seus bens, que permanecem como garantias.

Entretanto, além de estar sujeito a responder por perdas e danos, na forma do art. 76 do NCPC (art. 16 do ACPC) o requerente do procedimento cautelar responde ao requerido pelo prejuízo que lhe causar a execução da medida se (art. 302 do NCPC):

> "I — a sentença no processo principal lhe for desfavorável;
>
> II — obtida liminarmente a tutela em caráter antecedente, não promover a citação do requerido em cinco dias;
>
> III — ocorrer a cessação da eficácia da medida por qualquer medida legal;
>
> IV — ou finalmente, for acolhida a alegação de decadência ou prescrição do direito do autor, cuja liquidação se fará nos próprios autos da cautelar."

Deve ser entendida a presença de perdas e danos para quem não lhe deu justa causa, pois, responde "aquele que litigar de má-fé como autor, réu ou interveniente." (art. 79 do NCPC).

> "Considera-se litigante de má-fé aquele que (Art. 80 do NCPC):
> I — deduzir pretensão ou defesa contra texto expresso de lei ou fato incontroverso;
> II — alterar a verdade dos fatos;
> III — usar do processo para conseguir objetivo ilegal;
> IV — opuser resistência injustificada ao andamento do processo;
> V — proceder de modo temerário em qualquer incidente ou ato do processo;
> VI — provocar incidente manifestamente infundado;
> VII — interpuser recurso com intuito manifestamente protelatório."

As decisões proferidas nos procedimentos cautelares, de um modo geral, são recorríveis à instância superior, não necessitando ficar no aguardo do julgamento do processo principal.

5.1.3. Procedimento da Tutela Antecipada requerida em caráter antecedente

5.1.3.1. Procedimento da Tutela Antecipada

É tutela antecipada por ser admitida antes da decisão final do litígio e como tal, pode ser requerida ao juízo competente para conhecer da causa, antes, concomitantemente ou mesmo durante o processamento.

Sempre é salutar lembrar que o pleito deverá ser em petição escrita, indicando-se a autoridade judiciária a que for dirigida; o nome, o estado civil, a profissão e a residência do requerente e do requerido.

Dispõe o art. 303, *caput*, do NCPC:

> "Nos casos em que a urgência for contemporânea à propositura da ação, a petição inicial pode limitar-se ao requerimento da tutela antecipada e à indicação do pedido de tutela final, com a exposição da lide, do direito que se busca realizar e do perigo de dano ou do risco ao resultado útil do processo."

Portanto, a tutela antecipada, pode ser pleiteada concomitantemente à ação principal quando a urgência for contemporânea à sua propositura.

"Contemporâneo", lexicamente, é um adjetivo que faz referência ao que é "do mesmo tempo", ou "que viveu na mesma época". Contemporâneo designa quem ou o que partilha ou partilhou o mesmo tempo, o mesmo período. "Contemporâneo" referido na lei é quando a tutela antecipada, é proposta ao mesmo tempo da propositura da ação e nesta hipótese, a petição inicial pode limitar-se ao seu requerimento apenas, bastando para isso, a indicação do pedido de tutela final, com a exposição da lide e o direito que busca realizar e do perigo de dano ou do risco ao resultado útil do processo.

Concedida a tutela de forma antecipada, dar-se-á oportunidade ao autor aditar a inicial do pedido, com a complementação de sua argumentação, a juntada de novos documentos e a confirmação do pedido de tutela final, em pelo menos quinze dias ou no prazo maior fixado pelo Juízo, com pena de extinção do processo sem resolução do mérito. Este aditamento não dependerá de novas custas processuais. A inicial deverá indicar desde logo o valor da causa, levando-se em conta o pedido de tutela final, como também a pretensão de valer-se da antecipação da tutela provisória.

Providenciado o aditamento, seguir-se-á a citação e intimação do réu para a realização de audiência de conciliação prevista no rito ordinário do processo celetista. Não havendo autocomposição, deve o réu apresentar a competente defesa no mesmo ato.

Não concedida a tutela antecipada em razão da ausência ou insuficiência de elementos, o órgão jurisdicional determinará a emenda da petição inicial da ação principal em até cinco dias, sob pena de ser indeferida e de o processo ser extinto sem resolução de mérito.

Adaptando-se o procedimento aos princípios do processo trabalhista, a citação deve ser substituída por notificação, dando-se início ao prazo para audiência de conciliação ou de mediação, bem como para a contestação na forma usual e não da juntada do mandado. Entretanto, a contagem de prazo em dias, conforme art. 219 do NCPC, fixado pela lei ou pelo juiz, deverão ser computados somente os dias úteis e não na forma corrida como previa o antigo CPC. Por outro lado, os prazos ditados pela CLT ou pelo Juízo dentro do processo e que não se refira à cautelares previstas no NCPC, continuam sendo contados na forma corrida, considerando-se todos os dias, inclusive os não úteis.

A tutela antecipada concedida não faz coisa julgada, mas torna-se estável se da decisão que a conceder não for interposto o respectivo recurso. Ademais, qualquer das partes poderá demandar a outra com o intuito de rever, reformar ou invalidar a tutela antecipada estabilizada, que conservará seus efeitos, embora não transite em julgado, enquanto não revista, reformada ou invalidada por decisão de mérito proferida na respectiva ação. Para tanto, poderá, inclusive, ser requerida o desarquivamento dos autos em que foi concedida a medida, para instruir a petição inicial, ficando prevento o juízo prolator da tutela antecipada. Esse direito de reformar ou invalidade a tutela antecipada, extingue-se após dois anos, contados da ciência da decisão que extinguiu o processo.

5.1.3.2. Do procedimento da Tutela Cautelar requerida em Caráter Antecedente

"Tutela Cautelar requerida em Caráter Antecedente", como se deduz, é a cautelar ajuizada anteriormente à propositura da ação principal. A petição inicial deverá indicar a lide e seu fundamento, a exposição sumária do direito que se objetiva assegurar e o perigo de dano ou risco ao resultado útil do processo. Caso tenha o pedido natureza antecipativa, o processamento se fará na forma do art. 303 do NCPC como exposto anteriormente, podendo, inclusive, ser formulado em conjunto, cuja causa de pedir, poderá ser aditada no mesmo momento.

Dispõe o art. 305 do NCPC em seu *caput* e parágrafo único:

> "A petição inicial da ação que visa à prestação de tutela cautelar em caráter antecedente indicará a lide e seu fundamento, a exposição sumária do direito que se objetiva assegurar e o perigo de dano ou o risco ao resultado útil do processo.".
>
> "Caso entenda que o pedido a que se refere o *caput* tem natureza antecipada, o juiz observará o disposto no art. 303."

Como se percebe, este procedimento é ligeiramente diferente do disposto no *caput* do art. 303, pois enquanto neste o proponente "pode" em sua inicial limitar-se ao requerimento da tutela antecipada e à indicação do pedido de tutela final, nesta hipótese do art. 305 o proponente "deve" indicar a lide e seu fundamento em exposição sumária do direito, deixando ao Juízo o entendimento sobre a natureza antecipada do pedido, para prosseguir na forma do art. 303 citado.

Para prosseguir na forma do art. 303, deve-se concluir que, não concedida a tutela, mas apenas entendendo a natureza antecipada do pedido, o Juiz deverá determinar o aditamento da inicial, com a complementação de sua argumentação, a juntada de novos documentos e a confirmação do pedido de tutela final, em quinze dias ou em outro prazo maior que fixar.

Completado o aditamento à inicial, o prosseguimento será com a citação do réu e sua consequente intimação para a audiência de conciliação ou de mediação na forma do art. 334. Não havendo autocomposição, o prazo para contestação por petição, ou seja, diretamente na secretaria, será de quinze dias contados da audiência de conciliação ou de mediação, ou da última sessão de conciliação, quando qualquer parte não comparecer ou, comparecendo, não houver autocomposição. Poderá ser, ainda, do protocolo do pedido de cancelamento da audiência de conciliação da mediação apresentado pelo réu, quando ocorrer a hipótese do art. 334, § 4º, inciso I, ou seja, se ambas as partes manifestarem, expressamente, desinteresse na composição consensual.

Por outro lado, entretanto, se não houve o entendimento judicial da natureza antecipada, o réu deverá ser citado ou como é da natureza do processo trabalhista, notificado para no prazo de cinco dias, contestar o pedido e indicar as provas que pretende produzir.

Não contestado, os fatos alegados pelo autor presumir-se-ão aceitos como ocorridos (revelia), devendo o Juiz decidir dentro de cinco dias. Havendo a contestação no prazo legal, o feito terá o prosseguimento comum, ou seja, como descrito anteriormente.

Efetivada a tutela cautelar, o pedido principal terá de ser formulado pelo autor no prazo de trinta dias, caso em que será apresentado nos mesmos autos da cautelar, não dependendo do adiantamento de novas custas processuais.

A adjetiva excepciona que o pedido principal pode ser formulado conjuntamente com o pedido de tutela cautelar e que a causa de pedir poderá ser aditada no momento de formulação do pedido principal.

Apresentado o pedido principal, as partes serão intimadas para a audiência de conciliação ou de mediação, onde deverão comparecer pessoalmente ou por meio de seus advogados, sem necessidade de nova citação do réu. Não havendo autocomposição, seguir-se-á o prazo para contestação, conforme previsto anteriormente.

Cessa a eficácia da tutela concedida em caráter antecedente, se o autor não deduzir o pedido principal no prazo legal; não for efetivada dentro de trinta dias; ou se o juiz julgar improcedente o pedido principal formulado pelo autor ou extinguir o processo sem resolução de mérito. Nestas hipóteses não será permitido à parte renovar o pedido, salvo com novo fundamento.

O indeferimento da tutela cautelar não obsta a que a parte formule o pedido principal, nem influi no seu julgamento, salvo se a razão for a reconhecimento de decadência ou de prescrição do direito.

5.1.4. Da Tutela de Evidência

Distinta das anteriores e como se sobrepondo a elas, a Tutela de Evidência será concedida, independentemente da demonstração de perigo de dano ou de risco ao resultado útil do processo, nas hipóteses de ficar caracterizado o abuso do direito de defesa ou o manifesta propósito protelatório da parte; quando as alegações de fato puderem ser comprovadas apenas documentalmente e houver tese firma em julgamento de casos repetitivos ou em súmula vinculante; quando se tratar de pedido reipersecutório fundado em prova documental adequada do contrato de depósito, caso em que será decretada a ordem de entrega do objeto custodiado, sob cominação de multa; quando a petição inicial for instruída com prova documental suficiente dos fatos constitutivos do direito do autor, a que o réu não oponha prova capaz de gerar dúvida razoável. Nas duas primeiras hipóteses, a decisão judicial poderá ser liminarmente, independentemente da oitiva da parte contrária (art. 9º, I do NCPC).

5.1.4.1. Tutela na CLT

A CLT especificamente autoriza a concessão de liminar, até o final do processo, que vise a tornar sem efeito, transferências de trabalhadores do local de trabalho, disciplinadas nos parágrafos do art. 461 do mesmo Diploma, como também nos que visem reintegrar no emprego dirigente sindical afastado, suspenso ou dispensado pelo empregador, conforme incisos IX e X do art. 659, ou mesmo daquele que for candidato a cargo de direção ou representação de entidade sindical ou de associação profissional, cuja dispensa é vedada, salvo se cometer falta grave, a partir do momento do registro da candidatura até um ano após o final de seu mandato, caso seja eleito, inclusive como suplente.

As medidas cautelares conservam sua eficácia pelo prazo de trinta dias, que é aquele que possui a requerente para ajuizar o feito principal, e uma vez proposta, continua da mesma forma durante sua pendência. Entretanto, podem a qualquer tempo ser revogadas ou modificadas, além de sofrer substituição mencionada anteriormente.

Perderão por sua vez a eficácia, se a parte não intentar a ação no prazo de trinta dias ou se o Juiz declarar extinto o processo principal com ou sem julgamento do mérito, por alguma razão justificada.

Na hipótese de cessação da medida por qualquer motivo, é defeso à parte repetir o pedido, salvo se for por novo fundamento.

5.2. INSTRUMENTOS CAUTELARES ESPECÍFICOS

O NCPC não conceitua os procedimentos cautelares específicos de arresto, sequestro, caução, busca e apreensão, exibição, produção antecipada de provas, justificação, protestos, notificações e interpelações, atentados, como fazia o anterior, muito embora faça referência a eles, o que justifica serem ainda catalogados como "instrumentos cautelares específicos" que poderão acessoriamente ser acrescentados aos pedidos tutelares que os preveem em suas caracterizações.

5.2.1. Arresto

5.2.1.1. Generalidades

Trata-se de providência jurídica a que o direito lança mão para resguardar em futura condenação do requerido devedor, reservando bens, quaisquer que sejam eles, desde que suficientes à liquidação.

Com essa medida, evita-se que o devedor, na iminência de uma reclamatória em que se verá possivelmente vencido, delapide seu patrimônio, vendendo ou transferindo para terceiros, de modo a obstar eventual execução, tornando inócua a procedência da ação e a prestação jurisdicional.

Ressalvando a hipótese de indeferimento da medida, pelo acolhimento da alegação de decadência ou prescrição do direito do autor, a decisão proferida no arresto não faz coisa julgada na ação principal, mas apenas parte integrante e necessária conforme a hipótese.

5.2.1.2. Cabimento

Conforme art. 301 do NCPC, o juiz poderá determinar a tutela de urgência de natureza antecipada, mediante arresto para assegurar o direito pleiteado.

Caberá nas hipóteses que eram definidas pelo art. 813 do anterior Código de Processo Civil:

"I — quando o devedor sem domicílio certo intenta ausentar-se ou alienar os bens que possui, ou deixa de pagar a obrigação no prazo estipulado;

II — quando o devedor, tendo domicílio:

a) ausenta-se ou tenta ausentar-se furtivamente;

b) caindo em insolvência, aliena ou tenta alienar bens que possui; contrai ou tenta contrair dívidas extraordinárias; põe ou tenta pôr os seus bens em nome de terceiros; ou comete outro qualquer artifício fraudulento, a fim de frustrar a execução ou lesar credores;

III — quando o devedor, que possui bens de raiz, intenta aliená-los, hipotecá-los ou dá-los em anticrese, sem ficar com algum ou alguns, livres e desembargados, equivalentes às dívidas;

IV — nos demais casos expressos em lei."

5.2.1.3. Cessação

Os efeitos do arresto cessarão quando do julgamento do feito principal, que, se procedente, o converterá em penhora, que somente pode ocorrer quando em desenvolvimento uma execução. Cessarão, ainda, pelo pagamento, pela novação e pela transação do débito.

Ficará apenas suspensa a execução do arresto se o devedor intimado pagar ou depositar em juízo a importância da dívida, mais os honorários de Advogado que o Juiz arbitrar e custas ou, ainda, se der fiador idôneo ou prestar caução para a garantia.

5.2.2. Sequestro

Assemelha-se ao arresto, do qual se diferencia apenas pelo objetivo, pois visa sempre bens determinados ou aos seus frutos ou rendimentos, quando lhes for disputada a propriedade ou a posse, como objeto do litígio, havendo fundado receio de rixas ou danificações, para que se possa entregar em bom estado, ao vencedor.

Incumbirá ao Juiz nomear o depositário dos bens sequestrados, que poderá se dar em pessoa indicada de comum acordo pelas partes ou, ainda, em uma das partes, desde que ofereça maiores garantias e preste caução idônea.

Aplica-se ao sequestro tudo o que se referir ao arresto e lhe for compatível.

5.2.3. Caução

Trata-se de uma garantia tomada para acautelar-se contra um dano provável. A caução pode ser real (hipoteca e penhor) ou fidejussória (pessoal, mediante fiança de terceiro).

Quando a lei não determinar a espécie de caução, esta poderá ser prestada mediante depósito em dinheiro, papéis de crédito, títulos da União ou dos Estados, pedras e metais preciosos, hipoteca, penhor e fiança.

5.2.4. Busca e Apreensão

Pode ser decretada pelo Juiz, para a busca e apreensão de pessoas ou de coisas determinadas, na acepção do termo, para mantê-los à disposição do juízo.

No processo trabalhista é bastante utilizado, principalmente quando o empregador retém injustificadamente algum bem pertencente ao empregado, tal como às vezes acontece com a própria Carteira do Trabalho e Previdência Social — CTPS ou mesmo utensílios pessoais de trabalho. Às vezes é utilizado igualmente, na eventualidade de o Advogado, ou mesmo perito, estar retendo, também injustificadamente, os autos retirados de cartório, em seu poder.

Na petição, o requerente deverá expor suas razões justificativas da medida e da ciência de estar a pessoa ou a coisa no lugar designado. Portanto, não incumbirá ao juízo, procurar pelo bem ou pessoa, mas apenas determinar a busca e apreensão, desde que devidamente identificados, individualizados e localizados.

Sendo necessário, a justificativa se fará em segredo de justiça, facultando-se o acesso aos autos somente às partes e aos seus representantes processuais.

Finda a diligência, os Oficiais de Justiça designados lavrarão auto circunstanciado, assinando-o com as testemunhas.

5.2.5. Protestos, Notificações e Interpelações

Trata-se de procedimentos não contenciosos e apenas para conservar direitos existentes.

Servem para prevenir responsabilidades, prover a conservação e ressalva de seus direitos ou manifestar qualquer intenção de modo formal.

O protesto deverá ser efetuado em petição dirigida ao Juiz, requerendo-se que se intime a quem de direito, expondo os fatos e os fundamentos que o justifiquem.

O pedido será indeferido quando o requerente não houver demonstrado legítimo interesse no procedimento e o protesto, dando causa a dúvidas e incertezas, possa impedir a formação de contrato ou realização de negócio lícito. Do indeferimento caberá recurso adequado, que no processo trabalhista será o ordinário, com prazo para interposição de oito dias.

O protesto ou interpelação não admite defesa nem contraprotesto nos autos, mas o requerido poderá contra protestar em processo distinto, utilizando-se dos mesmos procedimentos que foram utilizados ou que sejam adequados ao protesto original.

A intimação se fará por editais: se o protesto for para conhecimento do público em geral, nos casos previstos em lei, ou quando a publicidade seja essencial para que o protesto, notificação ou interpelação atinja seus fins; se o citando for desconhecido, incerto ou estiver em lugar ignorado ou de difícil acesso; se a demora da intimação pessoal puder prejudicar os efeitos da interpelação ou do protesto.

Quando se tratar de protesto contra a alienação de bens, pode o Juiz ouvir em três dias aquele contra quem foi dirigido, desde que lhe pareça haver no pedido ato emulativo, tentativa de extorsão ou qualquer outro fim ilícito, decidindo sobre o pedido de publicação de editais.

Feita a intimação e pagas as custas, decorridas quarenta e oito horas, os autos serão entregues à parte, independentemente de traslado.

Nos casos previstos em lei, processar-se-á a notificação ou interpelação na forma determinada para o protesto, o que significa que aqueles são espécies e este, o gênero.

5.2.6. Atentado

É de suma importância a existência do instituto jurídico do atentado, para que se possa cautelarmente manter a conservação e a estabilidade de tudo que possa interessar ao processo principal e, com isso, haver uma completa atuação do dever jurisdicional.

Comete atentado, a parte que no curso do processo viola penhora, arresto, sequestro ou imissão na posse; prossegue em obra embargada, violando determinação judicial; ou pratica outra qualquer inovação ilegal no estado de fato.

A ação de atentado visa recolocar os fatos ocorridos no processo e violados, no estado que se encontravam anteriormente, antes da alteração.

A inicial deve ser autuada em separado do processo principal.

A ação será processada e julgada pelo juízo que originariamente conheceu da causa principal, ainda que esta se encontre em grau de recurso no Tribunal.

A sentença prolatada, se procedente, ordenará a suspensão da causa principal e o restabelecimento do que foi alterado, proibindo o réu na ação de atentado, no interregno, de falar nos autos principais, quer por cota ou por petição. Poderá, ainda, condenar o réu a ressarcir à parte lesada as perdas e danos que sofreu em consequência do atentado ocorrido, inclusive com honorários advocatícios.

5.3. AÇÃO FISCAL

5.3.1. Previdenciária

Como vimos, atualmente, conforme inciso VIII do art. 114 da Constituição Federal incluído pela EC n. 45/04, continua a competência da Justiça do Trabalho para execução das contribuições sociais, especificamente previstas no art. 195, I, *a*, e II, e seus acréscimos legais, e as decorrentes das sentenças proferidas pela própria Justiça Trabalhista.

Para tanto, deverá o Juiz determinar a elaboração da conta de liquidação, com os valores salariais apenas, para a incidência da verba previdenciária, dando início à execução, com vista às partes, devedor e Procuradoria da Previdência Social, para o que entenderem de direito.

A cobrança somente poderá se efetivar com o trânsito em julgado da decisão ou de ato a ela equiparado, como a conciliação devidamente homologada judicialmente.

O parágrafo único do art. 876, da CLT, com a redação dada pela Lei n. 11.457, de 15 de março de 2007, solucionou o impasse jurisprudencial que havia quanto às parcelas previdenciárias do contrato de trabalho reconhecido em juízo, mas também através do trânsito em julgado. Assim dispõe o referido parágrafo:

> "Serão executadas *ex-officio* as contribuições sociais devidas em decorrência de decisão proferida pelos Juízes e Tribunais do Trabalho, resultantes de condenação ou homologação de acordo, inclusive sobre os salários pagos durante o período contratual reconhecido."

Portanto, a partir dessa modificação, a Justiça do Trabalho passou a executar as parcelas previdenciárias das decisões meramente declaratórias de vínculo de emprego.

O C. TST confirma a matéria executória por meio da Súmula n. 368:

> "DESCONTOS PREVIDENCIÁRIOS E FISCAIS. COMPETÊNCIA. RESPONSABILIDADE PELO PAGAMENTO. FORMA DE CÁLCULO
>
> I. A Justiça do Trabalho é competente para determinar o recolhimento das contribuições previdenciárias e fiscais provenientes das sentenças que proferir. A competência da Justiça do Trabalho para execução das contribuições previdenciárias alcança as parcelas integrantes do salário de contribuição, pagas em virtude de contrato, ou de emprego reconhecido em juízo, ou decorrentes de anotação da Carteira de Trabalho e Previdência Social — CTPS, objeto de acordo homologado em juízo.
>
> II. É do empregador a responsabilidade pelo recolhimento das contribuições previdenciárias e fiscais, resultante de crédito do empregado oriundo de condenação judicial, devendo incidir, em relação aos descontos fiscais, sobre o valor total da condenação, referente às parcelas tributáveis, calculado ao final, nos termos da Lei n. 8.541, de 23.12.1992, art. 46 e Provimento da CGJT n. 01/1996.
>
> III. Em se tratando de descontos previdenciários, o critério de apuração encontra-se disciplinado no art. 276, § 4º, do Decreto n. 3.048/99 que regulamentou a Lei n. 8.212/1991 e determina que a contribuição do empregado, no caso de ações trabalhistas, seja calculada mês a mês, aplicando-se as alíquotas previstas no art. 198, observado o limite máximo do salário de contribuição."

5.3.2. Penalidades administrativas

Não se pode olvidar do inciso VII do art. 114 da CF, que atribui competência à Justiça do Trabalho, quanto às ações relativas às penalidades administrativas impostas aos empregadores pelos órgãos de fiscalização das relações de trabalho, como vimos anteriormente.

Essas ações têm a aplicação do disposto no art. 642 da CLT, que determina sejam realizadas pela Procuradoria da Justiça do Trabalho nas Capitais dos Estados onde haja TRT e no Distrito Federal e nas demais localidades, pelo Ministério Público Estadual, por meio do procedimento das cobranças das dívidas ativas da União, contido na Lei n. 6.830/80.

A CLT, em seus arts. 626 a 638, disciplina o Processo de Multas Administrativas.

Dispõe o art. 627 que a fiscalização deverá observar o critério da dupla visita em alguns casos que especifica, para o fim de promover a instrução dos responsáveis no cumprimento das leis de proteção do trabalho.

Para esse fim, poderá ser instaurado procedimento especial para a ação fiscal, objetivando a orientação sobre o cumprimento das leis de proteção ao trabalho, bem como a prevenção e o saneamento de infrações, mediante Termo de Compromisso, o que significa que o interesse maior é a solução da causa da infração e não a punição em si.

Entretanto, verificando o Auditor Fiscal que houve violação de preceito legal, deverá lavrar o auto de infração, que deverá caracterizar a infração verificada, dentro das formalidades legais, com a assinatura do infrator fiscalizado, como determina o art. 629 da CLT.

O autuado terá dez dias de prazo para defesa, contados do recebimento do auto, que poderá ser no ato ou via postal. De posse dessa comunicação, a autoridade competente procederá desde logo às necessárias diligências, lavrando os autos de que haja mister. Por outro lado, poderá o autuado requerer a oitiva de testemunhas e as diligências que lhe parecerem necessárias, cabendo, porém, à autoridade, julgar da necessidade de tais provas.

Os prazos para defesa ou recurso poderão ser prorrogados.

O recurso administrativo será interposto em dez dias à autoridade competente que houver imposto a multa, contados da notificação, que encaminhará à autoridade superior.

Muito embora o § 1º do art. 636 da CLT disponha sobre a necessidade da realização do depósito da multa para efeito de admissibilidade recursal, a Jurisprudência Sumulada do TST (421) e Vinculante do STF (21) ditam a inconstitucionalidade do parágrafo.

Antes do encaminhamento da multa para a cobrança executiva, é facultado à autoridade administrativa tentar a cobrança amigável.

Não efetivada a cobrança amigável, a dívida será inscrita em livro próprio e extraída certidão, com valor de título de dívida líquida e certa, deve ser enviada para a competente cobrança judicial, agora, perante a Justiça do Trabalho.

5.4. AÇÃO RESCISÓRIA

5.4.1. Generalidades

Trata-se de um processo autônomo e de competência originária dos Tribunais, pois visa precipuamente atacar a decisão de mérito transitada em julgado (*caput* do art. 966 do NCPC), no todo ou em parte e do qual não dependa de qualquer recurso, mesmo o extraordinário.

Não se trata, portanto, de recurso, mas de medida extrema e extraordinária, que ataca questões já decididas anteriormente, desde que transitadas em julgado.

O referido artigo relaciona em seus incisos, as devidas possibilidades de rescisória. Apesar do *caput* enunciar que cabe rescisória das "decisões de mérito", não significa incluir-se quaisquer delas, como por exemplo as interlocutórias, que são atacáveis por meio de agravo e não põem fim à qualquer fase processual para transitarem em julgado, como se depreende dos parágrafos 1º e 2º do art. 203 do NCPC:

> "Art. 203. Os pronunciamentos do juiz consistirão em sentenças, decisões interlocutórias e despachos.
>
> § 1º Ressalvadas as disposições expressas dos procedimentos especiais, sentença é o pronunciamento por meio do qual o juiz, com fundamento nos arts. 485 e 487, põe fim à fase cognitiva do procedimento comum, bem como extingue a execução.
>
> § 2º Decisão interlocutória é todo pronunciamento judicial de natureza decisória que não se enquadre no § 1º."

Ademais, a CLT é expressa em seu art. 893, § 1º, que "os incidentes do processo são resolvidos pelo próprio Juízo ou Tribunal, admitindo-se a apreciação do merecimento das decisões interlocutórias somente em recursos da decisão definitiva.".

Pelo NCPC (§ 4º do art. 966), os atos de disposição de direitos, praticados pelas partes ou por outros participantes do processo e homologados pelo juízo, bem como os atos homologatórios praticados no curso da execução, estão sujeitos à anulação, nos termos da lei e não à rescisória, como aliás, dispunha anteriormente o CPC em seu art. 486, com relação aos atos judiciais, que não dependessem de sentença, ou em que esta fosse meramente homologatória, poderiam ser rescindidos ou desfeitos, como os atos jurídicos em geral, nos termos da lei civil, mediante ação anulatória e não por ação rescisória.

Para a interposição de ação rescisória, não importa se a parte recorreu ou não ordinariamente ou se até mesmo perdeu a oportunidade de fazê-lo pelo não preenchimento de qualquer pressuposto de admissibilidade, no feito principal, bastando verificar umas das possibilidades legais para tanto, ditadas pelo Código de Processo Civil. Dessa forma, até mesmo quem foi revel no processo julgado pode ser autor em ação rescisória, pois que nesta se instaura nova relação jurídica processual, independentemente daquela em que cominou na sentença que se deseja rescindir.

A ação rescisória por ser independente, não suspende a execução da sentença rescindenda, conforme dispõe o art. 969 do NCPC, salvo ter havida a concessão de tutela provisória e, desse modo, apenas por cautela e facultativamente, se processará até a efetivação da penhora. Casos excepcionais, entretanto, autorizam o Juiz relator a conceder liminar na ação rescisória, pois o próprio artigo citado, ressalva a hipótese de concessão de tutela provisória suspendendo a execução, e desse modo, pode-se acrescentar quando se verificar ser difícil o eventual retorno ao estado anterior, com a procedência do feito.

5.4.2. Procedimento

Como todo processo intentado perante a Justiça do Trabalho, deve ser adaptado à sua realidade processual, no que for possível e não desnaturar o instituto visado.

Têm legitimidade para propor ação rescisória (art. 967 do NCPC), repetindo o código anterior: quem foi parte no processo ou o seu sucessor a título universal ou singular; o terceiro juridicamente interessado e o Ministério Público. Este terá legitimidade quando não foi ouvido no processo em que lhe era obrigatória a intervenção ou ainda, quando a decisão rescindenda é o efeito de simulação ou de colusão das partes a fim de fraudar a lei e finalmente, em outros casos em que se imponha sua atuação, inclusive, como também ocorria anteriormente, ao que não foi ouvido no processo em que lhe era obrigatória a intervenção.

O prazo decadencial para a propositura de ação rescisória é de dois anos, contados da data do trânsito em julgado da última decisão proferida na ação, que é a rescindenda. Significa que a contagem do prazo somente terá início no primeiro dia útil seguinte ao vencimento do prazo do último recurso cabível ou da publicação de seu julgamento, se interposto.

O novo código esclarece que o prazo prorroga-se até o primeiro dia útil imediatamente subsequente ao prazo de dois anos, quando expirar durante férias forenses, recesso, feriados ou em dia em que não houver expediente forense, o que por alguma dessas razões o fórum esteja impossibilitado de receber a distribuição da ação rescisória. Vai mais além, se ocorrer a hipótese de descoberta de prova nova (art. 966, VII do NCPC) o termo inicial do prazo será a data da sua descoberta, observado o prazo máximo de cinco anos, contado do trânsito em julgado da última decisão proferida no processo, que, por óbvio, deve ser a que transitou em julgado. A questão maior será provar a real data da descoberta da prova tida como nova, o que, aliás, afasta o que anteriormente somente se permitia por "documento novo", sendo que "prova nova" vai mais além, possibilitando até a oitiva de testemunha nova.

Nas hipóteses de simulação ou de colusão das partes, o prazo começa a contar, para o terceiro prejudicado e para o Ministério Público, que não interveio no processo, a partir do momento em que têm ciência da simulação ou da colusão. A doutrina e a jurisprudência terão que confirmar se essa ciência deverá ser igualmente ao prazo à descoberta do documento novo, ou seja, dentro de cinco anos ou além. Arrisco a entender que deverá ser dentro do mesmo prazo, pois o parágrafo antecedente à esta determinação, fixa como prazo máximo de cinco anos para novo termo do prazo decadencial da ação rescisória.

A competência originária é do próprio Tribunal que proferiu a decisão, como também pelas decisões prolatadas por suas Varas do Trabalho e juízos jurisdicionados.

No Tribunal Regional do Trabalho da 2ª Região, a competência e trâmite estão disciplinados no seu Regimento Interno, nos arts. 150 a 154, que praticamente repetem as previsões legais para tanto. Quanto à obtenção da certidão de trânsito em julgado, necessária para a propositura, conforme art. 146 e seu parágrafo único das Normas da Corregedoria, a solicitação deve ser verbal pelo interessado, na unidade onde ocorreu o trânsito em julgado.

A petição inicial será elaborada com observância dos requisitos essenciais fixados no art. 319 do NCPC, comuns a qualquer outra inicial, podendo o autor requerer diligências necessárias a obtenção de algum elemento que lhe seja necessário, pelo que será deferido e, ainda que a obtenção seja impossível ou seja excessivamente oneroso o acesso à Justiça, não será a inicial indeferida desde que possível a citação do réu.

Portanto, difícil será a decretação da inépcia da inicial diante das possibilidades facilitadas para a propositura de ação.

Na inicial, o autor deve cumular ao pedido de rescisão, se for o caso, o de novo julgamento da causa, além de haver a necessidade do depósito da importância equivalente a cinco por cento sobre o valor da causa, limitada ao teto que corresponder a mil salários mínimos, que se converterá em multa caso a ação seja, por unanimidade de votos, declarada inadmissível ou improcedente. Para isso, importante observar, que a decisão deverá se unânime e não apenas por maioria como ocorre com outros julgamentos feitos perante a Justiça do Trabalho. O não depósito, dará ensejo ao indeferimento da inicial, nos termos do disposto no art. 330 do NCPC.

O depósito supra mencionado não se aplica à União, aos Estados, ao Distrito Federal, aos Municípios, às suas respectivas autarquias e fundações de direito público, ao Ministério Público, à Defensoria Pública e mais, também de vital importância fixar, aos que tenham obtido o benefício de gratuidade da justiça, o que poderá ocorrer com qualquer das partes litigantes ou legitimadas à ação rescisória, como prevê o art. 98 do NCPC, que nessa possibilidade de gratuidade da justiça, inclui a pessoal natural ou jurídica, brasileira ou estrangeira, que estejam com insuficiência de recursos para pagamentos de custas, despesas processuais e até mesmo honorários advocatícios e de peritos, sem, contudo, afastar a sua responsabilidade diante de eventual sucumbência na ação e de eventuais multas impostas, que ficarão em condição suspensiva até cinco anos subsequentes ao trânsito em julgado da rescisória, desde que comprovada que deixou de existir a situação de insuficiência de solver o débito.

O pedido de gratuidade da justiça poderá ser formulado na petição inicial, na contestação, na petição para ingresso de terceiro no processo ou em recurso.

Aplica-se igualmente à ação rescisória, a possibilidade prevista no art. 332 e seus incisos e parágrafos do NCPC, as possibilidades de indeferimento liminar do pedido pelo juiz da causa, nas hipóteses de contrariar súmula do Supremo Tribunal Federal ou do Superior Tribunal de Justiça, que por justa razão, devem ser incluídas as súmulas dos demais tribunais superiores, dentre eles, o Tribunal Superior do Trabalho, pois que não contraria qualquer disposição específica da CLT ou de outras leis aplicáveis aos procedimentos trabalhistas. Incluem-se acórdãos em julgamento de recursos repetitivos, ou se verificada desde logo a ocorrência de decadência ou de prescrição. Dessa decisão caberá o respectivo recurso, sob pena de decretação do trânsito em julgado. Entretanto, interposto o recurso, o juiz poderá retratar-se em cinco dias, prosseguindo-se o feito em seus ulteriores termos.

Reconhecida a incompetência do tribunal para julgar a ação rescisória, o autor será intimado para emendar a petição inicial para adequação ao objeto da decisão tida como rescindenda, quando nesta não tiver sido apreciado o mérito e não se enquadrar ao limite do depósito inicial supra mencionado, ou se tiver sido substituída por decisão posterior, permitindo-se ao réu, também emendar sua contestação como lhe aprouver, remetendo-se os autos em seguida ao tribunal tido por competente.

A ação rescisória perante a Justiça do Trabalho dispensava o depósito previsto no inciso II do art. 488 do ACPC, de cinco por cento sobre o valor da causa, a título de multa, conforme era entendimento jurisprudencial cristalizado na Súmula n. 194 do C. TST, que interpretava o que estava disciplinado no art. 836 da CLT *in fine.*

Entretanto, referida Súmula foi cancelada pela Res. n. 142/2007, que já havia revisto, inclusive, a de n. 169 em 1984, posteriormente cancelada pela Res. n. 121/2003.

O art. 836 da CLT foi modificado pela Lei n. 11.495, de 25.06.07, estipulando, em sua nova redação, a obrigatoriedade de depósito prévio na interposição da ação rescisória de vinte por cento do valor da causa, salvo prova de miserabilidade jurídica do autor. Portanto, os cinco por cento a que se refere a lei processual civil (art. 968, II), na trabalhista, devem ser de vinte por cento.

A propositura da ação somente poderá se dar com a representação de Advogado constituído pela parte, não prevalecendo aqui a possibilidade do *jus postulandi,* por ser uma medida eminentemente técnica, que depende de conhecimentos científicos de direito processual, o que não poderia ser suprido por funcionário da própria Justiça, pois, do contrário, o Estado estaria advogando para a parte.

Recebida a inicial, o relator mandará citar o réu, assinando-lhe prazo nunca inferior a quinze dias e nem superior a trinta, para responder aos termos da ação, o que se fará em cartório.

Findo o prazo, com ou sem resposta, o relator determinará as providências preliminares que se fizerem necessárias, como também declarará a revelia e determinará que o autor especifique as provas que pretenda produzir na audiência ou fora dela; contestando o réu o direito que constitui fundamento do pedido, fáticas ou não, especificando também as provas que pretende produzir, seguindo após, com o procedimento comum, na forma determinada pelo NCPC em seus artigos 318 e seguintes.

O relator poderá delegar competência ao órgão que proferiu a decisão rescindenda, se os fatos alegados pelas partes dependerem de prova, fixando-lhe prazo de um a três meses para a devolução dos autos.

Concluída a instrução, mesmo diante do mesmo juiz instrutor, se na hipótese, deverá ser aberta vista às partes para razões finais, no prazo de dez dias sucessivamente ao autor e réu.

Ultrapassado o prazo, os autos serão conclusos ao relator para o devido julgamento no órgão competente. A secretaria deverá expedir cópias do relatório para a distribuição entre os juízes que compuserem o órgão julgador.

Julgando procedente o pedido, o tribunal rescindirá a decisão, proferirá, se for o caso, novo julgamento e determinará a restituição do depósito a que se refere o inciso II do art. 968 do NCPC. Considerando o julgamento por unanimidade, inadmissível ou improcedente o pedido, o depósito será revertido em favor do réu.

Verifica-se aqui, portanto, duas possibilidades de decisões: a que apenas desconstitui a sentença rescindenda (*iudicium rescindens*), e outra, que cumula com novo julgamento da matéria (*iudicium rescissorium*), entregando às partes a completa prestação jurisdicional.

Será rescindível apenas a última decisão de mérito proferida nos autos, quando houver recurso interposto pelas partes, muito embora a primeira possa também encerrar defeito rescindível.

5.4.3. Fundamentos

Dispõe o art. 966 do NCPC, que a decisão de mérito, transitada em julgado, pode ser rescindida quando:

a — se verificar que foi proferida por força de prevaricação, concussão ou corrupção do juiz.

Aqui, não se discute se a decisão proferida é justa ou injusta, mas apenas a conduta criminosa imputada ao Juiz.

Criminalmente, cujos conceitos se aplicam *in casu*, temos que prevaricação é retardar ou deixar de praticar, indevidamente, ato de ofício, ou praticá-lo contra disposição expressa de lei, para satisfazer interesse ou sentimento pessoal (art. 319 do CP); concussão é exigir, para si ou para outrem, direta ou indiretamente, ainda que fora da função ou antes de assumi-la, mas em razão dela, vantagem indevida (art. 316 do CP); e, corrupção, é solicitar ou receber, para si ou para outrem, direta ou indiretamente, ainda que fora da função ou antes de assumi-la, mas em razão dela, vantagem indevida, ou aceitar promessa de tal vantagem (art. 317 do CP).

b — for proferida por juiz impedido ou por juízo absolutamente incompetente;

Os motivos para o impedimento da atuação do Juiz, estão relacionados no art. 144 do NCPC. Causas de impedimento não se confundem com os de suspeição, que não se prestam para fundamentar ação rescisória.

Por absolutamente incompetente, deve-se compreender todas as possibilidades que ditam a incompetência de um juízo e afastando, consequentemente, as relativas, que, se não arguidas oportunamente, são prorrogadas, fixando a competência de quem conheceu do feito.

c — resultar de dolo ou coação da parte vencedora em detrimento da parte vencida ou, ainda, de simulação ou colusão entre as partes, a fim de fraudar a lei;

O dolo deve ser processual e praticado, ou pela própria parte ou por seu Advogado representante. Deve preexistir a intenção deliberada de prejudicar o vencido, a ponto de não existindo, o desfecho será outro.

Colusão é o ajuste fraudulento entre duas ou mais pessoas, visando fraudar a lei por meio de um processo legal. Não se trata de simulação, que apenas trata-se de uma combinação entre duas ou mais partes, para obtenção de um fim processual, que se desfaz por meio de anulatória e não de rescisória.

d — ofender a coisa julgada;

Ocorre com a proferição de nova decisão, ofendendo a coisa julgada existente, que se pressupõe, não alterada em grau de recurso.

e — violar manifestamente norma jurídica;

Neste dispositivo, não se compreendem as interpretações possíveis e controvertidas que se faça de disposição de lei, a menos que estejam, de forma expressa ou implícita, violando-a, negando-a, ao tempo da prolação da sentença. A inovação é que se fala em "norma jurídica", que não se limita apenas à lei, mas qualquer disposição normativa.

f — for fundada em prova cuja falsidade tenha sido apurada em processo criminal ou venha a ser demonstrada na própria ação rescisória;

Para a hipótese, a prova falsa ou declarada como tal, deve ter influído no julgamento da lide, prejudicando o interesse de uma das partes. Como dispõe o preceito em questão, a prova da falsidade pode ter sido apurada em processo criminal ou na própria ação rescisória.

A má apreciação de uma prova por parte do juízo não dá ensejo para a rescisão da decisão proferida, ainda que tenha se baseado inteiramente nela.

g — obtiver o autor, posteriormente ao trânsito em julgado, prova nova cuja existência ignorava ou de que não pode fazer uso, capaz, por si só, de lhe assegurar pronunciamento favorável;

Inicialmente deve ser distinguido como autor o agente ativo na rescisória e não do processo, cuja decisão se deseja rescindir. Portanto, poderá ser autor ou réu como autor do feito original.

Por documento novo, deve-se entender aquele que o autor não tinha conhecimento de sua existência, antes da proferição da decisão e que, se apresentado em juízo, poderia modificar o julgamento.

Entretanto, não será assim admitido aquele documento que, por negligência da parte, não teve conhecimento, como ocorreu, por exemplo, em julgamento de que oportunidade de relatar no Tribunal Regional do Trabalho em São Paulo, em que o dito documento novo sempre se encontrou nos arquivos da empresa e, portanto, de seu conhecimento obrigatório e que apenas não teve acesso, por sua própria desorganização ou diligência.

Portanto, não pode haver culpa da parte na impossibilidade de utilização do documento, como também deve se referir a fato alegado no feito e que, por sua ausência, tenha influído na decisão.

h — for fundada em erro de fato verificável do exame dos autos.

Para dirimir qualquer dúvida doutrinária ou jurisprudencial, o próprio código esclarece que haverá erro de fato quando a decisão rescindenda admitir fato inexistente ou quando considerar inexistente fato efetivamente ocorrido, sendo indispensável, em ambos os casos, que o fato não represente ponto controvertido sobre o qual o juiz deveria ter se pronunciado, o que significa, que não há possibilidade de rescisão quando o juiz erra ou deveria analisar prova controvertida, o que é sujeito de recurso. O "erro", portanto, está a não análise pelo juiz, de prova existente nos autos e da qual não houve contrariedade da parte contrária.

Esclarece ainda a nova lei adjetiva (§ 2º do Art. 966 do NCPC), que nas hipóteses dos incisos do *caput* supra mencionados, será rescindível a decisão transitada em julgado que, embora não seja de mérito, impeça nova propositura da demanda ou admissibilidade do recurso correspondente. Ou seja, em contrário senso, se for possível a proposta de nova demanda ou que possa haver recurso competente a respeito, não caberá rescisória.

O ACPC fazia alusão quando houvesse elementos para invalidar confissão, desistência ou transação, em que se baseou a sentença, como um dos fundamentos para rescisória.

Entretanto, os fundamentos necessários para se invalidar confissão, desistência ou transação são os vícios que possibilitam anular o ato jurídico em geral, ou seja, erro ou a ignorância, dolo, coação, simulação e fraude, que afetam a vontade real do indivíduo e, consequentemente, o ato praticado.

Para a rescisória, é necessário que tenham sido causa única e essencial do desfecho da lide, que poderão ser decididas com base em outras provas.

Há que se verificar, entretanto, se a confissão não foi tida em decorrência de algum ato processual, como a que induz a revelia, quando então não será fundamento para rescisória. A confissão ficta em geral não se presta para fundamentar rescisória, a menos que tenha sido atribuída fora dos limites permitidos no processo.

Por desistência, deve se entender, não da ação, por ser motivo para a extinção do processo sem julgamento do mérito e rescisória somente atinge decisões de mérito. Portanto, deve ser admitido como desistência de direito ou então de renúncia, que extingue o processo com julgamento de mérito, não possibilitando a renovação por meio de outra ação idêntica.

Na desistência, como na transação, deve-se indagar também se os direitos eram ou não indisponíveis, pois somente estes autorizam rescisória.

A Súmula n. 259 do C. TST, dispõe:

"Só por ação rescisória é atacável o termo de conciliação previsto no parágrafo único do art. 831 da CLT.

IX — fundada em erro de fato, resultante de atos ou de documentos da causa.

§ 1º Haverá erro, quando a sentença admitir um fato inexistente, ou quando considerar inexistente um fato efetivamente ocorrido.

§ 2º É indispensável, num como noutro caso, que não tenha havido controvérsia, nem pronunciamento judicial sobre o fato."

A própria lei dá o direcionamento para a apreciação do erro de fato, para possibilitar a rescisória, ditando os seus requisitos essenciais: quando a sentença admitir um fato inexistente; quando considerar inexistente um fato efetivamente ocorrido; que não tenha havido controvérsia a respeito no processo; e, finalmente, que não tenha havido pronunciamento judicial sobre o fato. Este último afasta a hipótese de rescisória se o erro resultou de má apreciação ou interpretação da prova por parte do juízo.

5.5. *AÇÃO DE CONSIGNAÇÃO EM PAGAMENTO*

5.5.1. *Generalidades*

As condições ditadas pelos arts. 539 e seguintes do NCPC devem ser adaptadas à realidade processual trabalhista, como vimos também em outras oportunidades, com ações eminentemente de cunho civilista.

Trata-se de ação em que o devedor ou terceiro, para se livrar da mora e consequências, consigna em pagamento a importância ou coisa devida, em nome do credor ou de quem deva receber.

Muito se tem utilizado, por exemplo, na hipótese da dispensa do empregado e este não comparece para receber as verbas a que eventualmente tenha direito. Neste caso, para se livrar da possibilidade da multa prevista no art. 477 da CLT, como também outras previstas em lei ou convenção, o empregador deve consignar a importância que entende ser devida, pelas verbas rescisórias, no dia imediato ao do vencimento. O não comparecimento do empregado para receber, ciente do local e data, induz sua vontade deliberada de não receber ao que tinha direito, na tentativa, explícita ou implícita, de colocar em mora o devedor.

Na ocorrência de prestações periódicas, uma vez consignada a primeira, pode o devedor continuar a consignar no mesmo processo e sem mais formalidades as que se forem vencendo, desde que os depósitos sejam efetuados até cinco dias, contados da data do vencimento.

5.5.2. *Procedimento*

A sistemática introduzida pela Lei n. 8.951, de 13.12.94, modificando dispositivos específicos no ACPC está revogada pelas novas disposições do NCPC.

De qualquer forma, tem-se dois procedimentos distintos que podem ser utilizados: judicial e extrajudicial.

5.5.2.1. *Extrajudicial*

Poderá o devedor ou terceiro interessado efetuar o depósito da quantia devida, em estabelecimento bancário oficial onde houver situado no lugar do pagamento. Embora silencie o NCPC, é salutar e porque não obrigatório, que seja em conta garantida e com atualização monetária, cientificando-se o credor por carta com aviso de recepção, assinalando-lhe o prazo de dez dias para a manifestação de recusa.

Decorrido o prazo mencionado, sem a manifestação de recusa, reputar-se-á o devedor liberado da obrigação, com relação aos títulos e valores mencionados, ficando à disposição do credor a quantia depositada, que irá sendo atualizada pela incidência de correção monetária, pela própria instituição financeira.

Cremos que, na hipótese de depósito em banco, deva ser em conta especialmente aberta para esse fim, como ocorre com o depósito prévio recursal quando não há conta específica em movimento para o FGTS ou ainda, se existente, como acontece com aqueles que recebem seus salários por depósito bancário, deverá ser individualizado, para possibilitar a aceitação ou não do credor, bem como a incidência de atualização monetária, que não ocorre normalmente em contas-correntes comuns e, finalmente, para possibilitar que o devedor faça o seu levantamento, na hipótese de não aceitação do depósito por parte do credor e não propositura de ação de consignação no prazo de trinta dias pelo devedor.

A resposta do credor poderá ser expressa ou tácita. Expressa, se comunicar ao banco e facultativamente ao devedor, dentro do prazo fixado, sua aceitação e quitação da dívida; tácita, se for ultrapassado o prazo fixado em lei, sem qualquer manifestação sua, liberando o devedor da obrigação.

Melhor seria se a resposta devesse ser dita diretamente ao devedor, na mesma forma em que é cientificado do depósito efetuado por ele, ou seja, por meio de carta com aviso de recepção, para que o banco, servisse como mero depositário da importância consignada e não como intermediário entre um e outro para a resposta.

Na hipótese de aceitação do depósito, deverá sempre se levar em conta o que dispõe o art. 477 da CLT, conforme entendimento jurisprudencial e doutrinário, quanto a quitação apenas dos valores especificados e não das parcelas correspondente, para que se possa, eventualmente, discutir em juízo, diferenças sob qualquer título, que se entender devidas em decorrência da rescisão contratual.

Ocorrendo pois a recusa, poderá ser proposta, dentro de um mês, a ação de consignação no judiciário trabalhista. Não proposta a ação nesse prazo, ficará o depósito sem efeito, podendo levantá-lo o depositante, com todos os seus acréscimos.

5.5.2.2. Judicial

O procedimento judicial se fará por meio de petição inicial, com todos os requisitos necessários para sua validade, dirigida ao Juiz competente para conhecer da reclamatória, que se presume do lugar onde deveria efetuar o pagamento, nos moldes ditados pelo art. 651 da CLT.

Os juros e os riscos, que poderão incidir sobre o valor ou da coisa, cessarão à data do depósito, salvo se a demanda for julgada improcedente. Permanecerão apenas o que for devido incidentalmente pelo banco, sobre o valor depositado em consignação.

O autor deverá requerer o depósito da quantia ou da coisa devida, a ser efetivado no prazo de cinco dias contados do deferimento, ressalvada a hipótese de haver a prova do depósito bancário na ação extrajudicial e da recusa, além da citação do réu para levantar o depósito ou oferecer resposta. Não havendo o depósito no prazo adequado, o processo deverá ser extinto sem resolução do mérito.

Sendo o objeto da prestação coisa indeterminada e a escolha couber ao credor, será ele citado para exercer o direito dentro de cinco dias, se outro prazo não constar de lei ou do contrato, ou para aceitar que o devedor a faça, devendo o juiz, ao despachar a petição inicial, fixar lugar, dia e hora em que se fará a entrega sob pena de depósito. Embora pareça, não é inviável acontecer essa hipótese em relação de emprego ou de trabalho, principalmente com relação a utensílios utilizados na lida profissional.

Adaptado às condições processuais trabalhistas, significa que deve ser designada audiência, onde se possibilitará às partes se conciliarem, ou ainda, o credor receber a quantia dando quitação, ou oferecer sua resposta, que em síntese será sua contestação, ou, ainda, dizer por que não o faz, devendo, então, o juízo autorizar o depósito da importância em cinco dias, a sua disposição.

Na contestação, o réu poderá alegar que não houve recusa ou mora em receber a quantia ou coisa devida, ou que foi justa a recusa ou, ainda, que o depósito não se efetuou no prazo ou no lugar do pagamento, ou, finalmente, que o depósito não é integral, sendo admissível, nesta hipótese, indicar o montante que entende devido.

Não oferecida a contestação e ocorrentes os efeitos da revelia, o Juiz julgará procedente o pedido, declarará extinta a obrigação e condenará o réu nas custas e honorários advocatícios. Procederá do mesmo modo se o credor receber e der quitação, o que equivale a confessar a ação.

Quando na contestação o réu alegar que o depósito não é integral, é lícito ao autor completá-lo, dentro em dez dias, salvo se corresponder a prestação, cujo inadimplemento acarrete a rescisão do contrato.

Na hipótese de alegação de insuficiência do depósito, poderá o réu levantar, desde logo, a quantia ou a coisa depositada, com a consequente liberação parcial do autor, prosseguindo-se o processo quanto à parcela controvertida.

Havendo dúvida por parte do devedor sobre quem deva legitimamente receber o pagamento, deverá requerer o depósito e a citação dos possíveis titulares do crédito para provarem o seu direito. Nesta hipótese, não comparecendo pretendente algum, o depósito será convertido em arrecadação de coisas vagas; comparecendo apenas um, o juiz deverá decidir de plano e, finalmente, comparecendo mais de um, o juiz declarará efetuado o depósito e extinta a obrigação, continuando o processo a correr unicamente entre os presuntivos credores, observado o procedimento comum ou ordinário do NCPC.

A sentença que concluir pela insuficiência do depósito determinará, sempre que possível, o montante devido, e, neste caso, valerá como título executivo, facultado ao credor promover-lhe a execução nos mesmos autos.

Não há necessidade de se esgotar a possibilidade extrajudicial de consignação, para fazê-la judicialmente, por se tratar de uma opção do devedor, agir de uma ou de outra forma.

5.6. *MANDADO DE SEGURANÇA*

5.6.1. *Generalidades*

Previsto nos incisos LXIX e LXX do art. 5º da atual Constituição Federal e tem cabimento, para proteger direito líquido e certo, não amparado por *habeas corpus* ou *habeas data*, quando o responsável pela ilegalidade ou abuso de poder for autoridade pública ou agente de pessoa jurídica no exercício de atribuições do Poder Público.

Anteriormente era regulado pela Lei n. 1.533/51, com algumas modificações parciais por outras subsequentes, principalmente pela Lei n. 4.348/64. Citadas leis e outras, tais como as de n. 4.166/62, 5.021/66 e os arts. 3º da Lei n. 6.014/73, 1º da Lei n. 6.071/74, 12 da Lei n. 6.978/82 e 2º da Lei n. 9.259/96 foram revogadas expressamente pela Lei n. 12.016/09.

A lei nova procura abranger todos os aspectos que até então eram divergentes, que para aplicação foi necessário ser regulamentada pela jurisprudência e doutrina. Entretanto, não significa que não surgiram novas dúvidas, principalmente na sua aplicação perante a Justiça do Trabalho, que parece ter sido esquecida pelo legislador pátrio.

5.6.2. *Procedimento*

Dispõe o art. 1º da Lei n. 12.016/09:

> "Art. 1º Conceder-se-á mandado de segurança para proteger direito líquido e certo, não amparado por *habeas corpus* ou *habeas data*, sempre que, ilegalmente ou com abuso de poder, qualquer pessoa física ou jurídica sofrer violação ou houver justo receio de sofrê-la por parte de autoridade, seja de que categoria for ou sejam quais forem as funções que exerça."

Este artigo praticamente repete o que dispunha a Lei n. 1.533/51 com alguns acréscimos, principalmente com relação ao agente ativo, impetrante, completado pelo seu § 3º, que concede a possibilidade a várias pessoas essa qualidade de pleitearem em conjunto.

Os parágrafos primeiro e segundo tratam dos agentes passivos e uma das hipóteses de impedimento na propositura, o que veremos em seguida.

5.6.2.1. *Agente Ativo*

O mandado de segurança pode ser impetrado por qualquer pessoa física ou jurídica, que, como dispõe o citado art. 1º, sofrer violação ou estiver com justo receio de sofrê-la.

Na eventualidade de o direito ameado ou violado caber a várias pessoas, qualquer delas poderá requerer a propositura (§ 3º).

É permitido também o litisconsórcio, que poderá ser formado, com a admissão na parte ativa, até o despacho da petição inicial.

A lei traz uma inovação com relação à propositura da ação coletivamente por: partido político com representação no Congresso Nacional; organização sindical, entidade de classe ou associação legalmente constituída e em funcionamento há pelo menos um ano, em defesa dos interesses de seus membros ou associados.

Os direitos coletivos protegidos pelo mandado de segurança são os transindividuais e de natureza indivisível, de que seja titular, portanto, grupo ou categoria de pessoas ligadas entre si ou com a parte contrária por uma relação jurídica básica.

Protege, ainda, os individuais homogêneos, assim entendidos, para efeito de mandado de segurança, os decorrentes de origem comum e da atividade ou situação específica da totalidade ou de parte dos associados ou membros do impetrante.

Dispõe o art. 21 da Lei:

> "O mandado de segurança coletivo pode ser impetrado por partido político com representação no Congresso Nacional, na defesa de seus interesses legítimos relativos a seus integrantes ou à finalidade partidária, ou por organização sindical, entidade de classe ou associação legalmente constituída e em funcionamento há, pelo menos, 1 (um) ano, em defesa de direitos líquidos e certos da totalidade, ou de parte, dos seus membros ou associados, na forma dos seus estatutos e desde que pertinentes às suas finalidades, dispensada, para tanto, autorização especial."

O partido político deverá ter ao menos um integrante no Congresso Nacional e os interesses devem ser relativos à finalidade partidária ou aos seus integrantes, independentemente de estarem exercendo mandato político.

Com relação à organização sindical, entidade de classe ou associação, devem estar legalmente constituídas e em funcionamento há, pelo menos, um ano e deve ser em defesa de direitos líquidos e certos da totalidade, ou de parte, dos seus membros ou associados, na forma dos respectivos estatutos dispensada autorização especial. Deve ser, também, pertinente às suas finalidades apenas e não genéricos; coletivamente devem ser transindividuais, de natureza indivisível ou individuais homogêneos.

5.6.2.2. Agente Passivo

O agente passivo deve ser o responsável pela ilegalidade ou abuso de poder, como dispõe a lei, na pessoa da autoridade pública, seja de que categoria for e sejam quais forem as funções que exerça, de qualquer dos poderes da União ou mesmo das esferas federal, estadual e municipal, ou ainda, agente de pessoa jurídica no exercício de atribuições do Poder Público.

Para todos os efeitos, considera-se autoridade coatora, aquela que tenha praticado o ato impugnado ou da qual emane a ordem para a sua prática.

Nesse sentido, dispõe o § 1º do citado art. 1º:

> "Equiparam-se às autoridades, para os efeitos desta Lei, os representantes ou órgãos de partidos políticos e os administradores de entidades autárquicas, bem como os dirigentes de pessoas jurídicas ou as pessoas naturais no exercício de atribuições do poder público, somente no que disser respeito a essas atribuições."

Considerar-se-á federal a autoridade coatora se as consequências de ordem patrimonial do ato contra o qual se requer o mandado tiverem de ser suportadas pela União ou entidade por ela controlada.

5.6.2.3. Cabimento

É remédio extremo e extraordinário, quando contra o ato praticado não couber qualquer recurso, administrativo ou judicial e a medida tiver que ser célere, com eventual expedição de liminar, concedendo provisoriamente o que se pretende, sob pena de se tornar inócua a medida interposta. O direito a ser protegido deve ser líquido e certo e, portanto, não comportando dúvidas ou interpretações a respeito.

Deve ser exigível ou apto para ser exercido no ato da impetração. Não poderá ser fundamentado o mandado de segurança em mera expectativa de direito, a menos que haja justo receio de vir a sofrer.

Deverá, ao menos, para a concessão de liminar, ser demonstrada a presença do *fumus boni juris*, que significa, literalmente, a fumaça do bom direito, a percepção de eventual direito líquido e certo, que, por vezes, somente poderá ser demonstrado com a análise do mérito e do *periculum in mora*, que igualmente significa o perigo do retardamento de uma medida judicial, que poderá ocasionar sério prejuízo à parte, eventualmente irreparável ou de difícil reparação.

A contrário senso, dispõe o § 2º do art. 1º:

> "Não cabe mandado de segurança contra os atos de gestão comercial praticados pelos administradores de empresas públicas, de sociedade de economia mista e de concessionárias de serviço público."

Preceitua também o art. 5º:

> "Não se concederá mandado de segurança quando se tratar:
>
> I — de ato do qual caiba recurso administrativo com efeito suspensivo, independentemente de caução;
>
> II — de decisão judicial da qual caiba recurso com efeito suspensivo;
>
> III — de decisão judicial transitada em julgado."

O mandado de segurança é incabível contra ato de empregador de mão de obra, mesmo que seja uma autoridade pública, pois evidentemente seu relacionamento é com empregado e, portanto, equiparado a um empregador civil.

Incluem-se, nas vedações, despachos e decisões judiciais, que possam ser modificados por meio de correição parcial ou de recursos regulares.

Esgotadas todas as possibilidades recursais ou se a decisão não comportar recurso, transitando em julgado, conforme entendimento jurisprudencial (Súmula n. 33 do C. TST), o remédio jurídico é ação rescisória e não mandado de segurança.

Não cabem, no processo de mandado de segurança, a interposição de embargos infringentes e a condenação ao pagamento dos honorários advocatícios, sem prejuízo da aplicação de sanções no caso de litigância de má-fé, como dispõe o art. 25 da nova lei, o que é sustentado pela jurisprudência sumulada pelos E. STF e STJ, por meio das Súmulas ns. 512 e 105, respectivamente. O egrégio Tribunal Superior do Trabalho silencia a respeito.

5.6.2.4. Competência

A competência para a interposição é para qualquer instância da Justiça do Trabalho, conforme a situação jurisdicional da autoridade dita coatora.

No Tribunal Regional da 2ª Região, a matéria está regulamentada nos arts. 145 a 149 do Regimento Interno, que, entretanto, não se encontram atualizados conforme a nova lei, mas que podem traçar um direcionamento naquilo que não a contrariar.

Em primeira instância, a competência do juízo será fixada em razão do lugar da autoridade dita coatora.

No Tribunal, conforme a matéria, a competência poderá ser do Órgão Especial (art. 61 do RI), das SDIs ou SDC (arts. 69 e 68 do RI, respectivamente). Atos dos Órgãos e de seus próprios componentes são da competência deles próprios, como são das SDIs, por regular distribuição, os atos praticados pelos Juízes de primeira instância.

Mandado de Segurança contra ato do próprio Tribunal Pleno, do Presidente do Tribunal, do Vice-Presidente Administrativo, do Vice-Presidente Judicial, do Corregedor Regional ou do Desembargador Auxiliar da Corregedoria são de competência do Órgão Especial.

5.6.2.5. Inicial — Propositura

O direito de requerer, propor mandado de segurança, possui o prazo decadencial de cento e vinte dias contados da ciência, pelo interessado, do ato impugnado, findo o qual, se extinguirá definitivamente:

> "Art. 23. O direito de requerer mandado de segurança extinguir-se-á decorridos 120 (cento e vinte) dias, contados da ciência, pelo interessado, do ato impugnado."

Eventual pedido de reconsideração do ato impugnado não interrompe ou suspende aquele prazo, como também não se exige que inicialmente a parte intente qualquer medida administrativa para posterior procedimento judicial, a menos que haja recurso apropriado para tal fim, como vimos.

A inicial deverá preencher todos os requisitos estabelecidos pela lei processual e deve ser apresentada ao menos em duas vias, com os documentos eventualmente necessários que instruírem a primeira, reproduzidos por cópia na segunda indicando, além da autoridade coatora, a pessoa jurídica que esta integra, à qual se acha vinculada ou da qual exercer atribuições.

Na hipótese em que o documento necessário à prova do alegado se ache em poder de terceiro, em repartição ou estabelecimento público ou de autoridade que se recuse a fornecê-lo por certidão, deverá ser pleiteado ao Juiz a que foi distribuído o mandado de segurança.

Esse pedido deve ser em preliminar ao mérito e no sentido que ordene, por ofício, a exibição desse documento em original ou em cópia autêntica, com a marcação de prazo de dez dias para o cumprimento. Se a autoridade que tiver procedido dessa maneira for a própria coatora, a ordem deverá ser requerida e constar no próprio instrumento da notificação.

Ao despachar, o Juiz ordenará que se notifique o coator do conteúdo da petição, enviando-lhe a via apresentada pelo requerente, com as cópias dos documentos, a fim de que, no prazo de dez dias, preste as informações que julgar necessárias. Determinará que se dê ciência ao órgão de representação judicial da pessoa jurídica interessada, enviando--lhe cópia da inicial, mas sem documentos, para que, querendo, ingresse no feito.

Note-se que aqui a notificação é para o órgão de representação judicial e no primeiro é a própria pessoa coatora, por essa razão somente este recebe cópia dos documentos.

Determinará, ainda, que se suspenda o ato que deu motivo ao pedido, quando houver fundamento relevante e do ato impugnado puder resultar a ineficácia da medida, caso seja finalmente deferida, sendo facultado exigir do impetrante caução, fiança ou depósito, com o objetivo de assegurar o ressarcimento à pessoa jurídica.

Em caso de urgência, é permitido, observados os requisitos legais, impetrar mandado de segurança por telegrama, radiograma, fax ou outro meio eletrônico de autenticidade comprovada. Nesta hipótese, o texto original da petição, sem qualquer rasura ou modificação, deverá ser apresentado nos cinco dias úteis seguintes.

No Tribunal Regional do Trabalho da 2ª Região não se utiliza mais do aparelho fax em suas unidades, com respaldo em norma da Corregedoria Regional do Tribunal e reconhecida pelo Tribunal Superior do Trabalho, pois detém tecnologia mais avançada para recebimento de petições e documentos a distância, com toda segurança, que é o Sisdoc, ou seja, sistema de protocolização de documentos físicos e eletrônicos no seu âmbito, para, depois de impresso, ser entranhado nos autos respectivos, se ainda não houver o sistema PJe, funcionando plenamente em todos os procedimentos.

Por outro lado, a inicial será desde logo indeferida, por decisão motivada, quando não for o caso de mandado de segurança ou lhe faltar algum dos requisitos legais ou quando decorrido o prazo legal (decadência) para a impetração.

Do indeferimento da inicial pelo Juiz de primeiro grau caberá apelação, segundo a Lei do Mandado de Segurança. O legislador demonstrou mais uma vez que desconhece o processo trabalhista, pois neste não há o recurso de apelação e sim o ordinário, que é aquele cabível de uma decisão de primeiro grau para o segundo.

Não há que se confundir com o deferimento ou não de liminar requerida, que é outra situação jurídica como veremos adiante.

5.6.2.6. Liminar

Liminar é a medida judicial emitida pelo Magistrado da causa, para as providências que entender cabíveis, antes da apreciação do mérito da questão. Ela não pode ser satisfativa, ou seja, encerrar em si própria, a solução antecipada da lide, embora, muitas vezes, para deferir ou indeferir, seja necessário incursionar superficialmente o mérito e os documentos juntados.

Da decisão do Juiz de primeiro grau que conceder ou denegar a liminar caberá agravo de instrumento previsto na lei adjetiva civil (NCPC).

Nesse aspecto, cabe mais uma vez reparação à lei, pois o processo trabalhista não contempla o agravo de instrumento tal como vem disciplinado no Código de Processo Civil.

No trabalhista, agravo de instrumento somente se aplica na hipótese de indeferimento de processamento de recurso para instância superior (Art. 897, *a*, da CLT). A tendência, portanto, é tratar esse instrumento como Agravo de Instrumento em Mandado de Segurança, para distinguir daquele previsto no artigo celetista citado.

Nos tribunais, da decisão do relator que conceder ou denegar a liminar, caberá agravo ao órgão competente do tribunal que integre.

O agravo nesta hipótese, no processo trabalhista, deverá ser o regimental, ao menos para o tribunal Regional da 2ª Região, conforme previsão constante do art. 175 do seu Regimento Interno, com uma única diferença com relação ao prazo para a interposição, que deve ser de cinco dias, conforme dispõe o art. 15 da Lei n. 12.016/09, que não pode ser modificado regimentalmente.

Da concessão ou não de medida liminar, em primeira ou segunda instância, não cabe qualquer recurso ao Tribunal Superior, como se depreende da própria lei e sedimentado na jurisprudência superior:

> "OJ SDI2-100. RECURSO ORDINÁRIO PARA O TST. DECISÃO DE TRT PROFERIDA EM AGRAVO REGIMENTAL CONTRA LIMINAR EM AÇÃO CAUTELAR OU EM MANDADO DE SEGURANÇA. INCABÍVEL.
>
> Não cabe recurso ordinário para o TST de decisão proferida pelo Tribunal Regional do Trabalho em agravo regimental interposto contra despacho que concede ou não liminar em ação cautelar ou em mandado de segurança, uma vez que o processo ainda pende de decisão definitiva do Tribunal *a quo*."

Não será concedida medida liminar que tenha por objeto a compensação de créditos tributários, a entrega de mercadorias e bens provenientes do exterior, a reclassificação ou equiparação de servidores públicos e a concessão de aumento ou a extensão de vantagens ou pagamento de qualquer natureza.

A vedação relacionada com a concessão de liminares se estende à tutela antecipada referida no art. 300, §3º do NCPC, ou ainda a outras razões imperiosas para tanto.

No mandado de segurança coletivo, a liminar só poderá ser concedida após a audiência do representante judicial da pessoa jurídica de direito público, que deverá se pronunciar no prazo de setenta e duas horas.

Os efeitos da medida liminar, salvo se revogada ou cassada no percurso, persistirão até a prolação da sentença de mérito do mandado de segurança, pois aqui estará sendo apreciado o mérito da ação.

Deferida a medida liminar, o processo terá prioridade para julgamento, atendendo ao princípio da celeridade que se exige.

Será decretada a perempção ou caducidade da medida liminar (art. 302, IV do NCPC) *ex officio* ou a requerimento do Ministério Público quando, concedida, o impetrante criar obstáculo ao normal andamento do processo ou deixar de promover, por mais de três dias úteis, os atos e as diligências que lhe cumprirem. O impetrado não pode ficar à mercê do impetrante além do que determina a própria lei, ou ocupar a máquina judiciária negligentemente.

As autoridades administrativas, no prazo de quarenta e oito horas da notificação da medida liminar, deverão remeter ao Ministério ou Órgão a que se acham subordinadas e ao Advogado-Geral da União ou a quem tiver a representação judicial da União, do Estado, do Município ou da entidade apontada como coatora, cópia autenticada do mandado notificatório, assim como indicações e elementos outros necessários às providências a serem tomadas para a eventual suspensão da medida e defesa do ato apontado como ilegal ou abusivo de poder.

O Poder Público, qualquer que seja sua natureza, não pode ficar sem defesa legal nessas circunstâncias, sob pena de responsabilidade.

Também em caso de urgência, poderá o Juiz notificar a autoridade por telegrama, radiograma ou outro meio, desde que assegurada a autenticidade do documento e a sua imediata ciência.

Em se tratando de documento eletrônico, deverão ser observadas as regras da Infraestrutura de Chaves Públicas Brasileira — ICP — Brasil, ou seja, o Certificado Digital do autor do documento enviado, para certificar a sua exatidão.

5.6.2.7. Instrução do Feito

Na competência de primeiro grau, a instrução se fará normalmente perante a Vara do Trabalho, como reclamatória comum, apenas atendendo os fins específicos da própria lei e, principalmente, a celeridade e urgência, com preferência nas medidas processuais.

Nos casos de competência originária dos tribunais, caberá ao relator a instrução do processo, sendo assegurada a defesa oral na sessão do julgamento.

Cabe a indagação sobre essa previsão legal: como se dará essa defesa oral? Não haverá manifestação nos autos? Não haverá informações ou justificativas da autoridade coatora? Sendo defesa oral, poderá o impetrante fazer uso da palavra em sustentação oral?

Todas as respostas devem ser positivas, pois o Relator e a Turma julgadora deverão ter ciência do contraditório para formar seu juízo de valor, como também entende-se que o impetrante pode fazer uso da sustentação oral perante os Tribunais.

Na instância superior, deverão ser levados a julgamento na primeira sessão que se seguir à data em que forem conclusos ao relator. O prazo para a conclusão não poderá exceder cinco dias.

5.6.2.8. Decisão

Nas decisões proferidas em mandado de segurança e nos respectivos recursos, quando não publicado, no prazo de trinta dias, contado da data do julgamento, o acórdão será substituído pelas respectivas notas taquigráficas, independentemente de revisão.

Das decisões proferidas em única instância pelos tribunais cabe recurso especial e extraordinário, nos casos legalmente previstos, e recurso ordinário, quando a ordem for denegada.

O mesmo se diga com relação ao agravo quando o indeferimento da inicial ocorrer em mandado de segurança originário do Tribunal e consequentemente por um Desembargador, que deverá ser por meio de um agravo regimental, que é uma espécie de recurso previsto regimentalmente pelos tribunais.

Contrariando o dispositivo que faculta o indeferimento liminar da inicial, alguns Desembargadores e até mesmo Ministros do Tribunal Superior do Trabalho entendem que essa decisão cabe ao colegiado.

Estamos com aqueles que entendem que pode e deve ser monocraticamente, principalmente na primeira instância. Tanto aqui, como em segundo grau existe remédio jurídico para o impetrante que não se achar satisfeito com o indeferimento, ou seja, a apelação (recurso ordinário), mesmo porque aqui não há colegiado, e agravo (agravo regimental).

A própria lei autoriza a denegação do mandado, nos casos previstos pelos arts. 485 e 487 do NCPC que é a extinção do processo, respectivamente, sem ou com a resolução do mérito.

Quando a SDCI do TRT — 2ª Região era a única competente para conhecer e decidir mandado de segurança, submetia à apreciação e decisão todo e qualquer mandado de segurança interposto, mesmo que flagrantemente não tivessem condições jurídicas de prosseguimento, para se evitar a interposição de agravo regimental (tipo de recurso previsto no Regimento Interno) e, ainda, para que essa responsabilidade não permanecesse apenas com o Desembargador Relator e que fosse de conhecimento dos demais integrantes do Órgão. Para tanto, desenvolviam os atos normais do processamento até o julgamento final, quando invariavelmente eram extintos.

Data maxima venia, ainda que justificáveis ou ponderáveis sejam os argumentos, há que se imprimir celeridade também nos processos dessa natureza e, por principal, evitar toda a movimentação de uma máquina judiciária e de seus integrantes, com o que sabidamente não prosperará por flagrante ausência de pressupostos legais. Muito se tem prestado informações ao Relator a respeito, por exemplo, contra acórdãos proferidos pelas Turmas do Tribunal em ordinários e adequados julgamentos.

No mandado de segurança coletivo, a sentença fará coisa julgada limitadamente aos membros do grupo ou categoria substituídos pelo impetrante.

O mandado de segurança coletivo não induz litispendência para as ações individuais, mas os efeitos da coisa julgada não beneficiarão o impetrante a título individual se não requerer a desistência de seu mandado de segurança no prazo de trinta dias a contar da ciência comprovada da impetração da segurança coletiva.

O pedido de mandado de segurança poderá ser renovado na hipótese, dentro do prazo decadencial de cento e vinte dias do ato gerador, com novos e justificados motivos, como também poderá ocorrer na eventualidade de decisão denegatória, quando não for por alguma razão, apreciado o mérito.

Findo o prazo da notificação do coator do conteúdo da petição inicial, conforme inciso I do *caput* do art. 7º da lei, o Juiz deverá ouvir o representante do Ministério Público, que opinará dentro do prazo improrrogável de dez dias.

Embora a lei diga que o Ministério Público opinará, poderá ou não haver seu parecer e, portanto, com ou sem, os autos deverão ser devolvidos e conclusos ao Juiz, para a decisão, a qual deverá ser necessariamente proferida em trinta dias.

Na decisão, fatalmente deverá ser observado preliminarmente, entre outros elementos, o disposto no art. 5º da Lei:

"Não se concederá mandado de segurança quando se tratar:

I — de ato do qual caiba recurso administrativo com efeito suspensivo, independentemente de caução;

II — de decisão judicial da qual caiba recurso com efeito suspensivo;

III — de decisão judicial transitada em julgado."

Deve ser denegada a segurança nos casos previstos pelo art. 485 do NCPC, que trata da extinção do processo sem resolução do mérito.

Concedido o mandado, ou seja, julgado procedente o feito, o magistrado transmitirá em ofício, por intermédio do oficial do juízo, ou pelo correio, mediante correspondência com aviso de recebimento, o inteiro teor da sentença à autoridade coatora e à pessoa jurídica interessada, na forma requerida.

Em caso de urgência, como vimos, a comunicação poderá se dar por telegrama, radiograma, fax ou outro meio eletrônico de autenticidade comprovada.

Constitui crime de desobediência, nos termos do art. 330 do Decreto-Lei n. 2.848, de 7 de dezembro de 1940 (Código Penal Brasileiro — detenção, de quinze dias a seis meses, e multa), o não cumprimento das decisões proferidas em mandado de segurança, sem prejuízo das sanções administrativas e da aplicação da Lei n. 1.079, de 10 de abril de 1950 (define os crimes de responsabilidade e regula o respectivo processo de julgamento), quando cabíveis.

5.6.2.9. Recurso

O mandado de segurança, por se tratar de medida extrema e urgente, tem preferência na ordem de julgamento, sobre todos os atos judiciais, inclusive, pois, quanto aos recursos, à exceção de *habeas corpus*.

Da sentença, denegando ou concedendo o mandado em primeira instância, cabe recurso ordinário a uma das Turmas do Tribunal.

Nos Tribunais Regionais, caberá o mesmo tipo de recurso ao Tribunal Superior do Trabalho e ambos no prazo de oito dias. O Regimento Interno do TST disciplina, em seus arts. 224 e 225, que cabe recurso ordinário em mandado de segurança decidido em definitivo pelos Tribunais Regionais.

Sumulado tem-se:

"SÚM n. 201 — RECURSO ORDINÁRIO EM MANDADO DE SEGURANÇA

Da decisão de Tribunal Regional do Trabalho em mandado de segurança cabe recurso ordinário, no prazo de 8 (oito) dias, para o Tribunal Superior do Trabalho, e igual dilação para o recorrido e interessados apresentarem razões de contrariedade."

O art. 18 da Lei do Mandado de Segurança dispõe que, nas decisões em única instância pelos tribunais, cabe recurso especial e extraordinário, nos casos legalmente previstos, e ordinário, quando a ordem for denegada.

O recurso especial e extraordinário é o previsto no art. 102, III, da Constituição Federal, nas hipóteses de haver decisão que contrarie dispositivo constitucional, declarar a inconstitucionalidade de tratado ou lei federal, julgar válida lei ou ato de governo local contestado em face da constituição, julgar válida lei local contestada em face de lei federal.

O recurso ordinário também nesta hipótese é de competência do Supremo Tribunal Federal, conforme previsão do mesmo art. 102, no inciso II, *a*. O fato de a lei mandamental especificar que somente caberá na hipótese de denegação da ordem, é que na concessão o recurso será o necessário.

Portanto, concedida a segurança, a sentença estará sujeita obrigatoriamente ao duplo grau de jurisdição, independentemente de a faculdade da parte intentar recurso voluntário, para apreciação em duplo grau de jurisdição (art. 14, § 1º).

Estende-se à autoridade coatora o direito de recorrer, nos mesmos moldes de um recurso voluntário da parte adversa.

5.6.2.10. Execução

A sentença que conceder o mandado de segurança pode ser executada provisoriamente, salvo nos casos em que for vedada a concessão da medida liminar. Eventual recurso interposto deverá ser recebido no efeito devolutivo e não suspensivo.

Como se depreende, a lei restringe a aplicação provisória da sentença concessiva para os mesmos casos em que proibiu o deferimento de medida liminar. Portanto, para se iniciar a execução nesta hipótese, deve-se aguardar o trânsito em julgado.

O pagamento de vencimentos e vantagens pecuniárias assegurados em sentença concessiva de mandado de segurança a servidor público da administração direta ou autárquica federal, estadual e municipal somente será efetuado relativamente às prestações que se vencerem a contar da data do ajuizamento da inicial.

A lei pôs fim à discussão a respeito de qual seria o termo inicial de eventual execução, o *ex tunc* ou *ex nunc*, optando por esta e havendo prestações pretéritas, a cobrança deverá ser por via própria judicial ou administrativamente.

5.6.2.11. Suspensão do Feito

O Presidente do Tribunal a que couber o conhecimento do respectivo recurso tem a competência legal de suspender em decisão fundamentada, a requerimento de pessoa jurídica de direito público interessada ou do Ministério Público e para evitar grave lesão à ordem, à saúde, à segurança e à economia públicas, a execução da liminar e da sentença, dessa decisão.

Dessa decisão presidencial, caberá agravo regimental, sem efeito suspensivo, no prazo de cinco dias, que será levado a julgamento na sessão seguinte à sua interposição.

Indeferido o pedido de suspensão ou provido o agravo, caberá novo pedido de suspensão ao Presidente do Tribunal competente para conhecer de eventual recurso especial ou extraordinário. O mesmo pedido de suspensão caberá quando negado provimento ao agravo de instrumento trabalhista, interposto contra liminar concedida.

A interposição de agravo de instrumento contra liminar concedida nas ações movidas contra o poder público e seus agentes não prejudica nem condiciona o julgamento do pedido de suspensão a que se refere o art. 15 da Lei do Mandado de Segurança ora comentado.

As liminares cujo objeto seja idêntico poderão ser suspensas em uma única decisão, podendo o Presidente do Tribunal estender os efeitos da suspensão a liminares supervenientes, mediante simples aditamento do pedido original.

5.7. AÇÃO CIVIL PUBLICA

5.7.1. Generalidades

Vem a Justiça do Trabalho, mesmo anteriormente a sua implantação como tal e então, como mero órgão administrativo, aprimorando-se nos procedimentos coletivos como forma de solução de conflitos e de uniformizar decisões no âmbito tutelar das relações de emprego, para atingir sempre um número maior de envolvidos e principalmente para melhor disciplinamento entre as partes e não apenas jurídica, como também economicamente, por meio dos dissídios coletivos, com representação pelos sindicatos de classe.

A introdução da Ação Civil Pública como mecanismo subjetivo de defesa de direito, quando da edição da Lei n. 7.347/85 e de certa forma tomando por base o disposto na Lei Complementar n. 40/81, que foi a primeira lei orgânica do Ministério Público a se utilizar da expressão jurídica ação pública, não é inteiramente novidade no Direito do Trabalho, para a proteção de qualquer outro interesse difuso ou coletivo como vem disciplinado no inciso IV do art. 1º da referida Lei n. 7.347/85.

A defesa de interesses difusos e coletivos tomou corpo com a previsão constitucional atual constante do art. 129, inciso III, atribuindo essa competência aos membros do Ministério Público, por meio de ação civil pública e que por não ser exclusiva, como dispõe expressamente por sua vez o seu § 1º, que ressalva o direito de terceiros nas mesmas hipóteses, deixa em aberto ainda a possibilidade, constituída no art. 5º da lei de Ação Civil Pública, de ser proposta, pela União, Estados e Municípios, autarquias e associações com finalidade institucionais definidas e constituídas há pelo menos um ano, com a intervenção obrigatória do Ministério Público como fiscal da lei.

É verdade que referido artigo limita a atuação, quando entre as finalidades das entidades privadas, estejam incluídas a proteção ao meio ambiente, ao consumidor, à ordem econômica, à livre concorrência, ou ao patrimônio artístico, estético, histórico, turístico e paisagístico, e desse modo, não incluindo expressamente interesses decorrentes de relação de emprego, mas que, entretanto, pode ser considerado, por meio de uma interpretação ampla, no que se refere a ordem econômica, com o amparo claro e insofismável do inciso III do art. 8º da Constituição Federal atual, que atribui aos sindicatos a defesa dos direitos e interesses coletivos ou individuais da categoria, inclusive em questões judiciais ou administrativas.

A ação civil pública tomou corpo com a previsão constitucional atribuindo competência institucional ao Ministério Público e perante a Justiça do Trabalho, com a edição da sua atual Lei Orgânica (Lei Complementar n. 75/93), pelo seu art. 83, inciso III, que dispõe:

> "III — promover a ação civil pública no âmbito da Justiça do Trabalho, para defesa de interesses coletivos, quando desrespeitados os direitos sociais constitucionalmente garantidos;"

Desde então, quase que exclusivamente, vem o Ministério Público intentando ação civil pública com o objetivo de tutelar os interesses coletivos, principalmente, agora, com a nova competência da Justiça do Trabalho, de trabalhadores em razão de uma relação de trabalho. A existência de relação de trabalhador/trabalho é necessária para que se possa atribuir competência à Justiça do Trabalho.

A jurisprudência e doutrina dominante vêm admitindo a competência do Ministério Público em promover tais ações junto a Justiça do Trabalho, em cuja corrente nos filiamos, levando-se em consideração o interesse público decorrente da relação jurídica entre contratados trabalhadores e contratantes empregadores e que não seja possível defender individualmente, mesmo em ações plúrimas ou coletivas.

Desse modo, nasce um grande problema que deve ser apreciado inicialmente para se estabelecer a legitimidade da interposição de uma ação civil pública, ou seja, que o autor identifique exatamente a que deve ser tutelado, para que possa ser apreciado e decido pelo judiciário.

5.7.2. Condições da ação

Dispõe o art. 129, III, da Constituição Federal, que o Ministério Público está autorizado a promover ação civil pública para proteção do patrimônio público e social do meio ambiente e de outros interesses difusos e coletivos; por sua vez, a Lei Complementar n. 75/93, art. 83, III, autoriza a propositura pelo Ministério Público de ação civil pública no âmbito da Justiça do Trabalho, para defesa de interesses coletivos quando desrespeitados os direitos sociais constitucionalmente garantidos.

É necessário então conciliar os referidos artigos, ou seja, definindo o que se entende por interesses difusos e coletivos e defesa de interesses coletivos no que se refere a direitos sociais constitucionalmente garantidos.

Interesse coletivo a ser tutelado deve ser entendido efetivamente como interesse público, que deve ser aquele que ultrapassa o próprio interesse individual, embora seja este atingido por violação daquele, pouco importando, por vezes, o número de pessoas envolvidas. Para tanto, deve ser considerado, além de um mero interesse coletivo o interesse público, onde se considera um número indeterminado de pessoas componentes para ensejo da ação civil pública.

Interesses difusos, deve-se entender como o Código de Proteção ao Consumidor trata em seu art. 81, I, os transindividuais, de natureza indivisível, de que sejam titulares pessoas indeterminadas e ligadas por circunstâncias de fato. Portanto, mais uma vez presente o interesse público, que ultrapassa o individual e que não possa ser identificado individualmente com os que compõem o coletivo e que são interligados por circunstâncias fáticas.

Os chamados interesses homogêneos devem ser submetidos ao interesse público, em que as partes sejam da mesma natureza: líquido homogêneo ou, ainda, cujas partes são ou estão solidamente e/ou estreitamente ligadas.

Não se poderá efetivamente relegar ao esquecimento que os sindicatos podem atuar como substitutos processuais em várias oportunidades na defesa de direitos de seus integrantes como também a possibilidade de ser tutelado por meio de ações plúrimas ou dissídios coletivos, caso contrário estaria ocorrendo superposição de interesses de ação, levando por vezes, a sérios conflitos de entendimento.

Assim considerando, ao Ministério Público deve ser resguardado apenas para intentar ações civis públicas, estritamente ao que se refere os dispositivos legais que lhes dão sustentação, ou seja, além do interesse público, que sejam difusos e que se refiram a direitos sociais constitucionalmente garantidos e ainda, como salienta o art. 127 da Constituição Federal, interesses indisponíveis.

Os interesses tutelados devem ser aqueles direitos sociais previstos na Constituição Federal e que não sejam disponíveis.

5.7.3. Procedimento

O procedimento instrumental deverá ser adaptado às condições do processo trabalhista e seus princípios informadores, tais como celeridade, economia processual e oralidade.

A competência original para conhecimento e decisão deve acompanhar os demais feitos, considerando-se a pessoa e matéria envolvida, fixando, desse modo, ser das Varas do Trabalho ou dos Tribunais Regionais e Superior, segundo a área em que ocorre a suposta lesão ao interesse coletivo. E isto principalmente em razão da Medida Provisória n. 1.570/97 editada, que limita a ação à competência territorial do órgão prolator da sentença, o que tornaria inviável quando a abrangência fosse superior ao limite jurisdicional de uma Vara do Trabalho ou Região, ou mesmo que seja de âmbito nacional.

A OJ da SDI2 n. 130 trata a respeito da competência, modificada 2012:

> “**AÇÃO CIVIL PÚBLICA. COMPETÊNCIA. LOCAL DO DANO. LEI N. 7.347/1985, ART. 2º. CÓDIGO DE DEFESA DO CONSUMIDOR, ART. 93 (redação alterada na sessão do Tribunal Pleno realizada em 14.09.2012) — Res. 186/2012, DEJT divulgado em 25, 26 e 27.09.2012**
>
> I — A competência para a Ação Civil Pública fixa-se pela extensão do dano.
>
> II — Em caso de dano de abrangência regional, que atinja cidades sujeitas à jurisdição de mais de uma Vara do Trabalho, a competência será de qualquer das varas das localidades atingidas, ainda que vinculadas a Tribunais Regionais do Trabalho distintos.
>
> III — Em caso de dano de abrangência suprarregional ou nacional, há competência concorrente para a Ação Civil Pública das Varas do Trabalho das sedes dos Tribunais Regionais do Trabalho.
>
> IV — Estará prevento o juízo a que a primeira ação houver sido distribuída.”

O feito deverá sempre ser distribuído e sujeito à conciliação e inviabilizada, o feito será submetido ao contraditório e provas, para a prolação de competente decisão, que fará coisa julgada *erga omnes*, ou seja, aproveitando-se a todos que se encontrarem na situação definida no interesse coletivo. Da decisão caberão recursos apropriados no processo trabalhista, tais como o ordinário, de revista etc.

Na eventualidade de improcedência da ação civil pública por deficiência de provas, conforme art. 16 da LACP, qualquer legitimado individualmente poderá intentar outra ação com idêntico fundamento, valendo-se, entretanto, de nova prova e não mais daquela anteriormente utilizada coletivamente.

A rigor, com base no art. 12 da citada lei, o Juiz da ação, mediante provocação, poderá conceder liminar, com ou sem justificação prévia da parte contrária, muito embora esse procedimento seja bastante temerário, em razão da dificuldade que se encontraria na reposição dos fatos, na eventualidade de improcedência, por abranger sempre o coletivo e, na maioria das vezes, difuso. Entretanto, a hipótese legal existe e deve desafiar a criatividade dos Advogados e do próprio Ministério Público.

5.8. AÇÃO MONITÓRIA

5.8.1. Generalidades

A ação monitória foi introduzida no sistema jurídico processual, pela Lei n. 9.079, de 14.07.95, alterando e acrescentando dispositivos no ACPC, foi acolhido pelo NCPC em seu Capítulo XI, nos arts. 700 a 702, permite pleitear de devedor capaz, obrigações com base apenas em prova escrita e sem eficácia de título executivo.

Trata-se de inovação apenas em nosso direito, pois conforme expõe o ilustre mestre Wagner D. Giglio, em seu livro Direito Processual do Trabalho:

> "Essa figura processual encontra precedentes no Direito italiano medieval e antecedentes nas Ordenações do Reino, que previam a ação de assinação de dez dias. Acolhem a ação monitória *(rectius: procedimento monitório)* as legislações da Alemanha, da Áustria, da Bélgica, da França, da Itália e de Portugal, mas o texto atual foi inspirado no modelo italiano."

Entretanto, não é por ser centenária a experiência monitória no mundo que não se pode dizer que entre nós se constitua em verdadeiro avanço jurídico processual na proteção de interesses individuais.

Entendemos ser bastante válida a tentativa de agilização na solução de conflitos existentes na sociedade, para que ela possa prosseguir, na coexistência pacífica de seus integrantes, em busca do bem comum.

Nesse sentido, ação monitória é perfeitamente adaptável aos procedimentos trabalhistas, principalmente com base no que dispõe o art. 114 da Constituição Federal, que fixa com grande amplitude a competência material e pessoal da Justiça do Trabalho, afastando definitivamente a restrição que poderia vir da interpretação literal do art. 876 da CLT, de apenas se executarem as decisões, transitadas ou não em julgado e os acordos não cumpridos.

Ademais, prevê a Consolidação das Leis do Trabalho, em seu art. 769, a aplicação subsidiária das normas processuais comuns na Justiça do Trabalho, no que não conflitar com as normas específicas.

5.8.2. Condições da ação

O art. 700 do NCPC dispõe que:

> "A ação monitória pode ser proposta por aquele que afirmar, com base em prova escrita sem eficácia de título executivo, ter direito de exigir do devedor capaz:
>
> I — o pagamento de quantia em dinheiro;
>
> II — a entrega de coisa fungível ou infungível ou de bem móvel ou imóvel;
>
> III — o adimplemento de obrigação de fazer ou de não fazer."

Com base nesse artigo, somente pode ser objeto de ação monitória o pagamento em dinheiro, entrega de coisa fungível ou infungível ou de determinado bem móvel ou imóvel, bem como, para adimplir obrigação de fazer ou de não fazer, o que afasta, peremptoriamente, pleitear-se qualquer outro direito que não seja nessas condições.

Pelo código adjetivo anterior, não seria possível ter por objeto coisas infungíveis, bens móveis que não fossem determinados, obrigações de fazer ou de não fazer e bens imóveis.

Pelo código atual se permite pretender a entrega de coisa infungível ou de bem imóvel, além do adimplemento de obrigação de fazer ou não fazer e, tudo com justa razão, pois que podem se constituir em obrigações previstas em títulos ou provas escritas sem eficácia de título executivo. Acrescente-se que a prova escrita poderá consistir em prova oral documentada, produzida antecipadamente como prevê o art. 381 do NCPC (Da Produção Antecipada da Prova).

Independentemente das condições genéricas de ação, a inicial deve ser instruída com documento essencial ou substancial à própria propositura, ou seja, prova escrita sem eficácia de título executivo e conforme o caso, com a memória de cálculo da importância devida, o valor atual da coisa reclamada e o conteúdo patrimonial em discussão ou o proveito econômico perseguido, sob pena de se indeferir de plano o processamento, principalmente pelo que consta do art. 700 § 2º do NCPC que exige expressamente essa instrução. Poderá ser indeferida igualmente, nas hipóteses definidas no art. 300 do mesmo diploma legal, que trata das condições genéricas para a validade da petição inicial.

Deve ser atribuído o valor da causa, o correspondente ao valor da importância ou da coisa reclamada.

Dentro das relações de emprego ou trabalho, o empregado ou trabalhador, principalmente, poderá exigir de seu patrão ou contratante, o pagamento de algum acordo ou promessa efetuada, a entrega de determinadas ferramentas que porventura estivessem retidas etc.

5.8.3. *Procedimento*

Como vimos anteriormente, qualquer procedimento previsto no NCPC e aplicável subsidiariamente ao processo trabalhista, deve ser adaptado às suas condições e princípios genéricos e informativos, da celeridade e economia processual, oralidade, audiência una, contestação em juízo, sujeição à proposta conciliatória etc., como acontece, por exemplo, com ação de consignação em pagamento, ação civil pública, embargos de terceiro, recurso adesivo e outros, sem que entretanto se descaracterize como foi posto pelo legislador na lei correspondente.

Desse modo, interposta a petição inicial, na forma preconizada, instruída necessariamente com a prova escrita do direito pleiteado, após regular distribuição, deve ser encaminhada ao Juiz competente, que poderá, com base no art. 321, bem como § 5º do art. 700 do mesmo diploma legal, determinar que o autor a emende ou a complete no prazo de quinze dias, indicando com precisão o que deve ser corrigido ou completado e, estando em termos e evidente o direito do autor, despachará ordenando a expedição do mandado de pagamento, da obrigação de fazer ou não fazer ou de entrega da coisa no prazo de quinze dias, juntamente com honorários advocatícios de cinco por cento sobre o valor da causa, ampliando aqui o prazo de 48 horas previsto no art. 880 da CLT (citação para pagamento em 48 horas), mesmo somado aos cinco dias para a interposição de embargos (art. 844 da CLT).

Expedido o mandado respectivo, que deverá ser cumprido por Oficial de Justiça e não apenas ser entregue via postal, pois que se trata de ato de execução, o réu executado poderá oferecer embargos em quinze dias, sem a necessidade de garantir a execução, como autoriza o art. 702 do NCPC, em oposição ao que preceitua o art. 882 da CLT na hipótese de não pagamento do valor executado.

A apresentação dos embargos deverá ser em cartório e por escrito e, por ser uma peça eminentemente técnica e de defesa, subscrita por Advogado legalmente constituído.

A defesa poderá se fundar em matéria passível de alegação como defesa no procedimento comum. Quando alegar que está sendo pleiteado quantia superior à devida, deverá o réu declarar de imediato o valor que entende ser correto, apresentando demonstrativo discriminado e atualizado da dívida, sob pena de os embargos serem liminarmente rejeitados, se esse for o seu único fundamento e, se houver outro, serão eles processados, sem porém, o juiz examinar o fato de excesso no valor.

Daí, seguir-se-á o rito ordinário, comum a todos os procedimentos de execução, permitida toda e qualquer prova, com decisão final e sujeita a recurso e nesta hipótese, de agravo de petição, com todas suas pertinências e inclusive de garantia do juízo e pagamento de custas.

A oposição dos embargos suspende a eficácia da decisão referida pela hipótese de evidência do direito declarado, até o julgamento em primeiro grau. O autor deverá ser intimado para responder aos embargos no prazo de quinze dias, inclusive se houver a hipótese de reconvenção, sem direito recíproco de reconvenção à reconvenção.

O NCPC explicita no § 7º do art. 702, que a critério do juiz, os embargos poderão ser autuados em apartado, se parciais, constituindo-se de pleno direito o título executivo judicial em relação à parcela incontroversa, o que não é estranho às disposições celetista nesse sentido.

A decisão em qualquer hipótese, constituir-se-á, de pleno direito, em título executivo e agora judicial.

Na hipótese de não atendimento ao mandado efetuado pelo réu ou não opor embargos, por qualquer razão não justificável juridicamente, também de pleno direito, o próprio mandado se converterá em mandado executivo e o título cobrado, em executivo judicial, prosseguindo-se então na execução regular em seus ulteriores termos.

Conforme o § 1º do art. 701 do NCPC, cumprindo o réu o mandado no prazo, ficará isento de custas, o que significa que, ao contrário, sendo sucumbente, deverá responder por esse encargo e também por honorários advocatícios.

Finalmente, mas não esgotando totalmente o tema, que depende ainda de outras reflexões e apreciação de fatos incidentais, resta dizer da possibilidade de se interpor ação monitória contra Pessoas Jurídicas de Direito Público, catalogadas no Dec. Lei n. 779/69, ao contrário do que era previsto no código anterior, também na hipótese de não apresentação de embargos, aplicando-se, no caso, o disposto no art. 496 NCPC, que trata da remessa recursal obrigatória ao duplo grau de jurisdição, à exceção se a condenação ou proveito econômico obtido na causa for de valor certo e líquido inferior a mil salários mínimos para a União e as respectivas autarquias e fundações de direito público e, quinhentos salários mínimos para os Estados, o Distrito Federal, as respectivas autarquias e fundações de direito público e os Municípios que constituam capitais dos Estados. Em cem salários mínimos para todos os demais Municípios e respectivas autarquias e fundações de direito público.

Da mesma forma prescinde de recurso obrigatório, quando a decisão estiver fundada em súmula de tribunal superior, acórdão proferido pelo STF ou pelo STJ em julgamentos de recursos repetitivos, entendimentos firmados em incidente de resolução de demandas repetitivas ou de assunção de competência e ou coincidente com orientação vinculante firmada no âmbito administrativo do próprio ente público, consolidada em manifestação, parecer ou súmula administrativa.

Fora dessas hipóteses, as decisões, estarão sempre sujeitas obrigatoriamente ao duplo grau de jurisdição, sem o que não transitam em julgado.

Das decisões proferidas, é cabível a interposição de ação rescisória.

V Dissídios Individuais e Coletivos

A Justiça do Trabalho tem competência em razão da matéria que se discute e das pessoas que são partes, como vimos anteriormente, para conhecer e decidir dissídios individuais e coletivos, que são ações, litígios, que se apresentam no cenário jurídico, individual ou coletivamente, pelo relacionamento de emprego e de trabalho na forma dos arts. 2º e 3º da CLT, com a ampliação da competência advinda com a EC n. 45/2004, buscando solução por parte do Estado Juiz.

São elementos identificadores da ação, tanto na individual quanto na coletiva, as partes, a causa de pedir e o objeto.

A maioria dos processos trabalhistas segue um procedimento comum, com as diferenças que lhes são próprias, e que por sua natureza, se caracterizam principalmente pelo princípio da oralidade e celeridade, além da possibilidade de conciliação a qualquer tempo entre as partes.

1. DISSÍDIOS INDIVIDUAIS

São os litígios que envolvem uma ou mais partes, ativa ou passivamente, conhecidas e definidas no processo em que discutem direitos concretos e também definidos na lei ou em convenções coletivas ou decisões normativas. Em síntese, prevalece o interesse individual das partes.

Quando envolvem mais de uma pessoa, cada um de per si, em determinada parte do processo, são chamados de dissídios individuais plúrimos; quando for uma pessoa apenas em cada parte, são tratadas de dissídios individuais singulares.

Exemplificativamente, temos a hipótese de Antônio reclamar contra sua empregadora, Padaria Flor da Cidade: trata-se de um dissídio individual singular, pois que integram nos polos ativos e passivos apenas uma pessoa cada. Ao contrário, se além de Antônio, o João e eventualmente outros mais, colegas de serviço do primeiro, reclamarem contra a mesma empregadora seus respectivos direitos concretos e definidos, tratar-se-á de dissídio individual plúrimo. O mesmo seria se houvesse mais de uma pessoa no polo passivo do feito.

Portanto, a pluralidade é com relação ao número de pessoas que intervém em determinado processo e, nesse sentido, não se aconselha que seja um agrupamento grande ou principalmente com direitos, embora concretos e determinados, variando entre eles, por dificultar a instrução e decisão do processo.

Vários são os Juízes que não admitem a pluralidade no dissídio individual, quando não houver absoluta identidade nas causas de pedir e principalmente nos objetos, determinando a separação em feitos distintos.

O art. 842 da CLT trata da pluralidade no processo trabalhista, dispondo:

> "Sendo várias as reclamações e havendo identidade de matéria, poderão ser acumuladas num só processo, se se tratar de empregados da mesma empresa ou estabelecimento."

Quando se tratar de dissídio comum, ordinário, a competência originária é das Varas do Trabalho, que são órgãos de primeira instância. Atualmente, o Mandado de Segurança tem jurisdição na primeira instância e não apenas originária dos tribunais.

Na hipótese de dissídios individuais que podem ser chamados de especiais, tais como ações rescisórias, alguns mandados de segurança, *habeas corpus* etc., a competência originária é dos Tribunais Regionais ou Superior, conforme a matéria versada e a jurisdição da ocorrência, quando são considerados também órgãos de primeiro grau.

Como vimos em Postulação da Ação, a reclamatória pode ser oral (verbal — *jus postulandi*) ou escrita e pode ser apresentada por representantes e por sindicatos de classe.

No processo trabalhista, não há muitas espécies de dissídios individuais, que se constituem nos ordinários ou comuns, e os que obedecem a ritos específicos e não usuais, como o processo sumário, inquérito judicial e agora, em razão das Leis n. 9.957 e 9.958, de 12 de janeiro de 2000, o sumaríssimo e o executivo.

O CNJ, que tem sob sua incumbência o controle da atuação administrativa do Poder Judiciário, criou Tabelas Processuais usadas para a padronização e cadastramento das matérias ou questões processuais, na classificação do procedimento e o registro de rotinas dos atos correspondentes, para que possa ter uma fotografia panorâmica de todo o Judiciário, em todos os níveis e especialidades e, desse modo, ter condições de soluções mais adequadas, objetivas e científicas.

1.1. PROCESSO ORDINÁRIO

Previsto nos arts. 837 e seguintes da CLT, com o qual se pleiteia qualquer satisfação judicial, por empregados, empregadores, trabalhadores em geral e contratantes com relação de trabalho, de indenizações, fiscais, representação sindical, conforme previsão constitucional como vimos anteriormente, quer seja em primeira ou instância superior, dependendo da qualidade das partes e da matéria que versam.

Outras ações de natureza civil, cabíveis na Justiça do Trabalho, devem ser adaptadas, no que for possível, ao procedimento ordinário trabalhista, com todas suas peculiaridades e prazos se não antagônicos em lei.

1.2. INQUÉRITO JUDICIAL

Mencionado no art. 494 da CLT como procedimento hábil para apurar falta grave eventualmente cometida por estáveis, para que possam ser dispensados por justa causa.

Antigamente era largamente utilizado para possibilitar rescindir o contrato do trabalhador que contasse com mais de dez anos de serviço na mesma empresa e que não poderia ser dispensado senão por motivo de falta grave ou circunstância de força maior, devidamente comprovadas.

Era a chamada estabilidade decenal, que a partir da Constituição Federal de 05 de outubro de 1988 não mais se verifica, em razão da instituição do regime de trabalho com garantia de indenização pelo sistema do Fundo de Garantia Por Tempo de Serviço a todos os empregados indistintamente, independentemente de opção por esse regime como era até então.

Entretanto, permaneceu a possibilidade legal, para outras hipóteses de ocorrência de estabilidade no emprego e que, conforme sua natureza jurídica e do posicionamento jurisprudencial do aplicador da lei, depende desse procedimento para o estável ser dispensado, o que ocorre quando normalmente deve ser preservada, não em razão do empregado propriamente dito, mas pelo que representa na sociedade, como, por exemplo, o Dirigente Sindical.

Nesses casos, a contrário do que possa dar entender à primeira vista, graça à semelhança da denominação com o inquérito no âmbito criminal, não se presta para que a justiça investigue as causas, mas para que o empregador, antes de dispensar o seu empregado, comprove em juízo que ele cometeu falta grave e não mais pode lhe continuar prestando serviços.

O contrato de trabalho permanecerá intacto até final decisão, embora o requerido possa ser afastado de suas funções.

Essa previsão pode ser também normativa para a dispensa ou mesmo punição de algum empregado, como jurisprudencialmente é previsto no C. TST:

"SUM. N. 77 — PUNIÇÃO.

Nula é a punição de empregado se não precedida de inquérito ou sindicância internos a que se obrigou a empresa por norma regulamentar."

"SUM. N. 379 — DIRIGENTE SINDICAL. DESPEDIDA. FALTA GRAVE. INQUÉRITO JUDICIAL. NECESSIDADE.

O dirigente sindical somente poderá ser dispensado por falta grave mediante a apuração em inquérito judicial, inteligência dos arts. 494 e 543, § 3º, da CLT."

"OJ-SDI2 N. 137 — MANDADO DE SEGURANÇA. DIRIGENTE SINDICAL. ART. 494 DA CLT.

Constitui direito líquido e certo do empregado a suspensão do empregado, ainda que detentor de estabilidade sindical, até a decisão final do inquérito em que se apure a falta grave a ele imputada, na forma do art. 494, *caput* e parágrafo único, da CLT."

1.3. PROCESSO SUMÁRIO

Instituído pela Lei n. 5.584/70, processo sumário é aquele cujo valor atribuído à causa não ultrapasse a dois salários mínimos e em que os atos serão ainda mais simples que o comum, pois nele fica dispensado o resumo dos depoimentos, das partes e das testemunhas, sendo que na ata somente constará a conclusão do juízo quanto à matéria de fato.

Para o efeito da fixação do valor, não há que se confundir valor da causa e valor da condenação, pois que este é o atribuído na decisão, dependendo dos valores condenados e aquele, à somatória dos pedidos efetuados na inicial. O valor do salário mínimo deverá sempre corresponder ao que era na data da distribuição do feito.

A lei admite recurso para a revisão do valor da causa fixado pelo Juiz, para a determinação da alçada, se este for indeterminado no pedido (art. 2º, § 1º, da Lei n. 5.584/70), o que deverá ser feito em quarenta e oito horas, ao Presidente do Tribunal. Esse recurso não terá efeito suspensivo. Hoje caiu em desuso esse recurso, muito embora alguns Advogados ainda tentem propô-lo, pois não é mais possível, diante de todas as regras ditadas pelo CNJ com suas Tabelas Processuais e a obrigação da indicação de pedidos líquidos, cuja somatória dá o valor do pedido e da causa.

O processo sumário não enseja recurso para instância superior, salvo tratar-se do extraordinário previsto na Constituição Federal que não pode ser obstado por simples lei ordinária. Portanto, a Vara do Trabalho será a instância originária e única para decidir feitos desse teor.

Com a promulgação da Constituição Federal de 1988, alguns doutrinadores passaram a entender revogado o instituto, diante do direito do duplo grau de jurisdição, o que, entretanto, deve ser exercido conforme e nos limites das leis processuais em vigor.

Outra suspeita de revogação surgiu com a promulgação da Lei do Processo Sumaríssimo, que objetiva os feitos não superiores a quarenta salários mínimos, como veremos em seguida. Mais uma vez permanece incólume o processo sumário, que apenas poderá se verificar também no recente procedimento instituído, como uma de suas espécies.

1.4. PROCESSO SUMARÍSSIMO

Trata-se de um procedimento com regras próprias e específicas que deve se desenvolver mais rapidamente que os demais, atingindo feitos até determinado valor e entre determinadas partes no litígio individual.

A Lei n. 9.957, promulgada em 12 de janeiro de 2000 e em vigor desde 13 de março desse mesmo ano, instituiu o procedimento sumaríssimo no processo trabalhista, o que vem em curto lapso de tempo, desafiando doutrinadores juslaboralistas em interpretações, buscando estabelecer a sua verdadeira extensão, seus esclarecimentos e compatibilizações possíveis, à luz do que existia e existe no processo trabalhista, que sempre visou à oralidade, celeridade e economia processual, para facilitar e possibilitar rapidamente a solução de conflitos individuais ou coletivos, entre empregados e empregadores, em razão de sua importância social.

Citada lei não revogou disposições vigentes de procedimentos no processo trabalhista, mas apenas alterou algumas e acrescentou outras, com o objetivo precípuo de atender com maior presteza ao jurisdicionado.

Ressalvando-se a iniciativa legislativa, críticas podem e devem ser feitas à lei em questão, pois o objetivo perseguido poderia ter sido atingido apenas com algumas alterações nos dispositivos existentes na Consolidação das Leis do Trabalho e leis complementares que a compõe, que, como salientado, sempre teve em mira a celeridade e economia processual, a ponto de, à época da introdução, avançar destemidamente para um processo moderno e capaz de solucionar prontamente os litígios que se apresentavam, tanto que chegou a servir parcialmente de modelo ao procedimento processual civil, que caminhava amarrado em seus limites formais e hoje encontra-se mais livre e ágil em sua prestação jurisdicional.

Pela Lei n. 9.957/00, houve o acréscimo de uma Seção e artigos, além de alterações de outros com a introdução de parágrafos, incisos e alíneas, na Consolidação das Leis do Trabalho

À sequência dos artigos da Seção II do Capítulo III no Título X da Consolidação das Leis do Trabalho — CLT, que trata da Audiência de Julgamento, foram acrescentados outros, todos com o mesmo número do último artigo (852), acompanhados das letras A a I (852 A, 852 B etc.) para identificação e seus respectivos parágrafos, agrupados em Seção, identificada pelo número II-A.

O procedimento sumaríssimo não pode ultrapassar quarenta vezes o salário mínimo vigente na data do ajuizamento da reclamação.

Há impedimento legal de propositura desta ação contra Administração Pública direta, autárquica e fundacional. A lei não especifica a natureza dessas entidades, mas entende-se que assim devem ser tidas, das três esferas administrativas, pois a citação é genérica.

Exigência se faz quanto aos pedidos, que devem ser certos e determinados, indicando o valor correspondente, para que se possa de imediato e de modo facilitado propor-se a conciliação ou, se rejeitada, a respectiva decisão. No mesmo diapasão deve haver a correta indicação do nome e endereço do reclamado, pois não se fará citação por edital. No caso de não atendimento desses aspectos, o Juiz determinará o arquivamento do feito sem apreciação do mérito, devendo condenar o autor nas custas.

A apreciação da reclamatória deve ocorrer no prazo máximo de quinze dias do seu ajuizamento, o que, em São Paulo, torna-se um tanto difícil, em razão do grande movimento processual que possui diariamente.

Os atos de audiência poderão constar resumidamente em ata e apenas no que forem essenciais e úteis à solução da causa. Todos os incidentes devem ser decididos de pronto, excepcionando-se aqueles que possam interferir no andamento do processo, como, por exemplo, a realização de perícia técnica.

O máximo de testemunhas permitida é de duas por parte, que deverão comparecer espontaneamente se convidadas. Na ausência, a parte deverá comprovar que houve o convite, para que possa ser deferida a intimação e eventual condução coercitiva na forma da lei.

Interrompida a audiência, o seu prosseguimento ou solução deverá ocorrer no prazo máximo de trinta dias, salvo motivo relevante, que o Juiz justificará nos autos.

A sentença deverá mencionar os elementos de convicção do Juiz, com resumo dos fatos relevantes ocorridos em audiência, dispensado o relatório, que normalmente faz parte de uma decisão.

A lei do sumaríssimo determina que o Juiz adote, em cada caso, a decisão que reputar mais justa e equânime, atendendo aos fins sociais da lei e às exigências do bem comum. A princípio pode parecer inócua a previsão, mas, com isso, o Juiz fica com maior liberdade de ser justo e não apenas aplicar friamente a lei, principalmente, se lhe faltar algum elemento para tanto.

O recurso adequado na hipótese é o ordinário, cujo procedimento se verá oportunamente.

1.5. PROCESSO DE EXECUÇÃO

Não se trata de procedimento novo, mas de possibilidade de executar diretamente em processo de execução títulos executivos extrajudiciais, conforme dispõe a Lei n. 9.958, de 12 de janeiro de 2000, em vigor desde 13 de abril de 2000, que alterou e acrescentou artigos à Consolidação das Leis do Trabalho — CLT, dispondo sobre Comissões de Conciliação Prévia.

Essa possibilidade de executar títulos executivos extrajudiciais, que é o produto de uma conciliação extrajudicial realizada e não cumprida pela parte, sem passar pela fase de conhecimento do processo, como veremos posteriormente no título que cuidará dos Tipos de Execução, na Fase Executória.

2. DISSÍDIOS COLETIVOS

Como salientamos em Competência, a matéria coletiva e a própria Justiça do Trabalho esteve ameaçada de extinção, mas a EC n. 45/04 a manteve no art. 114 da CF, com a previsão do poder normativo, acrescentando e reforçando com outras atribuições, como as ações sobre representação sindical, entre sindicatos, entre sindicatos e trabalhadores e entre sindicatos e empregadores.

Pela Lei n. 8.984, de 07.02.95, restou expressa a competência da Justiça do Trabalho para apreciar e decidir sobre feitos que tenham origem no cumprimento de convenções coletivas de trabalho ou acordos coletivos de trabalho, mesmo quando ocorram entre sindicatos ou entre sindicatos de trabalhadores e empregadores, como, por exemplo, a contribuição assistencial, colocando um ponto final na cansativa discussão que se travava entre os intérpretes e aplicadores da lei, de quem era a competência nessas hipóteses, da Justiça Comum, porque muitas vezes não se trata de matéria trabalhista, ou da Justiça do Trabalho, em razão da causa e efeitos. A EC n. 45/2004 confirmou essa competência na esteira constitucional.

Portanto, o Dissídio Coletivo é uma criação específica da lei para cuidar judicialmente das relações ou conflitos coletivos entre grupos de empregados e empregadores, titulares do direito, representados por suas respectivas associações de classe, que são as entidades legitimadas para o processo, como prevê o art. 857 da CLT.

As Associações são os Sindicatos, Federações e Confederações, da categoria econômica ou profissional.

As relações ou conflitos coletivos podem ser classificados, conforme a finalidade ou natureza, de econômicos ou jurídicos, segundo visem, respectivamente, condições de trabalho e divergências coletivas entre grupos de empregados e empregadores.

Os dissídios coletivos de natureza jurídica visam à manifestação do Judiciário, para dirimir controvérsias de toda espécie de natureza trabalhista (ex. greve); e os de natureza econômica, criar, estabelecer ou modificar condições de trabalho, conforme reivindicação dos trabalhadores de uma determinada classe profissional (ex. estabelecer estabilidade no emprego).

Coletivamente o texto constitucional confirma o que era apenas infraconstitucional, que frustrada a negociação coletiva ou arbitral, é facultado, de comum acordo, ajuizar dissídio coletivo de natureza econômica para decisão da Justiça do Trabalho para pôr fim ao conflito, respeitando as disposições mínimas legais de proteção ao trabalho, bem como as convencionadas anteriormente.

Portanto, com nova roupagem é o que ocorria anteriormente, somente que agora há a insistência legal para que haja negociação prévia entre as partes e que poderão, inclusive, recorrer à decisão arbitral antes da judicial.

O interesse, qualquer que seja ele, será sempre em abstrato, criando ou interpretando normas para posterior aplicação em concreto, às relações individuais de trabalho dos respectivos grupos, que podem abranger toda uma categoria profissional de empregados de uma empresa ou de todas de uma mesma categoria econômica que seja correspondente e de uma determinada região. Portanto, nesses dissídios, não há individualização de pessoas, mas de grupos em que se individualizam apenas os representantes ou eventualmente determinado empregador.

A competência originária para conhecer e decidir sobre esses dissídios é do Tribunal Regional da base territorial dos grupos participantes e, quando se tratar de base que abranja mais que uma jurisdição regional, será do Tribunal Superior, conforme dispõe a Lei n. 7.701/88.

O Tribunal Superior do Trabalho, pela Instrução Normativa n. 4 de 1993, uniformizou o procedimento nos dissídios coletivos de natureza econômica no âmbito da Justiça do Trabalho, que, em síntese, somente poderão ser ajuizados, se frustrada, total ou parcialmente, a autocomposição dos interesses coletivos em negociação promovida diretamente pelos interessados, ou mediante intermediação administrativa do órgão competente do Ministério do Trabalho.

Referida Instrução Normativa foi atualizada pela Resolução n. 168, de 09 de agosto de 2010, considerando a alteração imposta pela Lei n. 12.275, de 29 de junho de 2010, na redação do inciso I do § 5º do art. 897 e acrescentou o § 7º ao art. 899, ambos da Consolidação das Leis do Trabalho, tratando basicamente, dos depósitos recursais, como veremos no Capítulo destinado aos Recursos.

Têm legitimidade para o ajuizamento do dissídio coletivo as entidades sindicais e os empregadores quando não haja entidade sindical representativa ou os interesses em conflito sejam particularizados.

Ressalvou-se a proteção ao interesse público com relação à greve em atividade essencial, quando o Ministério Público possui legitimidade para ajuizar dissídio coletivo diretamente, para que seja o conflito decidido rapidamente pela Justiça do Trabalho.

A consequência do dissídio coletivo é uma sentença normativa, que constitui novos direitos ou condições mais benéficas aos trabalhadores da respectiva categoria profissional, se não houve antes acordo entre as partes no processo.

O poder normativo da Justiça do Trabalho, por meio dos dissídios coletivos, é que a distingue essencialmente dos demais ramos do Direito e, desse modo, convém que se discorra um pouco mais sobre essa peculiaridade e as normas, econômicas e jurídicas de que são instituídas.

Em princípio, todas as vantagens concedidas coletivamente aos trabalhadores deveriam se incrustar definitivamente nos contratos individuais, ao menos, para aqueles vigentes à época do Acordo ou Convenção, se não fosse o sério óbice legal do parágrafo terceiro do art. 614 da CLT, que prevê um prazo máximo de duração para eles, Convenção Coletiva ou Acordo, de dois anos e que ainda na prática vem sendo estipulado em apenas um ano.

As regras convencionais, por serem, portanto, temporárias, perdem a eficácia com a própria extinção da Convenção ou Acordo Coletivo de Trabalho sem a necessidade de denúncia. A extinção se opera ante a verificação do termo final estipulado pelas partes convenentes, tanto que não mais atingem os contratos individuais que vierem a se estabelecer posteriormente. Neste sentido não há qualquer divergência a respeito, dentro da doutrina ou jurisprudência.

Claro que algumas poucas cláusulas se incorporam definitivamente nos contratos individuais alcançados, tais como as que fixam percentuais de aumento salarial, pela sua própria natureza de se exaurir em si mesmo; de estabilidade provisória quando o fato gerador se deu dentro do prazo convencionado, permitindo então que a estabilidade perdure pelo tempo fixado, que pode às vezes até ultrapassar o termo final da Convenção ou Acordo ou mesmo enquanto perdurar o fato gerador; fixação de jornadas de trabalho em regime de compensação de horas ou mesmo de diminuição de jornada; as que fixam um determinado adicional por tempo de serviço ou mesmo uma gratificação na oportunidade de aposentadoria, que são sempre regras que terão eficácia na ocasião da implementação da condição que é sempre futura.

É difícil, portanto, conceituar ou rotular quais as regras que se incorporam ou não nos contratos individuais de trabalho, pois cada uma deve ser analisada de *per si*, dentro de suas condições.

Muito se tem julgado, por exemplo, em dissídios individuais que envolvem bancários reclamando horas extras, com relação a percentuais dos adicionais que variam de acordo com as disposições da Convenção Coletiva da época.

Este princípio não ofende o preceituado no art. 619 da CLT que diz:

> "Nenhuma disposição de contrato individual de trabalho que contrarie normas de Convenção ou Acordo Coletivo de Trabalho poderá prevalecer na execução do mesmo, sendo considerada nula de pleno direito."

Não pode haver essa contrariedade que obviamente seria mesmo nula de pleno direito e isto apenas se fosse o benefício menor do que o estipulado coletivamente e enquanto estivesse em vigor a Convenção ou Acordo. Passada a eficácia destes, restabelece-se o pactuado anteriormente no contrato individual.

Na hipótese de a estipulação individual ser maior do que a coletiva, claro está que prevalece a individual, sempre em nome da norma mais benéfica ao trabalhador e de que as regras sociais e legais fixam sempre o mínimo e não o máximo, a despeito do que se decidiu pelo STF, em síntese, que deve ser aplicado o previsto em lei.

A própria Constituição Federal, em seu art. 114, excetua no caso de decisão normativa, o dever de se respeitar as disposições mínimas legais de proteção ao trabalho, bem como as convencionadas anteriormente.

Da mesma forma não se pode aplicar a regra do art. 468 da CLT, de que

> "Nos contratos individuais de trabalho só é lícita a alteração das respectivas condições por mútuo consentimento, e ainda assim desde que não resultem, direta ou indiretamente, prejuízos ao empregado, sob pena de nulidade da cláusula infringente desta garantia."

As regras coletivas, portanto, não alteram o contrato individual e apenas lhe acrescentam temporariamente algum benefício e, por serem mesmo temporárias, perdem sua eficácia após o termo final. Se fosse ao contrário, a lei ordinária expressamente faria referência a essa incorporação e não à obrigatoriedade de temporariamente fazer-se revisão de tais regras, em novas e completamente independentes Convenções Coletivas.

Na eventualidade de se admitir indiscriminadamente a incorporação de vantagens das Convenções e Acordos Coletivos no Contrato de Trabalho, estaria também produzindo nos empregadores uma resistência em se estabelecer novas disposições para a incorporação. O que se vê na prática é muitas vezes a aceitação do empregador em conceder determinadas vantagens, exatamente por saberem ser temporárias.

Do ponto de vista ideológico ou social, até seria o correto, pois, a cada Convenção realizada, se verificam avanços nas relações individuais e coletivas entre trabalhadores e empregadores.

Encontramos vários julgados na jurisprudência reafirmando a temporariedade das regras estabelecidas em Convenção e Acordo Coletivos e Decisão Normativa, o que é cristalizado pela Súmula n. 277, alterada em 2012, do E. TST que dispõe:

> "CONVENÇÃO COLETIVA DE TRABALHO OU ACORDO COLETIVO DE TRABALHO. EFICÁCIA. ULTRATIVIDADE
>
> As cláusulas normativas dos acordos coletivos ou convenções coletivas integram os contratos individuais de trabalho e somente poderão ser modificadas ou suprimidas mediante negociação coletiva de trabalho."

Essa Súmula não contraria a de n. 51.

VI Atos, Termos e Prazos Processuais

1. ATOS

São intervenções praticadas dentro do processo, visando produzir imediatamente a constituição, a modificação ou a extinção de direitos processuais (art. 200 do NCPC).

Por essa razão podemos definir o processo, como sendo um encadeamento de atos processuais destinados à obtenção de um fim, ou seja, a própria sentença, em que cada ato se reveste de autonomia e é certo, com fim próprio especial. Nesse entendimento, dentro do processo, ele será sempre provisório, intermediário e servindo para se alcançar os posteriores. É como um filme, em que cada quadro exibido, autonomamente compõe o todo, e provisório para que se exiba outro, em busca do desfecho final.

Em síntese, há, no processo, um desencadeamento de atos, em busca da solução final do adequadamente processado.

Dispõe o art. 770 da CLT que os atos processuais serão públicos, o que significa que devem ser praticados à vista de todos, dentro do que se permite no processo, como, por exemplo, uma testemunha arrolada, que ainda não depôs, não poderá acompanhar o depoimento de outra que lhe antecede, embora o depoimento em si deve ser também considerado um ato processual, dentro de uma audiência, que, por sua vez, é outro ato processual.

Poderá, entretanto, o juízo decretar segredo de justiça, quando for contrário ao interesse social. Nessa hipótese, somente as partes por seus procuradores terão acesso aos atos e ao próprio processo, sem que possa se constituir em ato contrário à lei.

É muito raro essa situação no processo trabalhista, pois dificilmente se apresentam temas que devam ficar restritos às partes, como ocorre frequentemente no direito de família, quando se procura protegê-la e principalmente quando há menores envolvidos, com situações particularíssimas, que necessitam ser preservadas da curiosidade pública. O art. 189 do NCPC especifica detalhadamente as situações fáticas que proporcionam o trâmite em segredo de justiça.

Por serem públicos, os atos devem ser praticados nos dias úteis e das seis às vinte horas, mas evidentemente, obedecendo ao horário imposto para o funcionamento do foro, que será dentro desse interregno.

Na 2ª Região, o funcionamento está disciplinado nos arts. 91 e 93 do Regimento Interno, sem, entretanto, determinar horários, apenas mencionando que "audiências serão realizadas preferencialmente, nos horários de atendimento ao público" podendo haver antecipação ou prorrogação, a critério do Juiz.

Há exceções que necessitam ser observadas, para a própria garantia do processado, em que atos podem ser praticados fora do horário e dias mencionados, como ocorre com a penhora e até mesmo citações, dependendo, entretanto, de autorização expressa do Juiz, que por certo analisará a justificativa. Caso contrário, a Justiça poderia ser obstada, bastando, para isso, que um determinado estabelecimento somente funcionasse durante a madrugada ou o eventual responsável no processo somente aparecesse fora dos períodos próprios, o que então impediria uma penhora ou citação.

As partes poderão exigir recibo de petições, arrazoados, papéis e documentos que entregarem em cartório para satisfação de qualquer ato processual.

Houve época que era permitido lançar cotas marginais ou interlineares no processo em manuscrito, o que não mais é permitido e se houver, o juiz deve mandar riscar e impor multa correspondente à metade do salário mínimo (art. 202 do NCPC).

2. TERMOS

Termo é a reprodução gráfica do ato dentro do processo, para que fique registrado e possa ser consultado. Nada mais é do que uma espécie do gênero ato. Por essa razão que se diz reduzir a termo, ou seja, reproduzir graficamente o ato oral realizado no processo, cujo termo poderá ser manuscrito, datilografado ou, finalmente, a carimbo, como ocorre muitas vezes com os próprios despachos do Juiz. Hoje são admitidos também, impressos ou mesmo escritos por computador, equivalendo à datilografia. Deve necessariamente ser no vernáculo português, admitindo-se, entretanto, expressões e brocardos estrangeiros, principalmente em latim.

Há atos e termos que devem ser assinados pelas partes interessadas e, quando não possam fazê-lo justificadamente, serão firmados a rogo, na presença de duas testemunhas, se não houver Procurador legalmente constituído, quando este o fará representando. Recusando-se o interessado em assinar, simplesmente por não lhe interessar por alguma razão, o fato deve ser registrado no próprio termo pelo juízo, dando-lhe validade e autenticidade. O que dá validade à ata, que são termos de audiência, não são as assinaturas das partes e dos representantes, mas a do Juiz e do Secretário.

Pelo art. 188 do NCPC, os atos e termos processuais não dependem de forma determinada senão quando a lei expressamente a exigir, reputando-se válidos os que, realizados de outro modo, preencham a finalidade essencial.

Os termos relativos ao movimento dos processos constarão de simples notas, datadas e rubricadas pelo Chefe de secretaria ou Escrivães (art. 773 da CLT).

3. PRAZOS

3.1. *GENERALIDADES*

Prazos são épocas, lapsos ou períodos próprios estipulados para a realização ou não de atos dentro do processo, que, uma vez findos, atinge-se a fase processual posterior.

Decorrido o prazo, extingue-se, independentemente de declaração judicial, o direito de praticar o ato, ficando salvo, porém, à parte provar que não o realizou por justa causa, ou seja, pela verificação de um evento imprevisto, alheio a sua vontade e que o impediu, por si ou por mandatário, e se verificada, o Juiz fixará outro para ser cumprido.

Todos possuem prazos para cumprir dentro do processo, inclusive o Juiz, a secretaria, Oficiais de Justiça, Ministério Público, Fazenda Pública quando no caso, partes, peritos etc.

Na eventualidade de não haver fixação de prazo por parte do Juiz ou mesmo da lei, para a prática de algum ato no processo, o interessado terá o prazo previsto no art. 218, § 3º do NCPC, de aplicação subsidiária, de cinco dias.

Da mesma forma, na hipótese de intimação, o comparecimento será obrigatório após decorridas quarenta e oito horas (§ 2º do art. 218 do NCPC)

Discutia-se se o ato praticado antes do termo inicial do prazo seria ou não intempestivo. O § 4º do mesmo artigo mencionado, dispõe taxativamente que será considerado tempestivo.

Quando a parte for a Fazenda Pública, autarquias ou fundações de direito público, federais, estaduais ou municipais e, ainda, do Distrito Federal, desde que não explorem atividades econômicas, terão o prazo em quádruplo para contestar (art. 841, *in fine*, da CLT) e em dobro para recurso (Dec. n. 779/69).

Quando houver Defensor Público intervindo no feito na qualidade de Assistente Judiciário, o prazo que lhe for destinado, deve ser contado em dobro, conforme dispõe o § 5º do art. 5º da Lei n. 1.060/50.

3.2. CLASSIFICAÇÃO

Em geral, os prazos são classificados:

3.2.1. Quanto à origem

a. legais, que são os que decorrem da lei, ou seja, quando são fixados por ela, como ocorre com os prazos recursais;
b. judiciais, que são os fixados pelo arbítrio do Juiz, tal como aquele em que determina que as partes se manifestem sobre um determinado ato; e finalmente,
c. convencionais, que são os estipulados pelas próprias partes, como acontece na fixação de prazos para o cumprimento de acordos estabelecidos.

3.2.2. Quanto à manifestação

a. comuns, quando são para as partes ao mesmo tempo, como o é prazo recursal; e
b. particulares, que são os que fluem apenas para uma delas, como acontece com o prazo recursal para o vencido ou, ainda, para apresentação de contrarrazões recursais e do qual pode haver renúncia ou desistência.

3.2.3. Quanto à verificação

a. peremptório, que são os que não admitem alteração, mesmo por convenção das partes e em geral, confundem-se com os legais;
b. prazos dilatórios, que são os que admitem ser prorrogados, segundo o Juiz e até mesmo por provocação das partes em comum acordo, mas desde que seja antes do vencimento e se fundar em motivo legítimo; e,
c. prazos preclusivos, que são os que têm de correr ou exercitado antes de algum outro ato que seja subsequente.

3.3. SUSPENSÃO E INTERRUPÇÃO DE PRAZO

Eventualmente os prazos, quaisquer que sejam eles, podem ser interrompidos ou suspensos, conforme a verificação de certos eventos que podem ocorrer durante o processo, como, por exemplo, a morte do Advogado defensor de uma das partes.

Quando interrompidos os prazos, o reinício se fará do início do prazo novamente, como ocorre com a interrupção da prescrição, por exemplo, contando-se novamente todo o prazo.

A suspensão, por outro lado, quando é afastado o óbice, continua de onde parou até o final e pode ocorrer quando da verificação de obstáculo criado pela parte ou por qualquer das hipóteses do art. 313 do NCPC, notadamente pela morte ou perda da capacidade processual de qualquer das partes, de seu representante legal ou de seu Procurador ou, ainda, quando for oposta exceção de incompetência do juízo, bem como de suspeição ou impedimento do Juiz, quando o prazo será restituído por tempo igual ao que faltava para a sua complementação.

Finalmente, durante a suspensão é defeso praticar qualquer ato processual, com exceção daqueles urgentes, a fim de evitar dano irreparável, por determinação do Juiz.

3.4. CONTAGEM DE PRAZO

A contagem de prazo se fará na forma preconizada pelos arts. 774 e 775 da CLT, que coincidia com as previsões dos arts. 177 e seguintes do ACPC.

Com a promulgação do novo código processual, surgiu flagrante distinção, pois que determina em seu art. 219, que na contagem de prazo em dias, estabelecido por lei ou pelo juiz, computar-se-ão somente os dias úteis, o que dá importante diferença na contagem final.

Entretanto, o art. 775 da CLT não foi revogado ou derrogado pelo que deve ser entendido que continua em plena vigência por ser especifica ao processo trabalhista, determinando que a contagem continue sendo "...com a exclusão do dia do começo e inclusão do dia do vencimento, e são contínuos e irreleváveis, podendo, entretanto, ser prorrogados...". Os prazos que se vencerem em sábado, domingo ou dia feriado, terminarão no primeiro dia útil seguinte, o que também é previsto pela nova lei adjetiva civil.

Inicialmente devemos distinguir dois momentos na fruição de prazo, interpretando-se o art. 224 do NCPC: a data de seu início (*dies a quo*), que é quando o interessado toma ciência do ato a ser praticado (dia do começo que deve ser excluído) e o início efetivo da contagem dos dias, até o seu término (*dies ad quem*) que é o dia do fim (que deve ser incluído). Complementa referido artigo, com os §§ 2º e 3º que determinam como data de publicação, o primeiro dia útil seguinte ao da disponibilização da informação no Diário da Justiça eletrônico, cuja contagem, iniciar-se-á no primeiro dia útil que seguir ao da publicação.

A ciência do ato, conforme art. 774 da CLT pode ser feita pessoalmente por meio de Oficial de Justiça, por meio de notificação via postal por carta simples ou registrada, publicação de edital em jornal oficial ou no que publicar o expediente da Justiça do Trabalho ou, ainda, por edital na sede do Juízo ou Tribunal.

Pelo GP/CR n. 17, de 2006, foi instituído o DIÁRIO OFICIAL ELETRÔNICO DO TRIBUNAL REGIONAL DA 2ª REGIÃO, com circulação e publicação diária, para dar conhecimento e divulgação de todos os atos judiciais do Tribunal e de suas Unidades, por meio da rede mundial de computadores, internet, no *site* do Tribunal, em seu endereço eletrônico.

Referido instrumento substituiu definitivamente as publicações do Diário Oficial do Estado de São Paulo, desde 02 de maio de 2007. Até então vinha sendo publicado em duplicata.

O Diário Oficial Eletrônico disponibiliza todas as intimações de atos processuais do Tribunal, com certificação digital, o que lhe dá total fidelidade, ressalvados, por óbvio, aqueles em que a lei processual exija a intimação pessoal e no caso de *jus postulandi*, que seguirão a via convencional utilizada em cada Secretaria e supramencionada.

Após a informatização da Justiça do Trabalho na 2ª Região, as intimações e notificações por publicação devem ser realizadas conforme as Normas da Corregedoria:

> "Art. 262. As intimações, notificações e outras comunicações judiciais, expedidas às partes, com Advogados constituídos, serão feitas nas pessoas destes e publicadas, diariamente, no Diário Oficial Eletrônico do TRT da 2ª Região.
>
> Art. 263. Na existência de mais de um Advogado nas procurações, considerar-se-á aquele que subscreve a petição inicial e a contestação, respectivamente, caso não haja requerimento específico indicando outro.
>
> Art. 264. A parte, seja no polo ativo ou passivo do processo, sem Advogado constituído, será notificada por via postal.
>
> Art. 267. Todas as comunicações dos atos processuais a que se refere o art. 262, desta Consolidação, serão feitas aos Advogados, em classificação alfabética."

Dispõe o art. 275-A das Normas Consolidadas da Corregedoria, que independentemente da publicação no DO Eletrônico da síntese proferida no respectivo termo, deve ser inserido no Sistema Informatizado, diariamente, o resultado das audiências efetuadas, incluídas as de julgamento, quando e somente então será considerado julgado. Esses expedientes devem ser disponibilizados para consulta no sítio do Tribunal, desde que constantes fisicamente nos autos.

Na notificação ou intimação por publicação, a data do início do prazo é a da própria publicação ou no primeiro dia útil que se seguir e o início da contagem é no primeiro dia útil seguinte.

Quando a notificação ou intimação for via postal e somente por esse meio, a jurisprudência cristalizada pela Súmula n. 16 do C. TST dita um prazo de quarenta e oito horas para a presunção de recebimento, pois nesse período, conforme parágrafo único do mesmo art. 774, o Correio ficará obrigado, sob pena de responsabilidade, a devolvê-la se não encontrar o destinatário ou mesmo se houve recusa no recebimento, o que significa dizer que se não foi devolvida, é conclusão lógica que presumivelmente foi entregue ao destinatário.

Entretanto, por ser mera presunção a entrega nesse prazo e, portanto, *juris tantum*, admite prova em contrário, ou seja, aquele que deveria ser cientificado de algum ato poderá provar por todos os meios em direito permitido que não recebeu a notificação, ou mesmo que não a recebeu na data em que deveria e que se presumiu. O ônus é inteiramente seu e do qual deverá se desincumbir à primeira vez que tiver que se manifestar nos autos.

A contagem da presunção de quarenta e oito horas é feita na mesma forma de qualquer outro prazo: se a notificação foi expedida, por exemplo, no dia 08 de abril, quarta-feira, e não se tem ciência da sua efetivação, contam-se quarenta e oito horas (equivalente a dois dias, sem importar a hora), iniciando-se pelo dia seguinte, quinta-feira e encerrando-se a presunção de recebimento na sexta-feira (início do prazo).

Nesse caso, o início da contagem, que não pode ser confundido com o início do prazo, como vimos, se fará a partir da segunda-feira ou no primeiro dia útil que se seguir.

Para a contagem do prazo, deve ser excluído o dia do começo e incluído o do vencimento, considerando-se que não se inicia ou termina em sábados, domingos ou feriados, ficando prorrogado para o primeiro dia útil que se seguir.

Uma vez iniciada a contagem, os prazos devem ser contínuos, sendo irrelevantes os sábados, domingos e feriados que se verificarem no interregno, excetuando-se as hipóteses de suspensão ou interrupção prevista em lei.

De acordo com a Súmula n. 1 do C. TST, se a intimação ou publicação do ato for na sexta-feira, o início da contagem será na segunda-feira ou no primeiro dia útil que se seguir. Pela Súmula n. 262, se for feita em sábado, o início do prazo será no primeiro dia útil seguinte e o início da contagem, no subsequente.

Dúvidas persistem quando a notificação ou intimação é feita nas imediações do recesso da Justiça do Trabalho, que se verifica anualmente entre o dia 20 de dezembro e 06 de janeiro do ano seguinte e atualmente, por Resolução Administrativa (08/2015) por decisão tomada pelo Tribunal Pleno, a exemplo de outros tribunais brasileiros, prorrogado até o dia 20 de janeiro e limitado ao ano de 2016, mas que com certeza, será renovada anualmente. Nesta prorrogação, funcionarão apenas as secretarias judiciárias, inclusive para efeito de expedição e a publicação de notificações, intimações e demais atos, com fluência a partir do dia 21 do mesmo mês.

Surgem então as questões: contam-se os dias do recesso e prorrogação para efeito de fruição do prazo? O recesso e prorrogação suspendem ou interrompem o prazo?

Há várias alternativas para as respostas, dependendo da natureza jurídica que se atribua a essas situações, ou seja, de férias forenses ou de feriado.

Como férias forenses, no período de recesso, como entende uma boa parcela da jurisprudência (Súmula n. 105 do antigo C. TFR, hoje STJ) e doutrina, por assim ser equiparado à elas nos Tribunais Superiores, em que não há nenhum expediente judicial na Justiça do Trabalho, a não ser em dissídio coletivo e mesmo assim de urgência, suspende o prazo e a contagem far-se-á na forma do art. 224 do NCPC, ou seja, o que sobejar recomeçará a correr do primeiro dia útil seguinte ao termo do período. Mesmo raciocínio aplica-se para a prorrogação mencionada até o dia 20.

Exemplos: A notificação efetivada no dia 15 de dezembro, quarta-feira, significa que o início da contagem do prazo se dará no dia 16, quinta-feira. Em um prazo de oito dias, aquele será o primeiro, na sexta-feira o segundo, sábado o terceiro, domingo, dia 19, o quarto. Dia 20, início do recesso e prorrogação que suspendem a contagem, e a continuidade se dará no primeiro dia útil que se seguir ao término do período, em que será contado como o quinto dia e assim sucessivamente até o oitavo, considerando-se sempre que, mesmo no reinício da contagem, não se fará em sábados, domingos e feriados.

Em outro exemplo, por coerência jurídica, se o início da contagem se verificar no recesso, será relegado ao primeiro dia útil seguinte à paralisação.

Para outros, entretanto, que equiparam o recesso a feriado, pois que foi criado pela Lei n. 5.010/66 que assim o classifica, contam-se os dias que se verificam nele sem qualquer interrupção, projetando apenas o *dies ad quem*, para o primeiro dia útil seguinte ao término do período, se o prazo começou a fluir antes do início do recesso.

Numa notificação efetivada no dia 18 de dezembro, o início da contagem será dia 19, antes do início do recesso e assim continua normalmente até o termo final, que será no primeiro dia útil seguinte ao dia 6 de janeiro, em que se encerra o feriado. A notificação sendo feita no dia 19 de dezembro, o início da contagem seria no dia seguinte que é o primeiro do recesso comparado a feriado, e como não se inicia prazo em feriados, significa que se iniciará no primeiro dia útil que se seguir ao do término do período, que será o primeiro de funcionamento da Justiça do Trabalho após o recesso.

Entretanto, a jurisprudência hoje está pacificada através da Súmula n. 262, inciso II, que dita definitivamente, que:

> "O recesso e as férias coletivas dos Ministros do Tribunal Superior do Trabalho suspendem os prazos recursais".

Não há mais dúvida, pois, que o recesso suspende e não interrompe prazo e como tal, também o período de prorrogação.

Aliás, o NCPC confirma essa última hipótese em seu art. 220, § 1º que dispõe:

> "Ressalvadas as férias individuais e os feriados instituídos por lei, os juízes, os membros do Ministério Público, da Defensoria Pública e da Advocacia Pública e os auxiliares da Justiça, exercerão suas atribuições durante o período previsto no *caput*.".

Proíbe o NCPC o trabalho do judiciário nos períodos de férias individuais e feriados instituídos por lei.

O *caput* do referido artigo refere-se à contagem de prazo computando-se apenas os dias úteis. Deve ficar ressalvado, mais uma vez, que os prazos na Justiça do Trabalho contam-se em dias corridos e apenas não se iniciando ou findando em dias em que não haja expediente jurisdicional por suspensão, como ocorre com os dias de recesso e na prorrogação.

Da mesma forma a aplicação do previsto no art. 220 do NCPC, ou seja, que se suspende o curso do prazo processual nos dias compreendidos entre 20 de dezembro e 20 de janeiro, inclusive. Esta previsão deve ser aplicada igualmente no processo trabalhista, desde que admitido pelo Tribunal Superior do Trabalho e pelos Regionais, através de atos normativos ou resoluções administrativas, como ocorreu no Tribunal Regional do Trabalho da 2ª Região.

Tais suspensões são equiparadas a férias, quando a Súmula n. 262 do TST diz que "O recesso e as férias...", como se fossem da mesma natureza fático-jurídica.

VII Distribuição e Custas Processuais

1. DISTRIBUIÇÃO

1.1. GENERALIDADES

É meio pelo qual os processos são enviados aos Juízes com competência para conhecer e julgar processos da jurisdição trabalhista, em razão do local da sua apresentação. Genericamente, vem disciplinada nos arts. 783 a 788 da CLT.

A distribuição entre as Varas do Trabalho ou entre Juízes de Direito na administração jurisdicional trabalhista, nas localidades onde não houver a específica (arts. 668 e 669 da CLT), deve ser feita de forma aleatória, de modo que não se saiba antecipadamente qual o juízo que conhecerá e decidirá a ação, já que todos daquela localidade possuem idêntica competência, que desse modo é fixada. Obviamente nas localidades onde houver apenas um juízo, não haverá distribuição, pois ele será o único competente para o feito.

A distribuição se presta também em colocar idêntica quantidade de processos aos Juízes da localidade, de modo que um não receba mais que outro, pois entre eles, não há hierarquias e tampouco divisões em razão de valores, matérias e pessoas. Poderá haver dependências, prevenções ou continências ou alguma outra questão processual que poderá mudar a competência e, consequentemente, a própria distribuição, como veremos adiante. Nessas hipóteses haverá compensações com processos da mesma classe.

As reclamatórias podem ser escritas ou verbais. Atualmente, pode-se acrescentar que há as virtuais ou eletrônicas. O sistema aleatório de distribuição é o mesmo para as três espécies, mas as formas ou os modos são distintos.

1.2. DISTRIBUIÇÃO RECLAMATÓRIA ESCRITA

Reclamatória Escrita é aquela preparada pela parte ou pelo Advogado anteriormente e levada à distribuição perante a Justiça.

Distribuída, será registrada e rubricada em todas as folhas pelo servidor distribuidor, fornecendo-se ao interessado o competente recibo, contendo os elementos essenciais da ação (nome das partes, a data da distribuição, o objeto da reclamação e o juízo distribuído).

A petição inicial deverá ser ao menos em duas vias (se houver litisconsortes passivos, uma cópia para cada), acompanhada dos documentos em que se fundar, ou seja, as provas e mais aqueles documentos considerados essenciais ou substanciais para a propositura da ação, como certidões de dissídios ou acordos coletivos.

Na eventualidade de haver reclamação administrativa perante o Ministério do Trabalho para a anotação de carteira de trabalho, conforme previsão constante do art. 39 da CLT, se não houver o cumprimento espontâneo do pedido por parte do indicado empregador, contestando a alegação, os autos serão remetidos à Justiça do Trabalho, única competente para decidir se efetivamente deverá ocorrer ou não a anotação, para a conversão em litígio judicial e submissão à distribuição regular para o juízo competente.

1.3. DISTRIBUIÇÃO RECLAMATÓRIA VERBAL

É aquela feita pessoal e diretamente pela parte na Justiça do Trabalho, exercendo o seu direito chamado de *jus postulandi*, previsto no art. 791 da CLT como veremos no Capítulo Das Partes.

A previsão constante do art. 786 da CLT, que a reclamação verbal será distribuída antes de sua redução a termo, é exatamente para a reclamatória chamada verbal, em que a parte pessoalmente comparece ao Órgão apropriado da Justiça do Trabalho para sua formulação e distribuição ao juízo competente. Posteriormente, dentro do prazo máximo de cinco dias, o reclamante deverá comparecer perante o juízo designado para reduzir sua reclamatória a termo por funcionário habilitado para tanto, que poderá ser da própria Vara de destino, principalmente quando na localidade houver poucas, ou de uma seção específica, como ocorre na Capital de São Paulo que abrange várias Varas do Trabalho. Na hipótese do não comparecimento do reclamante no prazo previsto para redução a termo, sofrerá a sanção de perda do direito de reclamar perante a Justiça do Trabalho por seis meses, prevista no art. 731 da CLT.

Na localidade, havendo mais de um juízo, de igual forma, a verbal será distribuída para uma das Varas, como se fora uma reclamatória escrita normal.

1.4. DISTRIBUIÇÃO VIRTUAL OU ELETRÔNICA

Os arts. 105 a 108 das Normas Consolidadas da Corregedoria Regional da 2ª Região tratam da distribuição dos feitos no primeiro grau, precedidos de cadastro eletrônico, com as informações necessárias ao processamento de cada ação, pela parte ou Procurador, por meio de modelo disponível no sítio do Tribunal, denominado PRECAD.

Esse sistema não afasta o tradicional que continua funcionando para toda e qualquer hipótese, principalmente nos casos de urgência e relevância, para evitar perecimento de direito, valendo-se da estrutura de atendimento presencial do Tribunal nos locais indicados.

Confirmado o envio eletrônico das informações, o usuário receberá um código de cadastramento. De posse desse código, a parte ou o Procurador, para efetivação do seu recebimento e da distribuição, a petição inicial deverá ser entregue no Serviço de Distribuição da localidade ou na Secretaria de Varas Únicas da jurisdição, no prazo máximo de quinze dias corridos, acompanhada de tantas cópias quantos réus houverem, de instrumento de mandato de procuração e eventuais documentos, sob pena de as informações serem excluídas do banco de dados, sendo necessário novo cadastramento.

No ato do recebimento da petição inicial, serão confrontadas as informações, sanando-se eventuais inconsistências. As petições iniciais que não atenderem as exigências legais e regimentais ficarão na dependência da análise do Juiz competente pela distribuição, para serem ou não admitidas.

Implementados os dados, o Sistema Informatizado fará a distribuição dos feitos mediante sorteio eletrônico, assegurando-se a igualdade de distribuição entre as Varas do Trabalho da mesma jurisdição.

Esse sistema agiliza a distribuição dos feitos na primeira instância, pois, de imediato, a parte toma ciência do juízo distribuído sem a intervenção manual, mas por um processo eletrônico, com a data e hora da audiência designada.

São Paulo mais uma vez saiu na frente nessa experiência, enfrentando as dúvidas e incertezas dos Advogados ante a novidade introduzida, que com muitas explicações e demonstrações da praticidade e avanço do sistema está hoje sedimentado no sistema processual nacional.

1.5. PROCESSO JUDICIAL ELETRÔNICO — PJE-JT

1.5.1. Acesso

O acesso ao PJe-JT na 2ª Região se dará por meio do seu sítio na Rede Mundial de Computadores, mediante uso obrigatório de certificação digital, observadas as especificações de configuração de sistema e demais informações constantes da página apropriada.

As comunicações processuais para advogados e partes cadastradas serão realizadas conforme o caso, pelo Diário Eletrônico da Justiça do Trabalho ou por meio do Painel do Advogado, disponível no painel do usuário no PJe.

O cadastramento de ações e as movimentações processuais serão realizados obrigatoriamente por via eletrônica, com apresentação pelas partes, dos documentos desejados para o processo, em arquivos individualizados, agrupados os de igual título e natureza, observando os limites em megabytes por arquivo e no formato em PDF, resolução ótica de preferência de 200 a 300 dpi.

1.5.2. Manual do Advogado Para o PJe/JT

1.5.2.1. Introdução

Para maior facilidade de utilização do PJe.JT reproduzimos parcialmente o Manual do Advogado encontrado no Sítio Eletrônico do Tribunal Regional do Trabalho da 2ª Região, visando prestar informações necessárias para realizar todos os procedimentos dentro do sistema Processo Judiciais Eletrônico da Justiça do Trabalho — PJe/JT.

O interessa em maiores informações, deverá buscar na Resolução n. 136/14 do CSJT.

A sequência dos assuntos do manual buscou seguir a ordem natural das tarefas do advogado dos procedimentos iniciais até a conclusão de seus objetivos processuais.

Inicialmente deve haver a preparação de computador, por meio de programa correto instalado para a iniciação até a efetivação do ato processual desejado.

Para tanto o equipamento aconselhado deve ter processamento e velocidade de comunicação rápida para evitar lentidão, travamentos e perda de informações.

Para uso do sistema do PJe/JT será necessária a instalação de programa para leitura de cartão "smart card" para a autenticação do usuário, que poderá ser adquirido ou baixado da internet.

Para um bom funcionamento do sistema PJe recomenda-se:

"— Sistemas Operacionais: Windows XP, 2003, Vista ou 7 (Seven) 32 bits.;

— Usar do Navegador Firefox;

— Configurar seu navegador de internet (Firefox) para desbloquear as pop-ups;

— Verificar se o seu certificado digital está funcionando corretamente no navegador Firefox.

— Atualizar ou instalar a versão do Java Runtime (JRE) necessário para acesso ao sistema e assinatura digital."

1.5.2.2. Certificação digital

Para se cadastrar no PJe é preciso possuir um Certificado Digital, e ter alguns programas necessários instalados no computador.

Após obter seu certificado digital, seguir o roteiro:

"— Instale o Java Runtime Enviroment (JRE) versão 1.6 ou superior, que se trata de um programa extra, mas necessário, para a execução de tarefas no navegador de internet. A falta desse componente impede a navegação correta no sistema.

— Instale o drive da sua leitora de cartão, programa que normalmente acompanha o produto. Algumas leitoras de cartão são 'plug and play' (não necessitam de instalação de programa para funcionar, o próprio sistema operacional reconhece e instala um programa de suporte adequado).

— Instale o 'SafeSign', que é o programa responsável pela administração do seu certificado digital. É por meio dele que o Windows gerencia sua leitora de cartão (ou token), acessando o seu certificado digital quando este for requisitado.

— Instale a cadeia de certificação da ICP-Brasil, que poderá ser instalada a partir do site da Autoridade Certificadora que emitiu seu certificado. Lá deverão estar disponíveis instruções de como realizar esta tarefa.

— Instale a cadeia de certificação da Autoridade Certificadora que emitiu seu certificado digital;

— Após as operações acima, estará o ambiente da sua máquina pronto para fazer o cadastro e a navegação no PJe.

— No primeiro acesso ao PJe será necessário assinar digitalmente um "Termo de Compromisso" de uso do sistema e as implicações legais. Após esta fase, faça o "primeiro login".

Para usuários de linux e Mac OS X, a applet de assinatura, quando do primeiro acesso, tentará identificar automaticamente o driver de controle PKCS11 do dispositivo criptográfico. Não encontrando, será exibida uma janela de seleção de arquivo em que será necessário indicar o nome desse driver que nos linux, será um arquivo "NOME_DO_DRIVER.so", e no Mac OS X, um arquivo "NOME_DO_DRIVER.dylib". Esses drivers são fornecidos por quem vendeu o dispositivo criptográfico e são específicos para o dispositivo e sistema operacional.

1.5.2.3. Cadastrando no sistema PJe-JT

Para credenciar-se no PJe-JT, é necessário acessar o endereço do sistema disponibilizado no site do Tribunal Regional do Trabalho no qual se deseja atuar.

Ao acessar o endereço da página do PJe-JT no Tribunal desejado, será apresentada ao usuário a tela de login "Certificado Digital".

Para a efetivação do cadastro, é necessário realizar os seguintes passos:

"**Passo 1**: Insira seu dispositivo criptográfico na leitora (smartcards) ou na porta USB (token).

Passo 2: Poderá aparecer a advertência de "deseja executar esta aplicação?" Aparecendo, selecione "Não mostrar novamente para aplicações do editor e local acima" e, por fim, clique em "Executar".

Passo 3: Acione o botão "**Acessar com certificado digital**" da tela inicial do sistema.

Passo 4: Poderá aparecer também a advertência "Permitir acesso à aplicação a seguir por este site?" Se isto ocorrer, selecione "Não mostrar novamente para esta aplicação e site" e, por fim, clique em "Permitir".

Passo 5: Será apresentada uma tela para autenticação do PIN do usuário. Digite a senha (PIN) do certificado digital e clique em "OK".

Passo 6: O sistema acessará o certificado digital, recuperará suas informações na Receita Federal e na Ordem dos Advogados do Brasil, e apresentará um formulário para preenchimento com os dados pessoais do novo usuário, recuperados a partir da base de dados da Secretaria da Receita Federal do Brasil, onde deverão ser cadastrados automaticamente os processos no serviço "push".

Passo 7: Clicar no botão "Confirmar dados e prosseguir!

PJe PUSH — É um tipo de tecnologia utilizada para distribuição de conteúdo informativo relativo às atualizações dos processos que estão transitando no PJe. Os informativos são enviados para o e-mail fornecido pelo usuário no cadastro. Pode utilizar-se desse serviço tanto advogados, procuradores, magistrados, servidores cadastrados no PJe, quanto qualquer cidadão comum que tenha interesse no acompanhamento de algum processo.

Passo 8 : Em seguida, será mostrado um TERMO DE COMPROMISSO para a utilização do Sistema de Processo Judicial Eletrônico. Leia o termo, e em seguida vá até o final do documento e clique no botão "Assinar termo de compromisso".

Passo 9: Será apresentada uma nova tela sobre a conclusão do cadastro. Clique no botão "Retornar à página inicial".

Após a realização do cadastro, precisará ser confirmado pelo magistrado ou servidor.

1.5.2.4. Eventuais Inconsistências nos Dados

Caso haja alguma inconsistência entre os dados informados e os dados da receita e/ou OAB, será exibida a janela informando quais são essas inconsistências.

Se mesmo com esse aviso o usuário tiver a certeza que os dados informados estão corretos, deverá clicar em "Sim" e comparecer à Vara de Trabalho para assinar o termo de compromisso. Estando os dados errados realmente, clicar em "Não" e corrigir o necessário.

Após clicar no botão "SIM", o sistema apresentará uma certidão emitida automaticamente pelo Tribunal, para orientação do advogado para a regularização dos dados inconsistentes.

1.5.2.5. Como Acessar o Sistema

Para acessar o sistema PJe, na tela de identificação de usuário, colocar o cartão na leitora e clicar no botão "Acessar com certificado digital".

Acessando o certificado, aparecerá uma janela "Certificado Digital — Outras Opções", para consultas ao andamento processual; "gerar boleto de depósito judicial"; "verificação de ambiente"; "pré-requisitos para utilização"; "fale conosco".

O sistema irá inicializar a leitora do cartão, e em seguida irá solicitar a introdução do PIN. Se os dados estiverem corretos, o login no PJe será bem sucedido.

1.5.2.6. Menu de Acesso Rápido

Ao adentrar no sistema, será exibido o menu de acesso rápido.

O menu tem o objetivo de facilitar o acesso às funcionalidades mais importantes do sistema para o Advogado.

A tela tem funcionamento bastante simples. Em sua parte esquerda ela faz ligação com abas muito acessadas: "Acervo geral", "Pendentes de manifestação" e "Intimações".

As demais caixas, situadas na parte direita da tela, fazem ligação a menus importantes: "Novo Processo"; "Processos Não Protocolados"; "Pauta de Audiência".

1.5.2.7. Como Alterar os Dados Cadastrais de Advogados

Após acessar o sistema PJe-JT, o Advogado poderá alterar seus próprios dados por meio do menu "**Configuração > Pessoa > Advogado > Alteração de dados cadastrais**".

1.5.2.8. Como Cadastrar Assistentes de Advogado

O PJe possibilita que o advogado cadastre assistentes, tais como estagiários ou funcionários do escritório, os quais poderão realizar algumas tarefas no sistema, como por exemplo: realizar consultas, inserir minutas de petição e cadastrar processos para acompanhamento pelo sistema "push".

Esses assistentes poderão ser cadastrados por meio do menu "**Configuração> Pessoa > Assistente de advogado**".

1.5.2.9. Operando o Sistema PJe-JT

A tela principal do PJe-JT está dividida em quatro áreas principais:

"— Pesquisa e interface (item 1): área em que se pode efetivar pesquisas textuais e modificar a interface do usuário (cor e tamanho de fontes);

— Usuário e papel (item 2): área de identificação do usuário, na qual se pode, também, identificar a localização e o papel que ele está utilizando no momento; também é possível trocar o papel, se o usuário tiver mais de um papel;

— Menus (item 3): área em que são disponibilizadas as funcionalidades do sistema, o ponto de saída (Logout) e o acesso à ajuda de contexto;

— Área principal (item 4): área em que se realiza o trabalho em uma determinada funcionalidade.".

1.5.2.10. Painel do Advogado/Procurador

Na tela principal do PJe.-JT abrirá o "Painel do Advogado/Procurador, organizando "caixas" no painel e detalhes do processo que se deseja acessar.

1.5.2.11. Como Protocolar Petição

Há meios diferentes de protocolar petição conforme a sua natureza. Assim há as seguintes maneiras de peticionar:

a — Petição inicial
b — Petição inicial de ação incidental
c — Petição comum ou recurso
d — Peticionamento avulso

As petições iniciais poderão ser protocoladas em formato PDF/A ou digitadas diretamente no editor de texto do sistema PJe/JT. Em futuro próximo, todas as petições (contestação, réplica, recurso) também poderão ser protocoladas em PDF/A.

Será necessário observar que o formato PDF não será aceito, mas, somente o formato PDF/A a partir do MS — Word, LibreOffice e PDFCreator.

1.5.2.12. Como Consultar

A — Processos

Poder-se-á consultar processos das seguintes maneiras:

a — Consulta de processos ainda não protocolados

b — Consulta pública

c — Consulta de processos de terceiros

B — Pautas

Há três tipos de pauta:
a — Pauta de audiência

b — Pauta de sessão de julgamento

c — Pauta de perícia

1.5.2.13. Como Habilitar-se Como Advogado em Processo Existente

Para o Advogado atuar em um processo já existente necessitará "solicitar habilitação" enquanto patrono de uma das partes. Após aprovação dessa solicitação, o advogado poderá peticionar e visualizar os documentos do processo normalmente.

Para habilitar-se o Advogado deverá, na tela inicial do sistema, clicar no menu "Processos > Outras ações > Solicitar Habilitação".

1.5.2.14. Procedimentos em Lote

No sistema PJe-JT, o advogado poderá realizar alguns procedimentos em lote, ou seja, em vários processos de uma só vez. Assim, o advogado poderá ter ganho de produtividade.

Como exemplos, o advogado poderá "protocolar processos em lote" e "assinar documentos em lote".

1.5.2.15. Funcionalidade PJe PUSH

O Advogado poderá também usufruir da comodidade da funcionalidade PJe PUSH, que consiste no envio automático de e-mail ao Advogado informando que um de seus processos cadastrados sofrera movimentação no sistema.

Esse serviço é gratuito, bastando que o usuário se cadastre e relacione os processos de seu interesse.

Esses dados poderão ser consultados e alterados no menu "PJe PUSH > Minhas Assinaturas".

1.5.3. Distribuição por Dependência ou Prevenção

dependência processual é a hipótese de um processo distribuído depender da solução que se dará em outro anteriormente ajuizado, para que seja decidido.

Prevenção dá-se quando houver a distribuição de duas reclamatórias conexas, em que se dará a competência ao juízo que conheceu do primeiro ajuizado.

Portanto, quando houver juízo prevento, que se dará apenas nas hipóteses de conexão ou de litispendência (arts. 286 a 290 do NCPC), haverá distribuição por dependência diretamente ao juízo, que deverá despachar dando-se por competente e cientificar a chamada Distribuição (seção apropriada), para retificação dos registros iniciais e para que seja providenciada a devida compensação, para que o equilíbrio equitativo de distribuição de processos entre os juízos da mesma localidade não seja quebrado.

Conexas, como vimos, são duas ou mais ações, quando lhes for comum o objeto ou a causa de pedir. Portanto, se forem distintos os objetos ou a causa de pedir, não haverá conexão e, consequentemente, distribuição por dependência ou prevenção.

Continência, por outro lado, haverá entre duas ou mais ações, quando houver identidade quanto às partes e à causa de pedir, mas o objeto de uma, por ser mais amplo, abrange o das outras.

A reunião entre as duas ações, autorizadas pelo art. 327 do NCPC, se fará apenas quando estiverem em termos, ou seja, com possibilidade de serem ainda instruídas e decididas em conjunto, para que não haja inversões de atos processuais que possam prejudicar o procedimento regular do processo (Art. 55 do NCPC).

Nesse caso, não haverá a reunião e a ação proposta deverá prosseguir em separado, aguardando a decisão definitiva daquela para a prolação de sua sentença, para que não haja possibilidade de conflito entre ambas decisões.

A prevenção no processo trabalhista, para os devidos efeitos, dá-se simplesmente pela data da distribuição do feito (protocolo ou registro) e não pela citação ou notificação válida do réu.

O NCPC autoriza a cumulação em um único processo, contra o mesmo réu, de vários pedidos, ainda que entre eles não haja conexão na acepção do termo (art. 55, § 3º do NCPC).

1.5.4. Distribuição por Dependência — Distribuição Eletrônica

As Normas Consolidadas da Corregedoria Regional da 2ª Região tratam da distribuição por dependência nos arts. 110 e seguintes, de forma automática, inicialmente havendo coincidência de autor (es) e réu (s). As ações assim distribuídas serão encaminhadas à Vara que recebeu, pelo sorteio eletrônico, a primeira demanda, independentemente da distribuição ordinária de feitos.

Esse sistema evita que se ajuízem várias reclamatórias idênticas e posteriormente a distribuição, haja desistência daquelas que foram dirigidas a juízos indesejáveis, e ficar com aquele que entende lhe será mais favorável, o que seria um modo execrável de escolha indireta do juízo.

Portanto, havendo identidade de pessoas, mas constatada total ausência de identidade de pedidos ou objetos entre as ações, o Juiz, *ex officio* ou mediante provocação da parte, poderá enviar os autos ao Distribuidor para livre distribuição entre todas as Varas da jurisdição.

Para fins de identidade de pedidos, não serão considerados os pedidos acessórios e/ou processuais, tais como: honorários advocatícios, juros de mora, correção monetária, expedição de ofícios, requerimento de produção de provas, de citação do réu, procedência dos pedidos, e situações afins.

O critério será observado na redistribuição de demandas extintas, sem julgamento do mérito, inclusive arquivadas, mesmo em litisconsórcio com outros autores e/ou outros réus.

O mesmo se dará com a constatação da existência de ações com as mesmas partes, ainda que ocorra depois da distribuição. Nesta hipótese, *ex officio* ou mediante provocação da parte, o juízo a quem foi distribuído o feito enviará os autos ao Distribuidor, com decisão fundamentada, para encaminhamento à Vara competente, por prevenção.

As demais hipóteses de dependência serão admitidas pelo Distribuidor, exclusivamente, por decisão expressa e fundamentada do Juiz da causa.

A reconvenção e todas as formas de distribuição por dependência sujeitam-se à compensação, pois efetivamente tratar-se-á de outra reclamatória para ser eventualmente instruída e julgada.

O simples aditamento à petição inicial que for aceito pelo Juiz não qualifica nova ação e, como tal, não enseja qualquer compensação.

Serão objeto de livre distribuição as ações plúrimas desmembradas por ordem judicial.

A distribuição de medida cautelar preparatória, será no procedimento normal a qualquer reclamação, se for anterior ao feito principal; se proposta no curso da ação principal, estará prevento o juízo em que esta se processa e o procedimento será também o mesmo para as demais reclamatórias dependentes.

2. CUSTAS E EMOLUMENTOS

2.1. *GENERALIDADES*

Custas são importâncias devidas pelas partes ao Estado, pela prática de atos judiciais, procedimentais, cujos valores relativos ao processo de conhecimento são fixados de acordo com o art. 789 da CLT, modificado pela Lei n. 10.537 de 27 de agosto de 2002.

Emolumentos, por sua vez, não devem ser confundidos com custas, pois se referem aos valores cobrados para a realização de determinados serviços cartorários, judiciais ou extrajudiciais, tais como registros, traslados, certidões etc.

A manutenção da Justiça, embora seja um dever do Estado, é onerosa, devendo suportar muitos custos, entre pagamento de pessoal e de toda sua estrutura física. Portanto, as custas e emolumentos cobrados das partes que se utilizam desse sistema são absolutamente necessários para dar equilíbrio e harmonização à sociedade, pois o Estado tem um suporte em seu orçamento que não chega a ser integral, mas lhe é substancial.

As custas e emolumentos no processo do trabalho têm natureza tutelar, por ser base de um direito também chamado de social, ministrado em várias oportunidades gratuitamente, com o Estado arcando com todos os ônus.

Embora toda a movimentação legal dependa de lei ordinária, incumbe ao Tribunal Superior do Trabalho expedir instruções estabelecendo forma para o pagamento de custas e emolumentos, conforme dispõe o art. 790 da CLT.

A previsão anterior estampada nesse artigo, ou seja, da divisão das custas entre os funcionários do juízo de Direito em exercício de jurisdição trabalhista em que tramita o processo, foi revogada com a nova redação oferecida que a omite.

Da mesma forma, a participação do Juiz naquela partilha foi revogada constitucionalmente, eis que há impedimento expresso de participar de qualquer espécie de rateio para percepção de valores que não sejam de seus regulares vencimentos, conforme decidiu o Supremo Tribunal Federal em 1973, nos autos do Rec. Extr. n. 75390-DF.

Finalmente, custas, emolumentos, honorários advocatícios e de peritos etc., constituem-se genericamente em despesas judiciais.

2.2. CÁLCULOS

2.2.1. Custas

O cálculo das custas é feito pela Secretaria da Vara do Trabalho onde se processa o feito, sobre determinados valores, dependendo do tipo da reclamação, da sua solução ou, ainda, conforme o ato judicial realizado.

Esse sistema de percentual fixo vinha sendo adotado através de Resolução Administrativa do C. TST, ante a extinção, por lei, do valor de referência como fator-base para o cálculo das custas no processo trabalhista.

A lei citada, dando nova redação ao art. 789 da CLT, impõe um percentual fixo de 2% sobre o valor determinado, observado um limite mínimo no valor das custas em R$ 10,64, o que significa, seja qual for o valor referencial para o cálculo, que elas nunca poderão ser menor que o valor apontado. Exemplificativamente podemos citar a hipótese de uma condenação ser de R$ 400,00, sobre o que deve incidir o percentual de 2% para custas, totalizando R$ 8,00; o Juiz deverá fixar o valor mínimo de R$ 10,64 para ser recolhido.

A previsão que vinha contida no § 3º do referido art. 789 da CLT agora encontra-se distribuída nos seus incisos de I a IV, determinando que o importe das custas será obtido conforme o objeto visado ou o ato considerado dentro do processado, como segue:

> "I — quando houver acordo ou condenação, o cálculo será sobre o respectivo valor, independentemente do atribuído à inicial".

Acordo é a composição entre as partes sobre o objeto do processo por um determinado valor, para pôr fim ao litígio, que servirá, por outro lado, de base para cálculo das custas. Portanto, se foi atribuído à inicial, o valor de R$ 3.000,00, em razão dos pedidos formulados ou mesmo pelos seus valores aproximados e houve acordo pelo valor de R$ 500,00, as custas serão calculadas sobre este valor.

Condenação é a realização jurisdicional do feito pela Justiça, proferindo sua decisão e na qual, conforme os pedidos confirmados, é fixado um determinado valor, com ou sem acréscimo aproximado a título de atualização monetária e juros, sobre o qual serão calculadas as custas devidas. Esse valor também não possui qualquer vinculação com o que se atribui à inicial. Portanto, se houve condenação e fixado o seu valor em R$ 2.500,00 ou até mesmo em R$ 4.000,00, as custas serão calculadas sobre um ou outro valor.

> "II — quando houver extinção do processo, sem julgamento do mérito, ou julgado improcedente o pedido, desistência ou arquivamento, sobre o valor da causa".

Extinção do processo, sem julgamento do mérito dá-se quando ocorre qualquer das situações mencionadas no art. 485 do NCPC.

Desistência acontece quando o autor não deseja mais prosseguir no feito, o que pode ocorrer com ou sem a concordância da parte contrária, dependendo da fase em que se encontrar o processo, ou seja, antes ou após a defesa apresentada, como entende a jurisprudência majoritária.

Arquivamento, por sua vez, é a extinção do processo sem julgamento do mérito, simplesmente pela ausência do autor à audiência de julgamento inicial.

Nessas hipóteses, as custas deverão ser fixadas em razão do valor atribuído à inicial.

> "III — No caso de procedência do pedido formulado em ação declaratória e em ação constitutiva, sobre o valor da causa."
>
> "IV — quando o valor foi indeterminado, sobre o que o Juiz fixar."

Na verdade não pode ocorrer essa hipótese, pois o autor deve mencionar na inicial os pedidos que pretende e os seus respectivos valores, que podem e devem ser atribuídos, com algumas raras exceções.

Entretanto, na eventualidade de não haver atribuição e consequentemente também o valor que se deve atribuir à inicial, o Juiz o fixará na primeira oportunidade anterior a instrução do feito, como determina o art. 2º da Lei n. 5.584/70, para a fixação, inclusive, da alçada e, nessa hipótese, as custas serão calculadas sobre o que for atribuído, nas oportunidades em que deverá ser tomado como base.

No caso de inquérito, que é o procedimento judicial em que a empresa pretende provar a falta grave cometida por funcionário estável, as custas serão calculadas sobre seis vezes o salário mensal do empregado reclamado ou empregados reclamados. Portanto, se o empregado que estiver respondendo pelo inquérito tiver por salário mensal o valor de R$ 3.000,00, as custas serão calculadas sobre o valor de R$ 18.000,00, que deverá ser também o valor atribuído à inicial.

Nas ações plúrimas, as custas incidem sobre o respectivo valor global atribuído ao feito (Sum. n. 36 do C. TST).

No processo de execução, as custas devidas serão sempre de responsabilidade do executado e pagas ao final, em conformidade com a tabela fixada no art. 789-A da CLT, sendo alguns valores já estipulados e outros correspondentes a percentuais sobre determinados valores.

Entretanto, o NCPC em seu art. 775, dispõe que o exequente responderá pelas custas se desistir da execução ou de alguma outra medida executória, quando na oportunidade, serão extintos a impugnação e os embargos que versarem apenas sobre questões processuais.

2.2.2. *Emolumentos*

Ao contrário das custas, os emolumentos são devidos pelo requerente do serviço pretendido, conforme **vêm estipulados no art. 789-B** da CLT.

Houve época que emolumentos não eram cobrados pela Justiça do Trabalho, o que foi modificado com o advento da Lei n. 10.537 de 27 de agosto de 2002, que passou a tratar da matéria Custas e Emolumentos, taxando, inclusive, os diversos serviços que devem ser cobrados, com seus respectivos valores.

2.3. *PAGAMENTO DE CUSTAS OU EMOLUMENTOS*

Tanto as custas como os emolumentos, por serem valores devidos ao Estado, por ações perante a Justiça Federal, devem ser pagos por meio da Guia de Recolhimento da União — GRU Judicial, em código próprio. O preenchimento correto é ônus da própria parte interessada.

O pagamento pode ser feito no Banco do Brasil ou Caixa Econômica Federal, que são estatais e mantêm convênio com os Tribunais, inclusive com conexões *on-line* o que facilita para todos os intervenientes.

Para o pagamento das custas, deve-se utilizar o código de recolhimento 18740-2-STN-CUSTAS JUDICIAIS; para os emolumentos 18770-4-STN — EMOLUMENTOS. Além desses códigos, há outros que devem integrar a Guia, tais como o do Tribunal Gestor, número do processo etc. (Consultar Ato Conjunto TST/CSJT/GP/SG n. 21, de 07 de dezembro de 2010).

As custas, conforme dispõe o § 1º do art. 789 da CLT, deverão ser pagas pela parte vencida no processo, após o trânsito em julgado da decisão ou, na eventualidade de interposição de recurso, até cinco dias após essa data, contando-se da intimação do cálculo, sob pena de deserção. Esse prazo é contado independentemente do recursal. Entretanto, não se pode esquecer a previsão do próprio parágrafo, que o recolhimento e a comprovação deverão ocorrer dentro do prazo recursal.

O valor deve ser exato ao fixado, pena de não recebimento do recurso:

"OJ-SDI1- n. 140 DEPÓSITO RECURSAL E CUSTAS. DIFERENÇA ÍNFIMA. DESERÇÃO. OCORRÊNCIA.

Ocorre deserção do recurso pelo recolhimento insuficiente das custas e do depósito recursal, ainda que a diferença em relação ao *quantum* devido seja ínfima, referente a centavos".

Não haverá rateio entre as partes com relação às custas, se reciprocamente forem vencidas, como ocorre na hipótese de procedência parcial dos pedidos, quando a reclamada responderá pelas custas que serão fixadas sobre o valor da condenação como vimos.

Assim sendo, o reclamante somente pagará custas se a reclamação for julgada improcedente, e serão calculadas sobre o valor fixado pelo Juiz. O recolhimento, se não tiver sido isento, será nas mesmas condições da reclamada, ou seja, após o trânsito em julgado ou até cinco dias após a interposição de recurso.

No inquérito judicial as custas deverão ser pagas pela empresa requerente antes da prolação da decisão, sob pena da extinção e arquivamento do feito.

Na decorrência de acordo, as custas deverão ser pagas por quem se responsabilizou, na data fixada pelo Juiz, sob pena de execução direta nos próprios autos, como também acontecerá na hipótese de desistência, só que aqui efetivamente pelo autor. Não havendo no acordo a estipulação do responsável pelas custas, o pagamento caberá em partes iguais aos acordantes, como estabelece o § 3º do artigo em questão.

Tratando-se de empregado que não tenha obtido o benefício da justiça gratuita, ou isenção de custas, o sindicato que houver intervindo no processo responderá solidariamente pelo pagamento das custas devidas (§ 1º do art. 790 da CLT).

Nos dissídios coletivos, as partes vencidas responderão solidariamente pelas custas, conforme preceitua o § 4º do art. 789 da CLT, calculadas sobre o valor arbitrado na decisão ou pelo Presidente do Tribunal, pois os valores econômicos neles tratados são sempre em tese e não determinados.

Há a hipótese prevista na Súmula n. 25, do E. TST que convém comentar, que embora alterada em 2015, mantem incólume o que era previsto anteriormente no seu inciso I:

> "A parte vencedora na primeira instância, se vencida na 2ª, está obrigada, independentemente de intimação, a pagar as custas fixadas na sentença originária, das quais ficara isenta a parte então vencida."

Significa que, ainda que isenta a parte então vencida do pagamento das custas na primeira instância, se revertida em, de modo que a então vencedora tornou-se a vencida, terá que suportar as custas fixadas.

Nesse sentido esclarecia a OJ da SDI1 n. 186 que foi incorporada pela Súmula n. 25:

> "No caso de inversão do ônus da sucumbência em segundo grau, sem acréscimo ou atualização do valor das custas e se estas já foram devidamente recolhidas, descabe um novo pagamento pela parte vencida, ao recorrer. Deverá ao final, se sucumbente, ressarcir a quantia."

2.3.1. Justiça Gratuita — Isenção de Custas

É facultado ao juízo conceder de ofício o benefício da justiça àqueles que perceberem salário igual ou inferior ao dobro do mínimo legal ou mesmo aos que provarem o seu estado de miserabilidade.

Pelo *caput* e § 1º do art. 14 da Lei n. 5.584/70, a assistência judiciária é obrigatória na eventualidade das condições mencionadas, o que inclui a isenção de custas, conforme a Lei n. 1.060/50, alterada pela Lei n. 7.115/83, que também revogou tacitamente os parágrafos 2º e 3º do mencionado art. 14, quanto à comprovação do estado de miserabilidade.

A isenção ou concessão dos favores de justiça gratuita abrange o pagamento de perícia efetuada no processo, na qual restou vencido o reclamante, quando, então, o respectivo valor será suportado pelo Estado através do Tribunal Regional, até o limite que fixa em suas instruções.

A União, bem como suas autarquias e fundações que não explorem atividade econômica, estão dispensadas do pagamento de custas, conforme Dec. n. 779/69. Os Estados, Distrito Federal, Municípios e respectivas autarquias e fundações nas mesmas condições pagarão as custas ao final do processo.

As massas falidas, por normalmente não estarem na administração dos seus bens econômicos e financeiros, não serão consideradas desertas na hipótese de não recolhimento de custas para a interposição do recurso, o que, entretanto, não significa que estejam isentas ao pagamento. Esse privilégio não abrange as sociedades de economia mista.

2.4. EXECUÇÃO DE CUSTAS E EMOLUMENTOS

Dispõe o § 2º do art. 790 da CLT que, no caso de não pagamento das custas, deverá ser promovida a execução da respectiva importância. Uma vez condenada ao pagamento de custas, não poderá o Juiz isentar a parte de seu pagamento, devendo, mesmo, determinar sua execução para a cobrança.

As Normas Consolidadas da Corregedoria Regional da 2ª Região trazem essa previsão, dispondo que, havendo determinação do Juiz para a cobrança, o devedor deverá ser intimado na pessoa de seu Advogado, para pagamento no prazo de cinco dias, sob pena de execução, como acontece com qualquer outra dívida executada judicialmente.

No silêncio do devedor, deve ser emitido ofício à Procuradoria da Fazenda Nacional para inscrição como Dívida Ativa da União, desde que o valor seja superior ao estipulado pelo Ministério da Fazenda.

Dificilmente haverá execução de emolumentos, pois o serviço ou a documentação solicitada, somente será entregue ao solicitante em quarenta e oito horas após a apresentação do comprovante de quitação à unidade responsável.

Na eventualidade de haver depósito de importância no processo que cubra os valores das custas e/ou emolumentos, as Secretarias das Varas, após decorridos os prazos legais, deverá expedir alvará de levantamento pelo então credor da diferença.

VIII Das Partes e dos Procuradores — Representação, Assistência e Substituição Processual

1. DAS PARTES

1.1. *NOMENCLATURA*

Sempre é importante que se denomine corretamente as partes no processo judicial nas diversas e respectivas áreas do Direito, e o mesmo deve ocorrer no trabalhista que, nesse sentido, adotou algumas peculiares, para perfeita identificação delas.

Portanto, embora muitos prefiram o uso da terminologia clássica de autor e réu para as partes, no processo trabalhista, em ação ordinária individual são chamados de reclamante e reclamado, respectivamente, aquele que reclama, portanto, no polo ativo, e aquele contra quem é reclamado, no polo passivo. Usam-se, igualmente, as abreviaturas Recte e Recdo.

No inquérito judicial, o empregador que sempre será o autor é chamado de requerente e o empregado, contra quem é proposto, de requerido; em liquidação de sentença, de liquidante, quem está tornando a decisão de liquidar, e liquidado, aquele que deverá responder pelo débito liquidado; em execução, de exequente e executado; em recurso, de recorrente quem recorre, sendo réu ou autor na demanda, e recorrido, contra quem é interposto o recurso (eventualmente poderá haver recorrente-recorrido quando ambas as partes recorrem; em embargos de declaração ou de execução, de embargante e embargado; em exceções, de excipiente e excepto; em agravo, de agravante e agravado.

No dissídio coletivo, que é próprio da Justiça do Trabalho, o autor é designado por suscitante e o réu, por suscitado. Nas demais fases, mesmo recursal, as denominações seguem as do processo individual.

Há ainda algumas outras variações, tais como peticionário para designar aquele que peticiona; defendente, para quem se defende; proponente, quem propõe; acordante, para quem participa de acordo etc.

1.2. *POSTULAÇÃO PROCESSUAL*

Conforme art. 791 da CLT, as partes, empregados e empregadores, podem reclamar pessoalmente na Justiça do Trabalho, bem como acompanhar as reclamatórias até o final.

Entretanto, não possuem capacidade as partes de pessoalmente formular recursos, quando inevitavelmente necessitam da representação de Advogado, por se entender que seja um ato processual eminentemente técnico, em que deve se atender, inclusive, aos necessários pressupostos subjetivos e objetivos de admissibilidade e que não pode ser reduzido a termo ou mesmo providenciado por pessoal da própria Justiça, ainda que com competência cultural suficiente, como ocorre na postulação inicial, para suprir as naturais deficiências técnicas dos interessados.

Esse óbice não esbarra apenas na deficiência ou necessidade técnica para elaboração de peça processual, pois do contrário não poderia se admitir também para a inicial, ante sua complexidade e importância que se revela ao processo.

A Sum n. 425 do TST trata do alcance do *jus postulandi* na Justiça do Trabalho:

> "SUM. N. 425. *JUS POSTULANDI* NA JUSTIÇA DO TRABALHO. ALCANCE
>
> O *jus postulandi* das partes, estabelecido no art. 791 da CLT, limita-se às Varas do Trabalho e aos Tribunais Regionais do Trabalho, não alcançando a ação rescisória, a ação cautelar, o mandado de segurança e os recursos de competência do Tribunal Superior do Trabalho."

Portanto, sedimentado na jurisprudência pátria trabalhista o direito da parte postular pessoalmente, sendo que a referida Súmula autoriza o seguimento do processo até o conhecimento do recurso ordinário interposto ao Tribunal Regional, com o que, *data máxima venia*, não concordamos, por ser a peça recursal, um ato de ataque à decisão prolatada, que não pode ser exercida pelo Estado, sob pena de se quebrar o equilíbrio da balança judiciária, em favor de uma das partes. Dificilmente uma parte, sem ser bacharel em direito, conseguirá formular corretamente uma peça recursal, o que não poderá ser por simples petição.

De qualquer forma, eventual recurso de revista deverá ter como um de seus elementos de validade a existência de Advogado adequadamente constituído nos autos.

Com a promulgação da Constituição Federal de 1988, diante do que dispõe o art. 133, entendeu-se a princípio que o *jus postulandi* estaria afastado, abolido do processo trabalhista.

Qualquer dúvida a respeito foi afastada, após o julgado proferido pelo Supremo Tribunal Federal em *habeas corpus*, em que se contestava a legitimidade de parte do autor por postular sem o acompanhamento de Advogado, reconhecendo-o, assim, neste procedimento e como deveria ocorrer também, entre outros, no processo trabalhista.

Mais uma vez tentou-se afastar o *jus postulandi* da Justiça do Trabalho, com a promulgação da lei que trata do Estatuto do Advogado que estaria complementando a norma constitucional, na referência que a indisponibilidade e imprescindibilidade da intermediação de advogado deve ser nos termos da lei.

Mesmo assim, a doutrina e a jurisprudência inclinam-se em manter o referido instituto, justificando que o Estatuto do Advogado não disciplina normas processuais e ainda, principalmente, por não ter revogado expressamente o disposto nos arts. 791 e 839, letra *a*, da CLT, como fez com outras leis e dispositivos legais que contraria.

Portanto, o silêncio da lei deve ser interpretado que continuam autorizadas as partes no processo trabalhista, de postularem pessoalmente.

Recentemente, com a promulgação da Lei n. 9.958/2000, que trata das Comissões de Conciliação Prévia, esse princípio foi reforçado, quando se permite que a reclamação seja oral, reduzida a termo pela Comissão e, portanto, sem a intervenção obrigatória de Advogado.

Todas as partes do processo, independentemente de sua posição, devem cooperar entre si para que se obtenha, em tempo razoável, decisão de mérito justa e efetiva (art. 6º do NCPC), bem como, deve o juízo assegurar a paridade no tratamento, não podendo proferir decisão contra uma delas, sem que seja previamente ouvida, com exceção nas hipóteses de tutela provisória de urgência ou de evidência (art. 311, incisos I e III do NCPC) ou ainda, quando se tratar da hipótese do art. 701 do mesmo diploma processual, ou seja, "sendo evidente o direito do autor, o juiz deferirá a expedição de mandado de pagamento, de entrega de coisa ou para execução de obrigação de fazer ou de não fazer, mas concedendo-lhe um prazo de quinze dias para o cumprimento e o pagamento de honorários advocatícios.

1.3. CAPACIDADE PROCESSUAL

1.3.1. Pessoas Naturais ou Físicas

Uma relação jurídica envolve pessoas como agentes ativos e passivos, que o Direito regula e protege através do ordenamento jurídico e que são chamadas de sujeitos de direito, que é quem tem o dever de cumprir ou o poder de exigir, ou mesmo ambos concomitantemente, tanto que o Código Civil de 2002 em seu art. 1º dispõe:

> "Toda pessoa é capaz de direitos e deveres na ordem civil."

Assim sendo, todas as pessoas naturais possuem capacidade de figurarem como parte no processo trabalhista, tal como ocorre no cível, por possuírem personalidade jurídica e, então, capazes de direitos e obrigações no ordenamento civil.

Entretanto, nem todos possuem capacidade processual, ou seja, a capacidade de estar em juízo, ou de exercício daquele direito que possuem de ser parte, por lhes faltar algum requisito legal ou mental para tanto, como acontece com os absolutamente incapazes previstos no art. 3º do Código Civil:

> "São absolutamente incapazes de exercer pessoalmente os atos da vida civil:
>
> I — Os menores de dezesseis anos;
>
> II — Os que, por enfermidade ou deficiência mental, não tiverem o necessário discernimento para a prática desses atos;
>
> III — Os que, mesmo por causa transitória, não puderem exprimir sua vontade."

Civilmente são considerados relativamente incapazes a certos atos, ou à maneira de os exercer, conforme art. 4º do Código Civil:

> "I — Os maiores de dezesseis e menores de dezoito anos;
>
> II — Os ébrios habituais, os viciados em tóxicos, e os que, por deficiência mental, tenham o discernimento reduzido;
>
> III — Os excepcionais, sem desenvolvimento mental completo;"
>
> IV — Os pródigos.

O Código Civil dita as hipóteses da cessação da incapacidade das pessoas naturais.

No Direito do Trabalho, devem ser também considerados absolutamente incapazes os nominados no Código Civil, que atualmente, após a Emenda Constitucional n. 20/98 que alterou o inciso XXXIII do art. 7º da Constituição Federal, coincide inclusive quanto aos menores de dezesseis anos considerados absolutamente incapazes para o trabalho com vínculo empregatício e consequentemente, também para ser parte no processo trabalhista, quando deverão ser representados pelos seus responsáveis legais, como ocorre com os menores aprendizes.

Menores aprendizes são aqueles adolescentes que se situam entre catorze e dezesseis anos de idade, e que somente poderão prestar algum serviço nessa condição, em que não há propriamente vínculo empregatício, mas de aprendizado nas condições definidas pela lei, inclusive com normas de proteção inseridas na Consolidação das Leis do Trabalho.

Os menores que se situam entre dezesseis e dezoito anos de idade, são considerados relativamente incapazes e devem ser assistidos, também por seus responsáveis legais, em suas postulações judiciais a respeito ou decorrentes de uma relação de emprego.

Os indivíduos com idade superior a dezoito, consequentemente, são considerados maiores e capazes para o trabalho e, portanto, com capacidade plena de estar em juízo, sem qualquer assistência ou representação, a menos que tenham restrição quanto à capacidade mental, como salientado.

1.3.2. Pessoas Jurídicas

O direito reconhece a existência de outro sujeito de direitos e obrigações ao lado das pessoas naturais, que são as chamadas pessoas jurídicas, que são, portanto, uma construção jurídica, com dimensões que lhes são próprias e dotadas de personalidade jurídica, por concessão do próprio Direito.

Essa existência visa proporcionar ao homem condições de realizar certos fins sociais que ultrapassam suas forças e limites da vida individual, necessitando, para tanto, unir-se a outros, formando grupos e associações.

Tal como as pessoas naturais, as jurídicas possuem personalidade jurídica e, consequentemente, o direito de ser parte, com capacidade processual para tanto.

Por personalidade jurídica das pessoas jurídicas, entende-se pela sua existência legal, que somente tem início desde que, além de constituída, esteja com seus atos constitutivos devidamente regularizados perante os Órgãos Públicos competentes, conforme dispõe o art. 45 do Código Civil de 2002:

"Começa a existência legal das pessoas jurídicas de direito privado com a inscrição do ato constitutivo no respectivo registro, precedida, quando necessário, de autorização ou aprovação do Poder Executivo, averbando-se no registro todas alterações por que passar o ato constitutivo.

Parágrafo único. Decai em três anos o direito de anular a constituição das pessoas jurídicas de direito privado, por defeito do ato respectivo, contado o prazo da publicação de sua inscrição no registro."

No registro da pessoa jurídica, deverá constar necessariamente os elementos previstos no art. 46 do mesmo Diploma Legal e dentre eles:

"I — A denominação, os fins, a sede, o tempo de duração e o fundo social, quando houver;

II — O nome e a individualização dos fundadores ou instituidores, e dos diretores;

III — O modo por que se administra e representa ativa e passivamente, judicial e extrajudicialmente.

IV — Se o ato constitutivo é reformável no tocante à administração, e de que modo;

V — Se os membros respondem, ou não, subsidiariamente, pelas obrigações sociais;

VI — As condições de extinção da pessoa jurídica e o destino do seu patrimônio, nesse caso."

As pessoas jurídicas têm existência distinta da dos seus membros, com os quais não se confundem, mas que, entretanto, são por elas seus responsáveis.

O direito trabalhista ainda reconhece como parte, ativa e principalmente como passiva, algumas massas patrimoniais sem personalidade jurídica, nas quais respondem as pessoas identificadas que as gerem, para que o trabalhador por elas contratado não se veja fraudado em seus direitos, por lhe ter prestado serviço. São as chamadas sociedades de fato.

1.3.3. Desconsideração da Personalidade Jurídica

A Lei n. 8.078/90, que instituiu o Código de Defesa do Consumidor, em seu art. 28, dispõe sobre desconsideração da personalidade jurídica, relativamente ao cumprimento de obrigações, nas esferas fiscal e trabalhista:

"O Juiz poderá desconsiderar a personalidade jurídica da sociedade quando, em detrimento do consumidor, houver abuso de direito, excesso de poder, infração da lei, fato ou ato ilícito ou violação dos estatutos ou contrato social. A desconsideração também será efetivada quando houver falência, estado de insolvência, encerramento ou inatividade da pessoa jurídica provocados por má administração."

O NCPC em seu art. 792, §§ 3º e 4º trata da questão expressamente e que igualmente, aplica-se no processo trabalhista, dispondo que nessa hipótese, a fraude à execução verifica-se a partir da citação da parte cuja personalidade se pretende desconsiderar e, principalmente, antes de se declarar a fraude, o terceiro adquirente deverá ser intimado para que, querendo, interpor embargos de terceiro no prazo de quinze dias.

1.3.3.1. Incidente de Desconsideração da Personalidade Jurídica

O incidente de desconsideração da personalidade jurídica poderá ser instaurado à requerimento da parte ou do Ministério Público quando lhe couber intervir no processo, como na hipótese de integração de menores que necessitam de tutela especial.

Poderá ser interposto em quaisquer das fases do processo, seja de conhecimento, no cumprimento de sentença e na execução de título executivo ou extrajudicial, com a necessária e imediata comunicação ao distribuidor para as anotações devidas.

Havendo pedido de desconsideração da personalidade jurídica na petição inicial, é dispensável a instauração de incidente, devendo, entretanto, serem citados o sócio ou a pessoa jurídica.

A instauração de incidente e apenas nessa hipótese, suspenderá o processo até que seja decidido.

Concluída a instrução respectiva, se necessária, o incidente será resolvido por decisão interlocutória, merecendo recurso apenas no final juntamente com o mérito propriamente dito. Sendo prolatada por relator, ou seja, perante o Tribunal em segunda instância, o recurso cabível será o agravo regimental.

Acolhido o pedido de desconsideração, a alienação ou a oneração de bens, havida em fraude de execução, será ineficaz em relação ao requerente credor para a satisfação de seu crédito.

1.3.4. Bens de sócios

Conforme art. 795 do NCPC os bens particulares dos sócios de pessoas jurídicas não respondem pelas dívidas da sociedade, senão nos casos previstos em lei e quando responsável pelo pagamento, tem o direito de exigir que primeiro sejam excutidos os bens da sociedade, o que já vinha sendo adotado jurisprudencialmente no processo trabalhista.

Para tanto, incumbe ao sócio nomear quantos bens da sociedade situados na mesma comarca, livres e desembargados que possam bastar para pagar o débito.

Após pagamento, dispõe ainda a regra do citado artigo, que o sócio poderá executar a sociedade nos autos do mesmo processo.

Nesta situação o C. TST em sua IN n. 39 não excepciona, o que leva à presunção que poderá realmente ser processada nos mesmos autos, pois não deixa de ser um resultado proveniente de uma decisão no processo trabalhista, cabendo ser discutido até o final.

De qualquer forma, há necessidade de serem os sócios ou responsáveis corretamente identificados e localizados pela parte, para sofrerem a ação da justiça, que não se prestará de polícia para tal fim.

2. REPRESENTAÇÃO PROCESSUAL

Representação Processual é a intervenção legal exercida no processo, por alguém denominado de Representante, a quem o titular do direito delegou a capacidade postulatória em seu nome.

Portanto, dá-se a representação processual, quando se atribui a pessoas, o poder de manifestar a vontade judicialmente, independentemente da manifestação do titular do interesse (eventual direito), agindo em nome do representado.

Genericamente, a representação processual pode ser legal, segundo decorre da lei, como prevê, entre outros, o art. 8º, inciso III da Constituição Federal, que incumbe ao sindicato, a defesa dos direitos e interesses coletivos ou individuais da categoria, inclusive em questões judiciais ou administrativas; e convencional, quando é instituído pela própria parte, desde que autorizado pela lei, como por exemplo, a nomeação de Advogado.

O art. 75 do Novo Código de Processo Civil, relaciona as entidades e seus representantes legais em juízo, ativa e passivamente. As reclamatórias que tiverem tramitação preferencial em razão de alguma necessidade especial das partes, o Juiz poderá suprir a ausência do representante legal designando curador à lide ou, ainda, valendo-se dos permissivos contidos no art. 793 da CLT.

Dispõe o referido art. 75 do NCPC que substituiu o antigo art. 12, que praticamente é repetido:

> "Serão representados em juízo, ativa e passivamente:
>
> I — a União, pela Advocacia-Geral da União, diretamente ou mediante órgão vinculado;
>
> II — o Estado e o Distrito Federal, por seus procuradores;
>
> III — o Município, por seu prefeito ou procurador;
>
> IV — a autarquia e a fundação de direito público, por quem a lei do ente federado designar;
>
> V — a massa falida, pelo administrador judicial;
>
> VI — a herança jacente ou vacante, por seu curador;
>
> VII — o espólio, pelo inventariante;
>
> VIII — a pessoa jurídica, por quem os respectivos atos constitutivos designarem ou, não havendo essa designação, por seus diretores;
>
> IX — a sociedade e a associação irregulares e outros entes organizados sem personalidade jurídica, pela pessoa a quem couber a administração de seus bens;
>
> X — a pessoa estrangeira, pelo gerente, representante ou administrador de sua filial, agência ou sucursal aberta ou instalada no Brasil;

XI — o condomínio pelo administrador ou síndico.

§ 1º Quando o inventariante for dativo, os sucessores do falecido serão intimados no processo no qual o espólio seja parte.

§ 2º A sociedade ou associação sem personalidade jurídica não poderá opor a irregularidade de sua constituição quando demandada.

§ 3º O gerente de filial ou agência presume-se autorizado pela pessoa jurídica estrangeira a receber citação para qualquer processo.

§ 4º Os Estados e o Distrito Federal poderão ajustar compromisso recíproco para prática de ato processual por seus procuradores em favor de outro ente federado, mediante convênio firmado pela respectivas procuradorias.

Verificando a incapacidade processual ou a irregularidade da representação da parte, o juiz deverá suspender o processo e designar prazo razoável para que seja sanado o vício, como complementa o art. 76 do NCPC.

Na hipótese de descumprimento da determinação no prazo assinalado e se eventualmente o processo encontrar-se na instância originária, será considerado extinto se a providência couber ao autor e se do réu, será considerado revel; o terceiro, também será considerado revel ou excluído do processo dependendo do polo em que se encontre.

Havendo o descumprimento com o processo em fase recursal, não será conhecido. Cabendo a providência ao recorrido, a contrarrazão será desentranhada.

2.1. UNIÃO

A União deve ser representada diretamente ou mediante órgão vinculado, pela Advocacia-Geral da União, conforme dispõe o art. 131 da Constituição Federal:

"A Advocacia-Geral da União é a instituição, que diretamente ou através de órgão vinculado, representa a União, judicial e extrajudicialmente, cabendo-lhe nos termos da lei complementar que dispuser sobre sua organização e funcionamento, as atividades de consultoria e assessoramento jurídico do Poder Executivo."

A chefia da Advocacia-Geral da União é exercida por Advogado devidamente inscrito nos quadros da Ordem dos Advogados do Brasil, nomeado pelo Presidente da República, com prerrogativas de Ministro de Estado.

A Lei Complementar instituída de n. 73/93 confirma em seu artigo primeiro a disposição constitucional mencionada, dispondo:

"A Advocacia-Geral da União é a instituição que representa a União judicial e extrajudicialmente."

Por sua vez, o seu artigo segundo, dispondo sobre a composição da instituição, inclui entre seus Órgãos de direção superior a Procuradoria-Geral da União e da Fazenda Nacional.

Como Órgãos de execução, compõem-se das Procuradorias Regionais da União e as da Fazenda Nacional e as Procuradorias da União e as da Fazenda Nacional nos Estados e no Distrito Federal e as Procuradorias Seccionais destas, às quais se subordinam, ainda, as Procuradorias e Departamentos Jurídicos das autarquias e fundações públicas são órgãos vinculados à Advocacia-Geral da União.

Finalmente, a Lei n. 9.028/95 especifica, ainda, a respeito das reclamatórias perante a Justiça do Trabalho:

"Art. 5º Nas audiências de reclamações trabalhistas em que a União seja parte, será obrigatório o comparecimento de preposto que tenha completo conhecimento do fato objeto da reclamação, o qual, na ausência do representante judicial da União, entregará a contestação subscrita pelo mesmo.

Art. 6º A intimação de membro da Advocacia-Geral da União, em qualquer caso, será feita pessoalmente."

2.2. OS ESTADOS E DISTRITO FEDERAL

Essas pessoas jurídicas de direito público interno serão representadas por seus Procuradores, que devem estar legalmente investidos nas funções e, como tal, não necessitarão de procuração nos autos, mas apenas de identificarem-se perante o juízo, que poderá ser na própria peça processual.

Deve ser considerada também obrigatória a presença de preposto que tenha conhecimento dos fatos objetos da reclamatória.

A nova disposição adjetiva faculta aos Estados e o Distrito Federal, ajustarem compromisso recíproco para prática de ato processual por seus procuradores em favor de outro ente federado, mediante convênio firmado pelas respectivas procuradorias.

2.3. MUNICÍPIO

Será representado por seu Prefeito Municipal ou seu Procurador, que também deverão estar investidos legalmente nas funções e bastando apenas a identificação no processo, para estar em juízo.

Nos municípios que não possuírem quadro de Procuradores criado por lei municipal, a representação se limita ao Prefeito, que poderá, entretanto, nomear Advogado para o acompanhamento e principalmente na eventualidade de oferecimento de recurso voluntário.

Alguns Juízes admitem, ainda, a nomeação de preposto pelo Prefeito, principalmente em grandes municípios, quando os Chefes do Executivo sequer têm condição de conhecer seu pessoal.

2.4. AUTARQUIAS E FUNDAÇÕES PÚBLICAS

Essas entidades de direito público serão representadas por quem a lei do ente federado designar.

Os Estados e Municípios não têm legitimidade para recorrer em nome das autarquias ou fundações, que são detentoras de personalidade jurídica própria. Elas devem ser representadas pelos Procuradores que fazem parte de seus quadros ou mesmo por Advogados constituídos. Sendo por Procuradores próprios e devidamente identificados como tais, é dispensável a juntada de instrumento aos autos do processo.

2.5. FALÊNCIA, RECUPERAÇÃO JUDICIAL E EXTRAJUDICIAL

2.5.1. Generalidades

A falência era tratada pelo Decreto-lei n. 7.661/45, que foi revogado pela Lei n. 11.101, de 09 de fevereiro de 2005, modificando completamente o instituto, harmonizando-o com a modernidade e com os rumos da economia mundial, além de dar oportunidade de saneamento do negócio, para resguardar o direito de terceiros em seus créditos ou mesmo de trabalhadores com seus contratos de trabalho.

A nova lei afasta a possibilidade da concordata que era uma fase anterior a falência e que possibilitava ao comerciante se refazer economicamente e não simplesmente falir. Em contraprestação, instituiu o regime da Recuperação Judicial.

Na falência, a massa falida era representada por um síndico e na concordata, por seus próprios administradores, muito embora fossem acompanhados de um comissário nomeado judicialmente.

Efetivamente, a lei atual regula a recuperação judicial ou extrajudicial e a falência do empresário e da sociedade empresarial, que são tidos por ela, simplesmente, por devedores.

Estão fora do alcance dessa lei as empresas públicas e sociedades de economia mista, além de instituições financeiras pública ou privada, cooperativa de crédito, consórcio, entidade de previdência complementar, sociedade operadora de plano de assistência à saúde, sociedade seguradora, sociedade de capitalização e outras entidades legalmente equiparadas às anteriores.

2.5.2. Falência

A falência do devedor deve ser decretada para o empresário ou sociedade empresarial, que deixar de solver no vencimento, obrigação líquida materializada em título ou títulos protestados, cuja soma ultrapasse o equivalente a quarenta salários mínimos na data do pedido. Poderá ser requerida, ainda, se o executado por qualquer quantia líquida, não paga, não deposita e não nomeia à penhora bens suficientes dentro do prazo legal. Enfim, todas as possibilidades vêm elencadas no art. 94 da citada lei da falência.

A partir da decretação pelo juízo competente, via de regra cessará a atividade empresarial e sua administração pelos seus responsáveis legais ou contratuais.

No lugar da falida, estará a massa falida, que é o ente jurídico que compreende todos os direitos e obrigações decorrentes.

2.5.3. Recuperação Judicial

A recuperação judicial tem por objetivo viabilizar a superação da situação de crise econômico-financeira do devedor, para possibilitar a manutenção da fonte produtora, do emprego dos trabalhadores e dos interesses dos credores, promovendo, assim, a preservação da empresa, sua função social e o estímulo à atividade econômica.

Poderá requerer a recuperação judicial o devedor que, no momento do pedido, exerça regularmente suas atividades há mais de dois anos e que atenda aos requisitos ditados pelo art. 48 da Lei Falimentar. Nessa hipótese, o devedor deverá obedecer a um plano de recuperação, que poderá ser discutido em assembleia geral de credores, convocada pelo Juiz da causa.

2.5.4. Representação Judicial

A massa falida ou a recuperação judicial será representada por administrador judicial, nomeado pelo juízo universal da falência, que a esteja processando e que poderá recair em qualquer pessoa, física ou jurídica.

A pessoa física do administrador judicial deve ser um profissional idôneo, preferencialmente Advogado, administrador de empresas ou contador; sendo pessoa jurídica, deverá ser especializada (art. 21 da Lei n. 1.101/05), declarando-se no termo de nomeação, o nome do profissional responsável pela condução do processo de falência, que não poderá ser substituído sem autorização do Juiz.

A lei, em seu art. 22, fixa a competência do administrador judicial, tanto as que são comuns na recuperação judicial e na falência e as próprias para ambas particularmente.

Para acompanhamento das atividades, o juízo da Falência poderá estabelecer um Comitê de Credores, por deliberação em assembleia-geral de qualquer classe de credores, convocada pelo Juiz, que também terá suas atribuições auxiliares.

O administrador judicial e os membros do Comitê de Credores, logo que nomeados, serão intimados pessoalmente para, em quarenta e oito horas, assinar, na sede do juízo falimentar, o termo de compromisso de bem e fielmente desempenhar o cargo e assumir todas as responsabilidades a ele inerentes.

Entendemos que os administradores judiciais, na falência, poderão nomear prepostos e Advogados para o funcionamento no processo trabalhista e isso, na própria defesa dos interesses da Massa, pelo que dispõe o art. 22, inciso III, letra *n*, do citado Diploma Legal. Na recuperação judicial, não há qualquer dúvida quanto ao preposto, pois a atividade empresarial continua normalmente.

Na eventualidade do advento da falência de empresa parte em processo trabalhista em desenvolvimento, a representação nos autos da pessoa jurídica cessa de pleno direito, passando-a ao Administrador Judicial como vimos, cabendo a qualquer dos interessados informar ao juízo dessa situação jurídica, sob pena de nulidade dos atos posteriores.

O administrador judicial e os membros do Comitê de Credores instituído para auxiliar na administração responderão pelos prejuízos causados à massa falida, ao devedor ou aos credores por dolo ou culpa, devendo o dissidente em deliberação do Comitê consignar sua discordância em ata para eximir-se da responsabilidade.

2.5.5. Recuperação Extrajudicial

Tratada nos arts. 161 e seguintes da Lei em questão, pode ser promovida pelo devedor que preencher os mesmos requisitos legais para a recuperação judicial (art. 48), propondo-se negociar com seus credores um plano de recuperação extrajudicial, que deverá ser homologado judicialmente para que produza seus efeitos.

O plano não poderá contemplar titulares de crédito de natureza tributária, derivados da legislação do trabalho ou decorrentes de acidente de trabalho, pela própria essência da natureza jurídica dos valores.

A homologação não se dará se o devedor estiver pendente de pedido de recuperação judicial ou se a houver obtido ou a homologação de outro plano extrajudicial há menos de dois anos.

O simples pedido de homologação **não acarretará suspensão de direitos, ações ou execuções, nem a impossibilidade do pedido de decretação de falência pelos credores não sujeitos ao mesmo plano.**

A propósito, o Tribunal da 2ª Região desenvolveu um sistema de recuperação de empresas executadas, ou seja, com processos na fase de execução, com ou sem penhora ou, ainda, com processos na fase de conhecimento na Justiça do Trabalho, por meio de reunião das ações com um Juiz Substituto, funcionando como auxiliar em todas as Varas, através de projeto de liquidações apresentado pela parte (executada ou reclamada) à Corregedoria Regional, por meio de conciliações com os credores ou reclamantes, evitando-se, com isso, a diversificação de procedimentos nos Juízos originais, com garantia de pagamentos. Nada mais era e é do que ora se permite com amparo expresso da lei.

2.5.6. Liquidação Extrajudicial

A Lei n. 6.024/74 continua vigente, com a subsidiariedade da lei falimentar, dispondo sobre a intervenção e a liquidação extrajudicial de instituições financeiras privadas e públicas que não federais e, finalmente, das cooperativas de crédito, decretada administrativamente pelo Banco Central do Brasil.

O representante da massa em liquidação é liquidante, nomeado pelo referido Banco, para promover a liquidação das entidades objetivadas, com amplos poderes e inclusive para propor ações e representá-la em juízo ou fora dele.

Portanto, é uma espécie de falência de entidades financeiras, com a diferença essencial que esta é extrajudicial e aquela judicial.

A liquidação extrajudicial poderá também atingir o processo trabalhista em desenvolvimento, quando então haverá a substituição da representação, como ocorre na falência.

2.6. HERANÇA JACENTE OU VACANTE

Tratada pelo Direito das Sucessões estudado em Direito Civil, conforme disposições contidas nos arts. 1.819 a 1.823 do Código Civil Brasileiro.

Para melhor compreensão deve se ter que herança é o patrimônio de bens de valor econômico constituído pelo *de cujus* e que deverá ser transmitido aos seus herdeiros notoriamente conhecidos, conforme a lei.

2.6.1. Herança Jacente

Por outro lado, herança jacente é o mesmo patrimônio constituído pelo falecido, mas que não deixa testamento ou resta sem herdeiros legítimos, por serem ainda desconhecidos ou que o tiverem renunciado, quando, então, deverá permanecer sob a guarda, conservação e administração de um curador nomeado pelo juízo, que será seu representante, judicial ou extrajudicial.

Acontecerá, portanto, quando não houver cônjuge, herdeiros ascendentes ou descendentes, colateral sucessível notoriamente conhecido ou, ainda, se os herdeiros, descendentes ou ascendentes, não havendo cônjuge nem colateral sucessível notoriamente conhecido, do *de cujus,* renunciarem.

2.6.2. Herança Vacante

Será a herança que não possuir herdeiros ou que possam ser localizados, apesar de desenvolvidas todas as diligências legais para tanto, até um ano após concluído o inventário dos bens, quando a declaração de vacante será feita, o que, entretanto, não prejudicará os herdeiros que legalmente se habilitarem. Mas, decorridos cinco anos da abertura da sucessão, os bens arrecadados passarão ao domínio do Município ou do Distrito Federal, ou incorporados ao domínio da União, quando situados em território federal.

Será representado em juízo por curador determinado pelo juízo cível.

2.7. *ESPÓLIO*

Espólio pode ser caracterizado como uma universalidade de bens e direitos deixados pelo *de cujus* aos seus herdeiros a qualquer título e que deve ser tratado como um ente jurídico que pode ser sujeito de direito e, portanto, com capacidade processual, a exemplo do que ocorre com a massa falida, respondendo até o limite da sua sucessão, pois a ninguém é dado herdar dívidas se não houver crédito suficiente.

Ele é representado pelo inventariante que é nomeado pelo juízo onde se processa o inventário ou arrolamento dos bens do *de cujus*. Quando "dativo", ou seja, aquele nomeado pelo juízo, será intimado no processo no qual o espólio seja parte.

O falecimento do reclamante durante o processo determina a sua suspensão para que se regularize a representação processual, possibilitando, ainda, a habilitação incidente de seus herdeiros ou sucessores a qualquer título.

A regularização poderá ser conforme determina a lei civil ou, ainda, na forma da Lei n. 6.858/80, que dispõe sobre o pagamento aos dependentes ou sucessores de valores não recebidos em vida pelo titular, bastando, para isso, que estejam relacionados como beneficiários habilitados perante a Previdência Social.

2.8. *PESSOAS JURÍDICAS*

Serão representadas por quem os respectivos estatutos designarem ou, não os designando, por seus diretores e sempre na conformidade com o tipo da sociedade, ou seja, comerciais, industriais, agropecuárias, por ações, de cotas societárias limitadas ou ilimitadas, civis, sem objetivo de lucro, pias, religiosas etc.

Nesse sentido dispunha o art. 17 do Código Civil de 1916:

> "As pessoas jurídicas serão representadas ativa e passivamente, nos atos judiciais e extrajudiciais, por quem os respectivos estatutos designarem, ou não o designando, pelos seus diretores."

No atual Código Civil, esse dispositivo **não se encontra** repetido expressamente, mas deixa claro no inciso III do art. 46, quando se refere que o modo por que se administra e representa, ativa e passivamente, judicial ou extrajudicialmente, deve ser declarado no registro dos atos constitutivos. É o que consta, também, no art. 75, VII, do Novo Código de Processo Civil.

Não sendo designado, a representação caberá aos diretores da sociedade, genericamente, como salientado.

Em última hipótese, o art. 49 do Código Civil dispõe que se a administração da pessoa jurídica vier a faltar, o Juiz, a requerimento de qualquer interessado, nomeará um responsável provisoriamente.

A procuração outorgada pela pessoa jurídica deve possuir a identificação suficiente do representante e da outorgante para ter validade legal tais como, endereços, registros policiais e na secretaria da fazenda nacional etc.

2.9. *SOCIEDADES E ASSOCIAÇÕES IRREGULARES OU SEM PERSONALIDADE JURÍDICA*

Entenda-se por entidades sem personalidade jurídica, a que não tem seus atos constitutivos registrados nos órgãos administrativos competentes: a representação será pela pessoa a quem couber a administração dos seus bens.

O empregado demandante não tem obrigação legal de conhecer da situação jurídica de seu empregador para compor corretamente o polo passivo da ação, bastando apenas mencionar o nome fantasia se houver ou daquele que administra o empreendimento ou atividade, que paga as obrigações sociais, impõe ordens de serviços etc.

Nesta hipótese, quando demandadas, essas sociedades de fato, não poderão opor a irregularidade de sua constituição, como fator de defesa de direito ou de mérito, sendo alvo de toda a presunção contrária. Não haverá qualquer favor legal em seu proveito, a não ser o reconhecimento do eventual cumprimento das obrigações com o seu empregado, sem fugir às demais responsabilidades que são consequentes.

2.10. PESSOA JURÍDICA ESTRANGEIRA

São entidades privadas e de origem estrangeira que se estabelecem no Brasil por meio de filial, agência ou sucursal, que devem ser representadas pelo gerente, representante ou administrador. São muitas as exigências legais para se estabelecerem no Brasil e até mesmo como pessoa física, com visto permanente ou provisório de permanência no território nacional.

O gerente da filial ou agência, presume-se autorizado pela pessoa jurídica estrangeira a receber citação inicial para o processo de conhecimento, de execução, cautelar e especial. Significa, portanto, que ficam impedidas de opor exceções desse teor, na tentativa de fugir às responsabilidades que lhes atribuem as leis brasileiras.

2.11. CONDOMÍNIO

Trata-se de entidade jurídica constituída pela propriedade em comunhão ideal ou concreta de um todo entre várias pessoas.

O condomínio, de que trata o art. 75 do Código de Processo Civil, é ao que se refere mais especificamente a Lei n. 4.591/64 que trata da constituição em edificações e incorporações em condomínio, residenciais ou comerciais, ou ainda até mesmo em prédios sem edificações, como ocorre com loteamentos de terreno.

Esses condomínios serão representados em juízo pelo administrador contratado ou pelo síndico regularmente eleito.

Há divergência doutrinária e jurisprudencial quanto à representação do condomínio também pelo administrador, dominando a corrente que entende que a representação pode ser pelo Síndico ou mesmo pelo Administrador devidamente contratado para geri-lo. A minoritária entende ser possível apenas pelo Síndico e, pessoalmente, pelo que dispõe a alínea *a* do § 1º do art. 22 da Lei n. 4.504/64:

> "Será eleito, na forma prevista pela convenção, um síndico do condomínio, cujo mandato não poderá exceder a 2 anos, permitida a reeleição.
>
> § 1º Compete ao síndico:
>
> a) representar, ativa e passivamente, o condomínio, em juízo ou fora dele, e praticar os atos de defesa dos interesses comuns, nos limites das atribuições conferidas por esta lei ou pela convenção;"

Entendemos que o disposto no art. 75 do NCPC tem aplicação plena e supera o contido na citada lei, inclusive por lhe ser posterior e ampliativa na possibilidade de representação dos condomínios.

Para um e para outro, devem ser provadas materialmente no processo a sua condição e constituição regular e legal.

Na condição de empregador, o Condomínio, por seu representante, poderá nomear preposto para substituí-lo em juízo.

3. OUTRAS REPRESENTAÇÕES

3.1. SINDICATOS

Em dissídios coletivos principalmente ou em algumas outras oportunidades, os Sindicatos representam, judicial ou extrajudicialmente, as respectivas categorias profissionais ou econômicas, que sempre deverá ser com a autorização da lei.

A alínea *a* do art. 513 da CLT dispõe sobre a prerrogativa do Sindicato:

> "representar, perante as autoridades administrativas e judiciárias, os interesses gerais da respectiva categoria ou profissão liberal ou os interesses individuais dos associados relativos à atividade ou profissão exercida;"

O *caput* do art. 843 da CLT, por sua vez, autoriza a representação em audiência pelo Sindicato, nas ações plúrimas ou de cumprimento:

> "Na audiência de julgamento deverão estar presente o reclamante e o reclamado, independentemente do comparecimento de seus representantes, salvo nos casos de Reclamatórias Plúrimas ou Ações de Cumprimento, quando os empregados poderão fazer-se representar pelo Sindicato de sua categoria."

Reclamatórias plúrimas, como vimos anteriormente, são as que contêm mais de um reclamante no mesmo feito.

Ações de cumprimento são as que proporcionam pleitear judicialmente a execução do que foi estatuído coletivamente à categoria profissional, conforme dispõe o art. 872 e parágrafo único da CLT:

> "Art. 872. Celebrado o acordo, ou transitada em julgado a decisão, seguir-se-á o seu cumprimento, sob as penas estabelecidas neste Título.
>
> Parágrafo único. Quando os empregadores deixarem de satisfazer o pagamento de salários, na conformidade da decisão proferida, poderão os empregados ou seus sindicatos, independentes de outorga de poderes de seus associados, juntando certidão de tal decisão, apresentar reclamação à Vara do Trabalho ou juízo competente, observado o processo previsto no Capítulo II deste Título, sendo vedado, porém, questionar sobre a matéria de fato e de direito já apreciada na decisão."

O Sindicato não pode se utilizar dessa prerrogativa para representar o empregado para pleitear direitos individuais e de seu exclusivo interesse, tais como horas extras, horas noturnas, décimo terceiro salário, férias, verbas chamadas rescisórias etc.

Na hipótese do art. 843, § 2º, da CLT, a representação mencionada e que pode ser exercida pelo Sindicato ou por empregado que pertença a mesma profissão, entende a melhor doutrina e jurisprudência, ser apenas para requerer o adiamento da audiência e com isso evitar o arquivamento e eventual condenação ao pagamento de custas processuais, que são as consequências legais, por parte do reclamante que não compareceu ao ato.

Portanto, não se trata na verdade de representação processual na acepção jurídica da expressão, mas apenas de um enviado do interessado, para informar ou justificar ao juízo da sua impossibilidade de comparecimento em audiência.

Essa representação somente é permitida aos empregados reclamantes e não aos empregadores.

3.2. COMISSÃO DE EMPREGADOS

Trata-se de comissão formada dentre os reclamantes em reclamações individuais plúrimas e que representarão os demais.

Normalmente é composta por três dos reclamantes que encabeçam o processo e é tolerada pelos Juízos, desde que haja concordância da parte contrária e, muitas vezes, até mesmo sem ela, pois seria inexequível a presença pessoal de muitos litigantes, litisconsortes ativos, perante o juízo, principalmente para depoimentos pessoais.

3.3. ADVOGADO

Representação clássica constituída nos autos através de mandato escrito ou tácito a Advogado habilitado para tanto, com poderes *ad juditia* e eventualmente alguns outros especiais para o processo. Essa representação não se confunde com o preposto, que coincidentemente pode ser um Advogado, mas, naquele ato, não no exercício de sua profissão.

Aliás, a Ordem dos Advogados, por Resolução, proíbe a atuação do Advogado, mesmo empregado de empresa, como preposto, o que, entretanto, não é proibido por lei.

O mandato ou substabelecimento da procuração a outro Advogado pode ser outorgado com prazo determinado para atuar no processo até o seu final. Conforme entendimento jurisprudencial (Sum. 395 do C. TST), **são considerados válidos os atos praticados pelo substabelecido**, ainda que não haja no mandato poderes expressos para substabelecer. Por outro lado, configura-se irregular a representação se o substabelecimento é anterior à outorga passada ao substabelecente.

O mandato outorgado ao Advogado deve ser juntado aos autos tempestivamente para a devida regularização dos atos praticados. É inadmissível na instância recursal o oferecimento de procuração, o que torna consequente, o não conhecimento do recurso aviado. **Não há possibilidade de juntada a posterior, mesmo que protestado para tanto, pois**, para todos os efeitos, o recurso não é reputado ato urgente a ser praticado no processo:

> "Sum-383. MANDATO. ARTS. 13 E 37 DO CPC. FASE RECURSAL. INAPLICABILIDADE
>
> I — **É inadmissível, em instância recursal, o oferecimento tardio de procuração, nos termos do art. 37 do CPC, ainda que mediante protesto por posterior juntada, já que a interposição de recurso não pode ser reputada ato urgente.**
>
> II — Inadmissível na fase recursal a regularização da representação processual, na forma do art. 13 do CPC, cuja aplicação se restringe ao juízo de 1º grau."

Muito embora a Lei n. 13.015/2014 que modificou recursos no processo do trabalho, permite no art. 896, § 11 da CLT a regularização de defeitos formais na apresentação recursal, a referida Súmula n. 383 do TST encontra-se ainda em vigor, pois efetivamente a interposição de peça recursal não é ato reputado urgente, como, aliás, excepciona o art. 104 do NCPC.

O mandato tácito pode se configurar em audiência, com a presença do representado, que confirmará ao juízo a sua vontade da outorga, declarando os poderes confiados. A ata valerá como instrumento para todos os fins, inclusive recursal.

Na hipótese de mandato tácito, não há possibilidade de substabelecimento, pois que é pessoal e intransferível, como se depreende da OJ-SDI1-200 DO C. TST.

A juntada de procuração nos autos de agravo de instrumento **não autoriza** o Advogado atuar nos autos principais, ainda que o referido agravo esteja apensado, conforme dita a OJ-SDI1 n. 110 do C. TST.

Na procuração poderá incluir na outorga a estagiário de direito, o que não lhe dará direito ou possibilidade de representação em juízo de atos privativos do Advogado. Entretanto, serão válidos os atos praticados, se sobreveio a habilitação para atuar como Advogado devidamente regularizado perante a Ordem dos Advogados do Brasil.

3.4. PREPOSTO

Tem-se por preposto indivíduo que faz as vezes do empregador em audiências no processo trabalhista, podendo, para tanto, ser nomeado o gerente ou qualquer outro empregado do empreendimento. conforme dispõe o § 1º do art. 843 da CLT:

> "É facultado ao empregador fazer-se substituir pelo gerente, ou qualquer outro preposto que tenha conhecimento do fato, e cujas declarações obrigarão o proponente."

Como se denota, a nomeação de preposto é faculdade do empregador, pois seria difícil, e em alguns casos até impossível, o seu comparecimento pessoal em juízo, como em regra é determinado pelo *caput* do art. 843, principalmente quando se tratar de empresas de médio e grande porte e as vezes de direito público.

Apesar de a lei mencionar que o empregador poderá fazer-se substituir, não se trata efetivamente de substituição processual na acepção técnico-jurídica da expressão, pois não estará o preposto em juízo para pleitear em nome próprio um direito alheio, mas apenas para representar, agindo em nome e responsabilidade do representado.

A nomeação poderá ser na pessoa do gerente, ou qualquer outro preposto como dispõe a lei, o que, entretanto, não significa que possa ser por qualquer pessoa como entendem alguns, independentemente de ser ou não empregado.

Conforme entendimento jurisprudencial e doutrinário dominante, apesar de não ser expresso na regra, deve ser o preposto necessariamente um empregado do empregador, com o que concordamos, em decorrência de uma interpretação lógica, teleológica e gramatical da disposição legal em questão, pois a referência de representação pelo gerente, que obrigatoriamente seja de fato ou de direito, deve possuir vínculo empregatício ou *ad negotia* com a empresa representada, leva à conclusão que qualquer outro preposto como consta em seguida e unida ao primeiro elemento por conjunção alternativa que não exclui, seja um outro empregado, nomeado dentre os demais.

A Sum. n. 377 do C. TST afasta qualquer dúvida a respeito:

"PREPOSTO. EXIGÊNCIA DA CONDIÇÃO DE EMPREGADO.

Exceto quanto à reclamação de empregado doméstico, ou contra micro ou pequeno empresário, o preposto deve ser necessariamente empregado do reclamado. Inteligência do , § 1º, da CLT e do da Lei Complementar n. 123, de 14 de dezembro de 2006."

Portanto, conclui-se que, como o gerente, o preposto deve estar diretamente ligado ou vinculado ao empregador. Ademais, com esse entendimento, evita-se a criação da figura espúria do preposto profissional, que poderia ser exercido por qualquer pessoa, mesmo não sendo habilitado profissionalmente, como são os Advogados, para representar em juízo. Não há mais entre nós a possibilidade da existência de rábulas, como havia outrora e que eram reconhecidos pela própria Ordem dos Advogados, embora com poderes limitados.

O preposto deve ter conhecimento dos fatos, não por tê-los vivenciado, mas por saber deles, mesmo circunstancialmente pela leitura da própria defesa ou narrativa de quem os conhece ou, ainda, por documentos consultados, pois efetivamente não será testemunha, mas representante do próprio empregador.

As declarações prestadas pelo preposto obrigarão o proponente e por quem, poderá confessar a ação em depoimento, que será considerado pessoal do empregador. A confissão poderá ocorrer também, com a simples negativa de conhecimento dos fatos.

A figura de contador autônomo que executa a escrituração da empresa, se não possuir vínculo empregatício com o reclamado, não poderá ser preposto, como acontece com o próprio Advogado.

A nomeação de preposto, pode ser feita por simples carta endereçada ao juízo e para determinado processo. Deve ser assinada por quem de direito e de preferência, acompanhada dos atos constitutivos da empresa proponente, se for o caso.

A ausência do empregador ou de seu preposto à audiência em que deveria apresentar defesa importará em revelia, ainda que esteja presente o Advogado munido de procuração, o que poderá ser elidida, apenas com a comprovação por atestado médico, de um ou outro estar impossibilitado de locomoção. É o que professa a jurisprudência sumulada:

"Sum. n. 122 — Revelia. Atestado médico.

A reclamada, ausente à audiência em que deveria apresentar defesa, é revel, ainda que presente seu Advogado munido de procuração, podendo ser ilidida a revelia mediante a apresentação de atestado médico, que deverá declarar, expressamente, a impossibilidade de locomoção do empregador ou do seu preposto no dia da audiência."

Mesmo assim, deverá se ter cuidado, quando a empresa possa ter outro empregado para ser seu preposto, substituindo aquele que está impossibilitado de comparecer por doença comprovada.

3.5. EMPREGADO

O § 2º do art. 843 da CLT prevê a representação do empregado reclamante por outro que pertença à mesma profissão, que por doença ou qualquer outro motivo poderoso, devidamente comprovado, não puder comparecer pessoalmente à audiência designada.

Essa representação, entretanto, também não pode ser equiparada ou confundida com representação processual que dá poderes ao representante para agir em nome do representado. Será ela apenas para justificar a ausência do representado e pleitear uma nova designação da audiência e, com isso, evitar o arquivamento do feito. Esse papel poderá ser feito também pelo Sindicato.

3.6. PAIS OU RESPONSÁVEIS LEGAIS

Essa representação se fará de acordo com a lei civil, se eventualmente menores absolutamente incapazes necessitarem ingressar em juízo para pleitear algum direito trabalhista, discutindo-se inicialmente, por exemplo, se o contrato de trabalho estabelecido com ele possui validade ou não.

Na hipótese de não haver pais, poderá se dar por meio de tutor ou de quem possua a guarda do menor. Poderá ainda ser nomeado curador *ad hoc* pelo Juiz.

4. ASSISTÊNCIA PROCESSUAL

A assistência processual é prevista nos arts. 119 e seguintes do Novo Código de Processo Civil.

Trata-se de um instituto processual, que autoriza terceiros a intervir em processo em que não seja parte, mas que possua algum interesse jurídico ou obrigação legal:

"Art. 119. Pendendo uma causa entre duas ou mais pessoas, o terceiro juridicamente interessado em que a sentença seja favorável a uma delas, poderá intervir no processo para assisti-la.

Parágrafo único. A assistência será admitida em qualquer procedimento e em todos os graus de jurisdição, recebendo o assistente o processo no estado em que se encontre."

O C. Tribunal Superior do Trabalho confirma, na Sum. n. 82, a possibilidade da ocorrência de intervenção assistencial no processo trabalhista, desde que haja interesse jurídico e não econômico:

"A intervenção assistencial, simples ou adesiva, só é admissível se demonstrado o interesse jurídico e não o meramente econômico perante a justiça onde é postulada."

Em julgamento perante a E. 3ª Turma do Tribunal Regional da 2ª Região, tivemos a oportunidade, como Relator, de decidir pedido formulado em recurso nesse sentido:

"Vistos etc.

O Município de São Bernardo do Campo, requereu às fls. 271 e seguintes, sua admissão no feito, na qualidade assistente litisconsorcial, sob o fundamento que a empresa pública que integra o polo passivo, não mais possui receita própria para custeio de suas obrigações, pois que atualmente somente tem por objetivo, o gerenciamento e fiscalização dos serviços de transportes no município. Juntou documentos.

Atendendo aos termos do artigo 51 do CPC as partes foram notificadas para manifestarem-se a respeito da intervenção, tendo o reclamante alegado (fls. 315/318) que o Município de São Bernardo do Campo não tem interesse jurídico para intervir no feito, mas somente econômico; a reclamada não se manifestou.

Submetido o pedido à Procuradoria Regional, propugnou em seu r. Parecer de fls. 320, pelos fundamentos expostos, pelo indeferimento, por incabível a assistência litisconsorcial pretendida.

Relatado, decido:

Por não se tratar de matéria fática, não depende a decisão sobre o pedido de assistência, de provas pelas partes.

Pode se verificar a assistência, quando o terceiro tiver interesse jurídico em que a sentença seja favorável a uma das partes e desse modo, poderá intervir no processo para assisti-la, conforme fundamenta o art. 50 do CPC, atuando como auxiliar da parte principal, exercendo os mesmos poderes e sujeitando-se aos mesmos ônus processuais que o assistido. Por outro lado ainda, o art. 54 do mesmo Diploma Legal, dispõe que considera-se litisconsorte da parte principal o assistente, toda vez que a sentença houver de influir na relação jurídica entre ele, assistente, e o adversário do assistido.

Portanto, não se verifica qualquer das hipóteses legais para o deferimento, pois não se trata o interesse da pretendente, meramente jurídico ou ainda, a decisão prolatada não irá afetar eventual relação jurídica com a parte contrária ao pretendido assistido.

A requerente justificou seu pedido na hipótese de vir a responder pelas obrigações inerentes à parte integrante do polo passivo no feito, o que é de absoluta natureza econômica e não jurídica, a sugerir outra hipótese jurídico-processual que não a pretendida.

Como expõe Celso Agrícola Barbi (Comentários ao Código de Processo Civil, I Vol. Tomo I, Editora Forense, 1977, pág. 292 e 293 — itens 320 e 321):

Como se vê, ao qualificar o interesse, que terá de ser *jurídico*, o art. 50, com isso, limitou o ingresso do assistente simples ou adesivo aos casos em que o terceiro tenha uma relação jurídica conexa com o direito em litígio ou dele dependente.

A conceituação do interesse jurídico para permitir o ingresso como assistente qualificado ou litisconsorcial, previsto no art. 54, não oferece nenhuma dificuldade. Basta a demonstração de que o terceiro é co-titular do direito em litígio, para que ele fique evidenciado. Realmente, se o terceiro poderia reclamar sozinho o direito em litígio nada mais natural do que poder ingressar no processo em que outro titular o está discutindo.

Ante o exposto, acorde a D. Procuradoria Regional, indefiro a intervenção do Município de São Bernardo do Campo, como assistente litisconsorcial da parte passiva no feito.

Dê-se ciência."

Em qualquer tipo de procedimento e em qualquer grau de jurisdição, poderá ocorrer a assistência processual, conforme dispõe o parágrafo único do supramencionado art. 119, recebendo o processo no estado em que se encontrar.

Não havendo impugnação no prazo de quinze dias, o pedido do assistente será deferido, salvo se for caso de rejeição liminar pelo juízo da causa. Havendo alegação de que falta ao requerente interesse jurídico para intervir, o juiz decidirá o incidente, sem suspensão do processo (art. 120 e parágrafo único do NCPC).

4.1. ASSISTÊNCIA SIMPLES

Deferida a assistência simples, o assistente atuará como auxiliar da parte principal, exercendo os mesmos poderes e se sujeitando aos mesmos ônus processuais que o assistido (art. 121 do NCPC). Sendo revel ou, de qualquer outro modo, omisso o assistido, o assistente será considerado seu substituto processual, não obstando, entretanto, que a parte principal reconheça a procedência do pedido, desista da ação ou transija sobre direitos controvertidos, cessando a intervenção (art. 122 do NCPC).

Transitada em julgado a sentença no processo em que interveio o assistente, este não poderá, em processo posterior, discutir a justiça da decisão, salvo se alegar e provar que, pelo estado em que receber o processo ou pelas declarações e pelos atos do assistido, foi impedido de produzir provas suscetíveis de influir na sentença; ou ainda, se desconhecia a existência de alegações ou de provas das quais o assistido, por dolo ou culpa, não se valeu.

4.2. ASSISTÊNCIA LITISCONSORCIAL

É a que considera o assistente como litisconsorte da parte principal, sempre que a sentença influir na relação jurídica entre ele e o adversário do assistido (art. 124 do NCPC).

4.3. ASSISTÊNCIA NO PROCESSO TRABALHISTA

O Código Civil em seu art. 1.634, V, dispõe sobre a obrigatoriedade dos pais em assistir os menores relativamente incapazes para a vida civil, o que se aplica também às relações jurídicas trabalhistas, nos atos em que forem partes, suprindo-lhes o consentimento:

> "Art. 1.634. Compete aos pais, quanto à pessoa dos filhos menores:
>
> V — representá-los, até aos dezesseis anos, nos atos da vida civil, e assisti-los, após essa idade, nos atos em que forem partes, suprindo-lhes o consentimento;"

Portanto, dá-se a assistência também quando a vontade do detentor do direito deve ser suprida, auxiliada por quem de direito, sob pena de nulidade do ato, o que, no entanto, não se confunde com substituição processual.

No Direito do Trabalho, deve ser suprida a manifestação de vontade dos relativamente incapazes, dentre os quais os menores de 18 e maiores de 16, já que, nessa faixa etária, podem manter contrato de trabalho com vínculo empregatício e consequentemente com capacidade processual relativa para ser parte em dissídio individual.

O art. 793 da CLT, trata da intervenção dos pais ou responsáveis legais dos menores relativamente incapazes, com imperfeição técnica, pois o faz como se fosse representação, quando o correto, como entende a doutrina, jurisprudência dominante e a própria lei, seria uma assistência.

Na falta deles, a assistência se fará pela Procuradoria da Justiça do Trabalho e onde não houver, o Juiz nomeará pessoa habilitada para desempenhar o cargo de curador à lide, que normalmente poderá ser um Advogado que, entretanto, não pode confundir-se com o eventual profissional constituído no processo, ainda que por instrumento público.

Como vimos anteriormente, o assistente apenas auxilia o assistido nas decisões, que deve manifestar livremente sua vontade e até mesmo para acordar nos autos, tanto que dispõe o art. 439 da Consolidação das Leis do Trabalho:

> "É lícito ao menor firmar recibo pelo pagamento dos salários. Tratando-se, porém, de rescisão do contrato de trabalho, é vedado ao menor de 18 anos dar, sem assistência dos seus responsáveis legais, quitação ao empregador pelo recebimento da indenização que lhe for devida."

Os Sindicatos têm o dever de prestar assistência judiciária aos integrantes da categoria profissional, sejam eles associados ou não, conforme art. 14 da Lei n. 5.584/70, desde que o assistido perceba salário igual ou inferior a dois salários mínimos ou ainda, se restar comprovado, mesmo por declaração do próprio, que responderá pelas penas da lei em caso de falsidade, que sua situação econômica não lhe permite ingressar com ação, sem prejuízo do sustento próprio ou de sua família.

Na hipótese, o Sindicato designará Advogado competente para intervir no feito como seu representante processual.

4.4. AMICUS CURIAE

A tradução literal da expressão latina "amicus curiae" como "amigo da corte", como sugere o próprio Supremo Tribunal Federal, não faz jus ao seu alcance e efeitos dentro do nosso direito, por se tratar de uma intervenção equiparável a de terceiros em processos por parte de pessoas e entidades representativas da sociedade, para manifestação nos autos sobre questão de direito em razão do fato objeto controvertido.

Dispõe o art. 138 do NCPC que, considerando-se a relevância da matéria, a especificidade do tema objeto da demanda ou a repercussão social da controvérsia, poderá ser admitido pelo juiz ou relator do processo, em decisão irrecorrível, de ofício ou a requerimento das partes ou de quem pretenda manifestar-se, solicitar ou admitir a participação de pessoa natural ou jurídica, órgão ou entidade especializada, com representatividade adequada.

Depreende-se que a intervenção poderá ocorrer em instâncias originárias ou superiores, tanto sendo solicitado pela própria autoridade judiciária como também a requerimento das partes ou de quem pretenda ingressar e participar do processado, como pessoa física ou jurídica.

Para tanto, necessário que seja matéria relevante e de repercussão social e de quem seja especialista ou com representatividade adequada em associações ou entidades afim.

A intervenção não implica alteração de competência do juízo e não autoriza, inclusive, a interposição de recursos, ressalvada a possibilidade de oposição de embargos de declaração ou que seja decisão incidente de resolução de demandas repetitivas.

Finalmente, caberá ao juiz ou relator, não admissão do "amicus curiae", definir exatamente quais são os seus poderes no processo.

5. SUBSTITUIÇÃO PROCESSUAL

Substituição processual é o meio pelo qual alguém pleiteia judicialmente, em seu nome próprio, direito alheio, desde que devidamente autorizado pela lei, como se depreende do art. 18 do NCPC:

> "Ninguém poderá pleitear direito alheio em nome próprio, salvo quando autorizado pelo ordenamento jurídico."

Nessa hipótese estará ocorrendo uma legitimação extraordinária para a causa, pois a ordinária, é feita pelo próprio interessado ou detentor do direito e, portanto, legitimado a faze-lo diretamente, segundo previsão do art. 17 do mesmo NCPC:

> "Para postular em juízo é necessário ter interesse e legitimidade."

A substituição processual no processo trabalhista é uma tendência moderna, embora fosse prevista em algumas situações expressas na lei, que veio consolidar-se com preceito constitucional de 1988, instituído em seu art. 8º, inciso III:

> "ao sindicato cabe a defesa dos direitos e interesses coletivos ou individuais da categoria, inclusive judiciais ou administrativas."

Mesmo com a previsão constitucional, entende a melhor doutrina e jurisprudência que a substituição processual não pode se dar indiscriminadamente, em qualquer situação ou procedimento, mas apenas conforme previa o art. 18 do NCPC, que não foi contrariado irremediavelmente pela norma constitucional ou mesmo por outras infraconstitucionais que se seguiram e que serviram para reforçar o entendimento e não a sua revogação, de que ninguém poderá pleitear, em nome próprio, direito alheio, salvo quando autorizado pelo ordenamento jurídico, que nada mais é do que a própria lei de que dispunha o idêntico preceito processual anterior.

Portanto, há necessidade de a lei prever quando poderá se dar a substituição processual e principalmente pelo Sindicato, que atuará como defensor de interesses privados dos integrantes da categoria que representa.

A substituição no processo trabalhista possui algumas características próprias, onde o substituído pode desistir da ação ou mesmo transacionar, quando possível, o eventual direito objetivado, o que, entretanto, não poderá ser feito pelo substituto, sem que esteja expressamente autorizado para tanto.

Nada impede que o substituído assuma a posição de parte. Fazendo por meio de ação autônoma, haverá litispendência ou mesmo coisa julgada, conforme o estado da reclamatória, com a ação proposta pelo substituto, acarretando sua extinção.

Outra característica é o substituto poder intentar a ação, sem a aprovação ou mesmo sem aguardar eventual inércia do substituído a respeito de seu interesse ou direito.

Diz-se, assim, que a substituição é, respectivamente, autônoma, concorrente e primária.

Sucessão processual das partes é uma forma de substituição processual, com a diferença porém, de que o sucessor passa a defender seus próprios interesses em razão da sucessão e não interesses alheios.

A sucessão por ato entre vivos resume-se na possibilidade de ser apenas entre empregadores e não de empregados, pois, do contrário, estaria se admitindo a hipótese de ser permitida a venda ou cessão de direitos trabalhistas, que é incompatível com princípio protecionista da legislação trabalhista. Portanto, a sucessão do empregado poderá ocorrer apenas na hipótese de seu falecimento, por seus sucessores, como vimos.

Há quem sustente poder haver cessão de crédito pelo empregado, com base no art. 286 do Código Civil, pelo que o credor pode ceder o seu crédito, se a isso não se opuser a natureza da obrigação, a lei, ou convenção com o devedor. A própria CLT em seu art. 878 dispõe que a execução poderá ser promovida por qualquer interessado, depreendendo-se que poderia ser igualmente por cessionário. Deve-se agir com cautela para diferenciar as situações fáticas para se admitir ou não a transação. Entretanto, cessão de direitos não se confunde com cessão de crédito.

Os sindicatos, na instauração de dissídio coletivo, atuam com legitimação ordinária e não extraordinária, representando a respectiva categoria profissional ou econômica. Portanto, o interesse processual é diretamente do sindicato, embora o exerça em favor de sua categoria.

Em substituição extraordinária, os Sindicatos poderão atuar em defesa dos direitos individuais dos integrantes da categoria profissional, com restrições quanto à execução no processo, como referido anteriormente.

Logo após a promulgação da Constituição Federal de 1988, em julho de 1989, participamos de um Congresso sobre Direito do Trabalho, proferindo palestra sobre Substituição e Representação Processual, que ainda pode ser considerado em alguns aspectos:

> "O tema proposto é Substituição e Representação Processual e para o que foram formuladas duas questões:
>
> a) A Constituição Federal, artigo 8º, inciso III, confere ao Sindicato de Trabalhadores o poder de substituição processual ampla para todos os membros da categoria e tipos de questões?
>
> b) A lei deve impedir o trabalhador de desistir de reclamação na qual o seu interesse é defendido pelo Sindicato?
>
> Antes de respondermos a primeira pergunta, devemos questionar se o referido art. 8º da Constituição Federal, inciso III, confere aos Sindicatos o poder de substituição processual. Entendemos que não. Referido preceito constitucional apenas ressalta um dos deveres do Sindicato, que é a defesa dos direitos e interesses coletivos ou individuais da categoria, inclusive em questões judiciais ou administrativas. Em momento algum dispôs que deva ser como substituto processual, que se assim fosse, estaria expresso, como constava no projeto constitucional inicial, com a seguinte redação: Ao Sindicato cabe a defesa dos direitos e interesses coletivos ou individuais, inclusive como substituto processual, em questões judiciais ou administrativas;
>
> Entretanto como sabemos, a redação final aprovada suprimiu a expressão como substituto processual. E não se pode dizer que foi suprimida por desnecessária, pois que substituição processual não é regra geral e sim exceção.

Por ser exceção é que entendemos que substituição processual somente pode se dar quando autorizado expressamente em lei, como acontece em ações de cumprimento de sentença normativa, previstas no art. 872, parágrafo único da CLT; ou no art. 3º, §2º, da Lei n. 6.708/79 repetido posteriormente pela Lei n. 7.238/84 que dispunham sobre a correção automática de salários; ou no art. 195, § 2º, da CLT, que deu origem à Súmula n. 271 do E. Tribunal Superior do Trabalho, para a percepção de adicional de insalubridade ou periculosidade pelos trabalhadores que trabalhem em condições para tanto; ou mais recentemente, o que vem confirmar que somente pode haver substituição processual se autorizado expressamente pela lei, é a edição da Lei n. 7.788 de 03 de julho de 1989, portanto, recentíssima e posterior a promulgação da atual Constituição Federal, que dispõe sobre a política salarial e dá outras providências, que no seu art. 8º, confere aos Sindicatos o poder de substituição processual da categoria, fazendo até remissão ao inciso III do art. 8º da Constituição. Se fosse ao contrário, ou seja, o referido dispositivo constitucional autoaplicável, desnecessário seria agora, em lei ordinária, constar tal autorização. A lei não faz referências desnecessárias, como também sabemos.

Mesmo o eminente Advogado e jurista (hoje Magistrado do Tribunal Regional do Trabalho da 2ª Região), José Carlos Arouca, que sabidamente advoga e com maestria, quase que somente para Sindicatos de categorias profissionais, em seu livro A Nova Constituição e os Trabalhadores, editado pelo Sindicato dos Trabalhadores nas Industrias da Construção Civil de São Paulo, p. 52, ao comentar o referido artigo 8º, inciso III, da Constituição, faz restrições a substituição processual, limitando-a àquelas ações cujo objeto independa de depoimento pessoal. Essas ações envolvem, em sua maioria, questões de direito e aplicáveis a toda categoria.

Assim concluímos, num processo de interpretação, que o Constituinte não pretendeu dar a amplitude que agora alguns querem emprestar ao instituto da substituição processual, mas sim, relegando à lei ordinária, fazê-lo como aconteceu com a citada Lei n. 7.788/89.

A lei constitucional não revogou tampouco o art. 6º do Código de Processo Civil, que dispõe que Ninguém poderá pleitear, em nome próprio, direito alheio, salvo quando autorizado por lei.

Como dissemos, esse é um princípio genérico, pois a lei, ao negar que alguém possa pleitear em nome próprio, direito alheio, fixa o princípio afirmativo de que somente o titular do direito pode demandar acerca dele, pois que é mais conveniente que cada pessoa tenha a iniciativa de reclamar em juízo seus direitos.

Celso Agrícola Barbi, em seu livro Comentários ao Código de Processo Civil (I Vol. Tomo 1, arts. 1º a 55, da Editora Forense, p. 116, diz que, teoricamente, pode-se admitir um sistema em que, como regra geral, qualquer pessoa possa vir a juízo reclamar direito de outrem, apesar de, pessoalmente, não ter interesse nesse direito. Mas, mesmo nos países socialistas, em que o princípio individualista deixou de prevalecer, a regra geral ainda é a afirmada em nosso País, se bem que as exceções sejam mais numerosas.

Portanto, vemos aí nessa lição que apenas teoricamente pode-se admitir a substituição processual como um instituto geral e o que sequer acontece até em países socialistas.

Assim sendo, vamos à resposta da primeira pergunta:

A Constituição Federal, art. 8º, inciso III, confere ao Sindicato de Trabalhadores o poder de substituição processual ampla, para todos os membros da categoria e tipos de questões?

Desde logo respondemos que não. Entendemos que efetivamente esse preceito legal não concede aos Sindicatos de Trabalhadores o poder de substituição processual e muito menos ampla para todos os membros da categoria e tipos de questões, conforme já expusemos.

Ademais, devemos entender o sentido que possa ter a palavra ampla contida na pergunta. Entendemos que venha a ser no sentido mais lato possível, ou seja, sem qualquer restrição, de ordem processual ou mesmo com relação a qualificação de membros, se somente aquele associado ou a todos os trabalhadores pertencentes àquela categoria profissional. Nesse sentido, enfaticamente repetimos o nosso não inicial.

Se assim fosse teríamos sérios entraves à administração da Justiça: o direito de ação é uma faculdade subjetiva e que somente ao titular do direito diz respeito; a coisa julgada atingiria não somente ao substituto, como também ao substituído, que se surpreenderá, ou com um resultado negativo ou positivo e, às vezes, surpreenderá aquele que sequer cogitava em acionar o seu empregador; haveria na verdade uma concorrência processual de difícil controle jurisdicional. O resultado, portanto, poderá ocasionar sérios prejuízos ao titular do direito material, por uma sujeição heterônima.

Como executar uma sentença dando a satisfação final e necessária de um julgado, se nesse sentido não tivéssemos a nomeação dos atingidos, como aconteceria se permitíssemos a substituição de todos os membros de uma categoria profissional pelo órgão de classe? No polo passivo do feito deveriam ser nomeados todos os atingidos? Todas as empresas das respectivas categorias econômicas deveriam apresentar defesa?

Logicamente que as respostas devem ser positivas, pois do contrário não teríamos a formação válida da relação processual. Imaginem, os Senhores, as dificuldades que teríamos de enfrentar para a execução de uma sentença e repetimos, para satisfação do julgado e complementação do dever jurisdicional.

Assim sendo podemos concluir que a Constituição Federal, através de seu art. 8º, inciso III, remete a questão da substituição processual à autorização da lei ordinária e apenas para o substituído devidamente qualificado e para determinados tipos de questões de cunho eminentemente genérico à categoria ou a um grupo de trabalhadores.

Com referência à pergunta, ou seja:

A lei deve impedir o trabalhador de desistir da reclamação na qual o seu interesse é defendido pelo Sindicato?

Mais uma vez respondemos que não, pois em se tratando de direito individuais, somente o trabalhador, diretamente interessado, beneficiário ou não da ação, é quem pode saber o que é ou não bom para ele; qual o momento adequado para pleitear a satisfação de um direito. Enfim, ele deve exercer plenamente a autonomia de sua vontade.

Mesmo assim, tal como ocorre com a substituição processual, o impedimento de desistência deve vir expresso ou mesmo implícito na lei. Se estiver ocorrendo a substituição processual, tecnicamente poderia ser entendido como impossível a desistência, pois que parte no processo é o próprio substituto, que possui legitimação extraordinária, em que, a titularidade da relação jurídica processual é atribuída à pessoa distinta da que figura na relação jurídica material e portanto, somente ele, substituto processual, poderia desistir da reclamação.

Entretanto, como se pode admitir e conforme entendimento jurisprudencial e doutrinário, nesses casos haverá também coisa julgada com relação ao substituído e assim, como atingido pela relação processual, somos de que pode desistir da relação, mesmo impedido pela lei, que não pode ferir esse direito.

Na representação processual, que difere da substituição, o trabalhador, e sem qualquer objeção de ordem acadêmica, pode manifestar sua desistência da reclamação, pois que aqui ele é a própria parte representada."

5.1. SUBSTITUIÇÃO PROCESSUAL — JURISPRUDÊNCIA

Muitas são as divergências doutrinárias e jurisprudenciais a respeito da substituição processual extraordinária no processo trabalhista, contendo cada qual razões de relevância jurídica.

Por serem várias as posições adotadas, preferíamos, em nome da economia e celeridade processual, como também por mais se coadunar com os aspectos jurídicos e práticos que se levantavam, aplicar a Súmula n. 310 do C. TST, antes de seu cancelamento, pois nivelava o instituto. Essa Súmula foi cancelada pela Res. n. 121/2003 do C. TST, que resolveu deixar a substituição processual pelo Sindicato, para livre interpretação.

Dispunha a referida Súmula:

"I — O artigo 8º, inciso III, da Constituição da República, não assegura a substituição processual pelo sindicato.

II — A substituição processual autorizada ao sindicato pelas Lei ns. 6.708/79, e 7.238/84, limitada aos associados, restringe-se às demandas que visem aos reajustes salariais previstos em lei, ajuizadas até 03 de julho de 1989, data em que entrou em vigor a Lei 7.788.

III — A Lei 7.788/89, em seu artigo 8º, assegurou, durante a sua vigência, a legitimidade do sindicato como substituto processual da categoria.

IV — A substituição processual autorizada pela Lei 8.073, de 30 de julho de 1990, ao sindicato alcança todos os integrantes da categoria e é restrita às demandas que visem a satisfação de reajustes salariais específicos resultantes de disposição prevista em lei de política salarial.

V — Em qualquer ação proposta pelo sindicato como substituto processual, todos os substituídos serão individualizados na petição inicial e, para o início da execução, devidamente identificados, pelo número da Carteira de Trabalho e Previdência Social ou de qualquer documento de identidade.

VI — É lícito aos substituídos integrar a lide como assistente litisconsorcial, acordar, transigir e renunciar, independente de autorização ou anuência do substituto.

VII — Na liquidação da sentença exequenda, promovida pelo substituto, serão individualizados os valores devidos a cada substituto, cujos depósitos para quitação serão levantados através de guias expedidas em seu nome ou de procurador com poderes especiais para esse fim, inclusive nas ações de cumprimento.

VIII — Quando o sindicato for o autor da ação na condição de substituto processual, não serão devidos honorários advocatícios."

Após cancelamento, surgiram novas interpretações pelo próprio TST, dando maior amplitude ao preceito erigido no art. 8º, III, da Constituição Federal, a começar pelo julgamento de determinado recurso de revista, que a D. Turma entendia que a representação exercida na oportunidade pelo Sindicato recorrente deveria ser atendida. Para tanto, houve a necessidade de se rediscutir a aplicação da referida Súmula, culminando pelo seu cancelamento em 2003 por Resolução Administrativa.

A referida Súmula restringia a substituição para as hipóteses autorizadas pelas Leis ns. 6.708/79, 7.238/84 e 8.073/90, limitativas ao que objetivavam.

A possibilidade de substituição passou a ser mais ampla, plena, recebendo os aplausos dos Sindicatos, que passaram a ter maior liberdade em suas ações, de representação dos empregados, em direitos tidos como individuais homogêneos.

De qualquer forma, permanece a necessidade de se relacionar os substituídos na petição inicial da ação proposta e para o início da execução, identificados devidamente por meio da CTPS ou qualquer outro documento de identidade para efetivamente ter-se ciência a quem deverá se dar a entrega jurisdicional.

Resta, também, a possibilidade de os substituídos integrarem a lide como assistente litisconsorcial (parágrafo único do art. 18 do NCPC) e como tal, acordar, transigir e renunciar, independentemente de autorização ou anuência do substituto, o que significa que poderá exercer sua vontade plenamente na ação, como o titular do direito que se discute ou que se conferiu judicialmente.

Portanto, não se permitirá ao Substituto levantar toda a importância condenada e liquidada, como uma massa uniforme para posterior distribuição, o que não daria certeza da liquidação efetiva do feito ao substituído que é o detentor do direito.

Certa feita deferimos, na condição de Juiz Relator em recurso de Agravo de Petição, o prosseguimento da execução diretamente ou não pelos substituídos, pois entendia o juízo de primeiro grau que teria sido extinta após a homologação de acordo realizado nos autos, mas que, entretanto, somente atingia parte dos substituídos e não a sua totalidade, conforme relacionados na inicial, o que significa que os créditos devem ser tomados individualmente e não coletivamente.

IX Das Nulidades

1. GENERALIDADES

Nulidades processuais são vícios que inquinam, maculam ou atingem atos praticados no processo, sem a observação dos elementos ou condições necessários para a sua validade, comprometendo-os de forma absoluta ou relativa.

As nulidades no processo trabalhista vêm disciplinadas expressamente nos arts. 794 a 798 da CLT e, portanto, as previstas no NCPC somente terão aplicação subsidiária e quando não contrariar qualquer norma processual trabalhista ou mesmo aos seus princípios característicos, dentre eles, a oralidade, celeridade e economia.

Embora deva atender determinadas formas, o processo trabalhista não se atém a elas de modo absoluto e, levando em consideração a necessidade de simplificá-las, as faz apenas como meio para se obter uma definição mais rápida com a prolação da decisão final e, desse modo, a prestação jurisdicional.

Nulidade pode ser encarada como uma sanção à parte que descumprir regras procedimentais e, com isso, acarretando a anulação do ato e os consequentes.

1.1. PRONUNCIAMENTO

Nem sempre as nulidades processuais devem ser declaradas pelo juízo, conforme dispõe o art. 794 da CLT:

> "Nos processos sujeitos à apreciação da Justiça do Trabalho, só haverá nulidade quando resultar dos atos inquinados manifesto prejuízo às partes litigantes. (g.n.)"

Significa dizer que, mesmo na verificação de vícios processuais, se não causarem prejuízo relevante à qualquer das partes, não haverá nulidade a ser decretada, pela inocuidade que seria do ato, causando atraso desnecessário ao procedimento para que fosse eventualmente sanado.

Praticamente não se admite outra hipótese, pois o preceito legal invocado é restritivo quando usa a expressão "só". Por manifesto deve se entender quando restar prejudicado irremediavelmente a solução final do processado ou do próprio ato, o que deve ser demonstrado pela parte.

1.2. IMPRONUNCIAMENTO

Conforme o art. 796 da CLT, a nulidade não será pronunciada, declarada, quando for possível suprir-se a falta ou repetir-se o ato ou, ainda, quando for arguida por quem lhe tiver dado causa.

Pelo princípio da celeridade e economia processual, o Juiz poderá determinar que a nulidade seja suprida, ou seja, o ato consertado, eliminando-se ou afastando-se o que lhe causava o mal, ou até mesmo, que seja repetido e agora, sem qualquer vício ou com ele sanado.

Finalmente, não será também declarada, quando for arguida por quem lhe deu causa, e portanto pelo culpado, como forma de não se procrastinar o feito e com isso afastar desnecessariamente a solução final.

1.3. EXTENSÃO DA DECLARAÇÃO

Os arts. 797 e 798 da CLT complementam as nulidades, dispondo que o Juiz ou o Tribunal, pronunciando a nulidade, declarará os atos que se estende, como também declarará nulos os posteriores que são decorrentes ou dependentes.

Portanto, na retroação da nulidade, o juízo poderá ressalvar e manter alguns atos praticados no interregno, como por exemplo, depoimentos das partes e testemunhas etc., que, se repetidos, poderiam ser alterados na essência ou ser meramente repetitivos, o que não contribuiria em nada para um princípio processual que sempre deve ser levado em consideração, ou seja, o da economia e celeridade processual.

O processo deve ser célere e caminhando sempre em busca de seu objetivo principal, que é a completa prestação jurisdicional, dizendo do direito a quem deva ser dito.

2. NULIDADE RELATIVA

Busca-se na nulidade do ato jurídico os elementos necessários para a conceituação da nulidade relativa processual.

Nulidade do ato jurídico decorre de uma ação humana de qualificação jurídica, praticada com a desobediência a determinados requisitos legais, que, entretanto, não atingem a substância do ato, mas apenas sua eficácia, tornando-o inapto a produzir efeitos que normalmente deveriam ocorrer. São aqueles praticados com vícios, que não os inquinam de nulidade absoluta, tanto que podem ser ratificados pelas partes, expressa ou tacitamente, ressalvando-se direito de terceiros, produzindo efeitos até declaração em contrário pelo Judiciário.

Nulidade relativa processual, portanto, é o que incide sobre determinados atos ou ações processuais, praticadas dentro do processo, com a desobediência de certos requisitos legais que não atingem a substância do ato processual, mas sua eficácia no procedimento.

Por serem ratificáveis pelas partes, não podem ser declaradas de ofício pelo Juiz, a menos que o ato praticado seja seu próprio, quando então poderá reconsiderá-lo espontaneamente, sanando ou escoimando os vícios verificados, para o prosseguimento regular do processo.

A nulificação deve ser provocada pela parte, que pode ainda se valer do instituto da correição parcial, quando assim não for entendida pelo juízo, por petição dirigida à Corregedoria Regional ou Geral, conforme a hipótese, que por meio de decisão, determinará que seja o ato retificado.

Ela se convalida pelo tempo, como também pela ratificação tácita ou expressa das partes, principalmente daquela que eventualmente teria sido prejudicada.

2.1. ARGUIÇÃO DA NULIDADE

Pelo art. 795 da CLT, reveste-se de fundamental importância para a verificação e decretação eventual da nulidade de um ato, se as provocações com relação à nulidade relativa foram feitas pela parte interessada à primeira vez que tiver que falar em audiência ou nos autos.

A disposição desse preceito é imperativa, no sentido de que as partes deverão, não apenas podem, arguir na primeira oportunidade.

O momento da arguição, portanto, deve ser à primeira vez que tiver que falar em audiência ou nos autos a partir da ciência do fato e, desse modo, se deixar de fazê-lo, significa que precluiu o direito da arguição e até mesmo de sua renovação por ocasião da apresentação do recurso apropriado à decisão prolatada.

O silêncio convalida o ato, como que concordando com ele a parte que deveria se manifestar e não o fez, como vimos.

Entende-se por primeira vez a primeira oportunidade que a parte tiver que se manifestar nos autos, sobre qualquer motivação, mesmo que não seja referente ao ato inquinado, quando aproveitando o ensejo, deverá arguir a nulidade.

Em audiência, o momento será quando o Juiz conceder a palavra à parte, que poderá inclusive requerê-la. Se deferida, fará a arguição; se indeferida, fará posteriormente por escrito e protocolado em secretaria, devendo demonstrar o vício e as consequências que lhes são prejudiciais, em atendimento ao art. 794, e, finalmente, requerer expressamente a nulidade e a repetição do ato, se for o caso ou apenas sua eliminação do processo.

O requerimento será apreciado pelo juízo e, dependendo da solução, poderá e deverá ser arguido por ocasião da apresentação do recurso apropriado à matéria, se lhe for desfavorável.

Ainda em audiência, principalmente se for una, a parte terá, ao final da instrução, o prazo legal de dez minutos para aduzir razões finais, quando então poderá fazer a arguição da eventual nulidade e o requerimento para a sua solução.

Se encerrada a instrução e designada outra data para a prolação da sentença, fatalmente será concedido prazo para apresentação em cartório de razões finais e nessa peça, como já se salientou, deverá haver a arguição.

Na eventualidade da não marcação de prazo, a parte poderá apresentá-las em cinco dias após o encerramento da instrução ou até mesmo comparecer à data da audiência designada para o prosseguimento e prolação da sentença, requerendo que antes sejam ouvidas suas razões finais e então a arguição de nulidade.

É costume, em audiência, as partes protestarem contra algum ato praticado pelo Juiz, quando, por exemplo, indefere uma pergunta dirigida à testemunha.

Entretanto, simples protesto não significa que a parte esteja arguindo nulidade do ato praticado, mas apenas que não se conforma com ele e então, posteriormente, dentro do que dispõe a lei e conforme explicado, terá que se manifestar formalmente nos autos a respeito, fundamentando adequadamente sua irresignação pelo praticado, sem a observância de certos preceitos jurídico-processuais.

Há Juízes, que para evitar eventual atrito com a parte, consignam referidos protestos, até mesmo sem terem sido formulados.

A jurisprudência sedimentada na OJ-SDI1-350 do C. TST considera que o Ministério Público do Trabalho possa arguir nulidades em favor de entes públicos em seu parecer:

> "MINISTÉRIO PÚBLICO DO TRABALHO. NULIDADE DO CONTRATO DE TRABALHO NÃO SUSCITADA PELO ENTE PÚBLICO NO MOMENTO DA DEFESA. ARGUIÇÃO EM PARECER.POSSIBILIDADE.
>
> O Ministério Público do Trabalho pode arguir, em parecer, na primeira vez que tenha de se manifestar no processo, a nulidade do contrato de trabalho em favor de ente público, ainda que a parte não a tenha suscitado, a qual será apreciada, sendo vedada, no entanto, qualquer dilação probatória. "

3. NULIDADE ABSOLUTA

Para a sua conceituação, servimo-nos igualmente do que ocorre com os atos jurídicos nulos, que são aqueles que carecem de validade formal ou vigência, por conterem vício insanável que o compromete irremediavelmente, dada a preterição ou violação de exigências que a lei reputa como essenciais ou substanciais, como se verifica na violação de disposição imperativa da lei e que, por essa razão, não produz qualquer efeito, e se o produziu, por qualquer razão, deve-se retornar ao estado original.

O ato jurídico nulo não é ratificável pelas partes da relação e nem se convalida pela ação do tempo.

Portanto, nulidade absoluta processual é o que se pratica no processo, com a ocorrência de um vício insanável, que compromete irremediavelmente o prosseguimento da relação jurídico-processual, dada a preterição ou violação de exigências imperativas da lei e que, por essa razão, não produz qualquer efeito, e se o produziu, por qualquer razão, deve-se retornar ao *status quo ante*.

Se a nulidade for absoluta, poderá ser declarada de ofício pelo juízo ou por provocação da parte, a qualquer tempo, pois que não se convalida pela ação do tempo e não são ratificáveis pelas partes.

Quanto à aplicação do § 1º do art. 795 da CLT, apesar de dispor que a nulidade fundada em incompetência de foro deve ser declarada de ofício, o que leva à interpretação de que essa competência é absoluta, é entendimento assente na corrente majoritária que é relativa e pode ser prorrogada para outra localidade, se não provocada pela parte.

Discute-se se a competência em razão do lugar é relativa ou absoluta, para que se possa entender prorrogável ou não a jurisdição ou se necessária a arguição pela parte ou declarada *ex officio*.

Esclarecendo *in concreto*, seria a hipótese de um empregado que trabalha na cidade de São Paulo e ajuíza sua reclamatória em Guarulhos onde reside, quando deveria fazê-lo em uma das Varas existentes na primeira localidade (São Paulo) competente para aquele feito de acordo com a lei.

Nesse ponto é que surge a controvérsia jurisprudencial: se a competência for considerada relativa, o empregador deve arguir exceção de incompetência de foro, para o processo ir para uma das Varas de São Paulo, e se não o fizer, significa que tacitamente estará aceitando a prorrogação da jurisdição de São Paulo para Guarulhos; se for considerada absoluta, arguindo ou não o empregador exceção de incompetência, o próprio Juiz da Vara, de ofício, ou seja, por sua própria iniciativa, se dará por incompetente e determinará a remessa do feito ao juízo competente.

Entendemos particularmente, que a lei não traz palavras inúteis em seu disciplinamento e assim, se diz que a nulidade em incompetência de foro deve ser declarada de ofício, é por entender absoluta.

Ademais, é regra no processo trabalhista a impossibilidade da ocorrência do foro de eleição, em que as partes, por livre iniciativa, escolhem ou elegem o foro competente, como acontece no processo civil, mas este por ordem do contido no art. 63 de seu diploma legal, que não deve ser aplicado no trabalhista, por lhe ser incompatível (art. 2º, I, da IN n. 39/2016 do TST).

Admitindo-se a competência relativa, estaríamos admitindo o absurdo de um empregado, que trabalhou em São Paulo, promova reclamação trabalhista numa localidade distante, tornando quase impossível a defesa e arguição de incompetência por parte do empregador, diante das despesas que teria para o deslocamento de seus representantes.

X Fase Postulatória e Conciliatória

1. POSTULATÓRIA

A fase postulatória inicia-se com a petição inicial, que é uma das peças mais importantes do processo, pois dela depende todo o seu regular desenvolvimento, e termina com a apresentação da defesa pelo reclamado, fechando a litiscontestação, ou seja, os limites da ação.

Atualmente há vários procedimentos processuais no Direito do Trabalho, mas todos basicamente possuem os mesmos requisitos legais e doutrinários para a validade, inclusive no que se aplicar às relações submetidas às Comissões Prévias de Conciliação, como já tivemos a oportunidade de expor anteriormente.

Entretanto, com o advento do procedimento sumaríssimo, por questão didática, será abordado em separado e em seguida ao genérico.

1.1. INICIAL

1.1.1. Generalidade

Como vimos, a inicial poderá ser verbal e reduzida a termo ou por escrito, subscrita pelo próprio interessado ou Advogado que lhe representa, devidamente constituído por instrumento de procuração e, finalmente, pela Procuradoria da Justiça do Trabalho na eventualidade de representação, e pelo Sindicato, como substituto processual.

A petição inicial, qualquer que seja sua modalidade, para dar início ao desenvolvimento regular do processo, antes de tudo, deve ser clara, precisa e concisa, além de preencher todos os requisitos técnicos ditados pelos arts. 319 ao 321 do NCPC.

Deverá, portanto, conter a indicação do Juiz ou Tribunal a que é dirigida; o nome das partes, devidamente qualificadas (estado civil, a existência de união estável, a profissão, número de inscrição no Cadastro de Pessoas Físicas ou no Cadastro Nacional de Pessoa Jurídica) e com endereços, código postal e até mesmo endereço eletrônico se houver; o fato que se constitui na causa de pedir e seus fundamentos; o pedido com suas especificações; o valor da causa; as provas com que se pretende demonstrar a verdade dos fatos alegados; e, finalmente, o requerimento para a notificação do reclamado.

O NCPC atualizou em alguns aspectos as condições de ação, tal como, constar na qualificação o tipo de união do casal, se casados ou com união estável, o número de inscrição no Cadastro de Pessoas Físicas ou no Cadastro Nacional da Pessoa Jurídica, o endereço eletrônico. Eventualmente não dispondo o autor das informações previstas, poderá requerer ao juiz diligências necessárias à sua obtenção. Entretanto, excepciona que não deverá ser indeferida a inicial a despeito da falta de informações, se possível for a citação do réu, ou ainda, se a obtenção tornar impossível ou excessivamente oneroso o acesso à justiça. Plenamente justificáveis as exceções, principalmente no processo trabalhista, pois haverá reclamantes que não disporão de meios para prestar muitas das informações, tais como inscrições cadastrais, endereço eletrônico etc., muito embora o próprio juiz poderá dispor eletronicamente delas e no próprio momento da audiência.

Nesse sentido o C. TST alterou a Súmula n. 263 para constar:

> "PETIÇÃO INICIAL. INDEFERIMENTO. INSTRUÇÃO OBRIGATÓRIA DEFICIENTE.
>
> Salvo nas hipóteses do art. 330 do CPC de 2015 (art. 295 do CPC de 1973), o indeferimento da petição inicial, por encontrar-se desacompanhada de documento indispensável à propositura da ação ou não preencher outro requisito legal, somente é cabível se, após intimada para suprir a irregularidade em 15 (quinze dias), mediante indicação precisa do que deve ser corrigido ou completado, a parte não o fizer (art. 321 do CPC de 2015)."

Portanto, de qualquer forma, pelo art. 321 do NCPC e devidamente sumulado, o juiz está autorizado a determinar que o autor emende ou complete a inicial que apresente defeitos e irregularidades capazes de dificultar o julgamento de mérito, no prazo de 15 dias, mas indicando com precisão do que deve ser corrigido ou complementado. Não sendo cumprida a diligência, a inicial ser indeferida (art. 321 e parágrafo único do NCPC).

Por clareza, precisão e concisão, significa que a peça deve ser bem redigida, em que toda a matéria esteja colocada de forma ordenada e lógica, demonstrando objetivamente o que se pretende, sem estender-se a outros fatos desnecessários ao objetivo. Deverá, enfim, prequestionar o que seja essencial para a demonstração do direito.

Exemplo: A parte desejando discutir a validade do contrato de experiência e com isso transformar a relação por prazo indeterminado, em que algumas consequências são distintas, deverá indicar os fatos que o viciam e o tornam nulo e não apenas dizer que houve uma contratação por prazo indeterminado. Havendo o prequestionamento, poderá ser discutido na lide.

Na destinação da petição, bastará que se mencione genericamente a quem é dirigida, como por exemplo: Exmo. Sr. Dr. Juiz do Trabalho da Vara do Trabalho da Capital, ou ainda Exmo. Sr. Dr. Juiz Presidente do Tribunal Regional da 2ª Região, conforme a competência originária para o feito. Não há necessidade de se identificar a pessoa correspondente, pois naquele dia e hora poderá estar sendo representado por outra que não aquela indicada.

As partes deverão ser corretamente identificadas e qualificadas, além de conter ainda na peça, obrigatoriamente, o endereço do reclamado, acompanhado do código postal, pois as notificações serão por essa via. Se possível, como salientado, deverá conter o CPF ou CNPJ das partes.

O reclamante, se representado, poderá ser qualificado no instrumento de procuração, como é obrigatório para a sua validade formal e se reportar a ela na inicial.

Com referência ao reclamado, se empresa, não haverá necessidade da citação de seus responsáveis legais, pois a notificação será no estabelecimento e poderá ser recebida por qualquer pessoa relacionada com ela, tais como empregados em geral, agentes de segurança etc., que assinará o comprovante de entrega.

Em edifícios de condomínio, onde estarão localizados escritórios, até mesmo dos Advogados representantes, será considerada realizada a notificação, com a entrega na portaria onde são entregues normalmente qualquer outra correspondência.

Enfim, é ônus da empresa ou da reclamada cuidar de sua organização para que não haja extravio de sua correspondência e desse modo ter condições do atendimento ao chamado judicial.

Os fatos narrados na inicial é que darão sustentação aos pedidos e portanto, se constituirão, nas causas de pedir, sem a necessidade premente de se indicar os fundamentos jurídicos que lhes corresponderem.

Os fatos deverão ser expostos logicamente e de forma desencadeante, ou seja, desde os mais genéricos e abrangentes até os menores e menos abrangentes e, sempre que possível, de forma articulada, para possibilitar melhor apreciação e decisão por parte do juízo, em confronto com as provas produzidas.

Deverá conter também a inicial os dados principais do contrato de trabalho, tais como a data de admissão, função, salário (sempre o último, se não for necessário especificar outros anteriores), horário de trabalho, tipo etc.

Exemplo: 1) Foi contratado por prazo indeterminado, em 08 de abril de 1995, na função de assistente de diretoria, com salário último de R$ 2.000,00 mensais, trabalhando no horário das 8 às 18 horas, com duas horas de intervalo para refeição, de segunda a sexta-feira.

Da exposição dos fatos, decorrerão logicamente os pedidos, que deverão ser formulados, sempre que possível e quase sempre o será, de forma certa e determinada, com as quantidades e valores expressos e calculados, para que se possa propiciar, inclusive, a tentativa de conciliação entre as partes.

Exemplo: A parte pleiteando o pagamento de horas extras deverá indicar o horário que cumpria e, dessa forma, sabendo a jornada a que foi contratado, mencionará a quantidade de horas extras devidas e se sabe o valor da hora normal, com o acréscimo legal, contratual ou normativo do adicional correspondente, poderá fornecer o valor exato que pretende e desse modo terá também uma base para eventual acordo, que necessariamente será proposto pelo juízo.

Justifica-se apenas a não determinação do valor do pedido, quando decorre de fatores que dependam de apuração, como ocorre, muitas vezes, com o pedido de insalubridade, que necessita da realização de perícia técnica para determinar o grau da insalubridade existente e, consequentemente, o valor.

Outras vezes não haverá condições de determinar valores, mas deverá ao menos ser certo quanto ao pedido da verba.

Os pedidos devem ser interpretados restritivamente, não comportando que vá além do que compreende. Mesmo assim, compreendem-se implícitas algumas consequências previstas em lei e de aplicação imperativa, como ocorre com a inclusão de atualização monetária e juros moratórios e até mesmo com o pagamento dobrado do saldo salarial incontroverso e não pago em primeira audiência (art. 467 da CLT) e de férias não concedidas no período chamado concessivo (art. 137 da CLT).

Em algumas outras oportunidades, é facultado ao juízo, quando embasado em lei, alterar o pedido, como ocorre quando converte uma obrigação de fazer em indenização (art. 496 da CLT).

Os pedidos poderão ser ainda sucessivos ou alternativos, ou seja, com o principal formulado e os acessórios que lhe seguem e ainda, se não for admitido um, que seja o outro.

Exemplos: Horas extras e pela habitualidade refletida, as diferenças de outras verbas mencionadas; o pleito de reintegração ao serviço ou alternativamente a indenização correspondente.

A omissão de um pedido, somente poderia ser formulado em ação distinta, como dispunha o art. 294 do ACPC sem possibilidade de emendas.

Pelo NCPC, em seu art. 329, o autor poderá aditar ou alterar o pedido ou a causa de pedir, independentemente de consentimento do réu até a citação ou até o saneamento do processo com o consentimento do réu, desde que assegurado o contraditório, o que é, inclusive, constitucional. No processo do trabalho, é permitido alterar sem consentimento do réu, mas com o deferimento judicial, até a entrega da contestação em juízo, devolvendo-se o prazo para o réu completar sua defesa em nova audiência, se necessário. Não sendo nessas hipóteses, somente por ação nova é que se poderá fazer novo pedido, ainda que posteriormente venha a ser deferida conexão.

Muitas vezes, dependendo da hipótese e do momento processual como vimos poderá haver a distribuição por dependência.

O reclamante deverá mencionar, ao final da petição, o seu valor, que deverá corresponder à soma dos pedidos ou ao menos aproximadamente, se não for possível a exatidão, pois que dele dependerá a alçada recursal e a fixação de custas, na hipótese de desistência ou arquivamento do feito.

O valor atribuído poderá ser impugnado pelas partes e, da decisão da sua fixação pelo juízo, caberá recurso de revisão para o Presidente do Tribunal, por ocasião das razões finais, na forma prevista nos §§ 1º e 2º do art. 2º da Lei n. 5.584/70.

Quando o valor for menor que o dobro do salário mínimo, o processo será sumário, sem possibilidade de recurso para a instância superior, a menos que a matéria seja constitucional, ensejando recurso extraordinário, cuja subida será obrigatória, como veremos no capítulo de recursos.

Atualmente, após a promulgação da Constituição Federal de 1988, verifica-se uma corrente doutrinária e jurisprudencial, minoritária diga-se, que entende que esse procedimento foi revogado, em nome do direito à ampla defesa. Entretanto, o direito à ampla defesa deverá ser exercido dentro do que determinam as regras processuais, caso contrário jamais teriam fim as reclamatórias.

Importantíssimo para o desfecho da questão é que o reclamante instrua a inicial com todas as provas com que pretende demonstrar suas alegações, além dos documentos que sejam essenciais ou substanciais à própria propositura da ação.

Dessa forma, não só estará atendendo ao que determinam os arts. 319, inciso VI, e 320 do NCPC, mas principalmente ao que dispõe o art. 787 da CLT, como vimos anteriormente e ainda veremos mais pormenorizadamente quando tratarmos das provas, sob pena de preclusão do direito ou inépcia do pedido.

Concluindo a inicial, deverá o reclamante fazer, ao final, os requerimentos de praxe, tais como a notificação da parte contrária ou para outras providências que entender necessárias.

Nesse sentido, não basta muitas vezes protestar, como fazem erroneamente muitos Advogados, mas especificamente requerer a providência, a menos que posteriormente, durante a tramitação do processo e quando necessário, reitere o protesto, fazendo então o devido requerimento.

A inicial, embora possa ser indeferida por inépcia, pode ser esclarecida ou emendada pela parte, por iniciativa do Juiz, evitando-se, com isso, possível nulidade futura. A providência deverá ser em dez dias, sob pena de extinção do pedido ou do processo, do que poderá haver recurso ordinário.

A distribuição da inicial se fará na forma explicitada anteriormente.

1.1.2. Sumaríssimo

1.1.2.1. Requisitos Básicos

Para que possa haver o regular processamento, devem ser observados ou preenchidos pela parte requisitos especiais e quase todos eles na feitura da inicial, sob pena de arquivamento do processo com a condenação do reclamante ao pagamento de custas:

a) a inicial deverá conter pedido certo ou determinado, indicando o valor correspondente, bem como a correta indicação do nome e endereço do reclamado, pois há vedação expressa de citação por edital.

Esses elementos, aliás, devem constar de todas as reclamatórias para que possa prosperar validamente, como vimos. A inovação fica apenas com a vedação expressa de citação por edital, o que também na ordinária era ao máximo evitado.

Nessa situação, o Juiz não poderá aplicar o disposto no art. 321 do NCPC, que permite à parte sanar defeitos e irregularidades capazes de dificultar o julgamento, porque não se trata da hipótese, mas de um pressuposto que deve ser satisfeito pelo proponente, para a admissibilidade do procedimento indicado, a despeito do disposto na Súmula n. 263 do TST (*Salvo nas hipóteses do art. 330 do CPC de 2015 (art. 295 do CPC de 1973), o indeferimento da petição inicial, por encontrar-se desacompanhada de documento indispensável à propositura da ação ou não preencher outro requisito legal, somente é cabível se, após intimada para suprir a irregularidade em 15 (quinze dias), mediante indicação precisa do que deve ser corrigido ou completado, a parte não o fizer (art. 321 do CPC de 2015)*) pois a CLT em seu art. 852-B que não foi revogado pelo NCPC e como tal, determina expressamente o arquivamento do feito à falta desses elementos e mais os constantes no art. 330 do NCPC.

b) limitação às reclamatórias até o valor máximo de quarenta vezes o salário mínimo vigente na data do ajuizamento. Este valor deve corresponder à somatória das verbas pleiteadas e não pode, portanto, ser ultrapassado;

c) o pedido deve ser certo ou determinado com o valor correspondente, ou seja, principalmente não poderá haver pedido com valor a apurar, pois, dessa forma, o feito poderá ser contestado, instruído e julgado com maior rapidez, como objetiva o procedimento sumaríssimo.

Nem sequer poderá ser convertido em reclamatória ordinária, pois a própria lei prevê a consequência do não preenchimento, que é o arquivamento do processo, ou seja, extinção do feito sem apreciação do mérito e com a condenação ao pagamento de custas.

1.1.2.2. Procedimento

A instrução e o julgamento deverão ocorrer obrigatoriamente em audiência única, como prevê o art. 849 da CLT, reafirmando o princípio da celeridade e oralidade do processo trabalhista, para propiciar rápida solução dos litígios entre o capital e o trabalho, instruindo-se e decidindo-se o feito, em audiência única.

A apreciação da reclamação deverá ocorrer no prazo máximo de quinze dias do seu ajuizamento, podendo constar de pauta especial, se necessário, de acordo com o movimento judiciário da Vara do Trabalho.

Esse prazo para a conclusão da fase de conhecimento do procedimento sumaríssimo em todos os seus termos é exíguo, pois deverá ser considerado, que para a distribuição do feito, via verbal ou escrita, há que se observar os prazos previstos no art. 841 da CLT, ou seja, de até quarenta e oito horas para se notificar a parte e a intermediação de cinco dias da data da notificação e a da audiência designada, sem se contar que para se presumir realizada a notificação via postal do reclamado, deve ser observado o prazo de quarenta e oito horas.

Mesmo neste procedimento, a lei possibilita ao critério do Juiz, interromper a audiência quando não houver condições de a parte se manifestar de imediato, sobre a prova documental apresentada pelo reclamado, para se evitar um eventual cerceamento de defesa ou de contraprova. A interrupção, entretanto, não poderá ser superior a trinta dias, ressalvando-se a possibilidade por motivo relevante justificado nos autos pelo Juiz, que mais uma vez será desafiado em seu equilíbrio e ponderação, para permitir ou não.

1.2. PROCESSAMENTO

Na inicial, incumbirá ao Advogado ou à parte identificar expressamente o procedimento a ser seguido, que evidentemente, deverá ser revisto ou confirmado pelo Juiz da Vara do Trabalho para a qual foi distribuída a ação, sob pena de liminar indeferimento.

A questão maior será definir o valor das parcelas pleiteadas, principalmente quando dependerão de apuração: nesse caso, a fixação deverá ser ao menos aproximada, inclusive, não apenas para a possibilidade do procedimento, mas para dar base a uma possível composição entre as partes, que é o fim primeiro da Justiça do Trabalho.

Poderá surgir aqui, ainda, a propositura de várias reclamações, com objetos distintos pelo mesmo reclamante e contra o mesmo empregador, limitando-as à exigência legal do sumaríssimo, para ter a sua questão julgada com prioridades.

Para coibir essa artimanha, caberá à Distribuição unificar os processos, se possível dentro do período das proposituras ou, ainda, oficiar à Ordem dos Advogados, para que aprecie o procedimento adotado pelo Advogado se houver, quanto ao sentido ético disciplinar da questão.

1.3. AUDIÊNCIA

Audiência é um dos atos do processo e em que as partes se reúnem com o Juiz da Vara do Trabalho para dar continuidade ao processamento iniciado com a inicial devidamente distribuída, e sua realização obedece ao disposto nos arts. 843 e seguintes da CLT.

As audiências na Justiça do Trabalho, conforme art. 849 da CLT, são contínuas ou unas, pois devem ser realizadas na mesma oportunidade em que o Juiz tomará ciência da inicial proposta, receberá as partes que comparecerão pessoalmente, proporá conciliação que, se não efetivada, permitirá a defesa pelo reclamado, passará às provas e finalmente, após razões finais, prolatar a respectiva decisão.

Isso tudo em nome da celeridade que, por princípio, deve revestir o processo trabalhista, que o torna quase que essencialmente oral, pois até mesmo a defesa poderá ser realizada nesse mesmo ato oralmente.

Por essa razão são chamadas genericamente de audiência de julgamento, pois nela se concentram todos os atos necessários para a instrução do processo até o julgamento.

Nessa filosofia, dispõe o art. 843 da CLT que:

> "Na audiência de julgamento deverão estar presentes o reclamante e o reclamado, independentemente do comparecimento de seus representantes."

Significa que não importa encontrarem-se presentes os Advogados à audiência, mesmo devidamente munidos de instrumentos de procuração, pois que é imperativo que as partes estejam também pessoalmente, facultando-se apenas ao empregador se fazer substituir por um preposto, como estudado anteriormente, como aliás o fizemos também com relação às previsões dispostas *in fine* do *caput* e parágrafos do citado artigo, quando tratamos Das Partes, Representação e Substituição Processual.

Muitas Varas, devido ao excesso e acúmulo de feitos, dividem a audiência em duas ou mais vezes, conforme a necessidade e entendimento do Juiz, a quem compete organizar a pauta de processos. Por essa razão que hoje é costume distinguir os procedimentos iniciais, principalmente se houver o seguimento estrito da lei na realização de audiências chamadas unas para que não haja surpresas, pois houve época que o genérico era a divisão.

Poderá então haver a distribuição dos atos por várias audiências, sendo que necessariamente na primeira, que comumente é chamada de audiência inicial, haverá a realização da defesa por parte do reclamado, com as provas materiais existentes e a primeira tentativa de conciliação. Na normalmente chamada de audiência de instrução, poderá haver a oitiva das partes e das testemunhas apresentadas ou arroladas e em seguida o julgamento. Poderá ainda haver uma terceira, chamada de audiência de julgamento, em que o Juiz proferirá a decisão.

Entretanto, as partes sempre deverão permanecer precavidas, pois é faculdade do Juiz dividir ou não as audiências, mesmo quando normalmente as faz ou não, como também ocorre na distribuição por elas, os atos processuais, ou seja, se na primeira desejar ouvir as partes e testemunhas, ou apenas as partes e em outra as testemunhas etc. Não há um critério único e definido nesse sentido e, desse modo, deverão ser encaradas sempre como se fossem unas, como dispõe a lei, para não serem surpreendidos, o que lhes poderá ocasionar prejuízos processuais e por vezes intransponíveis.

1.4. AUSÊNCIAS EM AUDIÊNCIAS

Na eventualidade do não comparecimento das partes em audiência, temos algumas consequências legais, doutrinárias e jurisprudenciais:

1.4.1. Nas Unas

a) do reclamante, o feito será extinto sem julgamento do mérito e arquivado, com a sua condenação ao pagamento das custas. Esta verificação precede ao do reclamado;
b) do reclamado, será ele considerado revel e, consequentemente, confesso quanto à matéria de fato.

1.4.2. Nas Divididas

As consequências basicamente são as mesmas, com algumas variações:

a) a ausência na primeira audiência ou chamada de inicial, serão as mesmas da una, tanto para o reclamante como para o reclamado;
b) para a segunda, se as partes saíram intimadas na anterior para o comparecimento na posterior, serão consideradas confessas quanto à matéria de fato:

"SUM-74. CONFISSÃO.

I — Aplica-se a pena de confissão à parte que, expressamente intimada com aquela cominação, não comparecer à audiência em prosseguimento, na qual deveria depor.

II — A prova pré-constituída nos autos pode ser levada em conta para confronto com a confissão ficta (art. 443, I, NCPC), não implicando cerceamento de defesa o indeferimento de provas posteriores.

III — A vedação à produção de prova posterior pela parte confessa comente a ela se aplica, não afetando o exercício, pelo magistrado, do poder/dever de conduzir o processo."

c) ausência das duas partes, obviamente não haverá a aplicação da pena de confissão dupla, por ser juridicamente impossível, mas o feito será julgado no estado em que se encontra, obedecendo-se ao ônus da prova.

Nada impedirá, entretanto, ao Juiz, determinar alguma providência processual, tal como a determinação da realização de perícia para se constatar eventual insalubridade ou periculosidade alegada na inicial, pois que necessária, ou mesmo a oitiva de alguma testemunha presente ou não, e finalmente tomar o depoimento da parte presente ao ato.

d) Algumas Varas, na ausência do reclamante à segunda audiência, de instrução, quando não houve a intimação anterior, como vimos, determinam o arquivamento do processo, o que entretanto contraria a Súmula n. 9 do C. TST, que dispõe:

"Ausência do Reclamante — Arquivamento do Processo.

A ausência do reclamante quando adiada a instrução após contestada a ação em audiência, não importa em arquivamento do processo."

Nesse caso, entendemos que deverá ser considerado confesso quanto à matéria de fato, mesmo não tendo havido a intimação anterior, pois enquanto não houver o depoimento pessoal ou dispensa dele, de acordo com o art. 848, § 1º, da CLT, as partes não poderão se retirar da audiência, o que significa que sempre deverão estar presentes, até serem ouvidos ou dispensados.

e) Na hipótese de ausência do reclamado, tal como ao reclamante, excluindo a possibilidade de arquivamento, será considerado confesso quanto à matéria de fato.

Mais uma vez, não haverá impedimento ao Juiz ouvir a parte contrária presente e as testemunhas que entender necessárias ou mesmo determinar alguma outra providência.

f) Na hipótese de ausência para a terceira audiência ou de julgamento, se as partes saíram intimadas, deverão estar presentes, ao menos por seus Advogados representantes, pois o prazo para eventual recurso será contado a partir daquela data, iniciando-se a contagem do dia seguinte, nas condições anteriormente comentadas, de acordo com a Súmula n. 197 do C. TST:

"Recurso — Prazo. O prazo para recurso da parte que, intimada, não comparecer à audiência em prosseguimento para a prolação da sentença, conta-se de sua publicação."

Se não intimados para o comparecimento, poderão deixar de fazê-lo, pois da decisão prolatada, serão oportuna e devidamente notificadas para efeito de início de prazo recursal.

As ausências, entretanto, excepcionalmente poderão ser justificadas, diante da ocorrência de algum fato relevante, devidamente comprovada, quando, então, o Juiz designará nova audiência, para possibilitar o comparecimento que se viu impossibilitado.

g) A despeito das previsões constantes do art. 844 da CLT, quanto às consequências pelo não comparecimento das partes à audiência, algumas ponderações de ordem prática devem ser feitas, principalmente quando o ausente é a reclamada e que apenas se faz presente por seu Advogado:

g1) se devidamente constituído com instrumento de procuração, a corrente doutrinária e jurisprudencial majoritária entende que poderá formular a defesa e apresentar documentos, elidindo, assim, a revelia e promovendo provas.

O reclamado apenas será considerado confesso quanto à matéria de fato, pois não estando presente não poderá prestar depoimento pessoal.

A corrente contrária entende que o Advogado não pode participar da audiência, nem mesmo estando com a procuração, pois a presença, por imposição legal, deve ser pessoal.

Nesse caso, deverá o Advogado requerer que se conste em ata a oposição feita à sua presença, para posteriormente, em grau de recurso, arguir nulidade por cerceamento de defesa. Se não lhe for permitido constar em ata sua presença e intenção de defesa, deverá certificar junto à Secretaria da Vara, que obrigatoriamente deverá fazê-lo e, com o instrumento em mãos, instruir o eventual recurso, sob a mesma alegação de nulidade.

A Súmula n. 122 do C. TST consolida:

"SUM-122. REVELIA. ATESTADO MÉDICO

A reclamada, ausente à audiência em que deveria apresentar defesa, é revel, ainda que presente seu Advogado munido de procuração, podendo ser ilidida a revelia mediante a apresentação de atestado médico, que deverá declarar, expressamente, a impossibilidade de locomoção do empregador ou do seu preposto no dia da audiência."

g2) não constituído, ou seja, sem procuração, é quase unânime o entendimento que o Advogado não poderá participar da audiência, pois não sendo esta considerada um ato urgente, não poderá requerer a oportuna juntada.

Mesmo assim, deverá tentar fazer constar em ata sua presença e a intenção de elaborar a defesa e, se for impedido, certificar sua presença na secretaria.

Dispõe o art. 5º, §1º, da Lei n. 8.906/94 e art. 104 do NCPC:

"Art. 5º O Advogado postula, em juízo ou fora dele, fazendo prova do mandato.

§ 1º O Advogado, firmando urgência, pode atuar sem procuração, obrigando-se a apresentá-la no prazo de quinze dias, prorrogável por igual período."

"Art. 104. O advogado não será admitido a postular em juízo sem procuração, salvo para evitar preclusão, decadência ou prescrição, ou para praticar ato considerado urgente.

§ 1º Nas hipóteses previstas no *caput*, o advogado deverá independentemente de caução, exibir a procuração no prazo de 15 (quinze) dias, prorrogável por igual período por despacho do juiz.

§ 2º O ato não ratificado será considerado ineficaz relativamente àquele em cujo nome foi praticado, respondendo o advogado pelas despesas e por perdas e danos."

1.5. DEFESA

Consiste na contestação aos termos da inicial, com alegações fáticas e de direito, impugnando os pedidos formulados, como preceitua o art. 337 do NCPC:

"Incumbe ao réu alegar, na contestação, toda a matéria de defesa, expondo as razões de fato e de direito, com que impugna o pedido do autor e especificando as provas que pretende produzir."

A contestação no processo trabalhista poderá ser oral ou por escrito e, conforme se disse a respeito da inicial, qualquer que seja a sua modalidade, deverá ser clara, concisa e precisa em todas suas argumentações.

O reclamado terá o direito de apresentar sua defesa oralmente, após lida a reclamação ou dispensada a leitura pelas partes, em vinte minutos (art. 847 da CLT), quando deverá rebater todos os pontos da inicial, sob pena de serem os pedidos não contestados, tidos como verdadeiros.

Poderá também o reclamado apresentar sua defesa por escrito, anteriormente preparada, o que sem dúvida lhe será mais benéfico, pois terá o cuidado de sopesar todos os termos defensivos e não deixar qualquer pedido incontroverso. Na oportunidade, deverá oferecê-la ao Juiz, juntamente com todas as provas que possuir, para afirmar o que está sendo alegado.

A contestação por negativa geral não produz qualquer efeito e, ao contrário, terá como consequência a confissão ficta do contestante, o que também se verifica quando ocorre a revelia, que é a ausência de defesa. Ao revel são aplicadas as normas dos arts. 344 ao 346 do NCPC.

Portanto, a contestação deverá ser específica, item por item do pleiteado, fechando os limites da ação, e após sua apresentação, somente poderão ser deduzidas novas alegações, se houver alguma questão de direito superveniente, ou competir ao Juiz conhecer delas de ofício ou por expressa autorização legal.

As alegações fáticas, constituem-se na matéria de mérito que deve ser discutida no litígio, mas que, entretanto, deverá ocorrer somente após a discussão sobre a matéria de direito, através de exceções e preliminares, na ordem estabelecida no art. 337 do NCPC:

Incumbe ao réu, antes de discutir o mérito, alegar:

I — inexistência ou nulidade da citação;

II — incompetência absoluta;

III — inépcia da petição inicial;

IV — perempção;

V — litispendência;

VI — coisa julgada;

VII — conexão;

VIII — incapacidade da parte, defeito de representação ou falta de autorização;

IX — convenção de arbitragem;

X — carência de ação;

XI — falta de caução ou de outra prestação, que a lei exige como preliminar.

1.6. EXCEÇÕES E PRELIMINARES

Anteriormente à defesa de mérito, portanto, a parte poderá arguir em peças apartadas ou não, mas efetivamente destacadas, exceções e preliminares, que normalmente são prejudiciais e, como tais, devem ser instruídas e decididas antes do mérito, nos próprios autos. De outro modo, serão decididas ao final, juntamente com o mérito. São as chamadas defesas indiretas.

1.6.1. Exceção de Incompetência Absoluta e Relativa

A incompetência absoluta poderá ser decretada de ofício pelo juízo e a relativa, como se diz, conforme vimos anteriormente, deve ser arguida pela parte, sob pena de se convalidar a situação.

1.6.1.1. Apresentação

A chamada defesa indireta poderá ser apresentada em peça separada da defesa de mérito, mas simultaneamente, ou ainda na mesma peça, no início e articulada, sempre principiando-se com as mais genéricas para as mais específicas.

Se o fato motivador da exceção for posterior ao ato de defesa, deverá ser arguido na primeira oportunidade que tiver que se manifestar nos autos, sob pena de preclusão.

1.6.1.2. Suspensão do Feito

Pelo art. 799 da CLT, arguidas exceções de suspeição ou incompetência, o feito deverá ser suspenso, para que sejam instruídas e decididas. Muitos entendem que a determinação de suspensão do feito na exceção acarretará também a não apresentação da defesa de mérito até que seja decida, o que, entretanto, não deve ocorrer, pois que esta deve ser realizada em audiência (art. 846 da CLT), e, genericamente, defesa abrange também as exceções, conforme prevê igualmente o art. 337 do NCPC.

a) De Incompetência

Na arguição, abrir-se-á vista dos autos ao exceto por vinte e quatro horas improrrogáveis (art. 800 da CLT) e a decisão será na primeira audiência ou sessão que se seguir.

Nada impede, entretanto, que a parte se manifeste na própria audiência, com o Juiz decidindo no mesmo instante e prosseguindo com ela nos ulteriores termos.

Sendo a arguição de incompetência em razão do lugar, poderá também o Juiz proceder da mesma forma, e se procedente, poderá dispensar a apresentação da defesa de mérito, pois deverá remeter o feito ao juízo declinado, onde as partes deverão comparecer para a prática dos atos normais do processo e, dentre eles, a realização da defesa e a proposta de conciliação. Se não acolhida, prosseguirá nos demais termos.

b) De Exceção de Suspeição e Impedimento do Juiz

Conforme o art. 801 da CLT, o Juiz é obrigado a dar-se por suspeito e pode ser recusado sob a alegação de inimizade pessoal, amizade íntima, parentesco por consanguinidade ou afinidade até o terceiro grau civil ou, finalmente, por interesse particular na causa, em relação à pessoa dos litigantes.

À época em que o juízo se tratava de uma Junta formada pelo Juiz Presidente e dois Juízes Classistas, quando arguida a exceção, na forma do art. 802 da CLT, era designada audiência dentro do período de quarenta e oito horas, para sua instrução e julgamento por ela própria, conforme competência que lhe era atribuída pela alínea *c* do art. 653 da CLT, mesmo que a alegação se referisse a todos os seus membros, pois além de necessitar se basear em elementos objetivos fixados pela lei como salientado, haveria a obrigação legal e moral de se darem por suspeitos, conforme o *caput* do art. 801 da CLT.

Hoje, com a extinção dos membros classistas das Juntas e a transformação do juízo em monocrático, a aplicação do art. 802 da CLT deve ser modificada, adaptando-se à realidade processual trabalhista, com o subsídio do disposto nos arts. 144 e 145 do NCPC.

Assim sendo, a parte deverá oferecer a exceção de impedimento ou suspeição, especificando o motivo da recusa, conforme as hipóteses previstas nos arts. 801 da CLT e 144 e 145 do NCPC, podendo instruí-la com documentos em que se fundar e, ainda, de rol de testemunhas para prova.

Havendo o reconhecimento, deverá o Juiz requisitar ao Tribunal a designação de Juiz Substituto para atuar no feito, do qual deverá se manter afastado em todos os seus atos.

Difícil será estabelecer o procedimento mais adequado, na hipótese de ocorrer o contrário, em que não mais há a Junta para decidir a respeito, na forma do estabelecido na legislação obreira.

Pelo procedimento processual civil, conforme determinação do art. 146 do NCPC, os autos devem ser encaminhados ao Tribunal para a decisão.

Entretanto, na legislação trabalhista não há essa previsão e tampouco procedimento específico para a paralisação do processo para manifestação do Tribunal a respeito, o que inclusive viria contrariar os princípios de celeridade e economia processual.

Poder-se-ia, quando muito, aplicar-se por analogia o mesmo procedimento ditado pela Lei n. 5.584/70, no que se refere ao recurso de revisão à impugnação do valor da causa, que, se mantida, deve ser dirigido, por iniciativa da parte, ao Presidente do Tribunal, para que em quarenta e oito horas, profira decisão final a respeito. Nesta hipótese, o Juiz teria também o mesmo lapso de tempo para oferecer suas razões e provas, para a remessa ao Juiz Presidente do Tribunal.

Fora dessa sistemática analógica, cremos que o caminho mais viável, correto e condizente com a realidade processual trabalhista, seria simplesmente o próprio Juiz arguido, recebendo a defesa com a exceção, suspender a audiência para decidir e oferecer suas razões acompanhadas de provas e rol de testemunhas, se houver, no prazo de quarenta e oito horas, como determina o art. 802 da CLT, e prosseguir no feito, para que em grau de eventual recurso, a parte arguente e que se sentir prejudicada renove a matéria para a apreciação superior, tal como ocorre com qualquer outra exceção, como se verá, ou ainda em questão de nulidade.

Na hipótese de procedência da alegação ou mesmo pela declinação pessoal do Julgador, haverá então a convocação de substituto para atuar naquela ou em outra audiência ou sessão seguinte. e dessa forma se prosseguirá até o final, sem contudo, como vimos anteriormente, haver a vinculação ao processo. Com certeza não haverá mais a atuação do suspeito no processo.

Entretanto, se o recusante houver praticado algum ato pelo qual haja consentido na pessoa do eventual recusado, não mais poderá alegar a sua suspeição, ou ainda, se deixou de alegar anteriormente quando já o conhecia ou se de algum modo o procurou ou provocou (art. 801, parágrafo único, da CLT). Poderá arguir a qualquer tempo, se o motivo for superveniente.

Havendo arguição de impedimento ou suspeição de Juiz do Tribunal, o procedimento deve ser previsto no Regimento Interno respectivo, sendo que no da 2ª Região, encontra-se nos arts. 112.

As possibilidades de arguição são as mesmas que constam nos arts. 799 a 802 da CLT e 144 a 145 do NCPC.

Nessa hipótese regional, a parte oferecerá a exceção no prazo de cinco dias, contados da data em que teve conhecimento do fato gerador. O Juiz, não reconhecendo o motivo alegado, terá o prazo de dez dias para apresentar razões, acompanhadas de provas, ficando o processo suspenso até decisão final, pelos próprios membros do órgão de atuação, com sorteio entre eles, de um Relator, que proporá o arquivamento ou remeterá ao Ministério Público e, após, ao Revisor, para finalmente ser incluído em pauta para julgamento.

1.6.2. Das Decisões das Exceções

Como previsto no § 2º do art. 799 da CLT, das decisões proferidas das exceções, salvo se terminativas do feito nas de incompetência, não caberá recurso de imediato, que apenas poderá ser renovada quando do recurso que couber da decisão de mérito e se efetivamente lhe tiver sido prejudicial especificamente.

A título de preliminares, poderão ser arguidas a inépcia da inicial ou de pedidos, a eventualidade de litispendência ou coisa julgada, conexão ou continência ou ainda carência de ação.

Muitos entendem que a prescrição é matéria preliminar, quando, na verdade, por disposição processual civil, é de mérito, com o qual pode e deve ser arguida.

1.7. PRESCRIÇÃO

1.7.1. Generalidades

Conceitualmente, prescrição é a perda do direito de ação, pelo transcurso de um lapso temporal em que deveria ser exercido, e sua existência se justifica para estabilização do direito das partes através dos tempos, ou seja, que uma não fique à espera de ação por iniciativa da outra *ad eternum*.

Na CLT vem disciplinada no art. 11, com base no inciso XXIX do art. 7º da Constituição Federal de 05.10.88, alterado pela Emenda Constitucional n. 28, de 25.05.2000, que, por sua vez, alterou para o trabalhador rural e maior o art. 10 da Lei n. 5889/72, que trata dos rurícolas.

Para o trabalhador menor, a prescrição vem disciplinada, para o urbano, no art. 440 da CLT, e para o rural, no parágrafo único do referido art. 10.

1.7.2. Períodos de Tempo

O período de tempo para incidência da prescrição modifica-se pela qualidade das partes, do tipo de contrato de trabalho, da matéria que trata ou, ainda, se o ato a ser considerado é único ou sucessivo.

1.7.2.1. Trabalhador Menor

Para o urbano ou rural, não corre nenhum prazo de prescrição, cuja contagem somente se iniciará quando completar a maioridade trabalhista.

Neste sentido há divergências jurisprudenciais e doutrinárias, pois entendem uns que os direitos decorrentes do período enquanto era menor são imprescritíveis, mesmo após atingir a idade adulta, e para outros não, passando, a partir de então, à contagem normal do adulto.

Adoto a segunda corrente, majoritária, pois entende-se que, ao atingir a idade adulta ou a maioridade trabalhista, o indivíduo tenha consciência plena de seus direitos para reclamá-los, mesmo referindo-se ao período em que trabalhava como menor e, portanto, relativamente incapaz.

1.7.2.2. Trabalhador Maior

a) Rurícola

A prescrição aplicada ao rurícola atualmente é a mesma considerada ao trabalhador urbano, como veremos a seguir, sem qualquer distinção: cinco anos na constância do contrato de trabalho, até dois após a sua extinção, retroagindo a partir da data da distribuição da reclamatória.

Até a edição da Emenda Constitucional n. 28, de 25.05.2000, a prescrição do trabalhador rural ocorria somente se ultrapassados dois anos após a extinção do contrato de trabalho, o que significava que poderia pleitear todos os direitos que entendesse cabíveis, desde o início da relação jurídica, fosse qual fosse o período e até aquele limite, sem qualquer prejuízo.

Portanto, não havia prescrição para o trabalhador rural maior, na constância do contrato de trabalho, mas desde que propusesse ação até o limite de dois anos após a extinção.

O empregador rural, nessa situação prescricional que havia, para não necessitar manter arquivados documentos durante muito tempo em que poderia perdurar um contrato de trabalho, utilizava-se do disposto no art. 233 das Disposições Constitucionais Gerais da Constituição Federal, para comprovar a cada cinco anos ou menos, a seu critério, perante a Justiça do Trabalho, o cumprimento de suas obrigações trabalhistas para com o empregado rural, na presença deste e de seu representante sindical e, desse modo, ficar isento de quaisquer ônus decorrentes pelo período respectivo.

Na hipótese de discordância do empregado ou de seu representante sindical, incumbia à própria Justiça do Trabalho a solução da controvérsia e sempre ressalvado, em qualquer hipótese, o direito de o empregado postular em juízo, os créditos que entendesse possuir, relativamente aos últimos cinco anos.

Com a alteração, surge a hipótese da aplicação do novo preceito às relações existentes e em curso, se as atinge ou não, principalmente em se considerando que expressamente foi revogado o referido art. 233 da Constituição Federal.

Nessa situação, entende-se que atingirá a relação da data da promulgação em diante, ressalvando-se o tempo anterior para apuração na antiga sistemática supramencionada, em nome do direito adquirido, como já foi considerado em situação pretérita e semelhante, apenas que com relação aos empregadores, quando a atual Constituição Federal alterou o período prescricional para o trabalhador maior e urbano de dois para cinco anos: nessa oportunidade, consideravam-se prescritos todos os direitos anteriores a 05 de outubro de 1986, mesmo que a distribuição da reclamatória tivesse sido em 06 de outubro de 1988, quando já em vigor a sistemática prescricional introduzida de 5 anos.

A jurisprudência maior do C. TST **não esclarece em definitivo a situação, mas apenas indica que**, uma vez extinto o contrato de trabalho, aplica-se a legislação vigente, pelo que se pode depreender que a prescrição ocorre em dois anos, retroagindo-se a cinco.

Trata a OJ-SDI1-271 do TST:

"RURÍCOLA. PRESCRIÇÃO. CONTRATO DE EMPREGO EXTINTO. EMENDA CONSTITUCIONAL N. 28/2000. INAPLICABILIDADE. O prazo prescricional da pretensão do rurícola, cujo contrato de emprego já se extinguira ao sobrevir a Emenda Constitucional n. 28, de 26.05.2000, tenha sido ou não ajuizada a ação trabalhista, prossegue regido pela lei vigente ao tempo da extinção do contrato de emprego."

Mesmo assim, permanece a dúvida se a ação foi proposta dentro do biênio prescricional, reclamando-se todo o contrato, que deu-se sob a égide da lei anterior e, portanto, tornando-se um ato juridicamente perfeito e acabado.

Discutia-se muito se o trabalhador empregado de empresa de reflorestamento deveria ou não ser tratado como rurícola.

A OJ n. 38 do C. TST veio pacificar a jurisprudência, decidindo ser rurícola com relação à prescrição:

"OJ-SDI1-38. EMPREGADO QUE EXERCE ATIVIDADE RURAL. EMPRESA DE REFLORESTAMENTO. PRESCRIÇÃO PRÓPRIA DO RURÍCOLA. (LEI N. 5.889, DE 08.06.1973, ART. 10, E DECRETO N. 73.626, DE 12.02.19/74, ART. 2º, § 4º) O empregado que trabalha em empresa de reflorestamento, cuja atividade está diretamente ligada ao manuseio da terra e de matéria-prima, é rurícola e não industriário, nos termos do Decreto n. 73.626, de 12.02.1974, art. 2º, § 4º, pouco importando que o fruto de seu trabalho seja destinado à indústria. Assim, aplica-se a prescrição própria dos rurícolas aos direitos desses empregados."

b) Urbano

O prazo prescricional é de cinco anos na constância do contrato de trabalho e até dois anos após a extinção.

Portanto, extinto o contrato, o trabalhador terá um prazo de até dois anos para pleitear seus direitos retroativos a cinco, contados da data da interposição da ação.

Exemplo: contrato que se iniciou em 30 de setembro de 1989 e foi rescindido em 30 de setembro de 1994. Se a ação for ajuizada exatamente no dia 1º de outubro de 1994, a prescrição somente atingirá as verbas vencidas anteriores a 1º de outubro de 1989; se a interposição da ação for no dia 30 de setembro de 1996, portanto, último dia que poderá pleitear qualquer direito referente ao contrato extinto, retroagirá a 30 de setembro de 1991 e, como o último dia de trabalho foi em 30 de setembro de 1994, terá o trabalhador direito somente aos três últimos anos do contrato.

1.7.3. Contagem

A contagem da prescrição se faz sempre da data em que o direito passar a ser exigível judicialmente, sendo que, no processo do trabalho, a interrupção da contagem, se dá com a distribuição da reclamatória e a partir da data do protocolo, e embora por vezes extinta, reinicia-se da data da sua decretação, ou seja, começa novo lapso prescricional a partir de então.

É o que dispõe a Súmula n. 268 do C. TST em sua nova redação:

"A ação trabalhista, ainda que arquivada, interrompe a prescrição somente em relação aos pedidos idênticos."

A nova redação é menos abrangente e com toda razão, para que não haja abuso por parte do demandante, pedindo eventuais direitos que não mais persiste em razão da prescrição consumada.

Muitos entendem, como nós, que, nessa hipótese, o que não foi pleiteado na extinta não terá a prescrição interrompida, significando que não poderá figurar na próxima reclamatória. Entendimento pacificado com a nova redação da Súmula, tornando-se, efetivamente, menos abrangente que a anterior e com justa razão.

Havia divergências para a hipótese da integração do período do aviso-prévio indenizado para o início da contagem do lapso prescricional, o que também foi pacificado pela OJ n. 83 da SDI1 do TST, considerando para todos os efeitos o término do período.

Anteriormente estávamos com os que entendiam que não alterava a contagem, pois apesar de o aviso-prévio sempre integrar o contrato de trabalho, o dispensado pode ajuizar reclamatória no dia seguinte à extinção, exigindo judicialmente seus eventuais direitos, sem necessitar aguardar transcorrer todo o período do aviso-prévio indenizado. Ao contrário, observando-se o período do aviso prévio indenizado, o prazo prescricional passa a ser de dois anos e um mês, suplantando o legal. Entretanto, devemos nos render à jurisprudência maior, harmonizada e pacificada, como cabe ao C. TST.

A submissão de demanda perante a Comissão de Conciliação Prévia provocará a suspensão do prazo prescricional, que ocorrerá a partir da provocação da que recomeçará a fluir, pelo que lhe restar, a partir da tentativa frustrada de conciliação ou do esgotamento do prazo previsto de dez dias para realização de sessão de conciliação.

Portanto, concluída a atividade, com a realização ou frustração da conciliação ou, ainda, pelo simples decurso de prazo sem a realização de sessão, prosseguirá a contagem da prescrição de onde foi suspensa, pelo que lhe restar. Por essa razão, será importantíssimo o registro da apresentação da demanda, caso contrário, o lapso prescricional continuará a fluir.

Outras causas de interrupções do prazo prescricional são a propositura de ação pelo Sindicato, em substituição processual, ainda que tenha sido considerado parte ilegítima *ad causam* e a interposição de protesto judicial, que é aplicável no processo trabalhista, por força do art. 769 da CLT e com base no parágrafo primeiro do art. 240 do NCPC, que impõe ao autor da ação o ônus de promover a citação do réu, por ser ele incompatível com o disposto no art. 841 da CLT (OJ-SDI1-392 do TST).

1.7.4. *Arguição*

A prescrição deve ser arguida pelo devedor, por ocasião da apresentação da defesa, juntamente com o mérito, muito embora seja admitido também como preliminar e sempre em destaque. Ela não pode ser decretada de ofício pelo juízo, pois, em geral, os direitos discutidos são patrimoniais, como dispõe o art. 166 do Cód. Civil de 2002:

"O Juiz não pode conhecer da prescrição de direitos patrimoniais, se não foi invocada pelas partes."

Pelo NCPC o juiz poderá decidir com resolução do mérito (art. 487) de ofício ou a requerimento, sobre a ocorrência de decadência ou prescrição.

A corrente majoritária, doutrinária e jurisprudencial entende que a prescrição pode ser arguida até no recurso ordinário, conforme Súmula n. 153 do C. TST:

"Prescrição

Não se conhece de prescrição não arguida na instância ordinária."

Nesse sentido, entende-se que a instância ordinária perdura até a fase recursal, inclusive o que significa que nas razões de recurso ou em contrarrazões, dependendo do resultado da decisão prolatada no feito, a parte poderá arguir a incidência de prescrição. Entretanto, não se admite a invocação do preceito, se realizada quando da eventual sustentação oral do recurso nos Tribunais, pois, nesse momento, não poderá inovar o que constou das razões recursais.

Filio-me à corrente minoritária e não sumulada, que entende que, por ser matéria de mérito, deve ser arguida em defesa, muito embora possa ser decretada de ofício, como vimos, sob pena de preclusão, caso contrário poderia haver supressão de instância, que não se pode permitir, pois todos têm direito a duplo grau de jurisdição, dentro das normas processuais vigentes.

1.7.5. *Tipos de Prescrição*

1.7.5.1. *Nuclear ou total*

Será nuclear ou total dependendo do direito perseguido e quando se tratar de ato único praticado pelo empregador. Atinge o ato em seu nascedouro, sem deixar qualquer consequência, ou seja, prescreve o direito de ação, a menos que esteja assegurado por preceito de lei.

A Súmula n. 294 do C. TST que cancelou a de n. 198 trata da prescrição nuclear ou total, quando o direito perseguido é originário de eventual alteração contratual do trabalhador urbano, exceto quando o direito à parcela esteja assegurado também por preceito legal:

"Prescrição — Alteração Contratual — Trabalhador Urbano

Tratando-se de ação que envolva pedido de prestações sucessivas decorrente de alteração do pactuado, a prescrição é total, exceto quando o direito à parcela esteja também assegurado por preceito de lei."

Exemplificativamente, temos a situação de um empregado que teve seu salário rebaixado por ato único e exclusivo do seu empregador. Nessa hipótese, ele terá o direito de pleitear judicialmente a reparação do ato cometido e tido como injustificado, dentro do prazo prescricional de cinco anos e até dois após a extinção do contrato de trabalho. Não o fazendo, perderá o direito de acionar o seu empregador naquele sentido e não terá também qualquer direito sobre os eventuais efeitos que causaram em sua relação jurídico-contratual. A prescrição atingiu nuclearmente o próprio direito, não permitindo qualquer efeito.

Na hipótese de pedido de complementação de aposentadoria oriunda de norma regulamentar, que se verifica após a extinção do contrato de trabalho pela aposentadoria, a prescrição também é total, mas se jamais foi paga ao ex-empregado, começando a fluir o biênio a partir da aposentadoria, como disciplina a Súmula n. 326 do C. TST:

"Complementação de Aposentadoria. Prescrição Total.

A pretensão à complementação de aposentadoria jamais recebida prescreve em 2 (dois) anos contados da cessação do contrato de trabalho."

A OJ n. 175 da SDI1 do C. TST dispõe:

COMISSÕES. ALTERAÇÕES OU SUPRESSÃO. PRESCRIÇÃO TOTAL.

A supressão das comissões, ou a alteração quanto à forma ou ao percentual, em prejuízo do empregado, é suscetível de operar a prescrição total da ação, nos termos da Súmula n. 294 do TST, em virtude de cuidar-se de parcela não assegurada por preceito de lei.

Finalmente, ainda sobre a prescrição total ou nuclear, há a OJ n. 375 da SDI1 do TST:

"AUXÍLIO-DOENÇA. APOSENTADORIA POR INVALIDEZ. SUSPENSÃO DO CONTRATO DE TRABALHO. PRESCRIÇÃO. CONTAGEM

A suspensão do contrato de trabalho, em virtude da percepção do auxílio-doença ou da aposentadoria por invalidez, não impede a fluência da prescrição quinquenal, ressalvada a hipótese de absoluta impossibilidade de acesso ao Judiciário."

1.7.5.2. Parcial e Sucessiva

Será parcial e sucessiva, quando atinge apenas as prestações periódicas devidas ao empregado, e não o ato gerador tido como injusto e, desse modo, renova-se a prescrição mensalmente. Ocorre quando o direito pleiteado está assegurado por preceito legal ou até mesmo por norma regulamentar, como se verifica com eventuais diferenças de complementação dos proventos de aposentadoria, conforme Súmula n. 327 do C. TST:

"COMPLEMENTAÇÃO DOS PROVENTOS DE APOSENTADORIA. DIFERENÇAS. PRESCRIÇÃO PARCIAL

A pretensão a diferenças de complementação de aposentadoria sujeita-se à prescrição parcial e quinquenal, salvo se o pretenso direito decorrer de verbas não recebidas no curso da relação de emprego e já alcançadas pela prescrição, à época da propositura da ação."

Há outras situações em que a prescrição é parcial, contando-se o quinquênio a partir do ajuizamento da ação:

"SUM-275- PRESCRIÇÃO. DESVIO DE FUNÇÃO E REENQUADRAMENTO

I — Na ação que objetive corrigir desvio funcional, a prescrição só alcança as diferenças salariais vencidas no período de 5 (cinco) anos que precedeu o ajuizamento.

II — Em se tratando de pedido de reenquadramento, a prescrição é total, contada da data do enquadramento do empregado."

"SUM-373 — GRATIFICAÇÃO SEMESTRAL. CONGELAMENTO. PRESCRIÇÃO PARCIAL

Tratando-se de pedido de diferença de gratificação semestral que teve seu valor congelado, a prescrição aplicável é a parcial."

Portanto, nessas hipóteses, o lapso de dois anos poderá ser ultrapassado e, na eventualidade de serem devidos, a apuração se restringirá ao último quinquênio, contados da propositura da reclamatória.

1.7.5.3. Do FGTS

Muitas discussões têm surgido com relação à prescrição das verbas fundiárias, conforme sua natureza jurídica considerada.

Entretanto, está assente atualmente na jurisprudência sumulada pelo Tribunal Superior do Trabalho a prescrição dividida em dois períodos, para ações anteriores a 13.11.2014 e para as ajuizadas posteriores a essa data, em obediência a julgado efetivado pelo STF pela ARE n. 709.212/DF:

Súmula n. 362 — FGTS. PRESCRIÇÃO

I — Para os casos em que a ciência da lesão ocorreu a partir de 13.11.2014, é quinquenal a prescrição do direito de reclamar contra o não recolhimento de contribuição para o FGTS, observado o prazo de dois anos após o término do contrato.

II — Para os casos em que o prazo prescricional já estava em curso em 13.11.2014, aplica-se o prazo prescricional que se consumar primeiro: trinta anos, contados termo inicial, ou cinco anos, a partir de 13.11.2014."

Note-se que a Súmula dispõe o prazo pela ciência da lesão, quando a prescrição é quinquenal pelo não recolhimento do FGTS para as ações proposta a partir da data mencionada, se pleiteado durante os dois anos posteriores à cessação do contrato de trabalho.

Na segunda hipótese, se o prazo prescricional já estava em curso até a mesma data, aplica-se o prazo que se consumar primeiro, ou de trinta anos, contados do termo inicial, ou de cinco anos a partir da mesma data. Portanto, se da data inicial já se passaram tantos anos para completar trinta anos antes do quinquênio anterior ao encerramento do contrato, esta é reconhecida, caso contrário, será admitida a prescrição quinquenal.

A razão da modificação da jurisprudência trabalhista pelo STF, foi pelo reconhecimento de ser o FGTS uma verba de cunho trabalhista e não fiscal.

Qualquer trabalhador tem facilitado o acesso a sua conta vinculada do FGTS junto ao Órgão Gestor, Caixa Econômica Federal, para possibilitar-lhe o controle efetivo da regularidade dos recolhimentos na constância do contrato de trabalho.

Note-se que referida Súmula n. 362 trata do FGTS não recolhido, o que afasta da possibilidade de se aplicar a mesma prescrição, para efeito de diferenças pelos valores recolhidos. A Súmula n. 206 não revoga a disposição do 95, mas apenas o esclarece e completa:

> "206 — FGTS. INCIDÊNCIA SOBRE PARCELAS PRESCRITAS
>
> A prescrição da pretensão relativa às parcelas remuneratórias alcança o respectivo recolhimento da contribuição para o FGTS."

Portanto, acompanhará a mesma prescrição da verba principal pleiteada, se for devida na condição de simples acessório ou pelo pleito de diferenças pelos valores recolhidos.

1.7.5.4. Intercorrente

Entende-se da prescrição que se verifica no processo em curso, ou seja, após a distribuição do feito, ficando paralisada por determinado período, sem qualquer impulso, principalmente por parte do autor.

Conforme Súmula n. 114 do C. TST, é inaplicável na Justiça do Trabalho, onde efetivamente a interrupção da prescrição se dá com a distribuição da reclamatória e permanecerá, independentemente do tempo transcorrido para a conclusão definitiva da reclamatória, com a entrega efetiva da prestação jurisdicional às partes.

Entretanto, em várias oportunidades, é justo e natural que se aplique o princípio da prescrição intercorrente, ou seja, quando o processo ficar paralisado por culpa exclusiva do autor, como, por exemplo, o ato depender da apresentação da carteira de trabalho que esteja em sua posse e não o faz, sem qualquer justificativa. Nessa hipótese, é justo que se aplique a prescrição quinquenal.

Pela Instrução Normativa do TST (inciso VIII do art. 63) a respeito das disposições do NCPC não se deve aplicar a prescrição intercorrente prevista no art. 924 do NCPC, o que, entretanto, não desqualifica a exceção mencionada de paralisação do processo por culpa exclusiva do autor.

1.7.5.5. De períodos descontínuos

Havendo dois ou mais contratos de trabalho entre as mesmas partes, ou seja, empregado e empregador, ou ainda contratado e contratante, mesmo tendo havido um lapso de tempo entre eles, serão tidos como único e, nessa hipótese, a prescrição se inicia com a extinção do último, como se encontra pacificado pela jurisprudência, por meio da Súmula n. 156 do E. TST:

> "Da extinção do último contrato começa a fluir o prazo prescricional do direito de ação objetivando a soma de períodos descontínuos de trabalho."

A exceção fica por conta da causa da rescisão dos primeiros contratos, quando então a prescrição se contará da extinção de cada contrato, pois, com base no disposto no art. 453 da CLT, eles não se comunicam se a rescisão foi pela ocorrência de falta grave, ou se houve pagamento de indenização legal ou a aposentadoria espontânea do empregado.

1.7.5.6. De Anotações da CTPS

Anotações de variações contratuais em CTPS prescrevem em dois anos da cessação do contrato de trabalho, retroagindo a cinco anos, diante da modificação constitucional.

Entretanto, em se tratando de anotação do contrato de trabalho que foi mantido, o direito é imprescritível, por ser meramente uma ação declaratória. A prescrição, nesta hipótese, somente atinge as prestações decorrentes do contrato de trabalho, tais como férias, 13º salário, salários, horas extras, verbas rescisórias etc., mas não a anotação na CTPS, que servirá, inclusive, para fazer prova de tempo de serviço perante a Previdência Social, na hipótese de aposentadoria.

1.8. DECADÊNCIA

Confunde-se, por vezes, com a própria prescrição, por ser também a decadência um lapso de tempo que a parte possui para pleitear algum direito, sob pena da perda do próprio direito.

Exemplo: o empregador possui trinta dias para ajuizar ação para apuração de falta grave do empregado estável, após suspenso e se não o fizer nesse interregno, perderá o direito de ajuizar inquérito para apuração daquele ato que reputava como falta grave.

Na decadência, o não exercício no período compreendido acarreta a perda do próprio direito, enquanto que, na prescrição, há somente a perda do direito de ação, continuando íntegro o direito, ao menos no efeito moral.

A decadência pode ser declarada de ofício pelo juízo, o que não acontece com a prescrição.

1.9. RECONVENÇÃO

1.9.1. Generalidades

Trata-se de ação em que o réu interpõe no mesmo processo contra o autor, como se fora um contra-ataque, desde que, entretanto, sejam conexas. Com esse procedimento, evita-se o ajuizamento de nova ação, para não possibilitar decisões conflitantes e, principalmente, para efeito de economia e celeridade processual na solução dos conflitos entre as mesmas partes.

Apesar de não prevista a reconvenção na CLT, é admitida no processo trabalhista e seu desenvolvimento segue os trâmites ditados pelos arts. 343 do NCPC, adaptado à realidade e filosofia trabalhista.

A reclamatória onde a reconvenção é proposta será tida com relação a esta, como principal, ou mais apropriadamente original, cuja extinção, seja qual for a razão, não obriga a reconvenção, que prosseguirá normalmente em seus ulteriores atos, como disciplina o art. 343, § 2º do NCPC.

Se o autor for substituto processual, o reconvinte deverá afirmar ser titular de direito em face do substituído, e a reconvenção deverá ser proposta em face do autor, também na qualidade de substituo processual (§ 5º do citado art. 343).

A reconvenção pode se verificar nos procedimentos sumários que são restritos à Vara do Trabalho, ou seja, para aqueles feitos que não possuam valor superior a dois salários mínimos, pois a única diferença para a reclamatória ordinária, por assim dizer, é que não admitem qualquer recurso, à exceção do extraordinário. Portanto, por necessitar ser correlata, apenas não deve a reconvenção também ultrapassar o valor de alçada.

Considerando-se o procedimento sumaríssimo no processo trabalhista, assim considerada a reclamatória que não ultrapasse o valor de quarenta vezes o salário mínimo e que devem ser instruídas e julgadas em audiência única (art. 852-C da CLT), não afasta a possibilidade de reconvenção, desde que seja correlata e que possa ser decidida no prazo reservado à conclusão da reclamatória, ainda que necessária a oitiva do autor para defesa. A reconvenção poderá ser substituída pela formulação de pedido à favor do contestante, desde que, igualmente, seja fundado nos mesmos fatos referidos na inicial.

1.9.2. Arguição

A arguição da reconvenção deve ser junto com a defesa, na mesma ou em peça separada, mas, de qualquer forma, destacada dos demais termos defensivos.

A propositura deve ser também por meio de petição inicial, preenchendo os mesmos requisitos legais, pois deverá servir para a parte contrária apresentar sua defesa, eventualmente com preliminares e mérito, no prazo de quinze dias em cartório, com as provas materiais que houver. Por óbvio, se dispensará a primeira parte de uma petição inicial: a indicação do Juiz ou Tribunal a que é dirigida; os nomes, prenomes, estado civil, profissão, domicílio e residência do autor e do réu.

1.9.3. Defesa

Há autores que entendem que o prazo para a defesa deve ser de cinco dias, em respeito ao que determina o art. 841 da CLT.

Entretanto, a diferença é que aqui a previsão é de mínimo para se designar audiência onde se fará a defesa e não se fixando o máximo, deve-se optar pelo prazo anteriormente mencionado de quinze dias em cartório, independentemente de designação de audiência específica. Outra atitude no entanto, com relação ao prazo, não induz à eventual nulidade, por não acarretar prejuízos, mas com certeza não poderá ser maior que o fixado pela norma civil.

Após a defesa pelo reconvindo, o reconvinte poderá oferecer réplica, em cinco dias, se outro prazo não for fixado pelo juízo.

1.9.4. Instrução e Decisão

Tanto a reclamatória como a reconvenção deverão ser instruídas e decididas em conjunto e cada qual, entretanto, com sua própria solução jurídico-processual.

O número de testemunhas permitido é no máximo três, no total para as duas ações, conforme se verá mais especificamente no campo das provas.

Do julgamento, seguem as possibilidades recursais do processo trabalhista.

Pelo eventual indeferimento da propositura de reconvenção, o reconvinte poderá recorrer na mesma oportunidade que a oferecida pela original, independentemente do resultado de seu julgamento.

1.10. COMPENSAÇÃO E RETENÇÃO

1.10.1. Compensação

Em substituição à reconvenção, o processo trabalhista, de acordo com o art. 767 da CLT conta com a possibilidade de compensação de verbas, desde que correlatas e possível pela natureza do débito eventual que o reclamante-autor tenha com a reclamada-ré, limitada conforme § 5º do art. 477 da CLT, ao valor correspondente à remuneração de um mês.

Frequentemente ocorre a hipótese do pleito de verbas, após haver demissão voluntária por adesão à programas de incentivo pagando-se uma indenização suplementar, que, na defesa, pretende-se compensação, o que não é admissível, conforme entende a jurisprudência pacificada:

> "OJ-SDI1-356. PROGRAMA DE INCENTIVO À DEMISSÃO VOLUNTÁRIA (PDV). CRÉDITOS TRABALHISTAS RECONHECIDOS EM JUÍZO. COMPENSAÇÃO. IMPOSSIBILIDADE.
>
> Os créditos tipicamente trabalhistas reconhecidos em juízo não são suscetíveis de compensação com a indenização paga em decorrência de adesão do trabalhador a Programa de Incentivo à Demissão Voluntária (PDV)."

A compensação deve ser arguida em defesa com todos os elementos de provas possíveis e ao final constará também da solução. Este procedimento leva vantagem sobre a reconvenção, pois é direta e mais rápida, condizente plenamente com o processo trabalhista.

Este instituto pode ser arguido nos procedimentos sumaríssimos, por lhe ser inteiramente pertinente.

1.10.2. Retenção

À retenção, por ausência de elementos outros na Consolidação das Leis do Trabalho, aplica-se, no que for possível e compatível com o Direito do Trabalho, os preceitos correspondentes do Código Civil.

Consiste no privilégio especial, que a parte possui, de conservar em seu poder coisa alheia ou por direito cabível à parte contrária, que já detém legitimamente, até ser reembolsado ou indenizado ao que lhe é devido.

A retenção deve ser arguida também em defesa e deve ser igualmente admitida no procedimento sumaríssimo.

2. CONCILIATÓRIA

Serão sempre sujeitos à conciliação os dissídios individuais e coletivos propostos na Justiça do Trabalho, conforme dispõe o art. 764 da CLT, que prevê em seu § 1º:

> "... os Juízes e Tribunais do Trabalho empregarão sempre os seus bons ofícios e persuasão no sentido de uma solução conciliatória dos conflitos."

Portanto, é falsa a ideia que os leigos fazem da Justiça do Trabalho, que, em audiência, ocorre um verdadeiro leilão pelos direitos das partes, sem se importar com o justo devido a cada um.

A tentativa de conciliação entre as partes é uma imposição legal, que, se não havendo, poderá levar à nulidade processual.

O parágrafo único do art. 831 da CLT retrata a importância da conciliação, emprestando-lhe a força de uma decisão irrecorrível com relação às partes participantes:

> "Parágrafo único. No caso de conciliação, o termo que for lavrado valerá como decisão irrecorrível, salvo para a Previdência Social quanto às contribuições que lhe forem devidas."

Significa que as partes não poderão apresentar recurso contra a homologação, salvo para provar a ocorrência de algum vício insanável que poderá redundar na anulação do próprio ato.

Portanto, só não terá efeito de decisão irrecorrível para a Previdência Social, que poderá apresentar recurso para rever a natureza jurídica imposta às verbas acordantes.

Nos dissídios individuais, conforme determina o art. 846 da CLT, a conciliação será proposta pelo Juiz logo após a abertura da audiência e, portanto, antes da propositura da defesa.

Nesse sentido, preferível, como era disposto anteriormente pela norma celetista, que fosse proposta a conciliação, após terminado o ato de defesa, o que possibilitava ao Juiz, levar em consideração, mesmo que fosse por uma análise superficial, o que constava da inicial, da defesa e dos documentos que a instruíam. Esse procedimento era ideal, principalmente quando o reclamante se encontrava desacompanhado de Advogado, para que não seja fraudado em seus eventuais direitos, com a chancela judicial.

Hoje, então, o Juiz deve propor a conciliação antes da oferta da defesa por parte do réu, o que não impede, uma vez rejeitada inicialmente, seja novamente proposta após a realização do ato de defesa e, então, com melhores elementos de persuasão.

Portanto, muitas vezes o Juiz terá que ponderar com as partes, sem, entretanto, antecipar qualquer julgamento. Mas apenas para mostrar ao reclamante, por exemplo, que o que está pleiteando já se encontra pago, conforme recibo juntado, que poderá ou não confirmar; se pelo período alegado não há a possibilidade jurídica do pedido de férias vencidas de forma simples ou mesmo em dobro etc.

O mesmo poderá fazer com relação ao reclamado, que também muitas vezes em defesa coloca à disposição do reclamante, reconhecidamente como devida, uma importância maior do que a sua própria proposta de conciliação, em evidente má-fé.

Anteriormente à extinção dos Juízes Classistas, nesse mister legal, o Juiz Presidente era auxiliado com grande valia por eles que compunham as então Juntas, antecipando-se à audiência, com a prática e vivência que possuíam na militância sindical, predispondo as partes para a possibilidade de conciliação.

Dependendo das condições econômicas das partes, vale mais a conciliação, que uma vez homologado pelo juízo, concretiza uma situação fática definitivamente, sem possibilidade de recurso pelos acordantes e que, no não cumprimento, dá ensejo a execução imediata do valor acordado, como também liberta as partes do compromisso nem sempre agradável de comparecer ao fórum e se confrontar com o oponente e mesmo com testemunhas, e por que não dizer perante o juízo, em que não se sentirão descontraídas?

Até para os Advogados e principalmente para a Justiça, às vezes, é interessante o desfecho da solução amigável entre as partes, que livremente estipularão suas avenças.

Entretanto, o juízo não poderá homologar acordos que sejam frontalmente em prejuízo ao reclamante, como também contrários à disposição legal, como muitos pretendem a homologação de uma rescisão contratual em que houve demissão espontânea do empregado, com a liberação dos depósitos fundiários, que somente pode acontecer dentro do que prevê a lei específica e na qual não contempla a hipótese.

O procedimento sumaríssimo recém não afasta a possibilidade de conciliação entre as partes, pois a lei que lhe deu origem repete praticamente o citado preceito celetista anterior, de o Juiz empregar os seus bons ofícios no sentido de orientar e aproximar as partes para eventual conciliação, reforçando o objetivo conciliatório da Justiça do Trabalho:

> "Art. 852-E. Aberta a sessão, o Juiz esclarecerá as partes presentes sobre as vantagens da conciliação e usará os meios adequados de persuasão para a solução conciliatória do litígio, em qualquer fase da audiência."

O próprio Juiz deverá se impor a um limite parcimonioso, de equilíbrio e ponderação, na possibilidade de usar os meios adequados de persuasão para a solução conciliatória a que se refere a lei, principalmente para não se fazer do meio (conciliação para solucionar um litígio) um fim em si mesmo.

Além do procedimento sumaríssimo, nas Comissões de Conciliação Prévia, há possibilidade de conciliação, que, por ser complexa, merece tratamento didático independentemente deste título destinado aos processos trabalhistas, como se verá a seguir, por lhe ser correlata.

3. COMISSÕES DE CONCILIAÇÃO PRÉVIA

Em 13 de abril de 2000, entrou em vigor a Lei n. 9.958 de 12 de janeiro de 2000, alterando e acrescentando artigos à Consolidação das Leis do Trabalho — CLT, criando e dispondo sobre as Comissões de Conciliação Prévia. Por se tratar de lei específica, tratando principalmente da possibilidade extrajudicial de conciliação entre partes numa relação de emprego, exporemos, neste Capítulo, todas as condições para o seu cumprimento.

3.1. CONSTITUIÇÃO

A constituição de Comissões de Conciliação Prévia poderá se dar por grupos de empresa ou ter caráter intersindical e não apenas por uma empresa ou um sindicato de determinada categoria profissional, o que visa dar maior amplitude à instituição e com menor custo operacional às próprias empresas e sindicatos que arcarão com todas as despesas, sem qualquer intervenção do Estado.

Não há proibição na lei de que o grupo de empresa seja formado por empresas distintas e não apenas de um mesmo grupo econômico de que trata o § 2º do art. 2º da CLT, quando evidentemente deverá haver a constituição subscrita por todas elas, distribuindo-se os custos e componentes entre elas.

3.1.2. Pluralidade

Não há unicidade na instalação de Comissão em determinada localidade, o que deixa aberta a possibilidade de ser instituída eventualmente, pela empresa ou sindicato, quando o interessado poderá optar por uma ou por outra, mantendo-se a competência daquela que primeiro conhecer do pedido, evitando que se possa estabelecer conflitos ou, principalmente, que os interessados possam jogar com as demandas entre elas, na tentativa de proveitos escusos.

Uma vez eleita a comissão, protocolando-se a demanda, deverá ser mantida até o final, com a conciliação ou não entre as partes. O próximo passo na eventualidade de se desejar continuar na demanda é obrigatoriamente ajuizar o dissídio judicialmente e não submeter a demanda à outra Comissão.

3.1.3. No Âmbito de Empresa

A instituição poderá se dar no âmbito de uma ou mais empresas, pois a lei não faz distinção quanto à quantidade delas ou se integrantes ou não de um mesmo Grupo Econômico.

A empresa não pode ser confundida, para esse efeito, com os seus estabelecimentos existentes, que poderão ser em uma mesma localidade ou região.

Na hipótese de abranger mais de uma empresa ou estabelecimento, deve-se cuidar para que a localização física da Comissão não seja distante dos respectivos locais de trabalho, para não dificultar o acesso do trabalhador interessado.

Uma empresa que possua mais de um estabelecimento em diversas localidades ou regiões, se distantes um do outro, querendo instituir Comissão, deverá fazê-lo em cada uma delas, seja ou não com composições distintas, pois não há qualquer proibição nesse sentido.

Elas deverão possuir no mínimo dois e no máximo dez membros, dentro desse conjunto, sempre em número par para possibilitar a paridade entre eles.

Para a constituição, metade dos membros será indicada pelo empregador e a outra, eleita pelos empregados, em escrutínio secreto, fiscalizado pelo Sindicato da categoria.

Parece claro na lei que cada empresa integrante de uma Comissão deverá ter seus membros próprios, para efeito de representatividade pelos iguais, mas que com a somatória dos demais não ultrapassem os limites impostos pela lei. Portanto, em hipótese, o limite de empresas componentes será de cinco em cada Comissão, que não poderá possuir mais que dez membros em seu total, para o que, contribuirão com dois, um eleito pelos seus empregados e outro indicado pelo empregador.

A eleição dos membros representantes dos empregados deverá ser fiscalizada em todos os sentidos, formal e materialmente, pelo Sindicato da categoria profissional e deverá ocorrer por meio de voto secreto.

Evidentemente, como a fiscalização caberá ao Sindicato da categoria profissional, terá ele também a incumbência da preparação do ato, desde a inscrição dos candidatos até a proclamação dos vencedores e tudo na forma mais transparente possível, para que não haja possibilidade de fraudes e desse modo desacreditar a instituição. Para tanto é aconselhável a constituição prévia de Estatutos para o regimento.

Os candidatos nessa hipótese não necessitarão ser associados ao Sindicato, como também preencher qualquer das condições ditadas pelos arts. 529 e seguintes da CLT que tratam das eleições sindicais, pois não há essas exigências na lei, o que não poderia ser diferente, pois devem apenas representar os demais empregados na Comissão e não ao Sindicato. Os eleitores deverão ser todos os empregados abrangidos e regularmente contratados pelas empresas, ocupando ou não cargos de direção ou mesmo de confiança.

As Comissões deverão possuir membros suplentes, eleitos da mesma forma, e número dos titulares, para que possam eventualmente substitui-los. A lei não dispõe se os suplentes deverão ser candidatos especificamente a esse título ou se serão considerados assim os que se seguirem aos primeiros eleitos e proclamados como titulares. Em tese, os candidatos poderão ser indistintamente aos cargos de titulares e suplentes, como também poderão ser formadas chapas com a discriminação de titulares e suplentes, vinculados ou não entre um e outro e mesmo entre às próprias chapas.

Os mandatos dos titulares e suplentes será de um ano, permitida uma recondução. A lei não esclarece se a recondução será no mesmo mandato ou por meio de outra eleição.

Juridicamente, recondução significa um prolongamento do ato constituído, com as mesmas condições e sem renovação de ajustes, o que significa que poderia ser do próprio mandato ou mesmo por reeleição. De qualquer forma, essa condição deverá constar previamente das regras da eleição primeira dos membros.

Como não há vedação expressa, entende-se que será permitida a eleição independente, em mandatos distintos, uma vez na condição de titular e outra de suplente, permitida ainda uma recondução.

Portanto, a lei permite e firma como seu princípio apenas uma recondução e não reeleição, a menos que fosse para se ratificar pelos eleitores a recondução. O que se entende, portanto, é que não se permite seguidas eleições, embora em funções distintas, de modo a se perpetuarem por vias transversas os mesmos membros em rodízio nas comissões, contrariando aquele princípio.

Os membros representantes dos empregados eleitos, titulares e suplentes, não poderão ser dispensados, até um ano após o final do mandato, salvo se cometerem falta grave, nos termos da lei.

Essa garantia de emprego equivale-se a uma estabilidade provisória ditada pela lei, em que o empregado somente poderá ser dispensado se cometer falta grave, nos termos do disposto nos arts. 482 e 493 da CLT e que deverá ser apurada por meio de inquérito judicial, nos termos dos arts. 494 e seguintes do mesmo Diploma Legal.

3.1.4. No Âmbito Sindical

A Comissão instituída no âmbito do sindicato terá sua constituição e normas de funcionamento definidas em convenção ou acordo coletivo, respectivamente, entre sindicatos das categorias profissional e econômica correspondentes, ou, ainda, entre sindicato e diretamente com a empresa ou grupo de empresas da categoria, na forma dos artigos 611 e seguintes da CLT, o que significa que não guardarão correspondência com as Comissões formadas no âmbito da Empresa, excetuando-se o princípio estatuído pela regra geral do art. 625-A da lei em questão e nas hipóteses que lhes sejam análogas.

Deverá constar, do instrumento estipulado, o disciplinamento da Comissão em todos os sentidos e suas atividades, incluindo-se a fixação do número e forma de determinação de seus membros titulares e suplentes, prazos e períodos etc., pois a lei não a vincula às mesmas regras das Comissões formadas no âmbito de empresa e por ela.

Portanto, o número de membros deverá, a rigor, ser determinado pela abrangência da própria Comissão e a potencialidade de suas atividades.

A arregimentação dos membros, por imposição da mencionada regra geral estatuída pelo art. 625-A da CLT, deverá ser também, por representantes dos empregados e dos empregadores, observada a composição paritária.

Como se verifica, na formação das Comissões, nas hipóteses do art. 625-C da CLT, a lei não obriga ser exclusivamente por empregados eleitos por seus pares e por aqueles indicados pelas empresas, mas de seus representantes, o que significa que não necessitam possuir aquela qualidade de empregados, como obrigatoriamente ocorre no âmbito da própria empresa.

Desse modo, cada instrumento convencionado deverá dispor sobre os membros integrantes e se somente poderão ser arregimentados dentro dos empregados sindicalizados ou não na respectiva categoria, ou, ainda, na forma mista, com uns e outros e, finalmente, com contratados especificamente para esse fim, fora desses quadros mencionados, quando teríamos, em tese, a formação de profissionais para funcionarem como conciliadores. Em qualquer dessas situações, deverá ser observada a composição paritária, ou seja, metade dos membros indicados pela categoria profissional e a outra, pela econômica.

Na eventualidade de a efetivação ocorrer com empregado que esteja em atividade em sua empresa, indicado por sua categoria profissional e não exercendo mandato sindical, creio que deverá ostentar a qualidade de representante de seus pares e, com isso, gozar da mesma estabilidade com que esses representantes contam na hipótese da eleição no âmbito da empresa para integrar a Comissão, com os mesmos direitos e obrigações.

Tal como ocorre nas Convenções Coletivas, e disposto no § 2º do art. 611 da CLT, as Comissões instituídas entre Sindicatos abrangerão somente dentro da respectiva representação profissional e econômica; instituída entre Federações e, na falta destas, por Confederações, abrangerão as categorias a elas vinculadas, organizadas ou não em Sindicatos e no âmbito de suas representações.

As comissões instituídas nesta categoria deverão ter o mesmo prazo de vigência da própria Convenção ou Acordo Coletivo e que não ultrapassem o período de dois anos, como prevê o § 3º do art. 614 da CLT, para toda e qualquer estipulação normativa. Quanto à duração dos períodos de funcionamento dos membros componentes das Comissões, poderá ser estipulada livremente dentro do máximo permitido às Convenções e Acordos Coletivos que lhes contêm.

Toda e qualquer despesa na instituição e manutenção dessas Comissões será de responsabilidade dos instituidores, sem qualquer participação do Estado, o que significa que deverá haver previsão de receita e da sua origem, dentro dos limites naturais da instituição, obtida ou não em percentuais ou valores fixos sobre os fatos que forem apresentados, o que significaria pelos próprios interessados na atividade e sem custo para o empregado demandante.

3.2. *NÚCLEOS INTERSINDICAIS DE CONCILIAÇÃO TRABALHISTA*

O art. 625-H determina a aplicação da lei que criou as Comissões de Conciliação Prévia no que couber, aos Núcleos Intersindicais de Conciliação Trabalhista em funcionamento ou que vierem a ser criados, desde que observados os princípios da paridade e da negociação coletiva na sua constituição.

Era necessária essa previsão, pois, anteriormente à edição da lei, houve a formação de vários Núcleos Intersindicais para a tentativa de conciliação entre litigantes originários de relações de emprego e, portanto, natural que fossem agora reconhecidos como tais, para os devidos efeitos legais, desde que se enquadrem totalmente dentro de suas exigências, principalmente no que se refere à paridade entre os Membros que os compõem, apresentados pelos empregados e pelos empregadores e que tenha havido negociação coletiva na sua constituição.

3.3. *FORMAÇÃO PARITÁRIA*

Foram autorizados as empresas e sindicatos a instituir Comissões de Conciliação Prévia, de composição paritária, com representantes dos empregados e dos empregadores, com a atribuição de tentar conciliar os conflitos individuais do trabalho.

A lei fez ressurgir no Direito do Trabalho a composição paritária que fora extinta por meio da Emenda Constitucional n. 24/1999, que reestruturou a Justiça do Trabalho sem a presença dos Juízes Classistas que representavam, respectivamente, as categorias profissionais dos empregados e as econômicas dos empregadores.

Agora, deve ser observada em Comissões Extrajudiciais e compostas apenas por trabalhadores representantes dos empregados e dos empregadores, para possibilitar o seu equilíbrio no trato com o que lhes forem apresentados e que sejam da competência e jurisdição.

Nesse sentido, tenta-se atribuir, aos trabalhadores em geral e especificamente aos Sindicatos, um de seus principais objetivos, que é o de buscar a conciliação entre empregados e empregadores em suas relações de trabalho, sem que para isso seus membros integrem o Poder Judiciário, onde, por mais úteis e interessados que fossem na solução dos litígios entre seus representados, eram tratados como um corpo estranho à Instituição, muito embora tenha surgido com eles e seja, portanto, de sua natureza.

Essas Comissões por certo são formadas por verdadeiros líderes dentro das respectivas categorias, que buscam sempre a melhoria do homem que as integra, em todos os sentidos e, como não poderia deixar de ser, em suas relações com os empregadores.

Espera-se que por esse meio não surjam Sindicatos não representativos e não conscientes de suas obrigações que necessariamente devem assumir e que devem superar os próprios direitos.

Portanto, as Comissões não poderão funcionar se não observarem rigorosamente a paridade entre os seus membros, não apenas na composição, mas também necessariamente na atuação concreta.

3.4. *COMPETÊNCIA*

A competência das Comissões é firmada no art. 625-A da CLT, que lhes dá a atribuição de tentar conciliar os conflitos individuais do trabalho.

Portanto, elas não terão a incumbência de julgar, ou seja, de dizer do direito, de decidir como Juiz ou Árbitro, de proferir sentença etc., mas apenas de tentar a conciliação, o que por sua vez não poderá se transformar em instituto coercivo e muito menos de coação sobre o trabalhador em litígio com o seu empregador.

Poderá e deverá haver aconselhamento do líder consciente e prudente como deve ser, ao liderado, que por essa razão é seu igual, mas por vezes sem o mesmo discernimento de seus direitos e obrigações.

A competência das Comissões abrange apenas os conflitos individuais do trabalho, o que exclui a possibilidade de tratarem de conflitos coletivos e, dentre eles, o de greve e de convenções coletivas de trabalho. Nos individuais, incluem-se não apenas os decorrentes de rescisão de contrato de trabalho, mas qualquer outra matéria trabalhista de interesse individual e que seja de competência judicial originária das Varas do Trabalho e sempre no intuito exclusivo de tentar conciliar o conflito apresentado, mas não de julgar.

3.4.1. Pressuposto Para Ação Trabalhista

O art. 625-D da CLT determina que Qualquer demanda de natureza trabalhista será submetida à Comissão de Conciliação Prévia, e aliado ao disposto no seu § 2º, que determina a juntada à eventual reclamação trabalhista a declaração da tentativa conciliatória frustrada, é tido por muitos doutrinadores que trataram do tema como inconstitucional, pois entendem que viola o art. 5º, XXXV, da Constituição Federal, que estabelece que não se pode excluir, da apreciação do Judiciário, lesão ou ameaça a direito.

Entretanto, esse obstáculo deve ser transposto, pois na realidade não se pode excluir da apreciação do Judiciário lesão ou ameaça a direito individual ou coletivo, mas desde que esteja em termos com a lei processual correspondente, que dita as condições que esse direito subjetivo deve ser exercido, dentro da própria organização da Justiça. Caso contrário não se poderia falar em pagamento de custas, processo legal e adequado ao direito etc.

Aliás, a própria Constituição Federal, no § 2º do art. 114, que dita a competência da Justiça do Trabalho, excepciona no sentido de que, para ser ajuizado dissídio coletivo pelo sindicato, sejam esgotadas as tentativas de negociação coletiva entre as partes, o que vem sendo inclusive reforçado na aplicação plena do preceito pelo E. TST.

Além dessas justificativas, deve ser ainda considerado que não há efetivamente uma conclusão na lei, se essa submissão é pressuposto essencial ou substancial para eventual apresentação de reclamação trabalhista na Justiça do Trabalho, pois gramaticalmente a expressão *ser utilizada*, encontra-se na terceira pessoa do futuro do presente do verbo (será) e, portanto, não na forma imperativa do deve ser, ou seja, obrigatória. Ademais, aqueles que não estivessem sob a égide de uma Comissão não poderiam estar impedidos de ingressar em juízo, se bem que, nesta hipótese, prevê a lei que deve ser justificada essa circunstância na inicial.

Portanto, a lei somente faculta a submissão de demandas de natureza trabalhista à Comissão de Conciliação Prévia pelos interessados e não a obriga, tanto que condiciona à instituição dela na localidade da prestação de serviços, no âmbito da empresa ou do sindicato da categoria.

Essa questão demandou muitas discussões doutrinárias e jurisprudenciais, até final definição por nossos Tribunais, incluindo-se o Supremo Tribunal Federal.

Na 2ª Região ficou assente em Súmula (n. 2), que a passagem prévia pelas Comissões de Conciliação não é condição essencial para a propositura de ação:

> "COMISSÃO DE CONCILIAÇÃO PRÉVIA. EXTINÇÃO DO PROCESSO
>
> O comparecimento perante a Comissão de Conciliação Prévia é uma faculdade assegurada ao obreiro, objetivando a obtenção de um título executivo extrajudicial, conforme previsto pelo art. 625-E parágrafo único da CLT, mas não constitui condição de ação, nem tampouco pressuposto processual na reclamatória trabalhista, diante do comando emergente do art. 5º XXXV, da Constituição Federal."

A Ementa da ADI 2 n. 160 MC do Supremo Tribunal Federal dirime definitivamente qualquer dúvida a respeito:

> "JUDICIÁRIO — ACESSO — FASE ADMINISTRATIVA — CRIAÇÃO POR LEI ORDINÁRIA — IMPROPRIEDADE
>
> Ao contrário da Constituição Federal de 1967, a atual esgota as situações concretas que condicionam o ingresso em juízo à fase administrativa, não estando alcançados os conflitos subjetivos de interesse. Suspensão cautelar de preceito legal em sentido diverso."

3.4.2. Apresentação e Trâmite

Na hipótese de submissão, como prevê o § 1º do art. 625-D, a demanda deverá ser formulada por escrito ou reduzida a termo por quaisquer dos membros integrantes da Comissão, o que reafirma o princípio do Direito do Trabalho nas reclamatórias verbais e a não obrigatoriedade de acompanhamento de Advogado.

A exigência é que sendo oral e, portanto, não escrita, seja reduzida a termo, que por sua vez não demandará uma forma rígida de petição inicial, como deve acontecer nas verbais perante a Justiça do Trabalho, mas que contenha genericamente a reclamação e os direitos pretendidos, com os respectivos cálculos etc., o que levará forçosamente aos membros a obrigatoriedade de conhecimentos técnicos nesse sentido, inclusive para ter base para mediar conciliação entre as partes.

Recebida a demanda, deverá ser entregue cópia datada e assinada pelo membro, aos interessados. Obviamente, a parte contrária deverá ser avisada da propositura da demanda, a menos que de imediato, se fizesse presente ao ato inicial, tal como ocorre na hipótese de homologações sindicais de rescisões de contratos de trabalho, quando empregador e ex-empregado se apresentam com o termo de rescisão pronto.

Aliás, aqui reside uma indagação que por certo será respondida pelos doutrinadores e principalmente pela jurisprudência, ou seja, se a submissão de demanda à Comissão de Conciliação Prévia substituirá ou não o ato homologatório quando necessário pela rescisão do contrato de trabalho e, ainda, se livrará ou não o empregador de eventualmente responder pela multa legal no atraso do pagamento das respectivas verbas chamadas rescisórias.

Entendemos que para todos os efeitos, já respondendo indagação e como demonstrado pelo tempo, deverá ser aplicado inteiramente o art. 477 da CLT na hipótese de rescisão contratual e dentro dos prazos e limites previstos, quando o empregador poderá espontaneamente pagar satisfatoriamente todos os direitos do ex-empregado decorrentes do extinto contrato de trabalho.

Somente após é que estarão as partes liberadas para se submeterem à uma Comissão de Conciliação Prévia, quando poderão se compor com relação ao que ainda restar em litígio.

Portanto, as submissões de demandas às Comissões não poderão substituir a necessidade de se homologar a rescisão do contrato de trabalho.

Não prosperando a conciliação, deverá ser fornecida ao empregado e empregador, partes na relação, declaração da tentativa frustrada, com a descrição de seu objeto, firmada pelos membros da Comissão, que deverá ser juntada à eventual reclamação trabalhista.

Como salientado anteriormente, também este preceito não vincula obrigatoriamente a submissão das partes à Comissão de Conciliação Prévia, como pressuposto necessário, substancial ou essencial à propositura de reclamatória trabalhista, mas apenas que submetida, faça a juntada do respectivo termo à demanda judicial, mesmo porque a lei não fixa qualquer punição às partes nessa ausência.

Dessa forma, não se visualiza, em princípio, uma justificativa plausível para esta previsão legal, a não ser como uma possível orientação ao juízo para o próprio feito, principalmente para se renovar a tentativa de conciliação entre as partes. Tanto que foi inserido na lei o preceito do § 3º do mesmo artigo em comento, o dever de ser declarada na petição inicial da ação proposta perante a Justiça do Trabalho eventual e relevante circunstância que tenha impossibilitado as partes de recorrerem previamente à Comissão.

Portanto, somente na prática diária da lei é que possivelmente se dará o verdadeiro alcance desta iniciativa, já que ela não deve encerrar em si mesma qualquer preceito vazio e sem qualquer objetivo, mesmo que seja apenas como afirmação de um princípio jurídico.

3.5. *TERMO DE CONCILIAÇÃO*

A Comissão deverá lavrar um Termo, na hipótese de aceita a conciliação entre as partes, assinado pelo empregado, pelo empregador ou seu preposto e pelos membros que atuaram na demanda, fornecendo-lhes cópia.

O termo deverá conter alguns elementos essenciais para possibilitar seja utilizado para os devidos fins de direito: qualificação completa das partes com seus respectivos endereços; valor da conciliação; forma e meio de pagamento; discriminação de verbas e eventuais ressalvas de eficácia liberatória; identificação da Comissão e dos membros que atuaram; data e assinatura das partes; nome e qualificação de eventuais assistentes, representantes legais e do preposto.

Ao ato de submissão à tentativa de conciliação, as partes deverão estar presentes pessoalmente, facultando-se ao empregador se fazer representar por preposto, pois basicamente a lei repete a previsão do art. 843 da CLT para as reclamatórias e, desse modo, a interpretação e aplicação que se deve fazer do preceito será a mesma, como definido pela doutrina e jurisprudência dominante:

a) o empregado deverá estar presente pessoalmente ao ato, independentemente da presença de eventual Advogado constituído;

b) empregado menor deverá estar assistido pelos pais ou responsáveis legais;
c) comprovante da qualidade de empregador, bastando, para tanto, o reconhecimento pelo próprio empregado;
d) carta de preposição fornecida ao preposto, que deverá ser empregado da empresa e com autonomia para confirmar e obrigar o empregador na conciliação.

As cópias fornecidas às partes deverão conter os mesmos elementos do original, para que se lhe possa dar validade em seus fins, pois terão eficácia de título executivo extrajudicial, como prevê o parágrafo único do artigo em questão, pois, com efeito e pelo que se deduz da norma, o original deverá ficar arquivado juntamente com o processo que se formou perante a Comissão.

O ideal, a que talvez possa chegar, é de se entregar às partes interessadas todos os documentos apresentados à conciliação: original e cópia do termo, respectivamente, ao empregado e ao empregador; carta de preposição e eventual comprovante do empregador ao empregado etc., para se evitar maiores entraves às Comissões.

3.5.1. Eficácia Liberatória Geral

Quanto à eficácia liberatória geral, deve ser entendido que, a não ser por expressa ressalva em sentido contrário, não poderá o acordo estabelecido ser discutido pelo Judiciário, que dará valor de decisão definitiva ao Termo de Conciliação lavrado, em decorrência da própria lei e não por presunção de veracidade. Entretanto, a jurisprudência caminhou em sentido contrário e sob os mesmos fundamentos do afastamento de ser essencial a submissão para propositura de ação, a possibilidade de reclamarem-se diferenças ou verbas verificadas ou não no Termo de Conciliação, com ou sem ressalvas a respeito.

É importante ressaltar que, pelo disposto na lei e sua interpretação teleológica, o que não tivesse sido ressalvado expressamente no termo de conciliação, dever-se-ia entender como integrante do acordo estabelecido e com efeito liberatório, ou seja, não poderia ser discutido judicialmente.

De qualquer forma, é de suma importância que as Comissões sejam conscientizadas do relevante encargo que lhes é confiado, como entidade conciliadora definitiva entre litigantes, ainda que extrajudicialmente, que poderão, por sua vez, não ter o necessário discernimento fático e principalmente jurídico do que lhes diz respeito e de direito.

A eficácia liberatória em questão não se confunde com a prevista na Súmula n. 330 do C. Tribunal Superior do Trabalho, que trata das homologações necessárias para a rescisão do contrato de trabalho que tenham suplantado o primeiro ano de vigência, que não é considerada plena, pois nele apenas se está interpretando o disposto nos §§ 1º e 2º do art. 477 da CLT que não excluem da apreciação do Judiciário qualquer interesse das partes decorrente do contrato de trabalho, por se referir à validade, apenas relativamente às mesmas parcelas que constam do Termo de Rescisão do Contrato de Trabalho, ou seja, a quitação é apenas com relação aos valores pagos e não às parcelas versadas e ao próprio contrato de trabalho.

3.6. PRAZO DE ENCERRAMENTO

O art. 625-F da CLT fixa prazo máximo de dez dias para atuação da Comissão em cada demanda, ou seja, para realização de sessão de tentativa de conciliação, a partir da provocação do interessado.

A lei não deixa margem para prorrogação eventual desse prazo, muito embora não haja previsão de qualquer consequência para o fato, a não ser a obrigação de fornecer no último dia, ao interessado, declaração a respeito, como previsto também no § 2º do art. 625-D, na hipótese de não prosperar a conciliação.

4. TERMO DE AJUSTE DE CONDUTA — TAC

Não pode passar despercebida a possibilidade que trouxe a Lei n. 9.958/2000, pela modificação introduzida no art. 876 da CLT, da intervenção direta do Ministério Público do Trabalho em relacionamentos coletivos ou individuais de trabalho, como órgão receptador de ajustes de conduta firmados pelas partes interessadas, com sua intermediação.

O Ministério Público do Trabalho funciona como mediador nos ajustes de conduta propostos pelas partes, de qualquer natureza, colocando-os na juridicidade necessária para produzir os efeitos desejados, sejam em decorrência de rescisão de contrato de trabalho ou mesmo em sua constância.

XI Fase Probatória

1. GENERALIDADES

O êxito das partes no processo judicial depende quase que exclusivamente das provas que possuem e possam produzir em juízo, o que torna o seu estudo por demais importante.

O ciclo efetivamente de provas no processo trabalhista inicia-se após a fase postulatória, que, por sua vez termina com a apresentação de defesa e rejeição de proposta conciliatória entre as partes, muito embora haja dois momentos apropriados para apresentação: na inicial pelo autor e na defesa pelo réu como se verá em seguida.

De acordo com o art. 769 da CLT, o processo trabalhista socorre-se subsidiariamente das regras do Código de Processo Civil, desde que não haja incompatibilidade, não apenas com as normas específicas, mas também com os próprios princípios trabalhistas. Dessa forma, não se desconhecerá das normas processuais trabalhistas e, somente na sua omissão e desde que compatíveis, deverão ser observadas as normas aplicáveis ao processo civil, que, em matéria de prova, estão dispostas nos arts. 369 e seguintes do NCPC.

A Consolidação das Leis do Trabalho possui poucas regras referentes à prova no processo trabalhista, estampadas nos arts. 818 a 830, e em outras existentes em legislação esparsa, como a Lei n. 5.584/70 e com a lei dos procedimentos sumaríssimos, o que nos obriga a frequentemente apelarmos para a lei adjetiva civil.

O Processo Trabalhista se reveste do princípio da oralidade, que contudo não se caracteriza por inexistência de atos escritos, mas principalmente na irrecorribilidade das decisões meramente interlocutórias e na concentração de atos processuais em audiência. Portanto, as provas devem ser produzidas pelas partes de forma direta, objetiva, de preferência sem cisão e concreta nos autos.

Possui ainda o juízo, outro princípio processual, que é o poder inquisitório, que lhe faculta intervir na produção do conjunto probatório, com determinações *ex officio*, determinando provas que se façam necessárias para a sua convicção, mas sem afastar-se de outro princípio, que é o dispositivo, ou seja, de sua obrigação de julgar conforme as limitações da litiscontestação e as provas produzidas nos autos.

O Juiz terá liberdade na condução do processo, com referência às provas a serem produzidas, principalmente considerando-se a inovação introduzida pela Lei dos Sumaríssimos, de prever expressamente, a liberdade do Juiz para dar especial valor às regras de experiência comum ou técnica, pelo que poderá decidir até mesmo levando-se em consideração a sua experiência, leiga ou técnica, como o faz igualmente o NCPC em seu art. 375.

Como a própria denominação de fase probatória sugere, o conteúdo para estudo é basicamente sobre provas produzidas ou que devem ser produzidas no processo, para conhecimento e convencimento do juízo, que livremente as apreciará (art. 371 do NCPC) e exporá em decisão fundamentada, tomando-se sempre por referência o alegado na inicial e defesa, que formam a litiscontestação, ou seja, os limites da ação. Portanto, o juiz apreciará a prova constante dos autos, independentemente do sujeito que a tiver promovido.

Nesse sentido surgem as dificuldades, de onde, quando, como, quem ou o quê se deve provar no processo trabalhista, que precisam ser vencidas para ver triunfar o que se pretende processualmente. Esses questionamentos devem ser respondidos e que por certo esgotarão e definirão todas as necessidades.

2. ONDE PROVAR

Toda e qualquer prova deve ser demonstrada e desenvolvida nos autos do processo trabalhista, formado regularmente por reclamatória proposta, a qualquer título, perante o juízo competente, mesmo que seja por precatória ou rogatória, mas sempre em termos, ou seja, devidamente condicionada, especificada e identificada, para possibilitar o princípio do contraditório amplo, para a parte contrária se manifestar com relação a ela, sem surpresas, aceitando-a ou impugnando-a e, dessa forma, possibilitar ao Juiz condições de apreciação e decisão.

Portanto, vigora o princípio que somente as provas produzidas no processo é que se prestam para elucidar o feito, pois o que não está nos autos, não estará no mundo jurídico processual e não terá qualquer valor probante. Muitas vezes essa prova pode ser buscada fora, como acontece com uma perícia técnica realizada no local de trabalho, mas cuja representação deve ser feita no processo.

Tratando-se de prova documental, deverá ser identificada com numeração própria, independente da que for dada à folha do processo onde será juntada, principalmente se forem vários documentos. Deverá ainda estar acompanhada de competente justificativa, para fixação e delimitação da matéria objeto da prova e, com isso, evitar-se também, de serem juntados documentos que nenhuma função terão no feito, avolumando desnecessariamente os autos.

3. QUANDO PROVAR

As provas devem ser apresentadas pelo autor na propositura da ação, com a inicial, e pelo réu na apresentação da defesa, se documentais e essenciais ou substanciais ao ato; ou, ainda, quando for determinado pelo juízo ou especificado o ato para a ocorrência, tal como sucede com as provas orais, que são realizadas em audiência ou mesmo com provas periciais, no processo ou fora dele.

Há controvérsia sobre o momento de apresentação de provas documentais, entendendo uns que deva ser com a inicial e defesa e outros, a qualquer tempo dentro do processo ou fase de conhecimento.

Entretanto, deve-se atentar ao que dispõe o art. 434 do NCPC, como também e principalmente o art. 787 da CLT, ou seja, que a petição inicial indicará as provas, desde logo acompanhada dos documentos em que se fundar, e será instruída com aqueles indispensáveis à propositura, com que o autor pretende demonstrar a verdade dos fatos alegados.

O mesmo se aplica ao defendente, de acordo com os arts. 434 do NCPC e 845 da CLT, que deve juntar com a defesa todas as provas que possuir ou requerer prazo para fazê-lo, diante de alguma dificuldade justificável no cumprimento. A exceção fica para a juntada de documentos destinados a fazer contraprova ou provar fatos supervenientes (art. 435 do NCPC), obedecendo-se o prazo assinalado para manifestação sobre os fatos e documentos originários ou na ausência, em cinco dias, de acordo com o art. 218, § 3º do NCPC.

No procedimento sumaríssimo, a produção de todas as provas deverá ser em audiência, ainda que não requeridas anteriormente, ressalvando-se a possibilidade da realização de prova técnica, quando o fato assim o exigir ou for legalmente imposta, que, por óbvio, deverá se dar fora desse limite.

Entretanto, a lei que trata desse procedimento possibilita, ao critério do Juiz, interromper a audiência quando não houver condições da parte de se manifestar de imediato sobre a prova documental apresentada pelo reclamado, para se evitar eventual cerceamento de defesa ou de contraprova.

4. COMO PROVAR

Todos os fatos alegados pelas partes devem ser provados por todos os meios em Direito permitidos, bem como as moralmente legítimas, ainda que não especificadas juridicamente e notadamente, documentais, orais, periciais ou técnicas e por inspeção:

"OJ-SDI1-278. ADICIONAL DE INSALUBRIDADE. PERÍCIA. LOCAL DE TRABALHO DESATIVADO.

A realização de perícia é obrigatória para a verificação de insalubridade. Quando não for possível sua realização, como em caso de fechamento da empresa, poderá o julgador utilizar-se de outros meios de prova."

4.1. DOCUMENTAL

Não dispõe a Consolidação das Leis do Trabalho preceitos norteadores das provas documentais permitidas no processo trabalhista, à exceção do art. 830, que simplesmente dispõe que somente serão aceitas, se estiverem nos originais ou em certidão ou cópia autêntica, ou quando confrontadas com aquelas perante o juízo.

A Súmula n. 415 do TST mostra a importância da autenticação de documento indispensável à propositura de ação:

"SUM-415 — MANDADO DE SEGURANÇA. ART. 284 DO CPC. APLICABILIDADE

Exigindo o mandado de segurança prova documental pré-constituída, inaplicável se torna o art. 284 do CPC quando verificada, na petição inicial do mandamus, a ausência de documento indispensável ou de sua autenticação."

O art. 321 do NCPC, para esclarecimento, trata da possibilidade de emendar ou completar a petição inicial, ante algum defeito ou irregularidade capazes de dificultar o julgamento do mérito.

Para todos os efeitos devem ser aplicados os artigos 396 *usque* 404 do NCPC, de aplicação subsidiária.

Havendo a apresentação de documentos no processo, a parte contrária deverá sempre ter ciência, para que possa se manifestar, querendo, admitindo ou impugnando, para os efeitos dos arts. 411, 412, 436 e 437 do NCPC, ou seja, se lhe admite ou não a autenticidade da assinatura e a veracidade do contexto, presumindo-se com o silêncio, que o tem por verdadeiro.

A manifestação é faculdade da parte contrária, mas que, entretanto, tem o direito peremptório de conhecer da prova juntada ou apresentada, para os fins que entender de direito.

A Lei do Procedimento Sumaríssimo dispõe que, sobre os documentos apresentados por uma das partes, manifestar-se-á imediatamente a contrária, o que reafirma o princípio de que não pode haver provas surpresas ou que pairem incógnitas no processo. Para tanto, o Juiz poderá, diante de absoluta impossibilidade de manifestação imediata, interromper a audiência, abrindo prazo razoável para fazê-lo.

A interrupção, nessa hipótese, não poderá ser superior a trinta dias, ressalvando-se a possibilidade de excedimento, por motivo relevante justificado nos autos e autorizado pelo Juiz, que mais uma vez será desafiado em seu equilíbrio e ponderação, para permitir ou não.

Há fatos no Direito do Trabalho que somente admitem provas documentais, tal como ocorre com pagamento de salário e férias ou, ainda, apesar de algumas controvérsias, o acordo de compensação de horas ou de prorrogação de jornada de trabalho etc., para se evitar eventuais fraudes contra o trabalhador, que não possui meios suficientes para tais provas, como tem o empregador, diante de sua organização funcional.

Por se constituir em meio importante de prova, o Juiz pode ordenar, a requerimento ou não do adverso, que a parte ou mesmo terceiro exiba documento que se ache em seu poder, desde que devidamente individualizado e justificado o objetivo, como dispõem os arts. 396 e 397 do CPC, e que não seja a hipótese do referido art. 321 do mesmo diploma legal:

"Art. 396. O Juiz pode ordenar que a parte exiba documento ou coisa, que se ache em seu poder."

"Art. 397. O pedido formulado pela parte conterá:

I — a individuação, tão completa quanto possível, do documento ou da coisa;

II — a finalidade da prova, indicando os fatos que se relacionam com o documento ou a coisa;

III — as circunstâncias em que se funda o requerente para afirmar que o documento ou a coisa existe e se acha em poder da parte contrária."

Nessa hipótese, será facultado ao requerido, contra quem se dirigiu o pedido, conforme art. 398 do NCPC, dar sua reposta nos cinco dias subsequentes à sua intimação. Se afirmar não possuir o documento ou mesmo a coisa, o Juiz permitirá que o requerente prove, por qualquer meio, que a declaração não corresponde à verdade.

O Juiz não admitirá recusa (art. 399 do NCPC) se o requerido tiver obrigação legal de exibir; se o requerido aludiu ao documento ou à coisa, no processo, com o intuito de constituir prova; e se o documento, por seu conteúdo, for comum às partes, como ocorre com certidões de dissídios ou acordos coletivos devidamente arquivados nos organismos próprios.

Conforme art. 400 do NCPC, ao decidir o pedido, o Juiz admitirá como verdadeiros os fatos que, por meio do documento ou da coisa, a parte pretendia provar:

"I — se o requerido não efetuar a exibição, nem fizer qualquer declaração no prazo do art. 398;

II — se a recusa for havida por ilegítima.

Parágrafo único. Sendo necessário, o juiz pode adotar medidas indutivas, coercitivas, mandamentais ou sub-rogatórias para que o documento seja exibido.".

Há possibilidade legal, ainda, de se trazer aos autos documento que eventualmente esteja em poder de terceiros e que possa interessar à demanda, quando o Juiz mandará citá-lo para responder no prazo de quinze dias. Havendo negativa, poderá se estabelecer uma audiência especial, para tomada de depoimentos do terceiro, das partes e, se necessário, de testemunhas, para em seguida se proferir a decisão.

A parte e o terceiro podem se escusar de exibir em juízo o documento ou a coisa (art. 404 do NCPC), se:

"I — concernente a negócios da própria vida da família;

II — sua apresentação puder violar dever de honra;

III — sua publicidade redundar em desonra à parte ou ao terceiro, bem como a seus parentes consangüíneos ou afins até o terceiro grau, ou lhes representar perigo de ação penal;

IV — sua exibição acarretar a divulgação de fatos a cujo respeito, por estado ou profissão, devam guardar segredo;

V — subsistirem outros motivos graves que, segundo o prudente arbítrio do juiz, justifiquem a recusa da exibição;

VI — houver disposição legal que justifique a recusa da exibição.

Parágrafo único. Se os motivos de que tratam os incisos I a VI do *caput* disserem respeito a apenas uma parcela do documento, a parte ou o terceiro exibirá a outra em cartório, para dela ser extraída cópia reprográfica, de tudo sendo lavrado auto circunstanciado.".

As declarações constantes de documento particular, escrito e assinado, ou somente assinado, presumem-se verdadeiras em relação ao signatário do referido documento. Quando, todavia, contiver declaração particular, prova-se a declaração, mas não o fato declarado, que deverá ser demonstrada a sua veracidade em juízo (art. 409 do NCPC).

Exemplo: A parte junta uma declaração de terceiros, afirmando ter ocorrido tal fato. Essa declaração tem validade em relação ao que o assinou, mas para o juízo deverá ser provada a veracidade do fato no processo, ou seja, o próprio declarante deve comparecer como testemunha e confirmar o declarado.

Finalmente, cessa a fé do documento, público ou particular, quando for declarada judicialmente a sua falsidade, por não ser verdadeiro ou alterado ou, ainda, quando o particular tiver a assinatura contestada, enquanto não se comprovar a veracidade ou, se assinado em branco, for abusivamente preenchido (arts. 427 e 428 do NCPC).

Essa declaração civilmente poderá ser obtida por meio de uma ação principal, especialmente proposta para esse fim; ou no curso do procedimento onde o documento inquinado foi apresentado, por meio de uma ação incidental, em que pese não lhe ser essencial, pois o Juiz, independentemente desse procedimento, no seu direito de livremente apreciar a fé que deve merecer o documento, como preveem os arts. 430 ao 433 do NCPC, poderá declará-lo falso, na própria sentença do feito em julgamento.

Apresentado o documento, a parte contrária poderá suscitar incidente de falsidade, fazendo as alegações que julgar necessárias, diante do que lhe faculta a lei, para invalidá-lo, e somente será afastado se julgado falso.

4.1.1. Incidente de Falsidade

Como vimos, a falsidade de um documento poderá ser arguida em ação própria e autônoma para tanto, o que se processará segundo os termos normais de qualquer ação declarativa.

Sendo incidental ao processo principal, na forma do art. 430 do NCPC, a arguição de falsidade tem lugar em qualquer tempo e grau de jurisdição, incumbindo à parte, contra quem foi produzido o documento, suscitá-lo na contestação ou no prazo de quinze dias, contados da intimação da sua juntada aos autos.

Significa que a arguição poderá se dar em qualquer fase do processo e até mesmo após o encerramento da instrução, bastando apenas se constatar a juntada do documento, na forma do supramencionado artigo.

Oferecido o documento antes de encerrada a instrução , o procedimento será nos próprios autos e a arguição de falso deverá ser, dentro do prazo legal estabelecido, em petição dirigida ao Juiz da causa, expondo os motivos em que funda a sua pretensão e os meios com que provará o alegado. A parte contrária, que produziu o documento e que deu origem à arguição, será intimada para responder também no prazo de quinze dias e, após, se for o caso, o Juiz ordenará o exame pericial.

Havendo concordância do arguente, a parte que produziu o documento poderá retirá-lo dos autos, cessando sua pretensa condição de prova.

Na hipótese de apresentação de documento após encerrada a instrução , o incidente de falsidade correrá em apenso aos autos principais; no tribunal, processar-se-á perante o Relator.

Em qualquer das hipóteses, o incidente de falsidade suscitado ocasionará a suspensão do processo principal até decisão, declarando-se a falsidade ou a autenticidade do documento objeto.

4.2. ORAL

4.2.1. Generalidades

As provas orais são tratadas nos artigos 820 *usque* 829, 845, 848 e §§ 2º e 3º do 852 H da CLT e, subsidiariamente, 442 *usque* 463 do CPC, e se realizam por meio da oitiva de testemunhas ou até mesmo pelo depoimento pessoal em audiência, que, em instrução, deve anteceder àquelas, muito embora possa ser no mesmo ato.

A inquirição será por parte do Juiz e reperguntada por seu intermédio, a requerimento das partes, seus representantes ou Advogados (arts. 820 e 848 da CLT). Nestes casos, as perguntas deverão ser feitas ao Juiz, que poderá indeferi-las se julgar impertinentes, irrelevantes ou desnecessárias, considerando-se a litiscontestação, para que as faça ao interrogando.

Mesmo quando ainda haviam Juízes Classistas na Justiça do Trabalho, suas eventuais perguntas às partes e às testemunhas deviam ser dirigidas por meio do Juiz Presidente, que, entretanto, não podia indeferi-las.

As perguntas devem ser claras e objetivas, sem qualquer subterfúgio, pois todas as testemunhas ou partes, presumivelmente falam a verdade, até prova em contrário, cuja análise, é de prudência, seja feita apenas pelo juízo e por ocasião da prolação da decisão, quando deverá apreciá-las em seu conjunto. Qualquer manifestação precipitada poderá ser tida como prejulgamento.

O depoimento das partes e testemunhas que não souberem falar a língua nacional ou, ainda, que sejam surdos-mudos ou de mudos que não souberem escrever, será feito por intermédio de intérprete, juramentado ou não, nomeado pelo Juiz (art. 819 e § 1º da CLT), devendo prestar compromisso nos autos, pois dele dependerá o juízo. Essas despesas correrão por conta a quem interessar o depoimento (§ 2º).

Os depoimentos das partes, das testemunhas, de peritos ou de terceiros que tiverem que ser ouvidos por qualquer razão, serão reduzidos a termo nos autos. No procedimento sumaríssimo, faculta-se o registro resumido, contendo apenas as afirmações fundamentais e as informações úteis para a solução da causa.

4.2.2. Depoimento Pessoal

Embora não seja essencial ou obrigatório, é sempre muito importante tomar o depoimento da própria parte dentro do processo, pois se procura por ele obter sua confissão real com relação aos fatos que lhe são imputados ou contrários ao que pretende.

A confissão real, por ser direta da parte que confirma ou admite a verdade de fatos que lhe são imputados, contrários ao seu interesse e favorável ao adversário, difere da ficta, pois esta é presumida, deduzida por alguma razão dentro do processo e, como tal, pode ser elidida, afastada, por meio de outras provas.

Declarações em próprio favor não surtem efeitos, pois a parte não depõe sob compromisso de falar a verdade e com responsabilidade criminal. Portanto, admite-se, em princípio, que a parte possa mentir ou distorcer fatos (arts. 389 e seguintes do NCPC), para ter ganho de causa, o que, entretanto, poderá levá-lo a ser considerado litigante de má-fé, conforme disposições contidas no art. 80 do NCPC, ou mesmo capitulado em disposição criminal de tentativa de induzimento do juízo a erro (fraude processual, art. 347 e parágrafo único do Cód. Penal).

Ao que não souber ou se negar responder, a parte, principalmente o empregador, poderá ser fictamente considerada confesso com relação aos fatos indagados, a menos que a negativa se baseie no que dispõe o art. 388 do NCPC, ou seja, se são fatos criminosos ou torpes que lhe foram imputados ou a cujo respeito, por estado ou profissão, deva guardar sigilo, como também se acerca dos quais não possa responder sem desonra própria, de seu cônjuge, de seu companheiro ou de parente em grau sucessível e finalmente, que coloquem em perigo a vida do depoente ou das pessoas anteriormente mencionadas.

Conforme art. 843 da CLT, na audiência de julgamento, onde a rigor devem ser realizados todos os atos de instrução do processo, deverão estar presentes o reclamante (autor) e o reclamado (réu), independentemente do comparecimento de seus representantes, o que dispensa que a parte seja inicialmente intimada a comparecer em juízo para prestar depoimento.

Somente após o depoimento, as partes poderão se ausentar da audiência, continuando presentes ou não seus Advogados ou Procuradores. Significa que enquanto não tiver sido prestado o depoimento ou dispensado dele, a parte não poderá se ausentar da audiência, sob pena de ser considerado também confesso fictamente, quanto à matéria de fato.

Na hipótese de adiamento da audiência de julgamento pelo Juiz, sem a oitiva das partes, elas continuarão com o dever de comparecer pessoalmente à audiência de prosseguimento, sob pena de serem consideradas confessas. Nesse sentido, uma corrente jurisprudencial, minoritária e, portanto, com pequena significação jurídica, entende que somente a ausência do réu importaria em confissão, pois, se do autor, a consequência é o arquivamento do feito, aplicando-se parcialmente o art. 844 da CLT. Neste caso ainda, a ausência dos dois significaria simplesmente o arquivamento do feito ou, dependendo da fase, o julgamento do processo no estado em que se encontra.

Entretanto, a Súmula n. 74 do C. TST, pacificando a jurisprudência dominante, entende que será aplicada a pena de confissão à parte que, expressamente intimada com aquela cominação, não comparecer à audiência de prosseguimento, na qual deveria depor. Na eventualidade do não comparecimento de ambas as partes, importará no julgamento do feito no estado em que se encontrar e não em confissão delas, pois duas forças equivalentes e antagônicas se anulam reciprocamente. Consequentemente, se não intimada, presume-se que poderá não comparecer.

É de bom alvitre somente deixar de comparecer se expressamente for dispensado o depoimento, mesmo porque referida súmula não é restritiva a outro entendimento, pois apenas diz que aplica-se a pena de confissão à parte expressamente intimada com aquela advertência, considerando-se o art. 843 da CLT dispor que é dever das partes estarem presentes à audiência pessoalmente. Sendo um dever, desnecessária a intimação expressa para o comparecimento.

Discute-se, ainda, se a tomada de depoimento pessoal é direito da parte contrária ou é faculdade concedida pelo Juiz.

A resposta mais apropriada é tratar-se de um direito da parte e não faculdade do Juiz, por se constituir um meio de prova de que o litigante poderá se utilizar, o que, entretanto, se não exercido, não impede que a iniciativa seja do próprio Juiz *ex officio*, tudo como se depreende dos termos do art. 848 da CLT.

Essa situação modifica-se um pouco nos processos submetidos ao procedimento sumaríssimo, pois, nessa oportunidade, deve ser levado em conta o disposto no art. 852 D, recentemente introduzido na CLT pela lei respectiva:

> "O Juiz dirigirá o processo com liberdade para determinar as provas a serem produzidas, considerado o ônus probatório de cada litigante, podendo limitar ou excluir as que considerar excessivas, impertinentes ou protelatórias, bem como para apreciá-las e dar especial valor às regras de experiência comum ou técnica."

Portanto, se o Juiz tem liberdade para determinar as provas, podendo limitar ou excluir as que considerar excessivas, impertinentes ou protelatórias, significa que nesse procedimento a oitiva das partes, dentre outras provas, é de sua faculdade. Entretanto, mesmo aqui deve ser o eventual indeferimento sob aquelas hipóteses, perfeitamente justificado, para que não haja cerceamento ao direito de defesa, que assume importância vital em qualquer processo judicial.

Por primeiro, deve depor o autor e depois o réu, a menos que em razão do ônus da prova se exija uma inversão. Não se aplica aqui, com uma exceção, o disposto no § 2º do art. 385 do NCPC, ou seja, a proibição de uma parte assistir o depoimento da outra, em razão do *jus postulandi*, pois, do contrário, não haveria quem pudesse reperguntar, atendendo a uma faculdade legal da parte. A exceção fica quando a parte está acompanhada de Advogado, que então permanecerá em audiência, pois a ele incumbirá, em nome daquela, formular as reperguntas.

A parte que depõe não pode fazer qualquer consulta a documentos ou mesmo a seu Advogado, diante das perguntas que lhe forem feitas, a não ser as notas breves, desde que objetivem completar esclarecimentos (art. 387 do NCPC), tais como CTPS, ficha de registro individual etc.

4.2.3. *Testemunhal*

A prova testemunhal é um dos meios de que a parte dispõe para provar o que pretende, dentro do limite da litiscontestação.

A Consolidação das Leis do Trabalho disciplina a prova oral nos arts. 819 *usque* 829, além dos parágrafos 2º e 3º do art. 852 H, introduzido pela Lei do Procedimento Sumaríssimo. No que não conflitar, a essas disposições alinham-se as contidas nos arts. 442 *usque* 449 do Novo Código de Processo Civil.

Qualquer pessoa poderá ser apresentada como testemunha no processo trabalhista, com exceção a que for considerada incapaz, impedida ou suspeita, como preconiza o art. 447 e parágrafos do NCPC:

> "§ 1º São incapazes:
>
> I — o interdito por enfermidade ou deficiência mental;
>
> II — o que, acometido por enfermidade ou retardamento mental, ao tempo em que ocorreram os fatos, não podia discerni-los, ou, ao tempo em que deve depor, não está habilitado a transmitir as percepções;
>
> III — o que tiver menos de 16 (dezesseis) anos;
>
> IV — o cego e o surdo, quando a ciência do fato depender dos sentidos que lhes faltam.
>
> § 2º São impedidos:
>
> I — o cônjuge, o companheiro, o ascendente e o descendente em qualquer grau e o colateral, até o terceiro grau, de alguma das partes, por consanguinidade ou afinidade, salvo se o exigir o interesse público ou, tratando-se de causa relativa ao estado da pessoa, não se puder obter de outro modo a prova que o juiz repute necessária ao julgamento do mérito;
>
> II — o que é parte na causa;
>
> III — o que intervém em nome de uma parte, como o tutor, o representante legal da pessoa jurídica, o juiz, o advogado e outros que assistam ou tenham assistido as partes.
>
> § 3º São suspeitos:
>
> I — o inimigo da parte ou o seu amigo íntimo;
>
> II — o que tiver interesse no litígio.
>
> § 4º Sendo necessário, pode o juiz admitir o depoimento das testemunhas menores, impedidas ou suspeitas.
>
> § 5º Os depoimentos referidos no § 4º serão prestados independentemente de compromisso, e o juiz lhes atribuirá o valor que possam merecer."

A respeito, dispõe o art. 829 da CLT, não deixando apenas ao arbítrio do Juiz, que se a testemunha apresentada for parente até o terceiro grau civil, amigo íntimo ou inimigo de qualquer das partes, não prestará compromisso e seu depoimento valerá como simples informação.

Portanto, essas pessoas mencionadas no art. 829 da CLT devem ser ouvidas, mas sem compromisso de dizer a verdade do que souber e lhe for perguntado.

Resta claro pois, que no processo trabalhista as pessoas consideradas incapazes não poderão ser ouvidas, com ou sem compromisso, enquanto que algumas das impedidas ou suspeitas sim, porém sem compromisso.

Quando uma pessoa apresentada como testemunha se declarar amiga, inimiga ou com interesse no litígio e, portanto, impedida ou suspeita para depor, o Juiz deverá ser cauteloso e tentar aquilatar o grau dessa manifestação para o devido enquadramento legal, se é íntima ou capital.

Pessoas simples do povo entendem, muitas vezes, que um eventual conhecimento ou o fato de ser colega de serviço de alguém seja suficiente para considerá-la amiga. Em contrário senso, na eventualidade da ocorrência de simples divergências pessoais ou mesmo por terem sido dispensadas pelo mesmo empregador, sejam inimigas ou que possuam algum interesse no desfecho do litígio, favorável a uma ou a outra parte.

Da mesma forma, pessoas que litigam contra o mesmo ex-empregador de seu colega, em cujo processo foi chamado a depor, não estarão impedidas ou suspeitas, pois o direito de ação, constitucionalmente garantido, não pode servir de entrave para o cumprimento de uma obrigação e dever de cidadão, principalmente quando se compromissar com a verdade, sob as penas da lei, a menos que esteja evidente o interesse de um e de outro, em se protegerem reciprocamente. Caso contrário, bastaria um empregador dispensar todos os seus empregados para que estivesse a salvo de qualquer prova testemunhal contrária aos seus interesses, pois todos estariam litigando contra ele, em processos distintos.

O NCPC em seu art. 457, dita a possibilidades de se contraditar a testemunha apresentada, arguindo-lhe a incapacidade, o impedimento ou a suspeição. Se houver negativa, a parte que arguir poderá requerer e apresentar provas do alegado (§ 1º).

Entendem alguns autores e Juízes que não se aplica, no processo trabalhista, o disposto no parágrafo mencionado, por haver regra específica na CLT. Entretanto, deve ser aplicado subsidiariamente, ou seja, nas hipóteses não previstas na regra celetista e ainda e principalmente, na eventualidade da necessidade de prova pela negativa dos fatos que são imputados à testemunha.

O funcionário público ou o militar relacionado como testemunha deverá ser requisitado à chefia imediata, a liberação e a apresentação (art. 455 § 4º, III do NCPC).

> "Art. 454. São inquiridos em sua residência ou onde exercem sua função:
>
> I — o presidente e o vice-presidente da República;
>
> II — os ministros de Estado;
>
> III — os ministros do Supremo Tribunal Federal, os conselheiros do Conselho Nacional de Justiça e os ministros do Superior Tribunal de Justiça, do Superior Tribunal Militar, do Tribunal Superior Eleitoral, do Tribunal Superior do Trabalho e do Tribunal de Contas da União;
>
> IV — o procurador-geral da República e os conselheiros do Conselho Nacional do Ministério Público;
>
> V — o advogado-geral da União, o procurador-geral do Estado, o procurador-geral do Município, o defensor público-geral federal e o defensor público-geral do Estado;
>
> VI — os senadores e os deputados federais;
>
> VII — os governadores dos Estados e do Distrito Federal;
>
> VIII — o prefeito;
>
> IX — os deputados estaduais e distritais;
>
> X — os desembargadores dos Tribunais de Justiça, dos Tribunais Regionais Federais, dos Tribunais Regionais do Trabalho e dos Tribunais Regionais Eleitorais e os conselheiros dos Tribunais de Contas dos Estados e do Distrito Federal;
>
> XI — o procurador-geral de justiça;
>
> XII — o embaixador de país que, por lei ou tratado, concede idêntica prerrogativa a agente diplomático do Brasil.
>
> § 1º O juiz solicitará à autoridade que indique dia, hora e local a fim de ser inquirida, remetendo-lhe cópia da petição inicial ou da defesa oferecida pela parte que a arrolou como testemunha.
>
> § 2º Passado 1 (um) mês sem manifestação da autoridade, o juiz designará dia, hora e local para o depoimento, preferencialmente na sede do juízo.
>
> § 3º O juiz também designará dia, hora e local para o depoimento, quando a autoridade não comparecer, injustificadamente, à sessão agendada para a colheita de seu testemunho no dia, hora e local por ela mesma indicados."

O depoimento de testemunhas que não souberem falar a língua nacional será feito por meio de intérprete nomeado pelo Juiz, a expensas da parte apresentante, como também deverá ser procedido, em se tratando de surdo-mudo, ou de mudo que não saiba escrever. Esse procedimento deverá ser adotado mesmo se o Juiz eventualmente tiver perfeito conhecimento da linguagem utilizada.

Independentemente das testemunhas arroladas pelas partes, o juízo poderá intimar outras para que venham depor, como testemunha do juízo, bastando, para isso, que lhe tenha chegado ao conhecimento, por meio do processo, a existência de pessoa capaz de auxiliar no deslinde do feito.

Toda testemunha (art. 828 da CLT), antes de prestar o compromisso legal, deverá ser qualificada, comprovando a identificação, com o nome, nacionalidade, profissão, se maior ou menor, residência e quando empregada ou mesmo ex-empregada, o tempo e o local de serviço prestado ao empregador. Isso significa que as testemunhas sempre devem se apresentar com documento de identidade ou mesmo com CTPS, sob pena de não serem admitidas em juízo.

O compromisso é o de falar a verdade sobre os fatos que conhece ou ouviu falar e do que lhe for perguntado, ficando a testemunha sujeita, em caso de falsidade, às leis penais. O Juiz deverá adverti-la, como preconiza o parágrafo único do art. 458 do NCPC, de que incorre em sanção penal quem faz a afirmação falsa, cala ou oculta a verdade.

A advertência deve ser preferencialmente anterior ao depoimento, mas também pode se dar no transcorrer do depoimento, quando o Juiz percebe que a testemunha está vacilante ou mesmo imprecisa, de acordo com o que consta dos autos, como que demonstrando que não está se deixando levar pelas declarações. Não deverá o Juiz declarar no ato que a testemunha está mentindo ou mesmo falseando ou ocultando a verdade, em razão de outros elementos dos autos, pois somente na decisão é que poderá fazer tal afirmação com segurança.

Não há um número fixo de testemunhas para ser apresentado pela parte, dependendo do tipo de procedimento imprimido:

I — ordinário, cujo valor da causa não ultrapasse quarenta salários mínimos, até o limite de três por parte.

Excepcionalmente, poderá se deferir a oitiva de um número maior, quando a diversidade da matéria alegada justificar ou, ainda, quando houver composição plúrima ativa ou passivamente do feito.

Exemplos: O reclamante pleiteia o cancelamento de quatro suspensões, ocorridas em momentos distintos dentro do contrato de trabalho. Nesse caso, se para cada uma das punições houve testemunhas diferentes, poderá ser deferido à reclamada que ouça ao menos, uma para cada uma das punições, pois o ônus da prova é seu. Na outra hipótese, quando entre os litigantes há fatos distintos para se comprovar.

II — inquérito judicial, para apuração de falta grave de empregado estável, até seis;

III — sumaríssimo, previsto pela Lei n. 9.957/2000, cujo valor da causa não ultrapasse quarenta salários mínimos, e aqui também incluído o sumário, previsto pela Lei n. 5.584/70, cujo valor da causa não ultrapasse dois salários mínimos, até no máximo duas.

A introdução do procedimento sumaríssimo no processo trabalhista trouxe, como uma das inovações, a diminuição do número de testemunha para duas e, com isso, surgiu uma incompatibilidade com o procedimento sumário mencionado que, limitado a um valor menor, teria a possibilidade de se ouvir mais testemunhas. Daí porque incluirmos também, ao sumário, a limitação a duas testemunhas para cada parte, em nome da harmonia jurídica que deve imperar no sistema jurídico de um país não esteja prejudicada.

As testemunhas deverão comparecer à audiência, independentemente de notificação ou intimação, que as que não comparecerem serão intimadas, *ex officio* ou a requerimento das partes, ficando sujeitas a condução coercitiva, além das penalidades do art. 730 da CLT, caso, sem motivo justificado, não atendam à intimação (art. 825 e parágrafo único da CLT).

Elas deverão, portanto, ser convidadas pela parte. Entretanto, a própria parte não tem condição legal de conduzir a testemunha coercitivamente, devendo requerer ao juízo que o faça, fornecendo o nome, qualificação e endereço da renitente. É aconselhável, sempre, fornecer independentemente de determinação e com no mínimo três dias de antecedência da audiência (art. 455, § 1º do NCPC) o rol das testemunhas que deseja ouvir, para que sejam intimadas, pois do compromisso em apresentá-las voluntariamente pode acarretar a preclusão da prova se não comparecerem (art. 455, § 2º, do NCPC).

A prova da recusa em juízo poderá ser oral e preferencialmente documental, o que, no entanto, será difícil a constituição, como se pode facilmente depreender. O ideal é que a parte, ao interpor a ação, apresente o rol de suas testemunhas e requeira a expedição de ofício de intimação para ser entregue em mãos por ela própria à testemunha arrolada, mediante contrarrecibo que valerá como prova cabal do convite realizado.

Comprovado o convite à testemunha ausente, o Juiz determinará sua intimação e eventualmente a condução coercitiva, por meio de uma força efetiva e até mesmo policial, o que poderá fazer com que o prazo limite do procedimento seja ultrapassado, se no sumaríssimo e assim passível de nulidade, quer seja por cerceamento de defesa ou pelo excedimento temporal. De qualquer forma, deve prevalecer a primeira hipótese para não se incorrer efetivamente em cerceamento de defesa.

O depoimento de uma testemunha não pode ser ouvido por outra que irá depor. O interrogatório se fará pelo Juiz, que posteriormente facultará reperguntas às partes, iniciando-se por quem a arrolou.

A testemunha apresentada não poderá sofrer qualquer desconto pelas faltas ao serviço, ocasionadas pelo seu comparecimento para depor, quando devidamente arroladas ou convocadas, o que não afasta a hipótese de se conceder justificativa para a que foi convidada e compareceu para depor.

As testemunhas devem ser tratadas com urbanidade, não se lhes fazendo perguntas ou considerações impertinentes, capciosas ou vexatórias. As perguntas indeferidas deverão ser transcritas no termo, se a parte requerer.

Poderá haver acareação de duas ou mais testemunhas ou de alguma delas com a própria parte, quando, sobre fato determinado que possa influir na decisão da causa, divergirem as suas declarações. Este procedimento pode ser feito até mesmo por meio de videoconferência ou por outro recurso tecnológico de transmissão de sons e imagens em tempo real.

4.3. PERICIAL OU TÉCNICA

Prova pericial ou técnica é aquela efetuada por técnicos de formação acadêmica profissional e científica, por meio de exames, vistorias ou mesmo avaliações, para oferecer ao Juiz do feito elementos técnicos e, portanto, não necessariamente jurídicos, essenciais para a prolação de uma decisão.

As provas periciais ou técnicas são por vezes obrigatórias por determinação legal, como ocorre quando no processo há alegação da existência de insalubridade ou periculosidade na atividade do reclamante, conforme dispõe o art. 195, § 2º, da CLT, pois muito embora o Juiz não fique adstrito às suas conclusões, somente um técnico poderá eventualmente proceder à identificação, caracterização e classificação do fato objeto, segundo as normas que regem a matéria.

A OJ n. 406 da SDI1 do TST dispensa a prova pericial quando houver pagamento espontâneo por parte do empregador de adicional de periculosidade, ainda que proporcional ao tempo de exposição ao risco ou em percentual inferior ao máximo legalmente previsto, o que torna incontroverso o pedido, restando apenas matéria de direito para ser decidido a respeito.

O mesmo não ocorre com a insalubridade, para se apurar em que grau ocorre.

Quando não houver determinação legal para a realização de perícia técnica, esse meio de prova deverá sempre ser requerido pela parte interessada, justificando-a devidamente.

O Perito deve ser um técnico na matéria e de confiança do juízo, do qual é sua extensão, devendo cumprir escrupulosamente o encargo que lhe foi cometido, independentemente de termo de compromisso.

O trabalho realizado deve ser apresentado por meio de uma peça escrita denominada laudo, em que deverão estar registrados e fundamentados, objetivamente e claros, todas as observações e estudos realizados, com a respectiva conclusão, para o convencimento do Juiz. O perito deverá expor a metodologia e o instrumental utilizados na confecção do trabalho, para que possa ser analisado e interpretado dentro do processo.

Para a verificação de uma doença profissional, há necessidade de ser o Perito um médico especializado; para insalubridade ou periculosidade, há necessidade de ser médico ou engenheiro, com especialização em medicina e segurança no trabalho; para análise de documentos, deve ser um especialista, se no caso, em contabilidade, cálculos ou mesmo para exames grafotécnicos ou de autenticidade de documentos.

O Perito, enfim, diz-se ser os olhos e ouvidos do Juiz, para a matéria em que é leigo, ou seja, lhe faltar conhecimento especializado. É óbvio que ao Juiz caberá a última palavra para a decisão, mas que certamente o fará com base no laudo apresentado, a menos que possa justificar cientificamente ou doutrinária e jurisprudencialmente de modo distinto, pois que não fica adstrito a ele (art. 479 do NCPC).

O laudo serve para levar subsídios sobre a matéria enfocada, para que o Juiz possa decidir, que poderá, por sua vez, determinar, de ofício ou a requerimento da parte, a realização de nova perícia, quando a matéria não lhe parecer suficientemente esclarecida (art. 480 do NCPC). Nessa hipótese, a segunda perícia, que não substituirá a primeira, terá por objeto os mesmos fatos sobre que recaiu a anterior, e destina-se a corrigir eventual omissão ou inexatidão dos resultados a que esta conduziu (§§ 1º, 2º e 3º do artigo mencionado).

Pela Lei n. 5.584/70, as perícias devem ser feitas por perito único e do juízo, que prestará compromisso da verdade e sob as penas da lei, muito embora esse compromisso não seja essencial à realização do ato, cuja ausência não importará em nulidade, conforme se depreende do art. 466 do NCPC.

Da data da intimação da nomeação do Perito, as partes terão quinze dias para apresentação de assistente técnico e quesitos querendo, além de eventual impugnação As partes poderão apresentar quesitos suplementares durante a diligência, que poderão ser respondidos pelo perito previamente ou na audiência de instrução e julgamento.

Conforme o art. 477 e parágrafos do NCPC, o laudo principal deverá ser juntado aos autos, ao menos com antecedência de vinte dias da audiência de instrução e julgamento.

Os Peritos Assistentes não prestarão compromisso e terão o encargo de acompanhar o Judicial, oferecendo seus pareceres, no prazo comum fixado pelo juízo após a apresentação do principal, independentemente de intimação, consignando objetivamente suas contrariedades ou confirmações ao laudo judicial

Quesitos são perguntas sobre pontos ou questões sobre os quais se pede resposta do Perito. Deverão ser formulados pelas partes e por escrito no prazo que lhes for assinado, facultando-lhes, ainda, a apresentação no curso da diligência, de quesitos complementares, cabendo ao Juiz, em qualquer hipótese, dar ciência à parte adversa e indeferir os impertinentes e formular outros que entenda necessários ao esclarecimento da causa.

Eventualmente pode ser dispensada uma perícia técnica para apuração de insalubridade ou periculosidade, quando a parte adversa concordar com o pleiteado ou quando as condições do local não forem as mesmas da época da prestação de serviços. Neste último caso, a apuração deverá ser feita por outros meios de prova em direito permitidos ou por outra perícia que eventualmente tenha sido realizada anteriormente e que foi aceita por outro juízo e em outro processo.

Quando o Juiz entender que não se trata de hipótese para realização de perícia ou mesmo quando entender que a prova incumbe à parte, independentemente de perícia, poderá indeferi-la justificadamente, sem que isso possa se constituir em cerceamento de defesa, conforme se depreende do art. 472, do NCPC, além do que dispõe o §1º do art. 464 do mesmo diploma:

> "O Juiz indeferirá a perícia quando:
>
> I — a prova do fato não depender do conhecimento especial de técnico;
>
> II — for desnecessária em vista de outras provas produzidas;
>
> III — a verificação for impraticável."

Quando a natureza do fato o permitir ou quando o ponto controvertido for de menor complexidade, o juiz poderá determinar de ofício ou a requerimento, em substituição à perícia, a produção de prova técnica simplificada, consistindo apenas na inquirição de especialista com formação acadêmica específica na matéria, que por sua vez, poderá valer-se de qualquer recurso tecnológico de transmissão de sons e imagens com o fim de esclarecer os pontos controvertidos da causa (art. 464, §§ 2º, 3º e 4º do NCPC).

Aliás, a perícia poderá ser dispensada, quando as partes, na inicial e na contestação, apresentarem, sobre as questões de fato, pareceres técnicos ou documentos elucidativos considerados suficientes e responsáveis (art. 472 do NCPC).

O Perito deverá cumprir rigorosamente o encargo, independentemente de compromisso, como vimos, e somente poderá escusar-se ou mesmo ser recusado pela parte por impedimento ou suspensão, carecer de conhecimento técnico ou científico ou se sem motivo legítimo, deixar de cumprir o encargo no prazo que lhe foi assinado (art. 468 do NCPC).

Na hipótese, após apreciação pelo Juiz, se no caso, será procedida a nomeação de outro. Independentemente, o Perito pode ser substituído pelo Juiz, pelas mesmas razões, ou simplesmente decair da confiança, necessária para o desenvolvimento e aceitação do trabalho.

Quando a perícia tiver por objeto a autenticidade da letra aposta no documento e na assinatura, o Perito poderá requisitar, para efeito de comparação, documentos existentes em repartições públicas e, na falta destes, poderá requerer ao Juiz que a pessoa, a quem se atribuir a autoria do documento, lance em folha de papel, por cópia ou sob ditado, dizeres diferentes, para fins de comparação (art. 478, § 3º do NCPC).

4.4. INSPEÇÃO JUDICIAL

Trata-se de uma verificação direta e pessoal do Juiz, sobre pessoas e coisas, para obter esclarecimentos que interessem à decisão da causa e quando entender necessário para a melhor verificação ou interpretação dos fatos que deva observar ou, ainda, quando a coisa não puder ser apresentada em juízo, sem consideráveis despesas ou graves dificuldades e, finalmente, para determinar a reconstituição dos fatos (arts. 481 a 484, do NCPC).

Conforme entendimento doutrinário, por pessoal entende-se também aquela realizada por meio de Oficial de Justiça, que fará apenas uma constatação, para apreciação do juízo.

Essa inspeção poderá ocorrer de ofício ou a requerimento da parte e, no caso, o Juiz poderá e, portanto, facultativamente, ser assistido por um ou mais Peritos.

As partes, ao contrário, têm sempre direito, portanto, obrigatoriamente se assim requererem, de assistir à inspeção, prestando esclarecimentos e fazendo observações que reputem de interesse para a causa.

Concluída a diligência, deve ser lavrado auto circunstanciado, mencionando tudo que for útil ao julgamento da causa e, inclusive desenhos, gráficos ou fotografias (art. 484 do NCPC).

5. QUEM DEVE PROVAR

Trata-se do ônus da prova, que se constitui em questão controvertida e complexa, da incumbência de provar fatos alegados no processo, entre o autor e réu.

Básica e genericamente, os fatos devem ser provados por quem os alegou, como dispõe o art. 818 da CLT:

"A prova das alegações incumbe à parte que as fizer."

Entretanto, nem sempre assim ocorre, pois vai depender da natureza do fato alegado, quando então, deverá se analisar se é constitutivo, impeditivo, modificativo ou extintivo de direito, para se atribuir o ônus a quem cabe, na forma preconizada pelo art. 373 do NCPC:

"O ônus da prova incumbe:

I — ao autor, quanto ao fato constitutivo do seu direito;

II — ao réu, quanto à existência de fato impeditivo, modificativo ou extintivo do direito do autor."

Os parágrafos 3º e 4º do citado artigo não se aplicam no processo trabalhista (IN n. 39/2016 do C. TST).

Devemos recordar que fato é um acontecimento ou evento que possua significação jurídica, ou seja, que tenha relevância ou consequência dentro de uma relação jurídica, produzido pela ação da natureza ou do homem e que, nesse sentido, é daquela forma classificado:

a) constitutivo, quando dá origem ou visa configurar algum direito;

b) impeditivo, quando bloqueia, impede o direito pretendido;

c) modificativo, quando procura alterar o fato constitutivo alegado;

d) extintivo, quando objetiva pôr fim ao direito pretendido.

Quando tratar-se de fato constitutivo e contra o que não foi arguido outro fato que lhe possa modificar, impedir ou extinguir, o ônus da prova é de quem alega. Se ao contrário, em defesa for alegado fato modificativo, impeditivo ou extintivo, competirá ao adverso.

Exemplos:

1 — Reclamante pretende o reconhecimento de vínculo empregatício com determinado empregador. Este comparece e alega que o reclamante nunca lhe prestou qualquer serviço: o ônus é daquele, que está alegando fato constitutivo de direito. Negando porém o eventual empregador, mas alegando que houve prestação de serviço sem vínculo empregatício, o ônus será seu, pois o fato alegado é modificativo ou extintivo do fato constitutivo alegado pelo Autor.

2 — Reclamante pretende equiparação salarial à paradigma apontado; em defesa a empresa alega que não havia desigualdade salarial, o que leva a concluir que reconhece que havia igualdade na prestação de serviço para a equiparação salarial.

Nesta hipótese, o ônus de provar é de quem alega a desigualdade salarial, por ser um fato constitutivo ao direito de equiparação salarial e, portanto, do autor empregado.

Na eventualidade de o empregador alegar que as funções eram distintas, caberá ainda ao empregado provar que eram idênticas, por ser o fato constitutivo do direito perseguido. Finalmente, se em defesa for alegado que a função era idêntica (fato constitutivo), mas que a diferença salarial era em razão da desigualdade de produtividade, ou de técnica ou diferença de tempo na função maior que dois anos do paradigma (fatos impeditivos, modificativos ou extintivos do fato pretendido), o ônus caberá inteiramente ao empregador.

A respeito, jurisprudência consolidada no TST:

> "SÚM. N. 6. EQUIPARAÇÃO SALARIAL. ART. 461 DA CLT
>
> ....
>
> VIII — É do empregador o ônus da prova do fato impeditivo, modificativo ou extintivo da equiparação salarial.
>
> ...."

> "SÚM. N. 212. DESPEDIMENTO. ÔNUS DA PROVA
>
> O ônus de provar o término do contrato de trabalho, quando negados a prestação de serviço e o despedimento, é do empregador, pois o princípio da continuidade da relação de emprego constitui presunção favorável ao empregado".

> "OJ-SDI1 n. 215. VALE-TRANSPORTE. ÔNUS DA PROVA.
>
> É do empregado o ônus de comprovar que satisfaz os requisitos indispensáveis à obtenção do vale-transporte."

Pela IN n. 39 do TST não se aplicam no processo trabalhista, o disposto nos §§ 3º e 4º do citado art. 373 do NCPC que:

> "A distribuição diversa do ônus da prova também pode ocorrer por convenção das partes, salvo quando:
>
> I — recair sobre direito indisponível da parte;
>
> II — tornar excessivamente difícil a uma parte o exercício do direito.
>
> A convenção de que trata o § 3º pode ser celebrada antes ou durante o processo."

De qualquer forma, a aplicação do inciso I dar-se-ia na hipótese, exemplificativamente, de o empregado pleitear pagamento de salário, que é um direito do qual não pode prescindir, dispor, renunciar, abrir mão, principalmente por convenção das partes, e, portanto, nada poderá alterar o que dispõe o art. 464 da CLT:

> "O pagamento do salário deverá ser efetuado contra recibo, assinado pelo empregado; em se tratando de analfabeto, mediante sua impressão digital, ou, não sendo esta possível, a seu rogo.
>
> Parágrafo único. Terá força de recibo o comprovante de depósito em conta bancária, aberta para esse fim em nome de cada empregado, com o consentimento deste, em estabelecimento de crédito próximo ao local de trabalho."

Desse modo, ao empregador incumbirá sempre o ônus de provar, mediante a apresentação de recibo ou comprovante de depósito bancário, que pagou os salários reclamados, o que afasta, também, qualquer outro meio de prova, com exceção feita à confissão.

Definitivamente, fica afastada a possibilidade de as partes convencionarem distribuição diversa do ônus da prova, a não ser nas hipóteses definidas nos §§ 1º e 2º, como também entende a IN 39 do C. TST, ou seja:

"§ 1º Nos casos previstos em lei ou diante de peculiaridades da causa relacionadas à impossibilidade ou à excessiva dificuldade de cumprir o encargo nos termos do *caput* ou à maior facilidade de obtenção da prova do fato contrário, poderá o juiz atribuir o ônus da prova de modo diverso, desde que o faça por decisão fundamentada, caso em que deverá dar à parte a oportunidade de se desincumbir do ônus que lhe foi atribuído.

§ 2º A decisão prevista no § 1º deste artigo não pode gerar situação em que a desincumbência do encargo pela parte seja impossível ou excessivamente difícil."

Portanto, ficará na faculdade do juízo determinar a inversão do ônus da prova, nos casos previstos em lei e principalmente, diante de peculiaridade da causa relacionada à impossibilidade ou à excessiva dificuldade de cumprir o encargo, considerando, também, à maior facilidade de obtenção da respectiva prova, sem que isso possa gerar situação em que a desincumbência seja impossível ou excessivamente difícil.

6. O QUE PROVAR

Devem ser provados somente os fatos pertinentes, relevantes e controversos, que servem para efetivamente decidir o feito, conforme os limites da litiscontestação.

Fatos pertinentes são os que se referem ao alegado pelas partes que deve ser provado para o deslinde da questão. Ao reclamante, incumbe provar o que alegou em sua inicial, a menos que, em razão da matéria, haja inversão no ônus, quando então incumbirá à parte contrária, como vimos anteriormente; ao reclamado, incumbirá provar os fatos alegados em defesa.

Por relevantes deve-se entender todos os fatos que se relacionem com o próprio feito e que sejam capazes de influenciar na própria decisão.

Portanto, fatos meramente circunstanciais ou despiciendos não se constituem em objetos de prova e, nessa hipótese, o Juiz poderá indeferir eventual pretensão, pois somente servirão para entulhar o processo e dificultar, por vezes, a própria decisão final.

Exemplo: Se um indivíduo foi dispensado sob a alegação de falta grave, por ter agredido um companheiro de serviço, de nada vale a empresa pretender provar que anteriormente o mesmo empregado já havia se envolvido em outra briga. O que conta para que a decisão lhe seja favorável é provar que realmente houve a agressão para a configuração da falta, que deve ser sempre atual para justificar a dispensa.

Finalmente, os fatos controvertidos nos autos, ou seja, quando contrariados pela parte contrária, também devem ser provados, pois os incontrovertidos, que não foram contrariados, presumem-se verdadeiros.

O silêncio da parte contrária, sobre determinado fato arguido, leva à conclusão de concordância com o que se alegou.

Nesse sentido, tem-se também quando uma das partes é tida como confessa quanto à matéria de fato (*ficta confessio*), quando presumivelmente todos os fatos alegados em contrário são tidos como verdadeiros.

Estabelece o art. 374 do NCPC que:

"Não dependem de prova os fatos:

I — notórios;

II — afirmados por uma parte e confessados pela parte contrária;

III — admitidos, no processo, como incontroversos;

IV — em cujo favor milita a presunção legal de existência ou de veracidade."

Fatos notórios são os que independem de provas no processo, ou seja, aqueles que são de conhecimento público, em determinada época e local, dada a ampla divulgação ou repercussão que pode ter ocasionado, de modo que se entenda que qualquer do povo, inclusive o juízo, tenha satisfatório conhecimento deles, não bastando, para isso, simples divulgação pela imprensa, mas que não comportem dúvidas.

Com relação à confissão ficta, prevista no inciso IV do supramencionado art. 374, bem como no 844 da CLT, a doutrina e jurisprudência comportam divergência, pois parte entende que, uma vez declarada a situação, independe de qualquer outro meio de prova para a prolação da sentença em favor da parte contrária, quando somente se verificará a prova produzida nos autos até então, principalmente documental, pois a consequência é exatamente a presunção de veracidade dos fatos alegados e que sejam contrários aos interesses do confesso.

Outra corrente entende que, apesar da confissão ficta, pode haver a produção de provas nos autos, principalmente por quem foi assim declarado, sob pena de cerceamento de defesa.

Filiamo-nos à primeira, pois entendemos que, se assim não fosse, de nada valeria o instituto jurídico da confissão ficta, beneficiando extremamente a parte considerada faltosa.

É óbvio que caberá ao juízo verificar a coerência dos fatos alegados, com o conjunto de toda a prova produzida nos autos, quando poderá determinar outras que entenda cabíveis e necessárias.

Exemplos: Na eventualidade de alegação de insalubridade ou periculosidade, quando há necessidade de prova técnica, até mesmo para a fixação de percentual, na eventualidade do primeiro; se o reclamante alega ter trabalhado duzentas e quarenta, trezentas ou mais horas extras por mês, o que humanamente se revela absurdo.

Toda a tarefa de declarar pertinentes, relevantes ou controversos os fatos cabe ao juízo, diretor ou condutor único do processo, conforme se depreende do art. 765 da CLT. Portanto, a ele incumbirá deferir ou indeferir provas ou mesmo reperguntas às testemunhas.

Os usos e costumes alegados devem também ser provados pela parte, principalmente aqueles restritos, por vezes, ao próprio estabelecimento ou empresa em que se verificam ou mesmo à Região.

Da mesma forma deve ocorrer quando houver alegação de direito estabelecido em norma convencional, coletiva ou individual, municipal, estadual ou estrangeira.

O NCPC em seu art. 375 autoriza ao juízo aplicar regras de experiência comum subministradas pela observação do que ordinariamente acontece e, ainda, as regras de experiência técnica, ressalvado, quanto a estas, o exame pericial. Portanto, independentemente das provas dos autos, o juiz poderá lançar mão de suas experiências, seja de vida propriamente dita, como também de magistrado.

7. APRECIAÇÃO DA PROVA

O art. 832 da CLT dispõe que "Da decisão deverão constar o nome das partes, o resumo de pedido e da defesa, a apreciação das provas....". Portanto, ao juízo incumbe prolatar decisão, e consequentemente caberá exclusivamente a ele a apreciação das provas, o que fará livremente, de acordo com sua convicção, atribuindo a cada uma das realizadas nos autos o seu verdadeiro peso e significação, devidamente fundamentados, inclusive quanto ao raciocínio lógico adotado e que o levou à conclusão, atendendo aos fatos e circunstâncias constantes dos autos, ainda que não alegados pelas partes.

Nesse sentido, dispunha o art. 131 do ACPC que:

> "O Juiz apreciará livremente a prova, atendendo aos fatos e circunstâncias constantes dos autos, ainda que não alegados pelas partes; mas deverá indicar, na sentença, os motivos que lhe formaram o convencimento."

Não há correspondência desse citado artigo do ACPC no NCPC, mas não é por essa razão que o juiz não deva se ater a todas as circunstâncias trazidas aos autos, desde que na prolação da decisão, preencha os requisitos ditados pelo art. 489 do NCPC:

> "Art. 489. São elementos essenciais da sentença:
>
> I — o relatório, que conterá os nomes das partes, a identificação do caso, com a suma do pedido e da contestação, e o registro das principais ocorrências havidas no andamento do processo;
>
> II — os fundamentos, em que o juiz analisará as questões de fato e de direito;
>
> III — o dispositivo, em que o juiz resolverá as questões principais que as partes lhe submeterem.

§ 1º Não se considera fundamentada qualquer decisão judicial, seja ela interlocutória, sentença ou acórdão, que:

I — se limitar à indicação, à reprodução ou à paráfrase de ato normativo, sem explicar sua relação com a causa ou a questão decidida;

II — empregar conceitos jurídicos indeterminados, sem explicar o motivo concreto de sua incidência no caso;

III — invocar motivos que se prestariam a justificar qualquer outra decisão;

IV — não enfrentar todos os argumentos deduzidos no processo capazes de, em tese, infirmar a conclusão adotada pelo julgador;

V — se limitar a invocar precedente ou enunciado de súmula, sem identificar seus fundamentos determinantes nem demonstrar que o caso sob julgamento se ajusta àqueles fundamentos;

VI — deixar de seguir enunciado de súmula, jurisprudência ou precedente invocado pela parte, sem demonstrar a existência de distinção no caso em julgamento ou a superação do entendimento.

§ 2º No caso de colisão entre normas, o juiz deve justificar o objeto e os critérios gerais da ponderação efetuada, enunciando as razões que autorizam a interferência na norma afastada e as premissas fáticas que fundamentam a conclusão.

§ 3º A decisão judicial deve ser interpretada a partir da conjugação de todos os seus elementos e em conformidade com o princípio da boa-fé."

Por sua vez, a lei que introduziu no sistema jurídico-processual-trabalhista o procedimento sumaríssimo repete que incumbirá ao Juiz a apreciação das provas e dar especial valor às regras de experiência comum ou técnica e, portanto, inteiramente subjetivo, ainda que em razão de prova objetiva.

A apreciação de uma prova dentro do processo somente poderá ser novamente discutida na instância superior por meio do recurso cabível da decisão prolatada, tanto que em ação rescisória, permitida somente após o seu trânsito em julgado, não cabe a arguição como justificativa da propositura eventual má apreciação da prova apresentada nos autos, mas apenas sua falsidade, comprovada em processo criminal ou na própria ação rescisória.

7.1.1. Exibição de Documentos ou Coisa

Tem lugar a exibição judicial como procedimento preparatório e, portanto, preliminar, de documentos ou coisa móvel em poder de outrem e que o requerente repute sua ou tenha interesse em conhecer.

O documento ou coisa deve ser perfeitamente individualizado e identificado para que possa ser exibido. No pedido, o requerente deverá expor a finalidade da prova, indicando os fatos que se relacionam aos objetos, bem como as circunstâncias em que se funda para afirmar que existem e que se achem em poder da parte contrária.

Poderá ainda haver solicitação de exibição de documento próprio ou comum em poder de cointeressado, sócio, condômino, credor ou devedor; ou em poder de terceiro que o tenha em sua guarda, como inventariante, testamenteiro, depositário ou administrador de bens alheios, não se permitindo a recusa, principalmente se possuírem o dever legal de exibir, se o intuito for de constituir prova ou se o documento, por seu conteúdo, for comum às partes. Nessa hipótese, poderá objetivar escrituração comercial por inteiro, balanços e documentos de arquivo ou outros, nos casos expressos em lei.

O requerido, por sua vez, deverá responder em cinco dias subsequentes à sua intimação e na hipótese de se basear que não possui o documento ou coisa, deverá acarretar, consequentemente, produção de provas que a declaração não corresponde à verdade.

Ao final, o juiz admitirá como verdadeiros os fatos que, por meio do documento ou coisa, a parte pretendia provar, se não for efetivada a exibição pelo requerido e nem fizer qualquer declaração no prazo determinado e, finalmente, se a recusa por havida por ilegítima.

Quando o detentor for terceiro, por citação judicial, deverá responder no prazo de quinze dias e na hipótese de negativa, deverá comparecer em audiência especial para depoimento, bem como das partes e eventuais testemunhas. Na recusa da exibição, o requerido deverá depositar em juízo no prazo de cinco dias, sob pena de apreensão, com todas as consequências e providências legais.

A recusa de exibição, deverá ser respeitada, quando for concernente a negócios da própria vida da família, se houver perigo de violar dever de honra ou por respeito a profissão.

7.1.2. Produção Antecipada de Provas

Consiste na produção antecipada da prova para que não se perca a oportunidade ou no tempo.

Pode se constituir no interrogatório da parte, inquirição de testemunhas e exame pericial, se for justificada a real necessidade de assim se proceder, como exceção à regra e ao rito processual.

O art. 381 do NCPC dispõe que será admitida nos casos em que:

> "I — haja fundado receito de que venha a tornar-se impossível ou muito difícil a verificação de certos fatos na pendência da ação;
>
> II — a prova a ser produzida seja suscetível de viabilizar a autocomposição ou outro meio adequado de solução de conflito;
>
> III — o prévio conhecimento dos fatos possa justificar ou evitar o ajuizamento de ação".

A produção antecipada da prova é da competência do juízo do foro onde esta deva ser produzida ou do foro de domicílio do réu, sendo que não previne a competência do juízo para a ação principal que venha a ser proposta.

Em síntese, aplica-se aquele que pretender justificar a existência de algum fato ou relação jurídica para simples documento e sem caráter contencioso, expondo circunstancial e adequadamente sua intenção, apresentando as razões que justificam a necessidade de antecipação da prova e sobre os fatos sobre os quais deverá recair.

Havendo caráter contencioso, deverão ser citados os interessados na produção da prova ou no fato a ser provado, sem que, entretanto, deva haver pronunciamento judicial sobre a ocorrência ou inocorrência do fato e tampouco sobre as consequências jurídicas.

Neste procedimento, não se admitirá defesa ou recurso, salvo contra decisão que indeferir totalmente a produção da prova pleiteada pelo requerente originário.

A efetivação poderá se dar antes da propositura da ação ou na pendência desta, mas sempre antes da audiência de instrução, quando normalmente podem ser ouvidas as partes e testemunhas; caso contrário, seria inócua a medida.

As justificativas, pois, consistem na hipótese de a parte ou testemunha ter de se ausentar da jurisdição ou, se por motivo de idade ou de moléstia grave, houver justo receio de que ao tempo da prova já não exista, ou esteja impossibilitada de depor ou de produzir. Essas justificativas devem ser provadas para que seja concedida a produção antecipada de provas.

Tratando-se de inquirição de testemunha, serão intimados os interessados a comparecer à audiência em que prestará o depoimento, para que acompanhem devidamente, com ou sem seus representantes, possibilitando-lhes reperguntas caso contrário, poderia se concretizar uma nulidade processual, por cerceamento de defesa. O exame pericial será deferido antecipadamente, se houver fundado receio de que venha a tornar-se impossível ou muito difícil a verificação de certos fatos na pendência da ação.

A prova produzida permanecerá nos autos em cartório, sendo lícito aos interessados solicitar as certidões que quiserem e para o fim que necessitar.

7.1.3. Justificação

Trata-se de um processo autônomo para a obtenção de prova testemunhal e documental, com o objetivo de justificar a existência de algum fato ou relação jurídica, seja para simples documento e sem caráter contencioso, seja para servir de prova em processo regular futuro, bastando, para isso, expor em petição circunstanciada a sua intenção.

Salvo nos casos expressos em lei, é essencial a citação dos interessados ou, na impossibilidade, deverá ser feita com a intervenção do Ministério Público do Trabalho

Consistirá a justificação na inquirição de testemunhas sobre os fatos alegados, sendo facultado ao requerente juntar documentos, como também será lícito ao interessado contraditar as testemunhas, reinquiri-las e manifestar-se sobre os documentos, dos quais terá vista em cartório, por vinte e quatro horas.

No processo de justificação não se admitirá defesa nem recurso e, ao final, será julgada por sentença, com os autos entregues ao requerente independentemente de traslado, decorridas quarenta e oito horas da decisão.

Na justificativa, o Juiz, ao proferir sua decisão, não se pronuncia sobre o mérito da prova, limitando-se apenas a verificar se foram observadas as formalidades legais para o ato e, dessa forma, produzir seus efeitos legais.

Na Justiça do Trabalho é utilizada, por exemplo, na hipótese de o empregado pretender fazer prova de tempo de serviço, principalmente para efeito de aposentadoria e outros benefícios que para a concessão dependa de justificativas.

XII Fase Decisória

1. RAZÕES FINAIS

Terminada a instrução, após esgotadas todas as possibilidades de provas nos autos, tem início a fase decisória, onde o Juiz proferirá a competente decisão, concedendo, antes, oportunidade às partes de aduzirem razões finais, conforme previsão do art. 850 da CLT.

A ausência dessa concessão por parte do juízo para que a parte exercite seu direito, embora lhe seja facultativo, importa em cerceamento de defesa, pois é nesta ocasião que muitas vezes se constituirá na primeira vez que a parte deverá se manifestar nos autos e, portanto, oportunidade em que deverá ser alegada nulidade de algum ato processual imediata e anteriormente praticado, sob pena de ser convalidado pelo instituto da preclusão, conforme vimos anteriormente, no capítulo das nulidades.

Razões finais, portanto, se constitui em um ato processual em que a parte, além de eventualmente arguir nulidade, procura atrair a atenção do Juiz que irá prolatar a decisão, aos pontos que mais lhe interessam dentro do processo e que possam beneficiá-lo e ao mesmo tempo realçar aspectos negativos com relação à parte contrária. É como se estivesse decidindo o feito a seu favor, em que deve analisar todos os aspectos processuais que lhe sejam favoráveis, principalmente dentre as provas produzidas.

Por princípio legal, o julgamento do feito deve ocorrer na mesma audiência onde as partes devem comparecer pessoalmente, sujeitando-se à proposta de conciliação e que, se ultrapassada, serão eventualmente ouvidas e apresentarão suas provas, e desse modo, a previsão para a produção de razões finais é também para que se verifique oralmente para redução a termo, na própria audiência chamada de una, dentro do prazo não excedente de dez minutos cada uma, iniciando-se pelo reclamante-autor.

Havendo adiamento de audiência para a prolação de decisão em outra oportunidade, as partes poderão produzir suas razões finais, por meio de memoriais escritos, entregues normalmente em data anterior ao julgamento ou no prazo fixado judicialmente ou, ainda, na própria audiência de julgamento.

2. GENERALIDADES

A decisão prolatada após o encerramento da fase instrutória, como salientamos, encerra o primeiro grande período processual, ao qual dá-se o nome de fase de conhecimento ou fase cognitiva, em que o juízo toma conhecimento da reclamatória proposta, da defesa se houver, das provas produzidas e profere sua decisão, do que não poderá em hipótese alguma se abster, exaurindo seu dever jurisdicional.

Havendo falta de disposições legais ou contratuais, dispõe o art. 8º da CLT, ampliando a previsão do art. 4º da Lei de Introdução ao Cód. Civil, que fala apenas em omissão da lei, deverá o Juiz, decidir com base na jurisprudência, ou por analogia, por equidade e outros princípios e normas gerais de direito, principalmente do direito do trabalho, e ainda, de acordo com os usos e costumes, o direito comparado, mas sempre de maneira que nenhum interesse de classe ou particular prevaleça sobre o interesse público. O art. 140 do NCP deixa expresso que o juiz não pode se eximir de decidir sob a alegação de lacuna ou obscuridade do ordenamento e que somente decidirá por equidade nos casos previstos em lei.

Obviamente, portanto, essas disposições somente poderão ser aplicadas se houver condições legais para tanto, pois, não havendo lei ou outro fundamento legal que possa amparar o eventual direito pretendido, o juízo deverá julgar extinto o processo, por falta de amparo legal. De qualquer modo, mesmo neste caso, estará proferindo uma decisão.

A decisão deverá sempre se restringir aos limites da ação, ou seja, com relação às partes e ao que foi proposto e defendido, sem qualquer alteração, ampliação ou diminuição, sendo defeso ao Juiz, conhecer de questões não suscitadas, a cujo respeito a lei exige a iniciativa da parte (art. 141 do NCPC).

Como vimos anteriormente, o juízo apreciará livremente as provas produzidas , de acordo com os fatos alegados ou deduzidos, indicando na decisão as razões que o levaram ao convencimento.

Na hipótese de simulação entre as partes, ou conluio para obtenção de fins proibidos por lei, convencido disso pelas circunstâncias da causa, o Juiz proferirá sentença que obste os objetivos pretendidos (art. 142 do NCPC). Acontece, por vezes, o empregador combinar com o empregado dispensando o ajuizamento de reclamatória para possibilitar a realização de um acordo perante o Juiz, com quitação geral do contrato de trabalho, para propiciar a homologação judicial que terá efeito de coisa julgada, e dessa forma não permitir que possa pleitear qualquer outro direito referente ao extinto contrato de trabalho. Para tanto, o próprio empregador empresta o seu Advogado ao empregado, sob suas expensas, para apresentação da reclamatória. Convencido da trama e da intenção das partes, o Juiz extinguirá o processo, impondo às partes, as consequências legais decorrentes dessa tentativa escusa.

A decisão no processo trabalhista será proferida, após a renovação por parte do juízo, da proposta de conciliação entre as partes (art. 850 da CLT), sob pena de se constituir em nulidade processual.

No procedimento sumaríssimo, a apreciação da reclamação deverá ocorrer no prazo máximo de quinze dias do seu ajuizamento, podendo constar de pauta especial, se necessário, de acordo com o movimento judiciário da Vara do Trabalho.

3. DOS JUÍZES

Qualquer Juiz deve abster-se de julgar se impedido ou suspeito de proferir decisão imparcial.

As causas de impedimento estão mencionadas no art. 144 do NCPC e as de suspeição, nos arts. 145 e seguintes.

Os motivos de impedimento e suspeição aplicam-se aos Magistrados de qualquer instância ou Tribunal e aquele que violar o dever de abstenção, ou não se declarar suspeito, poderá ser recusado por qualquer das partes, na forma preconizada pelo art. 146 do NCPC, o que também poderá ser exercido em qualquer tempo ou grau de jurisdição, no prazo de quinze dias, contado do fato que ocasionou a causa justificativa.

Especificamente na CLT a previsão vem contida no art. 801:

"O Juiz é obrigado a dar-se por suspeito, e pode ser recusado, por algum dos seguintes motivos, em relação à pessoa dos litigantes:

a) inimizade pessoal;

b) amizade íntima;

c) parentesco por consanguinidade ou afinidade até o terceiro grau civil;

d) interesse particular na causa.

Parágrafo único. Se o recusante houver praticado algum ato pelo qual haja consentido na pessoa do Juiz, não mais poderá alegar exceção de suspeição, salvo sobrevindo novo motivo. A suspeição não será também admitida, se do processo constar que o recusante deixou de alegá-la anteriormente, quando já a conhecia, ou que, depois de conhecida, aceitou o Juiz recusado ou, finalmente, se procurou de propósito o motivo de que ela se originou.".

Pelo que se depreende do citado artigo, não se verifica suspeição ou impedimento do Juiz em relação ao Advogado que milita na causa, mas apenas com a parte litigante no processo, salvo a hipótese prevista no inciso III do art. 144 do NCPC:

"quando nele estiver postulando, como defensor público, advogado ou membro do Ministério Público, , seu cônjuge ou companheiro, ou qualquer parente, consanguíneo ou afim, em linha reta ou colateral até o terceiro grau, inclusive;"

Muitos Juízes não percebem, às vezes, manobras de advogados não comprometidos com a ética profissional, que felizmente são poucos, criando situações de animosidade e constrangimento com eles, fazendo com que haja declaração de impedimento para atuação nos processos em que intervêm, criando, desse modo, embaraço para a própria administração da justiça, pois paralisa o processo, aguardando a designação de Juiz Substituto pelo Tribunal, que, por medida de economia, aguarda acumular vários processos na mesma situação para a providência.

Tanto no impedimento como na suspensão, a arguição e decisão, deveriam a rigor, ser procedidas na forma do art. 802 da CLT:

"Apresentada a exceção de suspeição, o Juiz ou Tribunal designará audiência dentro de 48 horas, para instrução e julgamento da exceção."

Entretanto, em razão da extinção dos Juízes Classistas, o procedimento deve ser como dispõem os arts. 144 *usque* 148 do NCPC, adaptando-se à realidade e princípios do processo trabalhista, com normas das Corregedorias Geral e Regional e respectivos Regimentos Internos.

Na primeira instância, a arguição deverá ser apresentada ao próprio Juiz da Vara do Trabalho, especificando os motivos da recusa, instruindo com documentos e rol de testemunhas. O Juiz poderá monocraticamente acolher ou não a suspeição arguida:

a) Acolhendo, solicitará de imediato ao Tribunal a designação de Juiz Substituto para prosseguir no feito. Nessa hipótese, não haverá redistribuição, tanto na fase de conhecimento como em execução.

Nas localidades com apenas uma Vara, deverá ser convocado Juiz Substituto, para despachar, instruir e decidir no processo.

Havendo a arguição contra Juiz Substituto ou que esteja auxiliando na Vara, o processo deverá prosseguir com o Juiz Titular quando de seu retorno se estiver em férias ou ausência de curta temporada. Caso contrário, deverá ser convocado outro Juiz Substituto.

Havendo mais de uma Vara na jurisdição e na impossibilidade de designação de Juiz Substituto, os processos respectivos com declaração de suspeição ou impedimento, que demandem despachos com juízo de valor serão encaminhados para deliberação dos Juízes das Varas onde não ocorram declarações do mesmo teor e, após devolvidos para a Vara de origem, mantendo-se a equivalência do encargo. Havendo Central de Mandados na jurisdição, os atos serão praticados pelo respectivo Juiz Coordenador.

b) Não acolhida, deverá o Juiz permanecer no feito, mandando processar o incidente em separado e sem suspensão da causa, ouvindo o arguido no prazo de cinco dias, para em seguida, em dez dias, oferecer suas razões, também acompanhadas de documentos, se houver e de rol de testemunhas, ordenando a remessa dos autos ao Tribunal, para suas Turmas julgadoras.

O ideal em nosso entendimento, por ser solução mais rápida e consentânea com a realidade processual trabalhista, seria à parte arguir nulidade processual na forma do art. 795 da CLT, para eventual renovação que coubesse por ocasião da interposição do recurso apropriado à decisão final prolatada no feito, se lhe fosse prejudicial.

Esse procedimento é extraído do que dispõe o art. 653, alínea *c*, da CLT, que, embora se refira à Junta de Conciliação e Julgamento, foi substituída por Vara do Trabalho, com juízo monocrático:

"Compete, ainda, às Juntas de Conciliação e Julgamento:
c) julgar as suspeições arguidas contra os seus membros".

Entretanto, deve ser aplicado o entendimento da D. Procuradoria-Geral da Justiça do Trabalho, que editou o Ato GCGJT n. 004/2008, determinando que seja procedido na forma do CPC.

Na segunda instância, a arguição deverá ser dirigida ao Desembargador Relator do processo, que determinará o processamento e decisão correspondente.

Verificando que a exceção não tem fundamento legal, o tribunal determinará o arquivamento. No caso contrário, condenará o Juiz nas custas, mandando remeter os autos ao seu substituto legal.

4. DAS DECISÕES

A sentença é o ato processual, pelo qual o juízo põe termo ao processo, decidindo o mérito da causa, e, como tal, deve ser clara e precisa, preenchendo todos os requisitos previstos no art. 832 da CLT:

> Das decisões deverão constar o nome das partes, o resumo do pedido e da defesa, a apreciação das provas, os fundamentos da decisão e a respectiva conclusão.
>
> § 1º Quando a decisão concluir pela procedência do pedido, determinará o prazo e as condições para o seu cumprimento.
>
> § 2º A decisão mencionará sempre as custas que devam ser pagas pela parte vencida.
>
> § 3º As decisões cognitivas ou homologatórias deverão sempre indicar a natureza jurídica das parcelas constantes da condenação ou do acordo homologado, inclusive o limite de responsabilidade de cada parte pelo recolhimento da contribuição previdenciária, se for o caso.
>
> § 4º O INSS será intimado, por via postal, das decisões homologatórias de acordos que contenham parcela indenizatória, sendo-lhe facultado interpor recurso relativo às contribuições que lhe forem devidas.

Portanto, em síntese, a decisão divide-se em três partes: relatório, fundamentação e decisão. A falta de uma delas acarreta nulidade do ato:

"a) Relatório é a parte física da sentença, ou seja, onde o Juiz se limita a mencionar o que há de interesse no processo: o nome das partes, o resumo do pedido e da defesa, formando a litiscontestação, além dos documentos que eventualmente instruem o feito e demais atos significativos ocorridos na instrução;

b) Fundamentação, onde o Julgador desenvolve o seu raciocínio; é, portanto, intelectual, sobre todas as questões suscitadas no processo pelas partes integrantes, referindo-se às provas produzidas, sua apreciação e a respectiva significação e, enfim, expondo as razões da decisão que se seguirá; e finalmente a

c) Decisão, *decisum* ou simplesmente parte dispositiva, que é a parte conclusiva, de acordo com a convicção do Juiz e, evidentemente, com a própria lei e demais fontes do direito. É a parte da decisão que efetivamente transita em julgado."

No procedimento sumaríssimo, a novidade é a dispensa de se conter relatório, em que o Juiz dirá apenas do direito, segundo os elementos de sua convicção, com resumo dos fatos relevantes ocorridos em audiência, que não deixa de ser um relatório, pois que todos os atos processuais se resumem a uma única audiência.

Na decisão, o Juiz deverá resolver todas as questões envolvidas no processo, sejam elas de direito ou de fato, preliminares, prejudiciais e de mérito.

Qualquer omissão, contradição ou obscuridade verificada na decisão deverá ser sanada em embargos declaratórios (art. 1.022 e seguintes do NCPC, combinados com art. 897-A e parágrafo único da CLT, que inserem também nas possibilidades o manifesto equívoco no exame dos pressupostos extrínsecos do recurso) interpostos pelas partes, sob pena de preclusão e que, se procrastinatórios pode ser penalizado com multa de até 2% do valor atualizado da causa (§2º do art. 1.026 do NCPC). Na reiteração, a multa será elevada a até 10% sobre o valor atualizado da causa, ficando condicionada a interposição de qualquer recurso ao seu depósito prévio, excepcionando-se a Fazenda Pública e do beneficiário de gratuidade da justiça, que a recolherão ao final (§ 3º do art. 1026 do NCPC),

Trata-se por omissão quando o Juiz ou Tribunal deixar de se manifestar sobre tese firmada em julgamento de casos repetitivos ou em incidente de assunção de competência aplicável ao caso sob julgamento, bem como quando incorrer nas condutas descritas no art. 489, §1º do NCPC:

> "I — por falta de fundamentação de qualquer decisão judicial, seja ela interlocutória, sentença ou acórdão, que limitar-se à indicação, à reprodução ou à paráfrase de ato normativo, sem explicar sua relação com a causa ou a questão decidida;
>
> II — empregar conceitos jurídicos indeterminados, sem explicar o motivo concreto de sua incidência no caso;
>
> III — invocar motivos que se prestariam a justificar qualquer outra decisão;
>
> IV — não enfrentar todos os argumentos deduzidos no processo capazes de, em tese, infirmar a conclusão adotada pelo julgador;
>
> V — se limitar a invocar precedente ou enunciado de súmula, sem identificar seus fundamentos determinantes nem demonstrar que o caso sob julgamento se ajusta àqueles fundamentos;
>
> VI — deixar de seguir enunciado de súmula, jurisprudência ou precedente invocado pela parte, sem demonstrar a existência de distinção no caso em julgamento ou a superação do entendimento."

Servirá ainda os embargos de declaração, para esclarecer obscuridade ou eliminar contradição e, corrigir erro material. Por contradição, entende-se quando a decisão apresenta pontos que se contraponham, o que pode ser caracterizado pelo raciocínio lógico que deve imperar na sua confecção; finalmente, obscuridade é quando a decisão apresenta falta de clareza em sua exposição e principalmente em sua parte dispositiva.

Após publicada uma decisão, o que lhe dá eficácia jurídica, o Juiz ou Tribunal tem por cumprido e acabado o seu poder jurisdicional de dizer do direito sobre o feito e somente em grau de recurso poderá ser modificada.

Não obstante, inexatidões materiais ou erros de cálculos, eventualmente verificados, podem ser sanados de ofício ou a requerimento das partes (art. 494 do NCPC e parágrafo único do art. 897-A da CLT), por mero despacho do Juiz que esteja na competência do processo, a qualquer época, pois que não transitam em julgado.

Erro material é um vício apresentado pela decisão, na maioria das vezes facilmente percebido e que deve ser corrigido, como ocorre, por exemplo, se é trocada a unidade econômica do país para a época, ou seja, por real, quando deveria ser cruzado ou mesmo cruzeiro, que foram padrões unitários utilizados, o que altera substancialmente o valor de eventual condenação; erro de cálculo, por sua vez, é quando se verifica na decisão, por exemplo, um simples erro na somatória de dois valores.

Erro de fato, por sua vez, que é aquele quando a decisão admite um fato inexistente ou quando considerar inexistente um fato efetivamente ocorrido (§ 1º do art. 966 do NCPC), somente pode ser corrigido por meio de ação rescisória que é admitida na Justiça do Trabalho, conforme previsão do art. 836 da CLT.

Quando a decisão concluir pela procedência do pedido, ainda que parcial, determinará o prazo e as condições para o seu cumprimento, mencionando sempre o valor e as custas que serão pagas pelo vencido, mesmo parcialmente, pois, no processo trabalhista, não há fixação de proporcionalidade por sucumbência parcial. Exemplo: O reclamante pretendia vários títulos, e dos quais somente teve por procedente um deles. As custas serão fixadas de acordo com o valor estimado pelo Juiz para aquele título e deverão ser pagas pela reclamada, que a rigor foi a vencedora na quase totalidade dos pedidos.

Após a edição da Lei 10.035, de 25.10.2000, que acrescentou dois parágrafos ao art. 832 da CLT, o Juiz fica obrigado a indicar a natureza jurídica das parcelas constantes da condenação ou do acordo homologado e inclusive o limite de responsabilidade de cada parte pelo recolhimento da contribuição previdenciária se for o caso, dando ciência ao próprio INSS para os devidos fins, o que passa a ser um novo pressuposto para a validade do ato, conforme disposto no citado § 4º, que, se não observado, poderá gerar nulidade.

Os despachos, as decisões, as sentenças e os acórdãos serão redigidos, datados e assinados pelos juízes e quando proferidos oralmente, o servidor deverá documentar e submetê-los para revisão e assinatura, permitida a eletrônica, por eles juízes (art. 205 do NCPC).

A decisão prolatada pelo Juiz em primeira instância leva o nome de sentença, e pelas instâncias superiores, de acórdão.

4.1. TIPOS

É de grande importância a identificação dos diversos tipos de decisões, pelas consequências jurídicas que acarretam no processo e às próprias partes.

O art. 203 do NCPC, a princípio, identifica três tipos, ou seja, as interlocutórias, despachos e sentenças propriamente ditas.

4.1.1. Interlocutória

Trata-se de uma decisão em que o Juiz resolve questão incidente no curso do processo, sem, entretanto, pôr fim a ele, mas apenas ao fato que objetiva e lhe deu origem, muito embora, por vezes, assume a característica de decisão terminativa do feito.

Esse tipo de decisão é admitida no processo trabalhista, conforme previsão contida no § 1º do art. 893 da CLT.

Possibilidade de decisão interlocutória é a proferida antecipadamente dentro dos procedimentos ordinários e nas que versem sobre tutelas provisórias de urgência ou da evidência, tanto que regulamentada nos arts. 294 e seguintes do NCPC, que trata de Tutela Provisória, que que impedem sejam praticados atos que importem alienação do domínio nem permite que se realize sem caução idônea levantamento de eventual depósito em dinheiro efetuado pela parte contrária e ainda, e principalmente, por se referir, que ficará sem efeito, sobrevindo sentença que modifique ou anule a que foi objeto da execução, restituindo-se as coisas no estado anterior.

No atual Código de Processo, são várias situações que classificam decisões com natureza interlocutória, prevendo inclusive a possibilidade de interposição de agravo de instrumento, não cabível no processo trabalhista, por ser combatido apenas no recurso apropriado à decisão definitiva proferida (art. 1015 do NCPC).

A Súm. n. 214 do TST consolida:

"DECISÃO INTERLOCUTÓRIA. IRRECORRIBILIDADE

Na Justiça do Trabalho, nos termos do art. 893, § 1º, da CLT, as decisões interlocutórias não ensejam recurso imediato, salvo nas hipóteses de decisão: a) de Tribunal Regional do Trabalho contrária à Súmula ou Orientação Jurisprudencial do Tribunal Superior do Trabalho; b) suscetível de impugnação mediante recurso para o mesmo Tribunal; c) que acolhe exceção de incompetência territorial, com a remessa dos autos para Tribunal Regional distinto daquele a que se vincula o juízo excepcionado, consoante o disposto no art. 799, § 2º, da CLT."

4.1.2. Despachos

São atos do Juiz praticados no processo, de mero expediente, tais como os que determinam, deferem ou indeferem a juntada de algum documento, petição etc. nos autos.

Embora sejam atos meramente ordinatórios, rotineiros, não deixam de ser uma espécie de decisão proferida nos autos, pois efetivamente emitem um juízo de valor.

Os despachos, para eventual modificação em seu teor, admitem somente pedido de reconsideração; correição parcial se contrariar a lei ou o regular procedimento da ação; agravo de instrumento ou regimental quando indefere ou não o processamento de recurso, liminar ou de outro procedimento ordinário, na forma, respectivamente, do art. 897, *b*, da CLT e das OJ-SDI2 ns. 69 e 100 do TST.

Dispõe o § 3º do art. 203 do NCPC, que "São despachos todos os demais pronunciamentos do juiz praticados no processo, de ofício ou a requerimento da parte." Complementa o § 4º que "Os atos meramente ordinatórios, como a juntada e a vista obrigatória, independem de despacho, devendo ser praticados de ofício pelo servidor e revistos pelo juiz quando necessário."

4.1.3. Sentenças

As sentenças podem ser terminativas ou definitivas:

a) terminativas são as que não adentram no mérito da questão, mas resolvem as prejudiciais de direito, como as exceções de incompetência, de litispendência ou coisa julgada.

A extinção do processo somente pode se dar por sentença e antes de proferir decisão sem resolução de mérito, a parte interessada deverá ter oportunidade para, se possível, corrigir o vício.

Outras causas possíveis ainda para a extinção do processo sem julgamento do mérito vêm discriminadas no art. 485 do NCPC e com exceção ao inciso V (reconhecer a existência de perempção, de litispendência ou de coisa julgada), a decretação, não obsta que se intente nova ação, conforme art. 486 do mesmo diploma, pois essas decisões não fazem coisa julgada, muito embora transitem em julgado, se ultrapassada a possibilidade recursal. Nesses casos, é inaplicável o § 2º do art. 486, ou seja, necessidade da prova de pagamento de custas e honorários advocatícios, pois a CLT impõe outra penalidade que não essa, e, em sendo especial, deve ser aplicada em detrimento daquela geral.

Dispõem os arts. 485 e 486 do NCPC:

"Art. 485. O juiz não resolverá o mérito quando:

I — indeferir a petição inicial;

II — o processo ficar parado durante mais de 1 (um) ano por negligência das partes;

III — por não promover os atos e as diligências que lhe incumbir, o autor abandonar a causa por mais de 30 (trinta) dias;

IV — verificar a ausência de pressupostos de constituição e de desenvolvimento válido e regular do processo;

V — reconhecer a existência de perempção, de litispendência ou de coisa julgada;

VI — verificar ausência de legitimidade ou de interesse processual;

VII — acolher a alegação de existência de convenção de arbitragem ou quando o juízo arbitral reconhecer sua competência;

VIII — homologar a desistência da ação;

IX — em caso de morte da parte, a ação for considerada intransmissível por disposição legal; e

X — nos demais casos prescritos neste Código.

§ 1º Nas hipóteses descritas nos incisos II e III, a parte será intimada pessoalmente para suprir a falta no prazo de 5 (cinco) dias.

§ 2º No caso do § 1º, quanto ao inciso II, as partes pagarão proporcionalmente as custas, e, quanto ao inciso III, o autor será condenado ao pagamento das despesas e dos honorários de advogado.

§ 3º O juiz conhecerá de ofício da matéria constante dos incisos IV, V, VI e IX, em qualquer tempo e grau de jurisdição, enquanto não ocorrer o trânsito em julgado.

§ 4º Oferecida a contestação, o autor não poderá, sem o consentimento do réu, desistir da ação.

§ 5º A desistência da ação pode ser apresentada até a sentença.

§ 6º Oferecida a contestação, a extinção do processo por abandono da causa pelo autor depende de requerimento do réu.

§ 7º Interposta a apelação em qualquer dos casos de que tratam os incisos deste artigo, o juiz terá 5 (cinco) dias para retratar-se.

Art. 486. O pronunciamento judicial que não resolve o mérito não obsta a que a parte proponha de novo a ação.

§ 1º No caso de extinção em razão de litispendência e nos casos dos incisos I, IV, VI e VII do art. 485, a propositura da nova ação depende da correção do vício que levou à sentença sem resolução do mérito.

§ 2º A petição inicial, todavia, não será despachada sem a prova do pagamento ou do depósito das custas e dos honorários de advogado.

§ 3º Se o autor der causa, por 3 (três) vezes, a sentença fundada em abandono da causa, não poderá propor nova ação contra o réu com o mesmo objeto, ficando-lhe ressalvada, entretanto, a possibilidade de alegar em defesa o seu direito."

b) definitivas, são as que decidem o mérito, nas condições a que nos referimos anteriormente. As previsões para a hipótese estão no art. 487 do NCPC:

"Art. 487. Haverá resolução de mérito quando o juiz:

I — acolher ou rejeitar o pedido formulado na ação ou na reconvenção;

II — decidir, de ofício ou a requerimento, sobre a ocorrência de decadência ou prescrição;

III — homologar:

a) o reconhecimento da procedência do pedido formulado na ação ou na reconvenção;

b) a transação;

c) a renúncia à pretensão formulada na ação ou na reconvenção.

Parágrafo único. Ressalvada a hipótese do § 1º do art. 332, a prescrição e a decadência não serão reconhecidas sem que antes seja dada às partes oportunidade de manifestar-se."

O referido § 1º do art. 332, dispõe que "O juiz também poderá julgar liminarmente improcedente o pedido se verificar, desde logo, a ocorrência de decadência ou de prescrição.

Desde que possível, o juiz resolverá o mérito sempre que a decisão for favorável à parte a quem aproveitaria eventual pronunciamento nos termos do art. 485.

Essas decisões fazem coisa julgada, pelo que as partes não mais poderão repetir. Vale lembrar que apenas o *decisum* transita em julgado ou faz coisa julgada, e os fundamentos não.

Por disposição da IN n. 39/2016 do TST em seu inciso VIII, é aplicável o disposto no § 7º que trata do juízo de retratação no recurso ordinário, quando a decisão prolatada não decide o mérito, como dispõe o *caput* do art. 485 do NCPC, como ocorre nas hipóteses mencionadas nos incisos do mesmo artigo.

As decisões definitivas podem concluir pela procedência, total ou parcial dos pedidos, ou mesmo pela improcedência deles e, ainda, pela carência de ação:

> "Procedente será quando forem reconhecidos todos os direitos pleiteados na inicial e na forma e condições propostas;
>
> Procedente em parte quando apenas parte dos pedidos forem reconhecidos;
>
> Improcedente quando a sentença não reconhece nenhum direito ao autor; e, finalmente,
>
> Carência de ação quando não é reconhecido o direito de ação do autor, naquele sentido."

Elas podem ser ainda meramente declaratórias e declaratórias-condenatórias ou constitutivas, conforme apenas declaram a existência de algum direito (*ex tunc*), condenam atribuindo alguma sanção ao réu (da citação ou distribuição) ou criam, modificam ou extinguem uma relação jurídica (*ex nunc*).

Destarte, tanto as terminativas como as definitivas são finais, põem termo ao processo e são passíveis de recursos, em que pese o contido no art. 895 da CLT, que não distingue umas das outras e as tendo todas como definitivas:

> "Cabe recurso ordinário para a instância superior:
>
> a) das decisões definitivas das Varas do Trabalho no prazo de 8 (oito) dias;
>
> b) das decisões definitivas dos Tribunais Regionais, em processo de sua competência originária, no prazo de 8 (oito) dias, quer nos dissídios individuais, quer nos dissídios coletivos."

XIII Fase Executória

1. GENERALIDADES

A fase executória inicia-se exatamente após o término da fase de conhecimento, com a prolação da decisão definitiva, quando então haverá dois grandes caminhos a seguir: o do recurso ou o da execução propriamente dita.

Mesmo antes da extinção do Juiz Classista na Justiça do Trabalho, atuava na fase de execução apenas o Juiz Presidente da Junta de Conciliação e Julgamento, hoje convertidas em Varas, como juízo monocrático e não mais a Junta, Colegiado, que era composto com os outros dois Juízes Classistas. Todo e qualquer ato ou decisão em execução era do Juiz Presidente. Portanto, referida extinção não trouxe qualquer modificação à execução quanto ao juízo competente.

Entende-se por execução a realização do que restou decidido no processo de conhecimento, que pode ser tanto a entrega de um determinado bem, a reintegração ao emprego do reclamante ou, como na maioria das vezes, a satisfação em dinheiro por direitos pleiteados. Nesta hipótese, por vezes haverá necessidade de se saber efetivamente o seu importe.

O processo de execução se reveste de grande importância, pois é quando efetivamente a Justiça tentará fazer entrega ao credor reconhecido do direito que lhe foi confirmado, promovendo a liquidação da decisão se necessário e, eventualmente, a expropriação de bens do devedor para a satisfação plena do crédito, completando seu dever jurisdicional.

Portanto, é um novo procedimento que se inicia dentro do processo principal.

2. OBJETO

Dispõe inicialmente a CLT, em seu art. 876, modificado pela Lei n. 9.958, de 12 de janeiro de 2000, para possibilitar a execução dos Termos de Conciliação e Ajuste de Conduta, que:

> "As decisões passadas em julgado ou das quais não tenha havido recurso com efeito suspensivo; os acordos, quando não cumpridos; os termos de ajuste de conduta firmados perante o Ministério Público do Trabalho e os termos de conciliação firmados perante as Comissões de Conciliação Prévia Serão executados pela forma estabelecida neste Capítulo."

A Lei n. 10.035/2000, que, como vimos anteriormente, atribuiu competência à Justiça do Trabalho para proceder de ofício a cobrança de valores previdenciários, dando nova redação e acrescentando vários dispositivos à Consolidação das Leis do Trabalho e entre eles, apondo mais um item à relação de fatos que são objetos de execução no processo trabalhista, ou seja, o parágrafo único ao mencionado art. 876:

> "Parágrafo único. Serão executados *ex officio* os créditos previdenciários devidos em decorrência de decisão proferida pelos Juízes e Tribunais do Trabalho, resultantes de condenação ou homologação de acordo...".

2.1. DECISÕES

As decisões exequíveis, passadas em julgado, deverão ser constitutivas e condenatórias e proferidas em dissídio individual, pois as decorrentes de dissídio coletivo são apenas normativas. Nestas, somente se executam as custas do processo, eventuais multas e despesas processuais.

Na ocorrência de decisão alternativa e no silêncio do decreto condenatório a quem incumbe a iniciativa de escolha do cumprimento, caberá ao executado apontar aquela que lhe seja menos onerosa, em atendimento a um princípio de direito, previsto no art. 252 do Novo Cód. Civil, o que significa que a execução deve ser o menos onerosa possível ao devedor.

Neste seu direito, entretanto, o executado não pode impor o cumprimento parcial das alternativas: parte de uma com parte de outra; deve ser uma ou outra, integralmente. Instado o devedor a apresentar a opção e não o fazendo no prazo assinalado, incumbirá ao próprio credor fazê-lo para prosseguir na execução.

Poderão ser executadas também as decisões pendentes de recurso sem efeito suspensivo, por meio de execução provisória, como se verá em seguida.

2.2. ACORDOS

As partes poderão pôr fim ao processo, a qualquer tempo, como vimos anteriormente, por meio de acordo realizado nos autos e homologado pelo Juiz.

A homologação do acordo é faculdade do Juiz, se entender prejudicial a direitos inalienáveis do reclamante ou se contrário à lei.

Na eventualidade do não cumprimento nos termos estabelecidos, total ou parcialmente, esses acordos poderão ser executados no processo em que se verificou, como se fora uma decisão transitada em julgado.

Nessa hipótese, não haverá necessidade de se avisar ou interpelar o devedor, bastando apenas que tenha havido a inadimplência injustificada para se iniciar de imediato a execução.

2.3. TERMO DE CONCILIAÇÃO

Trata-se do Termo lavrado pela Comissão Prévia de Conciliação, na hipótese de aceitação da conciliação entre as partes.

O Termo deverá ser assinado pelas partes e pelos membros que atuaram na demanda, como vimos anteriormente, contendo todos os seus elementos essenciais para a sua validade e possibilitando que seja utilizado para os devidos fins de direito, e, entre eles, eventual execução, na hipótese do não cumprimento.

2.3.1. *Título Executivo Extrajudicial*

O parágrafo único do art. 625-E, introduzido na CLT e, portanto, no Direito do Trabalho, trouxe mais um avanço considerável de natureza jurídico-processual, atribuindo ao referido Termo de Conciliação a validade de título executivo extrajudicial.

Como título extrajudicial, poderá ser executado definitivamente (art. 784 do NCPC) na Justiça do Trabalho na eventualidade de inadimplência do devedor, na forma do art. 781 do NCPC, adaptado aos princípios informativos do processo do trabalho e à Lei de Execução Fiscal, subsidiária da execução trabalhista.

O avanço nesse sentido, é que, uma vez não cumprido o acordo estabelecido, o credor poderá exigir judicialmente em processo de execução o que foi acordado, sem necessidade de se ultrapassarem as fases preliminares do processo, ou seja, de conhecimento e eventual liquidação. Somente será oponível impugnação nos termos do art. 884 da CLT, com a matéria de defesa restrita às alegações de cumprimento do acordo, sua quitação ou prescrição da dívida e, ainda, desde que o juízo esteja devidamente garantido.

Nessa hipótese, a execução terá início com a citação do devedor executado, na forma do art. 880 da CLT, inicialmente para que cumpra o acordo realizado, no prazo, pelo modo e sob as cominações estabelecidas, ou, em se tratando de dinheiro, para que pague em quarenta e oito horas ou garanta a execução, sob pena de penhora na forma e condições da lei.

Portanto, a execução se fará nas regras previstas na CLT, com algumas adaptações:

a — a execução somente poderá começar por iniciativa do credor ou qualquer legítimo interessado, excluindo-se, pois, a eventual iniciativa *ex officio*;

b — não haverá liquidação de sentença, pois o acordo estabelecido deverá sempre ser em valor certo e determinado, como é próprio de título executivo, judicial ou extrajudicial;

c — havendo defesa, por certo será apenas de matéria de direito, e não fática, o que dispensará eventual audiência e oitiva de testemunhas e das partes.

O recurso apropriado às decisões prolatadas será o de agravo de petição à instância superior, com todas as suas implicações.

A competência jurisdicional para a execução, por meio de uma ação executiva, é do Juiz que teria a competência para o processo de conhecimento relativo à matéria, pelo que deve ser aplicado integralmente o disposto no artigo 651 da CLT.

2.4. AJUSTE DE CONDUTA

Pela inserção feita no elenco de títulos que podem ser executados no processo trabalhista, como mencionado anteriormente, conclui-se que esses Termos de Ajuste de Conduta lavrados perante o Ministério Público do Trabalho terão validade formal para todos os efeitos, tal e qual têm os Termos de Conciliação lavrados perante as Comissões de Conciliação Prévia, e, dessa forma, também devem ser considerados títulos extrajudiciais para execução, nas mesmas condições, perante a Justiça do Trabalho.

Por vezes haverá necessidade de comprovação se os ajustes de conduta foram ou não descumpridos para serem executados.

De aplicação subsidiária, o art. 784 do NCPC, que discrimina os títulos de natureza executivos extrajudiciais, inclui, no inciso IV, o instrumento de transação referendado pelo Ministério Público, e agora, também incluído pela Defensoria Pública, pela Advocacia Pública, pelos advogados dos transatores ou por conciliador ou mediador credenciado por tribunal

2.5. CONTRIBUIÇÕES PREVIDENCIÁRIAS

As contribuições previdenciárias decorrentes de verbas de natureza salarial que devem ser pagas pelas partes integrantes de um processo trabalhista, com origem em decisão prolatada ou acordo homologado pela Justiça do Trabalho, se não recolhidas espontaneamente, deverão ser executadas de ofício pelo Juiz da causa, como trata o citado parágrafo único do art. 876 da CLT.

Mesmo se houver o recolhimento espontâneo do que entender devido, a parte não estará livre de responder por eventuais diferenças encontradas na execução, conforme dispõe o art. 878-A da CLT:

> "Art. 878-A. Faculta-se ao devedor o pagamento imediato da parte que entender devida à Previdência Social, sem prejuízo da cobrança de eventuais diferenças encontradas na execução *ex officio*...".

A liquidação da sentença abrangerá, também, o cálculo das contribuições previdenciárias devidas, para o que as partes deverão ser previamente intimadas para a apresentação do cálculo correspondente, e, após elaborada, o Instituto Nacional do Seguro Social — INSS será intimado por via postal, para manifestação, no prazo de dez dias, sob pena de preclusão, como determinam os §§ 1º-A, 1º B, 2º e 3º do art. 879 da CLT. O § 4º trata, ainda, da atualização do crédito devido à Previdência, que deverá observar os mesmos critérios da legislação previdenciária.

O C. Tribunal Superior do Trabalho regulamentou a questão por meio da Súmula n. 368:

"DESCONTOS PREVIDENCIÁRIOS E FISCAIS. COMPETÊNCIA. RESPONSABILIDADE PELO PAGAMENTO. FORMA DE CÁLCULO.

I. A Justiça do Trabalho é competente para determinar o recolhimento das contribuições previdenciárias e fiscais provenientes das sentenças que proferir. A competência da Justiça do Trabalho para execução das contribuições previdenciárias alcança as parcelas integrantes do salário de contribuição, pagas em virtude de contrato, ou de emprego reconhecido em juízo, ou decorrentes de anotação da Carteira de Trabalho E Previdência Social — CTPS, objeto de acordo homologado em juízo.

II. É do empregador a responsabilidade pelo recolhimento das contribuições previdenciárias e fiscais, resultante de crédito do empregado oriundo de condenação judicial, devendo incidir, em relação aos descontos fiscais, sobre o valor total da condenação, referente às parcelas tributáveis, calculado ao final, nos termos da Lei n. 8.541, de 23.12.1992, art. 46 e Provimento da CGJT n. 01/1996.

III. Em se tratando de descontos previdenciários, o critério de apuração encontra-se disciplinado no art. 276, § 4º, do Decreto n. 3.048/99 que regulamentou a Lei n. 8.212/1991 e determina que a contribuição do empregado, no caso de ações trabalhistas, seja calculada mês a mês, aplicando-se as alíquotas previstas no art. 198, observado o limite máximo do salário de contribuição."

Com a modificação constitucional da competência da Justiça do Trabalho como vimos e, ainda, com as alterações introduzidas na CLT pela Lei n. 10.035/2000 e conforme a súmula citada, não há mais dúvidas a respeito, inclusive quanto ao procedimento que deverá ser adotado para a fixação e recolhimento previdenciário.

Os recolhimentos das importâncias devidas, referentes às contribuições sociais, deverão ser efetuados pelo empregador condenado nos autos, tanto do que lhe competir como também ao empregado, nas agências locais da Caixa Econômica Federal ou do Banco do Brasil S/A, por intermédio de documento de arrecadação da Previdência Social, constando o número do processo que lhe deu origem. O recolhimento deverá ser comprovado nos autos, com a juntada do respectivo documento, que mensalmente, se outro período não for fixado e juntamente com os demais efetivados, deverá encaminhar ao órgão competente do INSS pela Secretaria da Vara.

Na hipótese da ocorrência de acordo judicial ou extrajudicial, poderá haver a estipulação da responsabilidade pelo recolhimento, a uma das partes, sem qualquer possibilidade de isenção, mesmo que a atribuição seja do empregado. Ainda aqui, o recolhimento deverá ser procedido pelo empregador, com a comprovação nos autos para a devida compensação.

Eventualmente não constar do acordo homologado em juízo, reconhecendo ou não o vínculo empregatício, a discriminação das verbas quanto a sua natureza, alimentar ou indenizatórias a incidência previdenciária será sobre o total, conforme OJ-SDI1 n. 368 do TST:

"DESCONTOS PREVIDENCIÁRIOS. ACORDO HOMOLOGADO EM JUÍZO. INEXISTÊNCIA DE VÍNCULO EMPREGATÍCIO. PARCELAS INDENIZATÓRIAS. AUSÊNCIA DE DISCRIMINAÇÃO. INCIDÊNCIA SOBRE O VALOR TOTAL.

É devida a incidência das contribuições para a Previdência Social sobre o valor total do acordo homologado em juízo, independentemente do reconhecimento de vínculo de emprego, desde que não haja discriminação das parcelas sujeitas à incidência da contribuição previdenciária, conforme parágrafo único do art. 43 da Lei n. 8.212, de 24.07.1991, e do art. 195, I, *a*, da CF/1988."

Complementando, a OJ-SDI1 n. 398 do TST particulariza:

"CONTRIBUIÇÃO PREVIDENCIÁRIA. ACORDO HOMOLOGADO EM JUÍZO SEM RECONHECIMENTO DE VÍNCULO DE EMPREGO. CONTRIBUINTE INDIVIDUAL. RECOLHIMENTO DA ALÍQUOTA DE 20% A CARGO DO TOMADOR E 11% A CARGO DO PRESTADOR DE SERVIÇOS (DEJT divulgado em 02, 03 e 04.08.2010)

Nos acordos homologados em juízo em que não haja o reconhecimento de vínculo empregatício, é devido o recolhimento da contribuição previdenciária, mediante a alíquota de 20% a cargo do tomador de serviços e de 11% por parte do prestador de serviços, na qualidade de contribuinte individual, sobre o valor total do acordo, respeitado o teto de contribuição. Inteligência do § 4º do art. 30 e do inciso III do art. 22, todos da Lei n. 8.212, de 24.07.1991."

Na decisão proferida pelo juízo, seja na fase cognitiva ou pelo Tribunal na eventualidade de recurso, não poderá ser atribuída responsabilidade sobre os valores devidos à Previdência Social a uma das partes apenas, por ausência de previsão legal, mas a ambas, dentro dos limites fixados pela lei.

A lei faculta o parcelamento do débito previdenciário e, nessa hipótese, pelo que se depreende do disposto no § 1º do art. 889-A da CLT, sem qualquer interferência ou necessidade de homologação pelo juízo, o ajuste deverá ser efetivado diretamente entre o devedor, no que lhe competir, e o INSS, com a devida comprovação nos autos, quando, então, ficará suspensa a execução da respectiva contribuição previdenciária, até final e integral cumprimento. Por óbvio, nesse ajuste não estará incluída qualquer parcela que seja devida à parte exequenda, pelos seus direitos reconhecidos nos autos e, portanto, a referida suspensão somente atingirá a parcela devida à Previdência. Também nesta hipótese, os pagamentos deverão ser comprovados nos autos.

3. PROPOSITURA

A execução será proposta ordinariamente por qualquer interessado, ou impulsionada *ex officio* pelo próprio Juiz ou Tribunal, como dispõe o art. 878 da CLT. Quando a decisão for do Tribunal, caberá também à Procuradoria da Justiça do Trabalho.

Portanto, até mesmo o devedor considerado na ação pode dar início à execução, para ver-se livre o quanto antes da condenação e de todos os encargos que se lhe impõe.

Qualquer interessado previsto na lei deve ser por certo alguém legitimado a fazê-lo, diante das regras processuais, como ocorre com o sucessor hereditário, por exemplo.

O Juiz tomará iniciativa quando se tratar de liquidação por simples cálculos ou por arbitramento, mas não para propor artigos de liquidação, por se constituir novo procedimento que deve ser proposto pela parte, dentro da fase de execução.

Se o início da execução depender de algum ato específico do credor, tal como a apresentação de CTPS para verificação de anotações etc., e não o fazendo, óbvio que se manterá suspensa até a sua realização. Nesse caso, é admissível a prescrição intercorrente, ou seja, a prescrição durante a execução, em que pese a IN n. 39/2016 do TST considerar inaplicáveis no processo trabalhista os arts. 921, §§ 4º e 5º e 924, V, do NCPC que tratam da hipótese, por ser inadmissível que o devedor fique eternamente submetido à vontade do seu credor.

4. RESPONSABILIDADE

A responsabilidade pelo débito deverá sempre ser indicada no título executivo judicial ou extrajudicial, na fase cognitiva ou de execução.

Há a hipótese legal da solidariedade, quando na mesma obrigação concorre mais de um credor, ou mais de um devedor, cada um com direito, ou obrigado, à dívida toda.

Quanto à responsabilidade na dívida, haverá, portanto, a solidária ou subsidiária. Conceitualmente, devedor solidário é aquele que responde pela dívida, em igualdade com o devedor considerado principal, tanto que o exequente, na execução, poderá optar por um ou por outro indistintamente. Conforme o art. 265 do Código Civil Brasileiro, a solidariedade não se presume, resultando apenas da lei, como ocorre com a hipótese do § 2º do art. 2º da CLT, ou da vontade das partes disposta em contrato ou acordo.

Efetivamente deve ser observado o § 2º do art. 2º da CLT, que trata da solidariedade entre empresas que compõem um Grupo Econômico, em que cada uma delas terá personalidade jurídica própria, embora estejam sob a direção, controle ou administração de outra e, portanto, poderão ter, em maioria ou não, sócios distintos uns dos outros e que deverão ter ciência oficialmente do que esteja ocorrendo com a coligada, e não apenas por presunção.

Trata-se, pois, de uma precaução do eventual credor de, na inicial, requerer sejam todas as empresas componentes do Grupo citadas para responder economicamente no feito e no qual terão também a oportunidade, coletiva ou individualmente, de se defenderem da imputação de formação de Grupo Econômico. Até então, essa discussão poderia travar-se na fase de execução, caso fosse necessário, livrando da citação inicial de várias empresas, o que muitas vezes poderá levar a uma demora maior na constituição da relação processual.

Por outro lado, devedor subsidiário é quem deve responder pelo débito, apenas na hipótese de ser o devedor principal inadimplente, o que também pode resultar de lei, de contrato ou acordo e, ainda, em decorrência de alguma situação fática existente em determinada relação, em que há a intervenção de um terceiro, como ocorre na hipótese preconizada pela Súmula n. 331 do C. TST, com relação ao tomador de serviços e o empregador inadimplente.

4.1. PESSOA JURÍDICA

Independentemente da forma de sua constituição societária, a pessoa jurídica responderá com todos os seus bens, qualquer que seja a sua natureza e classificação e que estejam ou não em sua posse direta ou indireta.

Na hipótese de ser uma pessoa jurídica sem personalidade jurídica, responderão diretamente as pessoas que forem identificadas como responsáveis ou beneficiárias diretas ou indiretas da atividade.

No polo passivo da execução deve figurar o executado, e sempre que for ampliado para alcançar bens de sócios ou de ex-sócios, empresa sucessora ou pertencente ao mesmo grupo, por desconsideração da personalidade jurídica do executado, essa circunstância deve constar da autuação e demais registros do processo, atualizando-se todo o sistema, para futura extração de certidões e quaisquer outros documentos.

Outrora não havia regulamentação para a desconsideração da personalidade jurídica, o que ora traz o novo código de processo civil, a partir do art. 133.

Conforme art. 133 do NCPC, a desconsideração da personalidade jurídica será instaurada incidentalmente a pedido da parte ou do Ministério Público, quando lhe couber, considerando-se, sempre, os pressupostos previstos em lei, sempre no sentido inverso da constituição da personalidade jurídica.

O incidente é cabível em todas as fases do processo de conhecimento, no cumprimento de sentença e na execução fundada em título executivo extrajudicial, que deverá ser imediatamente comunicada ao distribuidor para as anotações devidas, suspendendo-se o processo, para a decisão interlocutória, negativa ou positiva. O requerimento deverá demonstrar o preenchimento dos pressupostos legais específicos. Sendo a decisão proferida pelo relator, caberá agravo regimental.

Instaurado o incidente, o sócio ou a pessoa jurídica será citado para manifestação e requerer provas cabíveis no prazo de quinze dias (art. 135 do NCPC).

Entretanto, na hipótese da desconsideração da personalidade jurídica for requerida na petição inicial, fica dispensada a instauração do incidente e consequentemente eventual suspensão do processo, devendo, no entanto, ser citado o sócio ou a pessoa jurídica objeto, para que venha exercer o seu direito de defesa.

4.1.1. *Responsabilidade dos Sócios*

Não sendo os bens da sociedade legalmente constituída suficientes para responder pela execução, responderão por ela, subsidiariamente, os sócios com os seus bens particulares, ainda que tenham integralizado sua parte no capital social ou que este seja limitado e esteja totalmente realizado.

Responderão os sócios considerados administradores ou gerentes da atividade; os que apenas compõem o quadro societário e sem qualquer atividade gerencial ou administrativa, devidamente comprovado por meio do contrato social, responderão apenas no limite do Capital integralizado.

Com relação à responsabilidade de sócios ou diretores em sociedade anônima, tivemos a oportunidade de assim decidir:

> "Os agravantes inovam na alegação de que não devem ser tidos como responsáveis, por terem sido excluídos da Diretoria da executada, antes da propositura da reclamatória, pelo que não deve ser considerado eventualmente em seus benefícios.
>
> Por outro lado, por essa alegação, chegam a admitir que efetivamente são responsáveis, conforme ainda dispõem os arts. 134 e 135 do CTN em concomitância com o art. 4º da Lei das Execuções Fiscais de aplicação subsidiária, pelos débitos sociais contraídos com os empregados que se ativavam sob os seus comandos, como verdadeiros empregadores, como aliás se deduz claramente da disposição contida no contrato social em que foram nomeados como Diretores do empreendimento.
>
> Os agravantes alegam que a executada continua em plena atividade, mas não indicam qualquer bem de sua propriedade, ou dos dois sócios, que pudesse garantir a execução e ao contrário, confessam que eles não têm em suas contas bancárias quaisquer valores a serem bloqueados.

Na execução trabalhista, vige o princípio da responsabilidade do sócio na execução, ainda que de pessoa jurídica constituída por ações, se ele participa diretamente da administração do empreendimento. O artigo 18 da Lei n. 8.884/94, de aplicação analógica, determina a desconsideração da personalidade jurídica do responsável por infração à ordem econômica, desde que configurado abuso de direito, excesso de poder, infração da lei, fato, ou ato ilícito, ou violação dos estatutos ou contrato social, mesmo quando houver falência, insolvência, encerramento ou inatividade de pessoa jurídica, provocados por má administração. Por analogia, aplica-se tal regra no processo do trabalho. Assim tem sido o entendimento jurisprudencial dominante."

Por outro lado, poderá ser responsabilizado os responsáveis por sociedade ou associações sem personalidade jurídica, conforme art. 75, IX do NCPC e que não poderão alegar a irregularidade de sua constituição em sua defesa (§ 2º do art. 75 citado).

4.1.2. Falência

Dispõe o art. 449 da CLT:

"Os direitos oriundos da existência do contrato de trabalho subsistirão em caso de falência, concordata ou dissolução da empresa.

§ 1º Na falência, constituirão créditos privilegiados a totalidade dos salários devidos ao empregado e a totalidade das indenizações a que tiver direito.

§ 2º Havendo concordata na falência, será facultado aos contratantes tornar sem efeito a rescisão do contrato de trabalho e consequente indenização, desde que o empregador pague, no mínimo, a metade dos salários que seriam devidos ao empregado durante o interregno."

Responderá pelo débito junto aos empregados a massa falida, gerida por um administrador judicial nomeado pelo juízo universal da falência.

Deve-se, para tanto, considerar-se dois momentos distintos, para se prosseguir na execução perante o Juiz Trabalhista: se teve início antes ou após a decretação da falência.

De qualquer forma, em apertada síntese, a execução sempre se fará perante a Justiça do Trabalho, ao menos, da fase de liquidação de sentença até a penhora, que, se efetivada anteriormente à declaração da falência, prosseguirá até final satisfação do crédito ao exequente; se posterior, o exequente deverá se habilitar, por meio de competente certidão, junto ao juízo falimentar, como credor privilegiado, antecipando-se mesmo ao crédito tributário.

A Súm. n. 388 do TST reconhece que são inaplicáveis a penalidade do art. 467 e a multa prevista no parágrafo oitavo do 477, ambos da CLT, diante da insolvência decretada. Da mesma forma, não incorre em deserção pela falta de pagamento de custas ou depósito do valor da condenação.

No polo passivo do feito, figurará a Massa Falida, e não mais a empresa falida, por seus representantes.

4.1.3. Recuperação Judicial

O deferimento da recuperação judicial não importará qualquer diferença sobre a execução no processo trabalhista, que prosseguirá normalmente em seus termos, pois a atividade da recuperanda também prossegue, com a possibilidade de os contratantes tornarem sem efeito a rescisão do contrato de trabalho e consequente indenização, como dispõe o supracitado § 2º do art. 449 da CLT, desde que o empregador pague, no mínimo, a metade dos salários que seriam devidos ao empregado durante o interregno, priorizando desse modo, a manutenção do contrato de trabalho e o restabelecimento da empresa.

4.1.4. Recuperação extrajudicial

Instituto introduzido pela nova lei de falências, a recuperação extrajudicial é realizada nas mesmas condições genéricas da judicial, apenas que feita diretamente entre devedor e credores, estabelecendo plano para liquidação das pendências financeiras.

Portanto, o devedor deve preencher os requisitos ditados para a judicial e, uma vez realizada, deverá ser proposta a homologação pelo juízo falimentar, para produzir seus regulares efeitos, valendo, inclusive, como título executivo extrajudicial.

Neste plano, não se aplica a titulares de créditos de natureza tributária, derivados da legislação do trabalho ou decorrentes de acidente de trabalho, como também não pode contemplar o pagamento antecipado de dívidas nem tratamento desfavorável aos credores que a ele estejam sujeitos.

A homologação do plano de recuperação não acarretará suspensão de direitos, ações ou execuções nem impossibilitará pedido de decretação de falência pelos credores não sujeitos ao plano estabelecido.

4.1.5. *Liquidação Extrajudicial*

Não se confunde com a recuperação extrajudicial, por serem institutos jurídicos distintos.

Algumas empresas, em razão de suas características, como ocorre com as instituições financeiras privadas e as públicas não federais, assim como as cooperativas de crédito, estão sujeitas, nos termos da Lei n. 6.024/74, à intervenção ou à liquidação extrajudicial, e, em ambos os casos, efetuada e decretada pelo Banco Central do Brasil, sem prejuízo de outras consequências, inclusive da falência (art. 1º da citada lei).

Em que pese o contido na alínea *a* do art. 18 da mesma lei citada, determinando a suspensão das ações e execuções iniciadas sobre direitos e interesses relativos ao acervo da entidade liquidada, não podendo ser intentadas quaisquer outras, enquanto durar a liquidação, perante o processo trabalhista não deve subsistir a suspensão da execução, diante da qualidade do crédito que possui o trabalhador, em razão de seu contrato de trabalho que era mantido com a liquidanda. Entende-se, ainda, ser inconstitucional essa determinação, ferindo o preceito contido no inciso XXXV do art. 5º da Constituição Federal, ou seja:

> "a lei não excluirá da apreciação do Poder Judiciário lesão ou ameaça a direito;"

Paralelamente, confirma a OJ-SDI1-n. 143 do TST:

> "EMPRESA EM LIQUIDAÇÃO EXTRAJUDICIAL. EXECUÇÃO. CRÉDITOS TRABALHISTAS. LEI N. 6.024/74.
>
> A execução trabalhista deve prosseguir diretamente na Justiça do Trabalho mesmo após a decretação da liquidação extrajudicial. Lei n. 6.830/80, arts. 5º e 29, aplicados supletivamente (CLT, art. 889 e CF/1988, art. 114)."

Nessa hipótese, portanto, a execução prosseguirá até o final, com a penhora e praceamento de bens da sociedade liquidanda.

No polo passivo do feito, deve figurar, a exemplo da falência, a massa liquidanda extrajudicialmente.

Ultimamente tem se verificado a venda de parte do ativo de instituições em liquidação, para terceiros, que muitas vezes, inclusive, passam a se utilizar do mesmo pessoal, assumindo então, seja por disposição contratual ou legal (arts. 10 e 448 da CLT), a responsabilidade sobre os débitos trabalhistas, ainda que decorrentes de contratos rescindidos.

4.2. *SUCESSÃO*

Dá-se a sucessão quando há modificação de uma situação jurídica, sem que haja alteração em sua identidade objetiva, mas apenas no aspecto subjetivo, ativa ou passivamente, assumindo o sucessor a condição, o lugar, a posição do sucedido, a qualquer título, passando a ser o titular dos direitos e, consequentemente das obrigações legais.

Portanto, sucessão das partes no processo é uma forma de substituição processual, com a diferença de que o sucessor passa a defender seus próprios interesses e não interesses alheios.

A sucessão pode ser entre pessoas jurídicas ou físicas, por ato inter vivos ou mortis causa.

O TST sedimentou a jurisprudência relativa a sucessões entre bancos para efeito trabalhista, na OJ-SDI1 n. 261:

"BANCO. SUCESSÃO TRABALHISTA

As obrigações trabalhistas, inclusive as contraídas à época em que os empregados trabalhavam para o banco sucedido, são de responsabilidade do sucessor, uma vez que a este foram transferidos os ativos as agências, os direitos e deveres contratuais, caracterizando típica sucessão trabalhista.".

Por outro lado, a OJ-SDI1 n. 411 do mesmo Tribunal propõe:

"SUCESSÃO TRABALHISTA. AQUISIÇÃO DE EMPRESA PERTENCENTE A GRUPO ECONÔMICO. RESPONSABILIDADE SOLIDÁRIA DO SUCESSOR POR DÉBITOS TRABALHISTAS DE EMPRESA NÃO ADQUIRIDA. INEXISTÊNCIA.

O sucessor não responde solidariamente por débitos trabalhistas de empresa não adquirida, integrante do mesmo grupo econômico da empresa sucedida, quando, à época, a empresa devedora direta era solvente ou idônea economicamente, ressalvada a hipótese de má fé ou fraude na sucessão."

Portanto, em uma ou noutra, haverá sucessão para efeito de responsabilidade das obrigações trabalhistas, sendo que nesta, entre empresas pertencentes a grupo econômico, apenas se na época do evento a sucedida era insolvente ou nas hipóteses de má-fé ou fraude.

4.2.1. Pessoa Jurídica

Como vimos em sucessão, a responsabilidade ocorrerá sempre que uma empresa suceder a outra a qualquer título, assumindo total ou parcialmente o empreendimento.

O sucessor assumirá o ativo e o passivo e, consequentemente, as obrigações pretéritas ou não que decorrem dos contratos de trabalho, ainda que no instrumento de transmissão, contiver cláusula de não responsabilidade sobre o passivo anterior.

Os arts. 10º e 448 da CLT dispõem respectivamente:

"— Qualquer alteração na estrutura jurídica da empresa não afetará os direitos adquiridos por seus empregados."

"— A mudança na propriedade ou na estrutura jurídica da empresa não afetará os contratos de trabalho dos respectivos empregados."

Discussão maior comporta quando a transmissão se refira apenas ao fundo de comércio, quando não se verifica a continuação da mesma atividade, será necessária a análise da situação fática, em todos os seus aspectos, para se identificar ou não eventual tentativa de fraude contra os direitos devidos aos empregados. Havendo continuidade da mesma atividade, é pacífica a jurisprudência em considerar a situação também como sucessão.

4.2.2. Pessoa Física

Responderá pela execução o sucessor de pessoa física, tal como ocorre com as pessoas jurídicas, modificando-se apenas, na hipótese de sucessor hereditário, que somente responderá na eventualidade de o executado falecer deixando bens para serem excutidos, pois não pode haver sucessão apenas de dívidas, mas destas até o limite dos créditos sucedidos.

4.2.3. Empreiteiro e Subempreiteiro

Empreiteiro é a pessoa física ou jurídica que contrata a execução de serviços para outrem e subempreiteiro pode ser também uma pessoa física ou jurídica, contratada pelo empreiteiro, para a execução direta dos serviços contratados, com o chamado dono da obra.

Nessa relação, portanto, há a presença de três elementos: o dono da obra, que é o detentor da obra a ser executada; o empreiteiro, que contrata a execução da obra; e, finalmente, o subempreiteiro, que é contratado pelo empreiteiro para a execução direta da obra, empregando, para tanto, empregados próprios.

Para todos os efeitos, será responsável pelos contratos de trabalho estabelecidos, o empregador, que na hipótese, será o subempreiteiro.

Entretanto, para salvaguarda dos direitos dos empregados, o art. 455 da CLT estabelece objetivamente a responsabilidade subsidiária:

> "Art. 455. Nos contratos de subempreitada responderá o subempreiteiro pelas obrigações derivadas do contrato de trabalho que celebrar, cabendo, todavia aos empregados, o direito de reclamação contra o empreiteiro principal pelo inadimplemento daquelas obrigações por parte do primeiro.
>
> Parágrafo único. Ao empreiteiro principal fica ressalvada, nos termos da lei civil, ação regressiva contra o subempreiteiro e a retenção de importâncias a este devidas, para a garantia das obrigações previstas neste artigo."

Há ainda quem impute ao dono da obra a mesma obrigação subsidiária, o que, entretanto, somente se admite quando se tratar da contratação de empreiteiro ou terceiros para a execução de serviços considerados pela atividade fim do empreendimento ou mais comumente chamado de terceirização de serviços, como previsto na Súmula n. 331 do C. TST:

> "I. A contratação de trabalhadores por empresa interposta é ilegal, formando-se o vínculo diretamente com o tomador dos serviços, salvo no caso de trabalho temporário (Lei n. 6.019/74).
>
> II. A contratação irregular de trabalhador, através de empresa interposta, não gera vínculo de emprego com os órgãos da Administração Pública Direta, Indireta ou Fundacional (Art. 37, II, da Constituição da República).
>
> III. Não forma vínculo de emprego com o tomador a contratação de serviços de vigilância (Lei n. 7.102/83), de conservação e limpeza, bem como a de serviços especializados ligados à atividade-meio do tomador, desde que inexistente a pessoalidade e a subordinação direita.
>
> IV. O inadimplemento das obrigações trabalhistas, por parte do empregador, implica a responsabilidade subsidiária do tomador dos serviços, quanto àquelas obrigações, desde que hajam participado da relação processual e constem também do título executivo judicial.
>
> V. Os entes integrantes da Administração Pública direta e indireta respondem subsidiariamente, nas mesmas condições do item IV , caso evidenciada a sua conduta culposa no cumprimento das obrigações da Lei n. 8.666, de 21.06.1993, especialmente na fiscalização do cumprimento das obrigações contratuais e legais da prestadora de serviço como empregadora. A aludida responsabilidade não decorre de mero inadimplemento das obrigações trabalhistas assumidas pela empresa regularmente contratada.
>
> VI. A responsabilidade subsidiária do tomador de serviços abrange todas as verbas decorrentes da condenação referentes ao período da prestação laboral."

5. LIQUIDAÇÃO DE SENTENÇA

Prolatada a decisão cognitiva, inicia-se a fase de execução como vimos, que vai depender, entretanto, de se tornar líquida a sentença que seja ilíquida, para saber exatamente qual é o valor que deve ser pago pelo executado ao exequente (art. 509 do NCPC).

A liquidação poderá ser realizada na pendência de recurso (execução provisória) em autos apartados no juízo de origem, cumprindo ao liquidante instruir o pedido com cópias das peças processuais pertinentes.

Portanto, liquidação de sentença é a chamada fase pré-executória, servindo para determinar exatamente os valores devidos, com todas incidências legais e judiciais, pelos direitos constituídos na decisão, que, muitas vezes, apenas os declara.

No procedimento sumaríssimo, a decisão poderá ser prolatada, ao menos com relação aos direitos pleiteados, com valores líquidos e na pendência apenas dos acessórios (juros e atualização monetária e outras despesas judiciais), porque a lei impõe de modo mais rigoroso, ao autor, constar da inicial pedidos certos ou determinados, com a indicação do valor correspondente.

O art. 879 da CLT determina que a liquidação seja por cálculos, por arbitramento ou por artigos, que nesta última hipótese, o NCPC (Art. 509, I) trata como "procedimento comum".

O artigo celetista determina que as partes deverão ser intimadas previamente, para apresentação do cálculo de liquidação (§ 1º B), constando, inclusive, o cálculo da contribuição previdenciária incidente (§ 1º A).

Sobre essa conta, elaborada pela parte ou pelos órgãos auxiliares da Justiça do Trabalho se houver, além de poder o Juiz abrir prazo sucessivo às partes para impugnação fundamentada com a indicação dos itens e valores objeto da discordância (§ 2º), deverá também determinar a intimação via postal do INSS, para se manifestar no prazo de dez dias, sob pena de preclusão, ou seja, de não poder mais se manifestar sobre ela (§ 3º).

Com o acréscimo dos parágrafos 1º A, 1º B, 3º e 4º ao citado art. 879, pela Lei n. 10.035/2000, criaram-se dois prazos que parecem distintos um do outro: o primeiro às partes, para eventual impugnação; e o segundo, após a manifestação das partes e do próprio juízo a respeito, ao INSS, para se dar uma sequência lógica aos fatos processuais, o que significa dizer que a Previdência deverá se manifestar, após estar completa a liquidação da sentença, então chamada de conta, seja qual for o meio adotado.

Na liquidação, não se poderá modificar ou inovar a sentença liquidanda nem discutir matéria pertinente à causa principal (§ 1º do art. 879 da CLT), o que significa que, nessa fase, não se pode mais mudar o que restou decidido definitivamente ou, ainda, acrescentar algo que não foi previsto ou, finalmente, discutir matéria que cabia ocorrer na fase de conhecimento.

A obediência deve ser total ao comando da sentença liquidanda, a menos que haja algum erro material, que pode ser corrigido *ex officio* ou a simples requerimento das partes a qualquer tempo. Exemplo: Restou decidido que a empresa deve cem horas extras ao reclamante e, quando em execução, descobriu-se que foram cento e dez. Deve ser mantida a decisão original de apenas cem horas, mesmo que posteriormente venha aos autos documento comprovando que aquele era o total. É o respeito pela coisa julgada que somente pode ser alterada em recurso apropriado.

Erro material seria se na fundamentação da sentença restasse claro que a condenação seria de cem horas extras, como constou do pedido inicial e no *decisum*, por erro datilográfico, por exemplo, tivesse constado mil.

A liquidação deverá abranger também o cálculo das contribuições previdenciárias devidas pelas partes sobre as parcelas de natureza salarial reconhecidas na decisão.

A execução de acordo judicial ou extrajudicial não cumpridos quase sempre é direta, não dependendo de liquidação, pois normalmente o valor é certo e determinado pelas partes e, portanto, reconhecido como líquido. Entretanto, às vezes dependerá do cálculo de incidência de juros de mora e de atualização monetária ou mesmo tratar-se de acordo ilíquido, quando então também se fará necessário liquidar.

A liquidação de sentença deve seguir o que determinam os arts. 509 e seguintes do NCPC, adaptados à realidade do processo trabalhista, com suas peculiaridades, pois a CLT, além do citado art. 879 e seus parágrafos, nada mais dispõe à respeito.

5.1. LIQUIDAÇÃO POR CÁLCULOS

Previsto no art. 509, § 2º do NCPC, é determinado quando o valor da condenação depender apenas de cálculos aritméticos.

Exemplo: A condenação foi de pagamento de horas extras, é indicado o número de horas e o adicional correspondente, mas não informa o valor total. Portanto, *in casu*, o exequente tem o número de horas extras, o valor da hora normal e o percentual do adicional, necessitando apenas elaborar a conta: 100 he x R$ 1,00 x 50% = R$ 150,00 + juros de mora e atualização monetária até o dia Y, totalizando W. Qualquer interessado apresentará esses cálculos, como vimos anteriormente, por meio de memorial.

Pelo novo CPC (art. 509, § 3º) o Conselho Nacional de Justiça deverá desenvolver e colocar à disposição dos interessados programa de atualização financeira, cumprindo, dessa forma, um de seus objetivos de celeridade e certeza jurídica processual, que, inevitavelmente, evitará desvirtuamentos que possam prolongar a liquidação.

Apresentados os cálculos ou elaborada a conta e tornada líquida, na condenação, em conformidade com o § 2º do art. 879 da CLT, o Juiz poderá abrir às partes prazo sucessivo de dez dias para a impugnação fundamentada com a indicação dos itens e valores objeto da discordância, sob pena de preclusão. Esse parágrafo foi introduzido na CLT há pouco tempo, para se evitar protelações no processo de execução, tal e qual deve-se evitar também no de conhecimento, em nome do princípio da celeridade e economia processual que impera no processo trabalhista.

Portanto, a parte que desejar impugnar uma conta, deverá fazê-lo por meio de uma outra conta, apontando objetivamente a discordância, sob pena de preclusão, ou seja, de não mais poder renovar em recurso apropriado.

Note-se também que a lei diz que o Juiz poderá, o que se entende que é uma faculdade, e não obrigação do juízo, abrir vista às partes para esse fim. Mas é salutar que o faça sempre.

O mesmo deverá acontecer com o órgão da Previdência Social, que deverá ser intimado da conta elaborada, que, se desejar também impugnar em sua manifestação, terá que fazê-lo especificadamente.

5.2. ARBITRAMENTO

Previsto no art. 509, I do NCPC e se fará quando houver determinação na sentença; ou se o exigir a natureza do objeto da liquidação; ou até mesmo por convenção entre as partes, quando então o Juiz nomeará o perito e fixará o prazo para a apresentação de quesitos pelas partes, se necessários, bem como para entrega do laudo.

Não se deve confundir com prova pericial, em que as partes normalmente apresentam assistentes, como vimos anteriormente, mas apenas se trata de uma das formas de liquidação da sentença, quando o árbitro, mercê de sua qualificação técnica, estimará o valor, em dinheiro, dos direitos reconhecidos ao exequente na decisão liquidanda, para que posteriormente o Juiz homologue ou não, dependendo de seu julgamento, em confronto com aquela. Neste caso também, antes da homologação, poderá proceder na forma preconizada nos §§ 2º e 3º do art. 879 da CLT. O Juiz poderá designar audiência de instrução e julgamento, se necessário, ou, ainda, determinar a realização de outra diligência especificamente.

Um exemplo que podemos citar para a necessidade de se proceder à liquidação por arbitramento, quando a apuração de algo fixado na sentença depender de conhecimento técnico ou prático específico, é na fixação do valor do salário mensal de um taxista que teve o reconhecimento do vínculo judicialmente, quando então deverão ser levadas em conta todas as variantes médias que se verificam nessa atividade, para se concluir quanto resta de dinheiro ao final do mês para o motorista, para a subsistência pessoal e de sua família. Apenas um outro profissional poderá arbitrar o quantum, para então se partir para o cálculo das demais verbas condenadas.

5.3. LIQUIDAÇÃO POR ARTIGOS OU PELO PROCEDIMENTO COMUM

Proceder-se-á na forma do art. 511 do NCPC, quando, para se determinar o valor da condenação, houver necessidade de alegar e provar fato novo.

O NCPC trata esta execução como "procedimento comum", pois nessa hipótese, dar-se-á início a um novo processo de conhecimento dentro do processo de execução e, como tal, deverá o exequente apresentar os artigos em forma de petição inicial, articulando os itens reconhecidos em sentença, com indicação da respectiva contribuição previdenciária. O executado será notificado para contestar, querendo, no prazo de quinze dias, em cartório. Divergindo, total ou parcialmente, quanto aos valores apresentados, deverá contrapor com os quais entender corretos.

As partes apresentarão as provas ou indicarão os meios que pretendem. Evidentemente, não poderão inovar, como vimos, a sentença liquidanda ou tampouco apresentarem provas que existiam anteriormente e não foram apresentadas. Tratar-se-ão apenas de novas provas para se afirmar o decidido.

Exemplo: Na sentença condenatória, reconheceu-se o direito do reclamante ao recebimento de horas extras. Entretanto, não houve a fixação de quantas, mas apenas que foram trabalhadas e que deverão ser pagas. Nesse caso, deverá ser provado em liquidação quantas horas extras devem ser pagas, e não mais se devem ou não ser pagas. Para isso, poderá o Juiz até mesmo determinar a realização de audiência para oitiva das partes e de eventuais testemunhas.

Após colhidas as provas etc., o Juiz proferirá a sentença de liquidação, que será declaratória, julgando os artigos propostos. Entendendo provados, fixará o *quantum debeatur* e determinará a execução propriamente dita. Julgando não provados, determinará que sejam propostos novos artigos, reiniciando-se o mesmo processo.

Pelas Normas Consolidadas da Corregedoria Regional (§ 2º do art. 131), na hipótese, o Juiz deverá designar perito para apresentar laudo como meio de sua convicção, submetendo-o antes à manifestação das partes, findo o qual, após as diligências que se fizerem necessárias, proferirá a sentença de liquidação.

O valor a ser homologado ou fixado na sentença de liquidação deverá corresponder somente ao do crédito principal, assim compreendido o valor das verbas deferidas na sentença ou acórdão de conhecimento, com atualização monetária, até a data limite, coincidindo com o dia primeiro do mês para o qual o crédito foi atualizado, expressamente mencionada na decisão de liquidação, excetuados os juros de mora (art. 132 e parágrafo único das NCCR).

No caso de haver mais de um reclamante, além do valor total do crédito principal, deverão ser expressos os valores dos créditos principais de cada um, separadamente, nas contas apresentada, na decisão ou no laudo pericial.

Custas, honorários advocatícios, honorários periciais, despesas com depósitos, contribuições sociais, imposto de renda e demais despesas que eventualmente surjam deverão ser apresentados de forma separada do crédito do exequente (principal, atualização e juros moratórios).

5.4. PRECATÓRIO — CÁLCULOS DE LIQUIDAÇÃO

5.4.1. Generalidades

Nas execuções definitivas contra as Fazendas Públicas, da União Federal, dos Estados-Membros, dos Municípios, do Distrito Federal e respectivas Autarquias e Fundações, impõe-se a expedição de precatórios para pagamento de créditos oriundos de reclamatórias trabalhistas, na Justiça do Trabalho.

Em dezembro de 2009, foi publicada a EC n. 62, alterando o art. 100 da Constituição Federal e acrescentando o art. 97 ao Ato das Disposições Constitucionais Transitórias, instituindo regime especial de pagamento de precatórios pelos Estados, Distrito Federal e Municípios.

Salienta o referido art. 97 que até a edição de lei complementar de que trata o § 15 do art. 100 da CF, o que não houve ainda, referido art. 100 não terá aplicação plena, à exceção dos §§ 2º, 3º, 9º, 10, 11, 12, 13 e 14. Entretanto, foi editada pelo Conselho Nacional de Justiça a Resolução n. 115/2010, modificada pela n. 123/2010, dispondo sobre a Gestão de Precatórios no âmbito do Poder Judiciário.

Criado desse modo o Regime Especial de Pagamento de Precatórios, obrigatório para todas as Entidades Públicas que tivessem precatório em atraso, estipulando duas formas de pagamento: por meio de um percentual da Receita Corrente Líquida do Estado ou Município, e outra, pelo pagamento da dívida em quinze anos, com depósitos anuais.

Entende-se por receita corrente líquida o somatório das receitas tributárias, patrimoniais, industriais, agropecuárias, de contribuições e de serviços, transferências correntes e outras receitas correntes.

A opção deve ser exercida pela entidade devedora, sendo que, entretanto, o art. 97 das ADCT determina que 50% (cinquenta por cento) deve ser necessariamente para pagamento da ordem cronológica de apresentação, com preferência para os idosos e doentes graves, e 50% (cinquenta por cento) restantes, para serem definidos entre três formas, que podem ser aplicadas isoladamente ou concomitantemente, ou seja, por leilão, pagamento por ordem crescente de valor e criação de Câmaras de Conciliações.

Os créditos de natureza alimentícia, decorrentes de toda forma de pagamento salarial e suas complementações pelas entidades públicas, devem ser pagos com preferência, principalmente para aqueles que tenham sessenta anos ou mais na data da expedição do precatório, ou que sejam portadores de doença grave, até o valor equivalente ao triplo dos valores considerados pequenos, fixados para pagamento da Requisição de Pequeno Valor, ficando eventual saldo remanescente aguardando a ordem cronológica.

Constitucionalmente está assegurada a possibilidade de cessão de crédito e compensação de débito em precatório, inclusive de natureza alimentícia, Autoriza igualmente, o aproveitamento do crédito para compra de imóvel público do respectivo ente federado, colocado por lei própria, e o refinanciamento de precatórios pela União aos Estados, Municípios e Distrito Federal.

Finalmente, o art. 97 do ADCT deu maiores poderes aos Tribunais de Justiça, sobrepondo-se, de certa forma, aos demais Tribunais Federais, para que recebam os depósitos diretamente, para repassá-los aos demais, por meio de acordos de cooperação, conforme regulamentado pelo CNJ.

No Sistema de Gestão de Precatórios criado pelo CNJ, devem ser cadastrados todos os precatórios junto aos Tribunais, para que nacionalmente todos tenham acesso, dando transparência aos pagamentos e eventualmente penalizar os devedores relapsos.

O TRT da 2ª Região regulamentou a matéria em seu âmbito, por meio das Portarias GP ns. 36 e 37/2010, envolvendo os pagamentos de precatórios e requisições de pequeno valor.

5.4.2. Liquidação de Precatórios

Para a configuração do precatório nas execuções, ultrapassada a fase do § 1º-B do art. 879 da CLT, com ou sem cálculos pelas partes, os juízos de primeira instância remeterão obrigatoriamente os autos à Secretaria de Precatórios do Tribunal para a realização da conta de liquidação, cabendo às partes a apresentação de quesitos que entenderem necessários, conforme Portaria GP n. 36/2010, alterada pela Portaria GP n. 11/2013.

Esse procedimento atende ao princípio da economia e celeridade processual, pois evita que se nomeie perito para a apuração, cujo laudo seria posteriormente submetido à Presidência do Tribunal para expedição do precatório, que antes deveria submeter à Secretaria de Precatórios.

A autuação na Secretaria, seguirá numeração própria, sem relação com os procedimentos adotados pela Secretaria Judiciária do Tribunal, com todos os documentos a eles referentes, protocolados no Protocolo Judicial do Tribunal.

Portanto, elaborada a conta e tornada líquida, os autos retornarão à apreciação do juízo da Vara originária, que poderá abrir prazo sucessivo às partes, de dez dias cada. Eventual impugnação deve ser feita fundamentadamente, com a indicação dos itens e valores objeto da discordância, sob pena de preclusão. Com a impugnação, os autos retornarão à Secretaria de Precatórios para verificações e esclarecimentos, com conclusão imediata ao Juiz da causa, para homologação, se assim entender de direito.

Transitado em julgado, deve ser expedido o ofício requisitório de numerário suficiente para pagamento.

O ofício requisitório deve ser expedido pela secretaria da Vara, acompanhado da memória de cálculos e demais peças necessárias para o trâmite do precatório, conforme mencionado no art. 5º da Res. n. 115/2010 do CNJ.

Não tendo havido manifestação prévia da Secretaria de Precatórios, principalmente em processos anteriores às normas da Corregedoria Regional nesse sentido, antes da expedição do precatório, a Presidência, por dever de ofício, determinará que seja submetido, e, em havendo inexatidões materiais ou erros de cálculos, determinará as correções necessárias pelo juízo de origem. Na hipótese de ter sido proferida sentença de liquidação, o referido parecer será exarado antes da decisão dos embargos à execução ou de agravo de petição pelo Tribunal.

Na verificação, a Secretaria de Precatórios **não se limitará à conferência do valor**, mas abrangerá também, a metodologia utilizada para a sua aferição.

A Presidência possui a prerrogativa de determinar correções, por ser a responsável pela requisição e pagamento, diante do que dispõe o art. 1º-E da Lei n. 9.494/97:

São passíveis de revisão pelo Presidente do Tribunal, de ofício ou a requerimento das partes, as contas elaboradas para aferir o valor dos precatórios, antes de seu pagamento ao credor.

A OJ-TP/OE-2 do TST assenta jurisprudência:

> "PRECATÓRIO. REVISÃO DE CÁLCULOS. LIMITES DA COMPETÊNCIA DO PRESIDENTE DO TRT.
>
> O pedido de revisão dos cálculos, em fase de precatório, previsto no art. 1º-E da Lei n. 9.494/1997, apenas poderá ser acolhido desde que: a) o requerente aponte e especifique claramente quais são as incorreções existentes nos cálculos, discriminando o montante que seria correto, pois do contrário a incorreção torna-se abstrata; b) o defeito nos cálculos esteja ligado à incorreção material ou à utilização de critério em descompasso com a lei ou com o título executivo judicial; e c) o critério legal aplicável ao débito não tenha sido objeto de debate nem na fase de conhecimento, nem na fase de execução."

Todo o procedimento para pagamento de precatórios, conforme exposto, é primazia do Tribunal Regional do Trabalho da 2ª Região, atendendo aos princípios da celeridade e economia processual, como salientado, e também da moralidade pública.

5.4.3. Precatório de Pequeno Valor

O art. 100 da CF manteve o pagamento das obrigações de pequeno valor de forma imediata, permitindo, entretanto, que cada entidade pública defina por lei própria o valor correspondente.

De acordo com § 3º do artigo supramencionado, quando a execução **contra as entidades públicas não exceder os valores definidos** em lei, como obrigações de pequeno valor, poderá haver a requisição por meio de sequestro.

A OJ-TP/OE-1 do TST confirma que:

"PRECATÓRIO. CRÉDITO TRABALHISTA. PEQUENO VALOR. E-MENDA CONSTITUCIONAL N. 37/2002 (DJ 09.12.2003)

Há dispensa da expedição de precatório, na forma do art. 100, § 3º, da CF/1988, quando a execução contra a Fazenda Pública não exceder os valores definidos, provisoriamente, pela Emenda Constitucional n. 37/2002, como obrigações de pequeno valor, inexistindo ilegalidade, sob esse prisma, na determinação de sequestro da quantia devida pelo ente público".

No caso de ação plúrima, para efeito de dispensa de precatório, deverá ser verificado o crédito individualizado dos reclamantes, para admissão como de pequeno valor.

6. TIPOS DE EXECUÇÃO

6.1. *PROVISÓRIA*

Dispõe o art. 876 da CLT que serão executadas as decisões passadas em julgado, ou das quais não tenha havido recurso com efeito suspensivo, o que significa que antes mesmo poderá se promover a execução e que, nesse caso, será provisória, ou seja, enquanto não se conhecer definitivamente o valor da condenação, como prevê o art. 899 da CLT *in fine*. É também chamada de fase pré-executória.

Para esse procedimento, o exequente deverá requerer e obter carta de sentença, conforme art. 356 do NCPC, que se trata da autuação de cópias extraídas do processo principal e que possam informar com segurança o que se executar, formando os autos suplementares.

Nesse sentido, é salutar salientar que poderá haver julgamento parcial do mérito, quando um ou mais dos pedidos formulados ou parcela deles, mostrar-se incontroverso; estiver em condições de imediato julgamento.

A execução provisória se fará tal e qual a definitiva, sendo que apenas deve parar, aguardando a decisão final no processo principal que seguiu em fase de recurso sem efeito suspensivo para o Tribunal, na realização da penhora e após toda a discussão que lhe possa envolver, não se concluindo apenas, na alienação do bem penhorado.

Após julgado em definitivo o processo principal, se far-se-ão os ajustes necessários na liquidação ou até mesmo na sua extinção, na hipótese, por exemplo, de a reclamatória ser julgada improcedente no recurso.

6.2. *DEFINITIVA*

6.2.1. *Decisão e Acordos Judiciais*

É aquela que se desenvolve quando não mais pendente qualquer recurso que possa efetivamente modificar o que se está executando e, portanto, baseada em título executório definitivo, que é a própria sentença transitada em julgado ou o próprio acordo homologado.

Mesmo na execução definitiva, há possibilidade de haver embargos e recurso apropriado de decisões proferidas nessa fase.

Processa-se esta execução da mesma forma que a provisória, apenas que nos próprios autos.

6.2.2. *Títulos Extrajudiciais*

Como título extrajudicial, o Termo de Conciliação e o Termo de Ajuste de Conduta poderão ser executados definitivamente (art. 784 do NCPC) na Justiça do Trabalho na eventualidade de inadimplência do devedor, na forma do art. 786 do NCPC, adaptado aos princípios informativos do processo do trabalho e à Lei de Execução Fiscal, subsidiária da execução trabalhista.

Uma vez não cumprido o acordo estabelecido, o credor poderá exigir judicialmente em processo de execução, sem necessidade de se ultrapassar as fases preliminares do processo, ou seja, de conhecimento e eventual liquidação e da qual somente será oponível impugnação nos termos do artigo 884 da CLT, com a matéria de defesa restrita às alegações de cumprimento do acordo, sua quitação ou prescrição da dívida e, ainda, desde que o juízo esteja devidamente garantido.

6.3. *EXECUÇÃO "STRICTU SENSU"*

Para a execução propriamente dita, deve-se utilizar subsidiariamente, no silêncio e não havendo contrariedade de normas celetistas, da Lei n. 6.830/80, das Execuções Fiscais (art. 889 da CLT) e do próprio NCPC, principalmente no que se refere à penhora.

Uma vez liquidada a sentença ou sendo líquida, ou tratando-se de título executivo extrajudicial, o executado responsável deverá ser citado, a fim de que cumpra a decisão ou acordo no prazo, pelo modo e sob as cominações estabelecidas ou em se tratando de pagamento em dinheiro, incluídas as contribuições sociais devidas ao INSS, para que pague no prazo de quarenta e oito horas ou garantir a execução, sob pena de penhora, conforme dispõe o *caput* do art. 880 da CLT.

A citação prevista difere da inicial da ação, que também é chamada de notificação, por ser via postal. A da execução deve ser por Oficial de Justiça, mediante competente mandado de citação, em que deverá conter a decisão exequenda ou o termo do acordo não cumprido (§ 1º e 2º do art. 880 da CLT), e, que no caso da não localização do devedor, será a citação feita por edital (§ 3º).

6.3.1. *Fazenda Pública*

Sendo devedora a Fazenda Pública, deverá ser intimada na pessoa de seu representante judicial, por carga, remessa ou meio eletrônico, para, querendo, no prazo de trinta dias e nos próprios autos, impugnar a execução (arts. 534 e 535 do NCPC).

Para tanto, poderá alegar a falta ou nulidade da citação se, na fase de conhecimento, o processo correu à revelia, pelo que, leva à conclusão, por óbvio, que a execução dependerá do resultado de um processo de conhecimento. Poderá ainda arguir ilegitimidade de parte, inexequibilidade do título ou inexigibilidade da obrigação, excesso de execução ou cumulação indevida de execuções, incompetência absoluta ou relativa do juízo da execução e, finalmente, qualquer causa modificativa ou extintiva da obrigação, comum à qualquer processo judicial.

Na hipótese de arguição de excesso de execução, cumprirá à Fazenda Pública declarar de imediato, o valor que entender correto.

Bens da Fazenda Pública são impenhoráveis e, portanto, o pagamento deverá ser solicitado por precatório por intermédio do presidente do tribunal competente em favor do exequente, com base no art. 100 da Constituição Federal, combinado com o art. 97 do Ato das Disposições Constitucionais Transitórias e Resoluções do CNJ. O Tribunal Regional do Trabalho da 2ª Região, por meio das Portarias GP ns. 36 e 37/2010, regulamenta a questão internamente, quanto à expedição dos precatórios.

6.3.2. *Prestações de Fazer, de Não Fazer e de Entregar Coisa*

Em se tratando da hipótese de ação que tenha por objeto a prestação de fazer ou de não fazer, se procedente, o juízo concederá tutela específica ou determinará providências que assegurem o resultado prático equivalente ao do adimplemento e somente se converterá em perdas e danos se o exequente o requerer ou se impossível a tutela específica ou a obtenção do resultado prático correspondente, o que será feito sem prejuízo da multa fixada periodicamente (arts. 497 *usque* 501 do NCPC). Para a concessão da tutela específica destinada a inibir a prática, a reiteração ou a continuação de um ilícito, ou a sua remoção, é irrelevante a demonstração da ocorrência de dano ou da existência de culpa ou dolo.

Quando o objetivo for a entrega de coisa, o juiz em sua decisão fixará o prazo para o cumprimento da obrigação. Nesta hipótese, se a coisa for determinada, deverá ser individualizada na inicial. Sendo de escolha do réu, fará igualmente a entrega devidamente individualizada no prazo fixado.

Pela IN n. 39 do TST, o disposto nos arts. 536 ao 538 do NCPC, que tratam do cumprimento de sentença que reconheça a exigibilidade de obrigações de fazer ou de não fazer, bem como para entregar coisa, são aplicáveis no processo trabalhista, como, aliás, não poderia deixar de acontecer de forma supletiva, pelo silêncio da CLT a respeito.

6.3.3. Pagamento em Dinheiro

Para a eventualidade de pagamento em dinheiro, o executado deverá, no prazo fixado de quarenta e oito horas, dirigir-se à Secretaria da Vara e solicitar guia para depósito em conta corrente judicial à disposição do juízo ou, ainda, se direto ao exequente, deverá ser perante o Escrivão ou Chefe de Secretaria, lavrando-se termo de quitação em duas vias, assinadas pelas partes, exequente e executado, juntando-se uma via nos autos (art. 881 e parágrafo único da CLT).

Não pagando o executado a importância reclamada, poderá garantir a execução mediante depósito da mesma. Aqui não se trata de pagamento como vimos, mas apenas de garantia, o que também poderá ser nomeando bens à penhora, observada a ordem preferencial estabelecida no art. 835 do NCPC, e, não o fazendo, será realizada por meio de Oficial de Justiça Avaliador, cuja ação não pode ser obstada, sob pena de valer-se de força policial autorizada pelo juízo, prendendo quem se opuser ou mesmo arrombando portas.

A prioridade é a penhora em dinheiro, conforme a ordem mencionada do art. 835 do NCPC, mas poderá ser alterada pelo juiz, conforme as circunstâncias do caso concreto. Equiparam-se a dinheiro a fiança bancária e o seguro garantia judicial, desde que em valor não inferior ao do débito constante da inicial, enquanto não transitada em julgada a decisão, acrescida de trinta por cento.

A execução deve ser pelo valor exato do débito, caso contrário, haverá excesso de execução, que não se confunde com excesso de penhora. Neste caso, a importância executada é a devida e apenas a penhora é realizada em valor excessivo, considerando-se os acessórios que devem acrescer o principal e mais despesas judiciais.

Somente após a garantia do juízo é que o exequente ou eventualmente o executado poderá discutir a execução.

6.4. FORA DA JURISDIÇÃO

Os atos processuais serão cumpridos por ordem judicial, conforme o arts. 260 e seguintes do NCPC, quando o Juiz solicitado for subordinado ao tribunal de que ela emanar, ou ainda, requisitados por carta, conforme hajam de realizar-se dentro ou fora dos limites territoriais da comarca.

Haverá situações, portanto, em que muitas vezes terá que se executar o responsável pelo débito fora da jurisdição do juízo da execução, como também poderá ocorrer com a própria penhora, quando então o ato será realizado por cartas de ordem, precatória e rogatória, que são espécies de delegação de poderes, que um juízo faz a outro, pois efetivamente um não poderá invadir a jurisdição exercida por outro e no exterior, até mesmo por respeito à soberania do Estado estrangeiro.

São requisitos das cartas (art. 260 do NCPC):

"I — a indicação dos juízes de origem e de cumprimento do ato;

II — o inteiro teor da petição, do despacho judicial e do instrumento do mandato conferido ao advogado;

III — a menção do ato processual que lhe constitui o objeto;

IV — o encerramento com a assinatura do juiz."

A despeito desses requisitos, o juiz mandará trasladar para a carta quaisquer outras peças que julgar necessárias, bem como, poderá fixar prazo para cumprimento etc.

Pelas características, as cartas são itinerantes e por essa razão, poderão, antes ou depois de lhe ser ordenado o cumprimento, ser encaminhada a juízo diverso do que dela consta, a fim de se praticar o ato, que é o objetivo precípuo.

As partes poderão acompanhar o cumprimento de diligências perante o juízo destinatário.

As cartas deverão, preferencialmente, ser expedidas por meio eletrônico, com assinatura também eletrônica do juiz. A carta de ordem e a precatória poderão ser, além do meio eletrônico, por telefone ou telegrama, quando deverão conter os mesmos requisitos anteriormente mencionados.

Rogatória é quando se solicita de um Juiz no estrangeiro a realização de algum ato judicial, deverá obedecer aos requisitos intrínsecos, da própria constituição da carta e mais os ditados em convenção internacional ou, na falta, por via diplomática, depois de traduzida para a língua do país destinatário.

Precatória e carta de ordem, é quando se solicita de um Juiz de jurisdição distinta, dentro do território nacional, a realização de um ato judicial com os requisitos essenciais intrínsecos estabelecidos, e, na dependência da urgência, poderá ainda ser transmitido por telegrama ou telefone, na forma dos arts. 264 e seguintes do NCPC.

O Juiz deprecado, como se denomina o Juiz a quem é encaminhada a carta precatória, conforme art. 267 do NCPC, poderá recusar o cumprimento, devolvendo-a com despacho motivado, apenas se ela não contiver os requisitos legais, quando carecer de competência ou, finalmente, quando tiver dúvida acerca de sua autenticidade. Por óbvio, devolverá ainda a carta não cumprida, quando não localizar o devedor em sua jurisdição.

Os embargos de execução deverão ser oferecidos no juízo deprecante ou no juízo deprecado, sendo que a competência para julgá-los é do juízo deprecante, salvo se versarem unicamente sobre vícios ou defeitos da penhora, avaliação ou alienação dos bens.

Portanto, a competência para julgamento deverá ser de acordo com a natureza dos embargos, levando-se em consideração se o ato impugnado foi por iniciativa do juízo deprecante ou deprecado, como, por exemplo, no caso de o Juiz deprecante solicitar a penhora de determinado bem, devidamente individualizado, que toda discussão será de competência do próprio deprecante; se o Juiz deprecante apenas solicitou que fosse executada determinada importância e não havendo pagamento, deverá se seguir da penhora, que então será determinada pelo juízo deprecado e, nesse caso, toda a discussão e solução serão de competência deste último.

A respeito assenta a jurisprudência superior:

"SUM. N. 419 — COMPETÊNCIA. EXECUÇÃO POR CARTA. EMBARGOS DE TERCEIRO. JUÍZO DEPRECANTE.

Na execução por carta precatória, os embargos de terceiro serão oferecidos no juízo deprecante ou no juízo deprecado, mas a competência para julgá-los é do juízo deprecante, salvo se versarem, unicamente, sobre vícios ou irregularidades da penhora, avaliação ou alienação dos bens, praticados pelo juízo deprecado, em que a competência será deste último."

7. EMBARGOS À EXECUÇÃO

Proferida a decisão referente à liquidação, caberá ao liquidado embargá-la, e ao liquidante, bem como ao órgão previdenciário, impugná-la, sendo que, conforme mandamento legal (§ 4º do art. 884 da CLT), estas e aquela serão julgadas na mesma sentença e da qual poderá haver a interposição de agravo de petição.

Para a liquidada interpor os embargos à execução, necessário será garantir a execução, o que não ocorre para o liquidante, que deve apenas aguardar o momento próprio, como deve ocorrer também com o órgão previdenciário, que é no mesmo oferecido à liquidada para interposição de agravo, após a garantia da execução.

Não tendo havido a garantia por parte da liquidada e se os artigos de liquidação foram julgados não provados, deve haver a admissão desde logo de impugnação por parte do liquidante e no prazo de cinco dias, quer seja por analogia da fixação dos prazos para interposição de embargos ou para se manifestar sobre cálculos oferecidos em liquidação de sentença.

Na primeira hipótese é que persistem divergências do momento oportuno, sendo certo, porém, que o liquidante não poderá ficar adstrito apenas à movimentação facultativa por parte da liquidada, mas, após prequestionamento do fato, aguardar o tempo suficiente para que possa haver a garantia da execução, espontânea ou forçada, por parte desta última.

No mesmo sentido e com os mesmos requisitos, poderão ser opostos embargos ainda à penhora, arrematação, adjudicação e remição.

Objetivamente, embargos à execução visam desconstituir a execução propriamente dita e a insubsistência da garantia oferecida, o que, entretanto, é apenas temporário, pois, enquanto não solvida a obrigação, persiste no tempo contra o responsável legal.

Na execução por carta, os embargos deverão ser oferecidos no juízo deprecante ou no juízo deprecado, mas a competência para julgá-los é do juízo deprecante, salvo se versarem unicamente sobre vícios ou defeitos da penhora, da avaliação ou da alienação dos bens efetuadas no juízo deprecado.

7.1. PARCELAMENTO DA EXECUÇÃO PELO EXECUTADO

A Instrução Normativa 39/2016 do TST, reconhece válida a aplicação do art. 916 do NCPC e parágrafos, que permite ao executado no prazo para embargos, reconhecer o crédito do exequente e comprovando o depósito de trinta por cento do valor em execução, acrescido de custas e de eventuais honorários advocatícios, requerer que lhe seja permitido pagar o restante em até seis parcelas mensais, acrescidas de correção monetária e de juros de um por cento ao mês.

Nessa hipótese, o exequente deverá ser intimado para manifestar-se sobre o preenchimento dos pressupostos legais à julgamento do Juízo.

Enquanto não apreciado o requerimento, o executado terá de depositar as parcelas vincendas à disposição do exequente para eventual levantamento.

Deferida a proposta, o exequente levantará a quantia depositada juntamente com o depósito inicial, suspendendo-se os demais atos executivos. Indeferida, seguir-se-ão os atos executivos, mantido o depósito inicial e demais parcelas eventualmente depositadas, convertidas em penhora.

O não pagamento de qualquer das prestações acarretará cumulativamente, o vencimento das prestações subsequentes e o prosseguimento do processo, com o imediato reinício dos atos executivos, com a imposição de multa de dez por cento sobre o valor do montante não pago.

A opção pelo parcelamento, importa a renúncia do executado do direito de opor embargos, diante do seu reconhecimento inicial do valor executado.

7.2. JULGAMENTO E TRÂMITES FINAIS DA EXECUÇÃO

Poderá haver a necessidade de instrução para o devido julgamento sobre os embargos à execução apresentados e para tanto, poderão ser ouvidas testemunhas e não tendo sido arroladas na defesa, o feito deverá ser concluso para decisão em cinco dias, julgando subsistente ou insubsistente a penhora (arts. 885 e 886 da CLT). Na hipótese de subsistente, os bens penhorados deverão ser avaliados, o que, entretanto, é automaticamente feita quando da própria penhora, a menos que se necessite de renovação ou pelas características requeira a intervenção de um perito avaliador.

7.2.1. Alegações do Executado

Aplicação do art. 884 da CLT combinado com os ditames do art. 917 do NCPC onde couber ou lhe for compatível.

O executado, portanto, poderá em sua defesa alegar a inexequibilidade do título ou inexigibilidade da obrigação de um título extrajudicial ou que seja por algum fato jurídico ocorrido pós decisão de mérito ou de acordo pelo seu próprio cumprimento, principalmente tendo havido quitação ou prescrição da dívida; penhora incorreta ou avaliação errônea; excesso de execução ou cumulação indevida de execuções; retenção por benfeitorias necessárias ou úteis, nos casos de entrega de coisa certa; incompetência absoluta ou relativa do juízo da execução e finalmente, qualquer matéria que seria lícito deduzir como defesa na fase de conhecimento.

Os embargos poderão ser rejeitados liminarmente quando intempestivos, nos casos de indeferimento da petição inicial e de improcedência liminar do pedido e os manifestamente protelatório, que poderá ser considerada como conduta atentatória à dignidade da justiça.

8. FRAUDES

8.1. À EXECUÇÃO

Dispõe o NCPC, em seu Capítulo V, Da Responsabilidade Patrimonial, enunciando no art. 789, que o devedor responde, para o cumprimento de suas obrigações, com todos os seus bens presentes e futuros, salvo as restrições estabelecidas em lei.

Dispõe ainda, no art. 790, que sujeitam-se à execução os bens:

> "I — do sucessor a título singular, tratando-se de execução fundada em direito real ou obrigação reipersecutória;
>
> II — do sócio. nos termos da lei;
>
> III do devedor, ainda que em poder de terceiros;
>
> IV — do cônjuge ou companheiro, nos casos em que seus bens próprios ou de sua meação respondem pela dívida;
>
> V — alienados ou gravados com ônus real em fraude de execução;
>
> VI — cuja alienação ou gravação com ônus real tenha sido anulada em razão do reconhecimento, em ação autônoma, de fraude contra credores;
>
> VII — do responsável, nos casos de desconsideração da personalidade jurídica."

Significa, portanto, que se na constância do processo contra o devedor houver venda de bens que possam impedir que o crédito estabelecido no feito seja garantido. É óbvio que deverá antes ser analisada a situação do devedor com relação a outros bens de sua propriedade que possivelmente possam garantir a execução, quando então estará liberado para se desfazer de outros, como também das respectivas épocas e datas em que se verificaram.

O que se visa impedir é que o devedor aliene ou onere todos os seus bens ou até mesmo eventuais créditos que por qualquer razão possua junto a terceiros, a ponto de inviabilizar a cobrança de crédito.

O ato de alienação ou oneração será tido como ineficaz, ou seja, não terá os efeitos que a lei lhe destina, sujeitando-se à execução e, portanto, somente ao exequente e a ninguém mais. Deverá ser declarada por decisão fundamentada pelo juízo da execução.

Da mesma forma ocorre como vimos na hipótese de grupo econômico, em que a sucessora responde solidariamente pela empresa não adquirida, mas que à época da sucessão era insolvente ou se tivesse havido má-fé ou fraude na sucessão.

Conforme art. 792 do NCPC, a alienação ou a oneração de bem é considerada fraude à execução:

> "I — quando sobre o bem pender ação fundada em direito real ou com pretensão reipersecutória, desde que a pendência do processo tenha sido averbada no respectivo registro público, se houver;
>
> II — quando tiver sido averbada, no registro do bem, a pendência do processo de execução, na forma do art. 828 do NCPC;
>
> III — quando tiver sido averbado, no registro do bem, hipoteca judiciária ou outro ato de constrição judicial originário do processo onde foi arguida a fraude;
>
> IV — quando, ao tempo da alienação ou da oneração, tramitava contra o devedor ação capaz de reduzi-lo à insolvência; e, finalmente
>
> V — nos demais casos expressos em lei."

O NCPC no § 2º do art. 792 resolve tema que era bastante controvertido, ou seja, a hipótese de aquisição de bem não sujeito a registro, o terceiro adquirente tem o ônus de provar que adotou as cautelas necessárias para a aquisição, mediante a exibição das certidões pertinentes, obtidas no domicilio do vendedor e no local onde se encontra o bem. Portanto, para que isso não ocorra, incumbe ao credor levar sempre o bem à averbação em seu registro competente, para, exatamente, dar ciência a terceiros interessados.

Estando o credor na posse de coisa pertencente ao devedor por direito de retenção, não poderá promover a execução sobre outros bens senão depois de excutida a coisa que se achar em seu poder.

8.2. CONTRA CREDOR

A fraude é um dos elementos que levam à nulidade do ato jurídico e, portanto, a fraude contra credores é um ato anulável, e como tal prescreve e pode ser ratificado pelas partes, ressalvando-se direito de terceiros e sua verificação, depende de provas e declaração do juízo, por meio de decisão fundamentada, com todos os efeitos produzidos, em ação de anulação de alienação em fraude de credores ou mais comumente chamada de ação pauliana.

A declaração de nulidade beneficiará todos os credores, mesmo não sendo parte na demanda, que poderão se valer do bem liberado.

O sujeito ativo na ação pauliana pode ser qualquer credor que já possuísse essa qualidade à época da alienação, enquanto que no polo passivo deverão necessariamente estar presentes o devedor e o terceiro que com ele realizou o negócio eventualmente fraudulento.

A alienação em fraude à execução é ineficaz em relação ao credor exequente.

9. PENHORA

A penhora é um ato judicial que visa estabelecer a garantia da satisfação por parte do reclamado executado, do que foi julgado pelo Estado-Juiz em favor do reclamante exequente, buscando, dessa forma, coercitivamente, por meio de eventual expropriação de bens pertencentes ao devedor, o pagamento do crédito reconhecido.

O devedor deverá ser citado para pagamento em quarenta e oito horas do valor condenado, e terá o direito de, no mesmo prazo, garantir a execução mediante depósito em dinheiro ou então nomear bens à penhora, conforme predispõem os arts. 880 e 882 da CLT.

A citação por oficial de justiça deverá conter a decisão exequenda ou o termo de acordo não cumprido. Procurado o executado por duas vezes no espaço de quarenta e oito horas, a citação poderá ser feita por edital.

A penhora deverá recair sobre tantos bens quantos bastem para o pagamento do principal devidamente atualizado com os juros, custas e eventualmente honorários advocatícios, excluindo-se os bens tidos pela lei como impenhoráveis.

Entretanto, poderão ser penhorados, à falta de outros bens, os frutos e os rendimentos dos bens tidos como inalienáveis e consequentemente impenhoráveis.

É prioritária a penhora em dinheiro, podendo, entretanto, ser alterada a ordem ditada pelo art. 835 do NCPC, conforme as circunstâncias do caso concreto, à vista do juízo e análise das situações respectivas.

Para fins de substituição da penhora, equiparam-se a dinheiro, a fiança bancária e o seguro garantia judicial, desde que em valor não inferior ao do débito constante da inicial, acrescido de trinta por cento.

Não se levará a efeito a penhora quando ficar evidente que o produto da execução dos bens encontrados será totalmente absorvido pelo pagamento das custas de execução, por não ser a União o credor principal, mas apenas detentor da primazia da cobrança pela parte.

Na hipótese de não serem encontrados bens penhoráveis, independentemente de determinação judicial expressa, deverá ser descrito na certidão pelo Oficial Avaliador, os bens que guarnecem a residência ou o estabelecimento do executado.

9.1. NOMEAÇÃO DE BENS

Na hipótese de nomeação de bens, deverá ser feita na ordem preferencial estabelecida no art. 11 da Lei n. 6.830/80, que trata dos executivos fiscais, de aplicação subsidiária à execução no processo trabalhista, conforme dispõe o art. 889 da CLT, e nas suas eventuais omissões, pelo art. 835 do NCPC.

As respectivas ordens preferenciais se assemelham, e, na verdade, segue-se mais esta última do que a primeira, não apenas por força do art. 882 da CLT, como também por lhe ser supletiva, portanto, genérica, e, desse modo, consentânea com as demais disposições processuais que também suprem a mencionada lei.

Não obedecida a ordem, poderá ter-se como ineficaz a nomeação.

Conforme Súmula n. 417 do TST, não fere direito líquido e certo o ato judicial que determina a penhora em dinheiro do executado, em execução definitiva, para garantir crédito exequendo. Em execução provisória, entretanto, entende referida súmula que fere direito líquido e certo a penhora em dinheiro, quando nomeados outros bens, pois o executado tem direito a que a execução se processe de forma que lhe seja menos gravosa, como previsto no § 2º do art. 829 do NCPC quando ressalva o direito do executado indicar bens que lhe seja menos oneroso do que aquele indicado eventualmente pelo exequente.

Portanto, pelo NCPC a penhora deverá obedecer preferencialmente a ordem (art. 835):

"I — dinheiro, em espécie ou em depósito ou aplicação em instituição financeira;

II — títulos da dívida pública da União, dos Estados e do Distrito Federal com cotação em mercado;

III — títulos e valores mobiliários com cotação em mercado;

IV — veículos de via terrestre;

V — bens imóveis;

VI — bens **móveis em geral;**

VII — semoventes;

VIII — navios e aeronaves;

IX — ações e quotas de sociedade simples e empresárias;

X — percentual do faturamento de empresa devedora;

XI — pedras e metais preciosos;

XII — direitos aquisitivos derivados de promessa de compra e venda e de alienação fiduciária em garantia;

XIII — outros direitos.

Como salientado anteriormente, podem ser penhorados, ainda, à falta de outros bens, os frutos e os rendimentos dos bens inalienáveis.

9.2. *BENS PENHORÁVEIS — INFORMAÇÕES ESPECÍFICAS*

9.2.1. *Imóveis*

A penhora em imóvel situado no Estado de São Paulo deve ser realizada por termo nos próprios autos ou por mandado de penhora e avaliação.

Na hipótese de expedição de mandado, deverá ser instruído com a comprovação da titularidade do bem, consistente em certidão do Registro de Imóveis obtida por meio do convênio pioneiro em São Paulo com a ARISP (Associação dos Registros de Imóveis de São Paulo), e deverá conter a determinação de avaliação do imóvel e das benfeitorias não averbadas, a intimação do cônjuge, a constatação de débitos condominiais ou a intimação do síndico para apresentação do valor do débito em cinco dias, sob pena de desobediência e a nomeação do executado como depositário.

A vantagem do convênio com a ARISP é que ela faz rastreamento em todos os cartórios de registro de imóveis de São Paulo e em poucas horas ou minutos disponibiliza a informação de onde o pesquisado possui imóveis em seu nome, com todos os elementos identificadores.

Realizada e averbada eletronicamente a penhora, também por meio do citado convênio, o juízo dará ciência ao executado da constrição e de sua nomeação como depositário, pessoalmente se não houver advogado constituído nos autos, ou na pessoa de seu Advogado e até mesmo à sociedade de advogados a que pertença, como previsto no art. 841, §§ 1º e 2º do NCPC.

Esclarece o novo procedimento adjetivo, que se a penhora for realizada na presença do executado, se reputará intimado, afastando a necessidade da intimação do advogado ou à sua sociedade constante dos autos. Esclarece ainda, que na hipótese de mudança do endereço do executado, sem comunicação prévia ao Juízo, considerar-se-á realizada a sua intimação se não houver advogado constituído nos autos.

Sendo o executado pessoa física e casado, nas hipóteses de penhora sobre bens imóveis ou em direito real sobre imóvel, o seu cônjuge também deverá ser intimado, salvo se o regime entre ambos seja em regime de separação absoluta de bens (art. 842 do NCPC).

Eventuais benfeitorias introduzidas no imóvel e não averbadas serão penhoradas por meio de mandado e devidamente avaliadas.

Na penhora de imóveis situados fora do Estado de São Paulo, deve ser com a comprovação da titularidade do bem por meio de certidão da matrícula emitida pelo Cartório de Registro de Imóveis da localidade e certidão de Dados Cadastrais do Imóvel — IPTU, atualizados. A penhora será realizada por carta precatória, que, após devolvida devidamente cumprida, o juízo deprecante emitirá certidão para ser apresentada pelo exequente ao Registro Imobiliário para os devidos efeitos.

9.2.2. Em Crédito

Quando a penhora recair em crédito do devedor, o Oficial de Justiça o fará, e será considerada feita, acabada, quando houver sido intimado o terceiro devedor para que não pague ao seu credor, executado na ação, e ao credor do terceiro, que pode ser o próprio executado, para que não pratique ato de disposição do crédito.

Uma vez realizadas as intimações, cada uma por si, o intimado não poderá mais pagar ao credor natural, e o credor não poderá dispor de seu crédito, sob pena de fraude à execução (art. 855 do NCPC).

A penhora de crédito representado por letra de câmbio, nota promissória, duplicata, cheque ou outros títulos, conforme art. 856 do NCPC, far-se-á pela apreensão do documento, esteja ou não em poder do devedor, que poderá, no entanto, confessar a dívida com o executado, ficando como depositário e somente se desonerará do encargo depositando a importância da dívida em juízo.

Na hipótese de negativa de dívida por parte do devedor, em conluio com o seu credor, executado na ação, a quitação ter-se-á em fraude à execução.

9.2.3. Em Direito e Ação

A penhora pode ser realizada em direito e ação do devedor (art. 857 do NCPC), que, se na hipótese não oferecer embargos ou, em oferecendo, serem rejeitados, o credor fica sub-rogado nos direitos até a concorrência do seu crédito.

Faculta-se ao exequente preferir em vez da sub-rogação, a alienação judicial do direito penhorado, declarando sua vontade no prazo de dez dias contado da realização da penhora.

A sub-rogação não impede ao sub-rogado, se não receber o crédito do executado, de prosseguir na execução nos mesmos autos, penhorando outros bens.

Na hipótese de direito que tenha por objeto prestação ou restituição de coisa determinada, o devedor será intimado para, no vencimento, depositá-la, correndo sobre ela a execução (art. 859 NCPC).

Quando o direito estiver sendo pleiteado em juízo pelo executado, averbar-se-á no rosto dos autos, ou seja, nos próprios autos em que pleiteia o direito, para que possa o exequente, se efetivar nos bens que forem adjudicados ou vierem a caber ao devedor executado. É o que comumente se chama de penhora no rosto dos autos e que muitos usam inadequadamente para se referir a uma segunda penhora, o que é distinto.

9.2.4. Dívidas de Dinheiro a Juros, de Direito a Rendas ou Prestações Periódicas

Tratando-se de penhora sobre dívidas de dinheiro a juros, de direito a rendas ou de prestações periódicas, o credor exequente poderá levantar os juros, os rendimentos ou as prestações à medida que forem sendo depositadas as parcelas, abatendo-se do crédito as importâncias recebidas (art. 858 do NCPC).

Por óbvio, após completado o pagamento do valor total da execução, retornará ao executado o direito da percepção do restante que houver. Da mesma forma, se não for suficiente, restará o direito ao exequente de continuar na execução, penhorando novos bens.

9.2.5. *Em Empresa, Outros Estabelecimentos e de Semoventes*

Não havendo outro meio eficaz para a efetivação do crédito executado, por ser mais rápido e eficiente, a penhora poderá dar-se sobre estabelecimento comercial, industrial, agrícola, e em semoventes, plantações ou edifício em construção; empresas concessionárias de serviços públicos; navio ou aeronave etc., procedendo-se na forma preconizada pelos art. 862 a 865 do NCPC.

Nesta hipótese, não basta nomear-se um interventor ou administrador do negócio como permite a lei. Nomeando-se o depositário, o Juiz deve exigir que se apresente a forma ou plano de administração em dez dias, o que pode até ser ajustado pelas partes. Enfim, deve ser em favor do negócio, beneficiando indiretamente o credor para receber o seu crédito.

Sendo sobre a renda, deve ser parcimonioso, pois pode inviabilizar o negócio e não mais possibilitar o pagamento do crédito reclamado. Nesse sentido a jurisprudência:

> "OJ-SDI2 n. 93 MANDADO DE SEGURANÇA. POSSIBILIDADE DA PENHORA SOBRE PARTE DA RENDA DE ESTABELECIMENTO COMERCIAL.
>
> É admissível a penhora sobre a renda mensal ou faturamento de empresa, limitada a determinado percentual, desde que não comprometa o desenvolvimento regular de suas atividades.".

Em relação aos edifícios em construção sob regime de incorporação imobiliária, a penhora somente poderá recair sobre as unidades imobiliárias ainda não comercializadas pelo incorporador, em razão do direito de terceiros não responsáveis pelo débito. No entanto, o incorporador da administração da incorporação poderá ser afastado em favor de uma comissão de representantes dos adquirentes. Tratando-se de construção financiada, a administração dar-se-á pela empresa ou profissional indicado pela instituição financeira, ouvindo-se a comissão de representantes dos adquirentes.

A penhora de empresa que funcione mediante concessão ou autorização, poderá ter penhorada conforme o valor do crédito, sobre a renda, sobre determinados bens ou sobre todo o patrimônio, nomeando-se como depositário, de preferência um de seus diretores (art. 863 do NCPC), que deverá apresentar a forma de administração e o esquema de pagamento.

Por outro lado, recaindo a penhora sobre todo o patrimônio, a execução prosseguirá até final, ouvindo-se, antes da adjudicação ou da arrematação, o ente público que houver outorgado a concessão.

A penhora de navio ou de aeronave, não obsta que continuem em operação por suas empresas ou proprietários até a alienação, exigindo-se apenas a constituição de seguro contra riscos, antes que saiam de seus locais de estacionamento.

9.2.5.1. *Penhora de Quotas ou Ações de Sociedades Personificadas*

Havendo penhora em quotas ou ações de sociedades personificadas (art. 861 do NCPC), o juiz deverá assinar prazo razoável e não superior a três meses, para que seja apresentada pela referida pessoa jurídica um balanço especial e demonstre que ofereceu aos sócios a aquisição das ações pelo direito de preferência legal ou mesmo contratual, para então, não havendo interesse deles, proceda à liquidação das quotas ou das ações, depositando em juízo o valor apurado em moeda corrente nacional.

Entretanto, esse procedimento não é aplicável à sociedade anônima de capital aberto, que apenas dará ensejo ao exequente a adjudicação ou então, que sejam alienadas em bolsa de valores.

9.2.5.2. *Penhora de Percentual de Faturamento de Empresa*

Não havendo outros bens penhoráveis do executado ou se, tendo-os, forem de difícil alienação ou insuficientes para saldar o crédito exequendo, poderá haver a autorização judicial para se penhorar o percentual de faturamento da empresa, fixando para tanto, o percentual necessário para a satisfação do objeto da execução, mas que não torne inviável o exercício da atividade empresarial, pois que, com certeza, terá outros compromissos empresariais e principalmente com empregados que continuam trabalhando.

Como já salientado anteriormente, o administrador-depositário deverá apresentar ao Juízo, a forma de sua atuação e prestado contas mensalmente através de balancetes, colocando à disposição as quantias recebidas para serem imputadas no pagamento da dívida.

9.2.6. Penhora de Frutos e Rendimentos de Coisa Móvel ou Imóvel

Frutos e rendimentos de coisa móvel ou imóvel podem ser penhorados e para o que, deverá ser nomeado pelo Juízo um administrador, investido de poderes suficientes para a administração do bem e à fruição de seus frutos e utilidades, perdendo o executado o direito de gozo do referido bem, até o pagamento final do exequente, incluindo-se custas e honorários advocatícios se houver.

A medida terá eficácia em relação a terceiros a partir da publicação da decisão que concedeu ou da averbação no ofício imobiliário, na hipótese do bem ser imóvel. O administrador nomeado depositário, deverá submeter o plano de administração, recebendo em seu nome os frutos e os rendimentos decorrentes, para imputar para o pagamento da dívida. Terá ainda o administrador, o poder de celebrar locação do móvel ou do imóvel, ouvindo o executado.

9.2.7. Penhora on-line — Bacen jud

É um sistema criado pelo Banco Central do Brasil, que por meio de Convênios de Cooperação Técnico-Institucional com Tribunais Superiores do Brasil e estes com os respectivos Tribunais Regionais, permite o envio de ordens judiciais e o acesso às respostas das instituições financeiras, via internet, para bloqueio, desbloqueio e transferência de valores existentes em contas de depósitos à vista (contas-correntes), de investimento e de poupança, depósitos a prazo, aplicações financeiras e outros ativos passíveis de bloqueio de pessoas físicas e jurídicas.

Cada Tribunal possui cadastramento daqueles que podem fazer uso desse sistema, o que normalmente recai nos Juízes de um modo geral e Diretores de Secretarias de Varas e algumas unidades.

Esse sistema foi e está sendo muito utilizado para bloqueio de numerário suficiente para a garantia e/ou pagamento de execuções.

De início houve algumas distorções, o que está suficientemente abrandado com normas complementares, permitindo às empresas que possuam contas bancárias em diversas agências do país, o cadastramento junto ao Tribunal de conta bancária apta a sofrer bloqueio *on-line,* para que não se ultrapassem os limites da própria ação. É óbvio que para tanto as empresas devem manter referida conta em atividade com saldo suficiente para eventuais penhoras.

No Tribunal Regional de São Paulo, conforme norma da Corregedoria Regional (art. 148, § 1º), se o executado não proceder ao pagamento da quantia devida e tampouco garantir a execução, o Juiz emitirá ordem judicial de bloqueio via Sistema Bacen Jud, com precedência sobre outras modalidades de constrição. Negativo o bloqueio, será verificado o banco de créditos remanescentes de penhoras em outras Varas. Mais uma vez negativo, deve ser emitida ordem de consulta e/ou bloqueio de bens mediante convênios *on-line* firmados pelo Tribunal, de que são exemplos o INFOJUD, DETRAN, ARISP etc.

9.2.8. Avaliação do Bem Penhorado

A avaliação deve ser feita pelo Oficial de Justiça, a menos que se necessite de conhecimentos especializados e o valor da execução comportar, poderá ser nomeado pelo Juízo um avaliador.

Não se procederá a avaliação quando: (a) uma das partes aceitar a estimativa feita pela outra; (b) tratando-se de títulos ou de mercadorias que tenham cotação em bolsa; (c) tratar-se de títulos da dívida pública, ações de sociedades e de títulos de crédito negociáveis em bolsa; e, finalmente, (d) sendo veículos automotores ou de outros bens cujo preço médio de mercado possa ser conhecido por meio de pesquisas realizadas.

Realizada a penhora e avaliação, deverá ter prosseguimento a execução.

9.3. BENS IMPENHORÁVEIS

São impenhoráveis (art. 833 do NCPC):

"I — os bens inalienáveis e os declarados, por ato voluntário, não sujeitos à execução;

II — **os móveis, os pertences e as utilidades domésticas que guarnecem a residência do executado, salvo os de elevado valor ou os que ultrapassem as necessidades comuns correspondentes a um médio padrão de vida;**

III — os vestuários, bem como os pertences de uso pessoal do executado, salvo se de elevado valor;

IV — os vencimentos, os subsídios, os soldos, os salários, as remunerações, os proventos de aposentadoria, as pensões, os pecúlios e os montepios, bem como as quantias recebidas por liberalidade de terceiro e destinadas ao sustento do devedor e de sua família, os ganhos de trabalhador autônomo e os honorários de profissional liberal;

V — os livros, as máquinas, as ferramentas, os utensílios, os instrumentos ou outros bens móveis necessários ou úteis ao exercício da profissão do executado;

VI — o seguro de vida;

VII — os materiais necessários para obras em andamento, salvo se essas forem penhoradas;

VIII — a pequena propriedade rural, assim definida em lei, desde que trabalhada pela família;

IX — os recursos públicos recebidos por instituições privadas para aplicação compulsória em educação, saúde ou assistência social;

X — a quantia depositada em caderneta de poupança, até o limite de quarenta salários mínimos;

XI — os recursos públicos do fundo partidário recebidos por partido político, nos termos da lei;

XII — os créditos oriundos de alienação de unidades imobiliárias, sob regime de incorporação imobiliária, vinculados à execução da obra."

A impenhorabilidade, no entanto, não é oponível à execução de dívida relativa ao próprio bem, inclusive àquela contraída para sua aquisição.

O disposto nos incisos IV e X não se aplica à hipótese de penhora para pagamento de prestação alimentícia, independentemente de sua origem, bem como às importâncias excedentes a cinquenta salários mínimos mensais.

Incluem-se na impenhorabilidade prevista no inciso V os equipamentos, os implementos e as máquinas agrícolas pertencentes à pessoa física ou à empresa individual produtora rural, exceto quando tais bens tenham sido objeto de financiamento e estejam vinculados em garantia a negócio jurídico ou quando respondam por dívida de natureza alimentar, trabalhista ou previdenciária.

A lei procura proteger o executado no que lhe for essencial para sua subsistência, tanto no ambiente de sua residência, como também para execução de sua profissão. Por óbvio, ressalva a penhorabilidade nos excessos e aquela relativa ao próprio bem, inclusive àquela contraída para sua aquisição.

As impenhorabilidades previstas nos incisos IV e X, não se aplicam à hipótese de penhora para pagamento de prestação alimentícia, independentemente de sua origem, bem como às importâncias excedentes a 50 (cinquenta) salários mínimos mensais.

Muito embora a impenhorabilidade sobre determinados bens, é permitida a penhora, à falta de outros bens, sobre os frutos e os rendimentos.

De acordo com a Lei n. 8.009/90, é impenhorável, ainda, o chamado bem de família, que se constitui no imóvel residencial próprio do casal ou da entidade familiar, em que nele residam, compreendendo, ainda, na mesma qualidade, a construção, as plantações, as benfeitorias de qualquer natureza e todos os equipamentos, inclusive os de uso profissional, ou móveis que guarnecem a casa, desde que quitados.

Estão excluídos da condição de impenhorabilidade os veículos de transporte, obras de arte e adornos suntuosos.

Na hipótese de bem imóvel locado, a impenhorabilidade aplica-se aos bens móveis quitados que guarneçam a residência e que sejam propriedade do locatário.

Não se favorece da mesma lei aquele que agir com má-fé, sabendo-se insolvente.

Referida lei traz ainda em seu bojo outras disposições para que se possa, por vezes, avaliar o bem objeto da qualidade de impenhoráveis ou não.

Portanto, o bem visado para penhora necessita sempre ser avaliado em sua qualidade jurídica e, esta avaliação, muitas vezes, é subjetiva do juízo, mesmo em razão de fatos objetivamente apontados pelas partes. A iniciativa, entretanto, cabe ao devedor executado.

9.4. NÃO OFERECIMENTO DE BENS

Não pagando o valor da execução ou se não oferecidos bens à penhora pelo devedor, com base no art. 883 da CLT serão penhorados bens, tantos quantos bastem ao pagamento da importância da condenação, acrescida de custas e juros de mora, sendo estes, em qualquer caso, devidos a partir da data em que for ajuizada a reclamação inicial.

A penhora será feita coercitivamente pelo Oficial de Justiça, que acumula legalmente a função de avaliador (art. 721 e parágrafos da CLT), tanto que se recair em bens móveis ou imóveis, ele fixará o valor, conforme o estado em que se encontram e de acordo com o valor de mercado. Esta penhora poderá ser sobre bens indicados pelo próprio exequente, individualizando-os e apontando sua localização e posse, devidamente justificadas.

Infrutíferas as constrições mencionadas, seguir-se-á a execução por meio de mandado de penhora e avaliação em outros bens, por meio de Oficial de Justiça.

O Oficial de Justiça não poderá ser obstado pelo devedor em seu intento de penhorar bens, sob pena de se empregar força policial para garantir determinação judicial para tanto, que poderá ser inclusive de arrombamento de portas, gavetas etc. Esta ação, conforme art. 846 do NCPC, deverá ser autorizada pelo juízo da execução, mediante solicitação do Oficial de Justiça, que comunicará os fatos ocorridos para a justificação. Nessa hipótese, o mandado deverá ser cumprido por dois Oficiais de Justiça, que lavrarão auto circunstanciado e assinado por duas testemunhas presenciais.

A oposição por parte do devedor à realização da penhora, para merecer intervenção policial, deve ser efetiva, com violência física ou de grave ameaça à integridade dos Oficiais.

9.5. DOS MANDADOS E DO BANCO DE DILIGÊNCIAS

Por medida de economia e celeridade processual, as intimações e notificações somente serão realizadas por mandado a ser cumprido por Oficial de Justiça após tentativa frustrada pelo sistema postal.

Para funcionamento do Banco de Diligências, deve haver o registro obrigatório no sistema informatizado, do CNPJ ou CPF do destinatário do mandado, individualmente considerado para cada ato. Por esse sistema, as Varas do Trabalho da Região se comunicam, trocando informações sobre processos, devedores e penhoras.

Enfim, pelas Normas da Corregedoria Regional, há uma série de recomendações e determinações que devem ser obedecidas pela secretaria e Oficial de Justiça, no cumprimento do mandado para diversos tipos de penhora, principalmente em dinheiro na boca do caixa, quando deve ser acompanhado, ou do credor ou do próprio Advogado.

9.6. EFETIVAÇÃO DA PENHORA

A penhora considerar-se-á realizada, conforme arts. 839 e 838 do NCPC, mediante apreensão e o depósito dos bens objetivados, lavrando-se o respectivo auto de penhora, que deverá conter, de modo legível, a indicação do dia, mês, ano e lugar em que foi feita; os nomes do exequente credor e do executado devedor; a descrição completa dos bens penhorados, com os seus característicos principais para que possam ser identificados ou individualizados; nomeação de depositário, com sua qualificação completa..

A falta de qualquer um desses elementos poderá acarretar nulidade do ato, que, entretanto, poderá ser suprido.

As diligências necessárias para a penhora, se ocorrerem todas no mesmo dia, será objeto de um só auto e consequentemente, se forem em dias distintos deverão ser lavrados autos em separado, ainda que seja o mesmo bem. Da mesma forma, havendo mais de uma penhora, deverão ser lavrados autos individuais.

9.7. DEPOSITÁRIO

O depositário poderá ser qualquer pessoa idônea ou mesmo Administrador, que terá a obrigação legal de guardar e conservar os bens penhorados. sob pena de responder pelos seus atos, inclusive criminalmente, com a decretação de prisão civil, como depositário infiel.

O Juiz é quem nomeia o depositário particular de sua livre escolha, que pode recair também no próprio devedor, principalmente se não estiver procurando obstar a ação da Justiça ou mesmo litigando de má fé e finalmente, o próprio credor exequente.

Podem ainda funcionar como depositários bancos ou estabelecimentos de crédito em geral e de preferência de origem estatal federal ou estadual, quando a penhora recair em dinheiro, pedras, metais preciosos e papéis de crédito; e judiciais, quando se tratar de bens imóveis urbanos e móveis.

Nomeado eventualmente algum empregado do devedor como depositário, deverá este ter o cuidado de desonerar-se perante o Juiz do feito da obrigação assumida na hipótese de rescisão de seu contrato de trabalho, quando então ficará impossibilitado de continuar exercendo seu mister judicial.

9.7.1. *Do Serviço de Depósitos Judiciais*

O TRT de São Paulo mantém um Serviço de Depósitos Judiciais da Sede, instalado no Fórum Ruy Barbosa, competindo-lhe orientar, fiscalizar e supervisionar o cumprimento das decisões judiciais de recolhimento de bens e valores, além de outras atribuições. Essa atividade pode ser terceirizada pelo Tribunal.

A recomendação é que se utilize o mínimo possível desse depósito, constituindo o próprio devedor como depositário, pois, evidentemente, o espaço é pequeno para atender a demanda apenas da Capital.

Os mandados de remoção também são cumpridos pelos Oficiais de Justiça.

9.8. SEGUNDA PENHORA

A realização de uma penhora é suficiente para garantia da execução, mas eventualmente uma segunda poderá ser autorizada, conforme art. 851 do NCPC, se a primeira realizada nos autos for por qualquer razão anulada, como, por exemplo, poderá ocorrer na hipótese de acolhimento de embargos de terceiro; ou, ainda, executados os bens anteriormente penhorados, o produto da alienação não bastar para o pagamento do credor, pois muitas vezes, o crédito aumenta em razão de juros e atualização, como também o próprio bem penhorado se deteriora por ação do tempo, diminuindo-lhe o valor comercial, que, por si só, diminui em hasta pública; ou, finalmente, se o credor desistir da primeira, por serem litigiosos os bens, ou estarem penhorados, arrestados ou onerados por outros credores.

Desta forma, verifica-se uma proteção ao devedor, para não se surpreender com várias penhoras pelo mesmo débito e indistintamente, sem qualquer critério. Por outro lado, o mesmo dispositivo defende os interesses do credor em ver garantido o seu crédito, sem outros entraves ou até a sua completa liquidação.

A realização de uma segunda penhora não significa que sejam reabertos todos os prazos processuais consequentes, como principalmente para a interposição de embargos à execução previstos no art. 884 da CLT, quando a matéria arguível, ou seja, referente às alegações de cumprimento de decisão ou do acordo, quitação ou prescrição da dívida, eventualmente foi discutida por ocasião da primeira. Da mesma forma não poderá impugnar a sentença de liquidação. Por outro lado, poderá haver embargos sobre a penhora realizada, para discutir-lhe a validade ou eventual excesso.

9.9. SUBSTITUIÇÃO DO BEM

Realizada a penhora, poderá o devedor ou responsável pelo débito executado requerer a substituição do bem penhorado conforme preceitua o art. 847 do NCPC, no prazo de dez dias contado da intimação da penhora, desde que comprove que lhe será menos onerosa e não trará prejuízo ao exequente, o que, entretanto, somente poderá ocorrer antes da arrematação ou da adjudicação.

Entretanto, essa substituição sofre uma restrição, qual seja a de o devedor depositar o valor da avaliação do bem substituído, pois do contrário, estaria se renovando sua oportunidade preclusa de nomeação de dinheiro à penhora. Isto posto, a execução continuará com a nova garantia nos autos.

9.10. SATISFAÇÃO DO CRÉDITO

Como vimos, após a sentença de conhecimento e independentemente da interposição de recurso, se procedente, mesmo parcialmente, o feito, inicia-se a fase de execução, na qual primeiramente se liquida a sentença, por qualquer das formas permitidas legalmente, para então, conhecida a importância líquida condenada, iniciar a fase executória propriamente dita, com a expropriação de bens do devedor ou responsável, se não houve o pagamento espontâneo, e ultrapassadas todas as possibilidades de defesa sobre a penhora, com os bens livres para serem convertidos em moeda ou na própria espécie, dar-se a satisfação do crédito do exequente.

Portanto, para a satisfação do crédito, será necessário que se verifique a arrematação, adjudicação ou remição do bem penhorado.

9.10.1. Arrematação

Arrematação significa a conversão em pecúnia do bem penhorado, por meio de um processo de praceamento ou leilão realizado, em que um licitante proporá lanço para a aquisição.

Para tanto, deverá antes ser anunciada a arrematação, por edital afixado na sede do juízo ou tribunal e publicado no jornal local, se houver, com a antecedência mínima de vinte dias, conforme previsto no art. 888 da CLT, ao que se denomina praceamento dos bens ou simplesmente praça.

No edital deverá conter, além da descrição ou individualização dos bens penhorados e a respectiva avaliação, com a identificação do juízo ou tribunal e das partes, mais o dia, a hora e lugar para a praça, o que geralmente se verifica no local do próprio juízo ou tribunal ou em algum outro perfeitamente identificado e autorizado, conforme o referido art. 888 da CLT e complementado pelo disposto nos arts. 886 e 887 do NCPC, para que os interessados possam estar presentes e oferecer lances para a arrematação, prevalecendo o maior sobre os demais.

Portanto, será arrematante o que maior lance oferecer para a arrematação, dentro do que foi estabelecido pelo juízo ou tribunal, quando deverá, obrigatoriamente, garantir com 20% (vinte por cento) do valor do bem arrematado, sendo que o preço deverá ser completado em 24 (vinte e quatro) horas, sob pena de perder o arrematante, em benefício da execução, o sinal ofertado, para que possa então, em 24 (vinte e quatro) horas, ser expedida a respectiva carta ou auto de arrematação, que vem a ser o título hábil e legal da aquisição para todos os efeitos (art. 903 do NCPC).

Assinado o referido auto, pelo Juiz, pelo escrivão, pelo arrematante e pelo porteiro ou leiloeiro, a arrematação considerar-se-á perfeita, acabada e irretratável e, desse modo, somente poderá se desfazer se houve vício de nulidade ou se a arrematação tiver sido por preço vil; ou se não for pago o preço ou não for prestada caução e, ainda, quando o arrematante provar nos três dias seguintes a existência de ônus real não mencionado no edital ou nos demais casos previstos em lei, principalmente a alienação de bem gravado por penhor, hipoteca ou anticrese (art. 804 do NCPC).

Na hipótese do não pagamento da complementação do preço, os bens voltarão à praça.

Na eventualidade de não haver licitantes ou mesmo arrematação e não requerendo o exequente a adjudicação dos bens penhorados, poderão ser os mesmos vendidos por leiloeiro nomeado pelo Juiz ou Presidente, ao que chamamos de leilão.

Da arrematação caberá embargos, cujo prazo de cinco dias de interposição poderá ultrapassar o lapso de 24 horas para assinatura da respectiva carta, pois somente esta será anulada na eventualidade de algum vício e o que poderá se discutir na medida encetada.

Pioneira pelo Tribunal Regional de São Paulo e atualmente em quase todos os demais tribunais brasileiros, após penhorados os bens com a devida avaliação e livre de empecilhos legais, os bens penhorados, observados os trâmites legais, são vendidos judicialmente e obrigatoriamente pelo sistema de Hasta Pública Unificado, por meio de leiloeiros profissionais credenciados pelo Tribunal em sistema de rodízio temporário a cada dois anos, pela metade. Eles devem cumprir intensa pauta de obrigações constantes das Normas Consolidadas da Corregedoria Regional.

9.10.1.1. Hasta Pública Unificada e Central de Hastas Públicas

Trata-se de um sistema democrático e aberto a todos os interessados, com ampla divulgação, não apenas no Diário Oficial Eletrônico do Tribunal, mas em outros meios de comunicação, com antecedência mínima de vinte dias como requer a lei.

No edital são descritos os bens penhorados, o registro de que foram removidos se for a hipótese e a indicação de eventual ônus que recaia sobre os mesmos.

As partes envolvidas são notificadas com antecedência mínima de dez dias por meio de seus Advogados e, se não constituídos, por meio de Oficial de Justiça, edital, carta ou outro meio eficaz, incluindo-se o senhorio direto, o credor com garantia real ou com penhora anteriormente averbada, que não seja de qualquer modo parte na execução, cabendo à Secretaria da Vara comunicar nome e endereço deles à Central de Hastas Públicas, sem o que não se efetuará a hasta.

A Central é presidida por um Juiz Substituto, na condição de Juiz Auxiliar de todas as Varas da Região, designado pelo Presidente do Tribunal.

A Comissão coordenadora das hastas, formada por Juízes e servidores, deve sempre elaborar cronograma da realização das sessões, como também, na ausência de definição pelo juízo da execução, os percentuais relativos aos lances mínimos. Cabe a ela certificar que veículos de via terrestre, bens imóveis, navios e aeronaves levados à hasta não formam objeto de alienação judicial ou adjudicação anterior válida. Essa precaução deve ser tomada para a confiança no sistema pelos arrematantes.

Para que não haja dupla venda de um mesmo bem, as Secretarias da Varas devem arrolar os bens que serão levados à alienação, somente após consulta à planilha de bens já arrematados em leilão, informando à Central de Hastas Públicas, todas as adjudicações havidas de veículos de via terrestre, bens imóveis, navios e aeronaves. Enfim, a Secretaria da Vara deve informar à Central todos os elementos necessários para o bom desenvolvimento dos trabalhos da venda em leilão dos bens penhorados.

Os incidentes anteriores e posteriores à hasta, inclusive os efeitos da arrematação no caso de hipoteca e alienação fiduciária, são de livre apreciação e decisão do juízo do processo originário, deixando apenas para o juízo auxiliar o desenrolar da própria hasta.

O Juiz Auxiliar que presidir a hasta, portanto, deve decidir os incidentes processuais relativos ao ato; receber e determinar o encaminhamento de petições e demais expedientes relativos aos processos em pauta ao juízo da execução, para deliberações; analisar e deliberar, de plano, sobre eventual lance que não seja aquele definido previamente; fiscalizar a atividade do leiloeiro e manter a ordem no decorrer da realização da hasta.

Para os bens anunciados um a um, os lançadores deverão efetuar o cadastro antecipadamente no sítio do Tribunal, ou pessoalmente, caso em que deverão comparecer ao local com uma hora de antecedência, portando documento de identificação pessoal com fotografia atual, para se evitar substituições indevidas e fraudulentas. Poderão, entretanto, ser representados por procuração com poderes específicos. No caso de pessoa jurídica, o lançador deverá estar munido com cópia do contrato social e de eventuais alterações sociais, para ser juntado aos autos.

Estarão impedidos de participar da hasta pública pessoas físicas e jurídicas que, por si ou seus representantes, deixaram de cumprir suas obrigações em hastas anteriores, ou que criaram embaraços como arrematantes em processos de quaisquer das Varas da 2ª Região, ou, ainda, que não realizaram cadastro ou que estejam impedidas na forma da lei.

Os bens que não forem arrematados serão apregoados novamente na mesma data, ao final da hasta, com os lotes desmembrados para facilitação dos lances, mantendo-se, entretanto, o mesmo percentual de lance mínimo praticado no primeiro pregão, para evitar prejuízos de ordem econômica ao executado. Negativado, os bens terão a devida destinação por remoção pelo depositário judicial.

Arrematado o bem, além do depósito da primeira parcela de 20% a título de sinal e garantia, o arrematante deverá pagar a comissão do leiloeiro, paga diretamente, mediante recibo emitido em três vias, das quais uma será anexada aos autos do processo de execução.

A garantia deverá ser recolhida através de guia de depósito à conta do juízo da execução. O restante do preço deverá ser pago em vinte e quatro horas após a hasta, diretamente na agência bancária autorizada, mediante guia emitida por ocasião da hasta.

Conforme § 5º do art. 903 do NCPC, o arrematante poderá desistir da arrematação, sendo-lhe imediatamente devolvido o depósito que tiver feiro, se (a) provar, no dez dias seguintes, a existência de ônus ou gravame não mencionado no edital; (b) se, antes de expedida a carta de arrematação ou a ordem de entrega, o executado alegar alguma das situação previstas no § 1º (invalidação da rematação quando realizada por preço vil ou com outro vício que lhe atribua nulidade, considerada ineficaz, se não observado a existência, principalmente, de alienação de bem gravado por penhor, hipoteca ou anticrese, se não for pago o preço ou se não for prestada a caução); (c) uma vez citado para responder a ação autônoma de anulação da arrematação, desde que apresente a desistência no prazo de que dispõe para responder a essa ação.

Considerar-se-á atentatório à dignidade da justiça a suscitação infundada de vício com o objetivo de ensejar a desistência do arrematante, devendo o suscitante ser condenado, sem prejuízo da responsabilidade por perdas e danos, ao pagamento de multa, a ser fixado pelo juízo e devida ao exequente, em montante não superior a vinte por cento do valor atualizado do bem.

O credor pode adjudicar os bens constritos diretamente perante o juízo da execução antes da publicação do edital da hasta. Não o fazendo, poderá adquiri-lo apenas como arrematante, embora com preferência em igualdade de condições. Nessa hipótese, se o valor do lance for superior ao do crédito, deverá depositar em três dias a diferença, sob pena de se tornar sem efeito a arrematação ou então de se atribuí-la ao segundo licitante concorrente. O credor arrematante também deverá pagar comissão ao leiloeiro.

9.10.1.2. Parcelamento de Bem Penhorado

Para qualquer bem penhorado e certamente com valores consideráveis e principalmente de imóveis, poderá haver parcelamento, devendo o interessado apresentar proposta por escrito até o início de primeiro leilão, cujo valor não poderá ser inferior ao da avaliação. Até o início do segundo leilão a proposta poderá ser em valor que não seja considerado vil, ou seja, muito mais abaixo do valor da avaliação e à critério do juízo.

A proposta deverá conter a oferta de pagamento de pelo menos vinte e cinco por cento do valor do lance à vista e o restante parcelado em até trinta meses, garantido por caução idônea, quando se tratar de móveis, e por hipoteca do próprio bem quando se tratar de imóveis.

Pelo Prov. GP/CR n. 03/2008 do TRT da 2ª Região, quando o valor do lance for igual ou superior ao de avaliação em bens imóveis poderá haver parcelamento de setenta por cento do valor do lance.

Entretanto, o C. TST por meio de sua IN n. 39/2016 autoriza o parcelamento na forma do art. 895 do NCPC que estende a possibilidade de parcelamento, como visto, de qualquer bem e não apenas de bens imóveis.

Os autos negativos devem ser emitidos ao final e subscritos pelo Juiz que preside a sessão da hasta pública; os autos de arrematação também devem ser emitidos no ato e assinados pelo Juiz, pelo leiloeiro e arrematante, com cópia para este último e para o juízo da execução.

Não serão levados à hasta os bens em relação aos quais o juízo da execução comunicar a suspensão da alienação, por escrito, até as 18 horas do dia anterior ao evento, para se ter a possibilidade de retirá-lo de todos os procedimentos preparados.

9.10.1.3. Modalidade Eletrônica de Leilão Judicial

A Lei n. 11.382, de 06 de dezembro de 2006, acrescentou o art. 689-A ao Código de Processo Civil, permitindo a alienação de bens penhorados por meio da rede mundial de computadores, com uso de páginas virtuais criadas pelos Tribunais, e não apenas pelo meio presencial, o que se encontra mantido no NCPC, conforme art. 879, II, disciplinado no art. 881 do mesmo diploma legal. Entretanto, fica ressalvada a possibilidade do leilão presencial, se não for possível sê-lo por meio eletrônico.

Esse sistema, portanto, permite aos interessados um acesso simples e ágil, facilitando a arrematação de bens penhorados, mesmo que não esteja presente ao ato da hasta pública tradicional.

O edital deverá consignar a descrição dos bens, o registro de que foram removidos e, se for a hipótese, eventual ônus que possuam, o número de registro do executado no CNPJ ou CPF e, finalmente, a designação do leiloeiro.

O interessado a participar do leilão deverá cadastrar-se no site do Tribunal Regional da 2ª Região, subscrever o Contrato de Adesão de Usuários para Acesso ao Leilão *on-line*, aceitando as condições de participação, fornecendo o seu endereço postal eletrônico.

Toda a documentação exigida deverá estar no Tribunal cinco dias antes do leilão. Esse cadastramento é pessoal e intransferível, para segurança do próprio sistema e dos partícipes.

Os lances devem ser feitos até o horário de encerramento do lote, para que o público presente ao ato tenha conhecimento do lanço inicial ofertado e possa concorrer em total igualdade de condições.

O lanço vencedor pela internet exigirá que a Central de Hastas Públicas envie as guias preenchidas ao arrematante, que deverá efetuar imediatamente o depósito do sinal do valor estabelecido no edital, junto ao Banco do Brasil, em conta à disposição do juízo, devendo o saldo ser pago em vinte e quatro horas, sob pena de perder o sinal pago. No mesmo prazo, o arrematante deverá depositar a comissão do leiloeiro, mediante depósito bancário informado por ele, enviando comprovantes dos depósitos.

O próprio leiloeiro assinará, em nome do arrematante, o Auto de Arrematação, anexando-lhe o e-mail da concordância ou cópia da declaração do lanço oferecido.

Para segurança dos partícipes, toda a tramitação deve ser gravada em arquivos eletrônicos e de multimídia com som, dados e imagens. Todos os dados coletados dos usuários são privativos do juízo responsável pela Hasta Pública e do leiloeiro oficial, não podendo ser utilizados para nenhum outro fim além dos necessários ao regular funcionamento dos leilões *on-line*.

9.10.2. Adjudicação

É a faculdade que possui o exequente de se apropriar do bem penhorado para pagamento de parte ou de todo de seu crédito na execução, havendo ou não licitantes e, consequentemente, havendo ou não arrematante, pelo que terá preferência.

A adjudicação poderá ocorrer tanto em bens imóveis como também móveis, ou seja, sobre qualquer bem que tenha sido penhorado, como dispõe o art. 876 do NCPC e como vinha sendo decidido pela melhor jurisprudência e doutrina dominante no processo trabalhista, pelo que consta dos § 1º e 3º do art. 888 da CLT, que, ao se referirem ao instituto, não fazem distinção entre a qualidade jurídica do bem penhorado.

A CLT não determina um prazo peremptório para o exercício da preferência do exequente na adjudicação do bem penhorado. Entretanto, como vimos anteriormente em hastas públicas, pelas Normas Consolidadas da Corregedoria Regional do Tribunal Regional da 2ª Região, o credor deverá fazê-lo diretamente perante o juízo da execução antes da publicação do edital da hasta. Não o fazendo, poderá adquirir o bem apenas como arrematante, embora com preferência em igualdade de condições com outros licitantes.

Para exercer o direito, o exequente deverá se manifestar nos autos por petição e se fará pelo valor da avaliação.

Requerida a adjudicação, o executado deverá ser intimado, o que poderá ocorrer pelo Diário da Justiça do Trabalho na pessoa do advogado constituído nos autos, por carta com aviso de recebimento ou por meio eletrônico, quando representado pela Defensoria Pública ou quando não tiver procurador constituído nos autos. Considera-se realizada a intimação quando o executado houver mudado de endereço sem prévia comunicação ao juízo.

Surgem do ato três possíveis consequências: sendo o valor do bem insuficiente para cobrir o crédito, se prosseguirá na execução com penhora em outros bens; sendo o valor exato na medida do crédito e demais despesas, se dará por encerrada a execução; sendo superior, deverá o adjudicante depositar à disposição do executado o que exceder ao seu crédito e despesas.

Pelas novas disposições constantes do NCPC, notadamente no art. 876, idêntico direito de adjudicar reserva-se por aos credores concorrentes que hajam penhorado o mesmo bem, preferencialmente em licitação, pelo cônjuge, pelo companheiro, pelos descendentes ou pelos ascendentes do executado. Terão o mesmo direito o coproprietário de bem indivisível do qual tenha sido penhorada fração ideal; o titular de usufruto, uso, habitação, enfiteuse, direito de superfície, concessão de uso especial para fins de moradia ou concessão de direito real de uso, quando a penhora recair sobre bem gravado com tais direitos reais; o proprietário do terreno submetido ao regime de direito de superfície, enfiteuse, concessão de uso especial para fins de moradia ou concessão de direito real de uso, quando a penhora recair sobre tais direitos reais; o credor pignoratício, hipotecário, anticrético, fiduciário ou com penhora anteriormente averbada, quando a penhora recair sobre bens com tais gravames, caso não seja o credor, de qualquer modo, parte na execução.

A adjudicação deverá ser completada com a lavratura de auto e expedição de carta, nos mesmos moldes da arrematação.

9.10.3. Remição

O devedor poderá, ainda, antes da arrematação ou adjudicação dos bens penhorados, remir a execução, na forma do art. 877, §§ 3º e 4º do NCPC, combinado com o art. 13 da Lei n. 5.584/70 que dispõe sobre normas de Direito Processual do Trabalho, pondo fim à própria execução e, nesta hipótese, deverá pagar ou consignar a importância da dívida integralmente, acrescida de juros, custas e honorários advocatícios que houver.

Estará ocorrendo a remição da execução pelo devedor, que difere da remição que se possibilita ao cônjuge, ao descendente ou ascendente, quando insolvente o executado, depositar o valor da avaliação do bem antes de ser levado à hasta pública. Os arts. 787 a 790 do ACPC que tratavam da hipótese de modo distinto foram revogados e, portanto, atualmente, o valor a ser depositado é o da condenação e não mais o da alienação ou adjudicação por terceiros.

Justifica-se a remição da execução ou de bens, pois a execução deve ser feita da forma menos onerosa possível ao executado, e esse instituto restabelece esse aspecto, pois muitas vezes interessa mais o bem penhorado e inclusive sua manutenção no patrimônio familiar do que o seu valor de avaliação.

Não se confundir, portanto, remição da execução com remição de bens, como vimos, e principalmente com remissão previsto no direito substantivo (art. 385 e seguintes do Novo Cód. Civil), que significa, etimologicamente, perdão, o que seria, em termos, perdão da dívida pelo credor, liberando graciosamente o devedor da obrigação, que deve aquiescer no favor.

Exercida a remição em qualquer das hipóteses, seguir-se-á o mesmo procedimento da arrematação e adjudicação, com a assinatura do respectivo auto. No mesmo molde da arrematação e adjudicação, poderá haver, da remição deferida, a interposição de embargos.

9.11. PROTESTO DE SENTENÇA

Um dos mecanismos modernos e eficazes de execução de que se dispõe é o protesto da sentença condenatória, com valor líquido e certo, cuja possibilidade é viável juridicamente, por se tratar de um título judicial executável.

Por cuidado, diante da gravidade do ato de protesto e dos efeitos que causa ao devedor, a execução deve ser definitiva e deve ter esgotados todos os meios tradicionais possíveis de cobranças como vimos. Sendo negativo, o Juiz competente poderá determinar a expedição de pedido de protesto de crédito trabalhista ao Distribuidor do Serviço Central de Protesto de Títulos de São Paulo.

O pedido deve ser formalizado com a emissão de Certidão de Crédito Trabalhista, contendo todos os elementos identificadores do processo, do crédito, do credor, do devedor, para ser enviado eletronicamente ao Cartório com certificação digital.

Recebido o expediente, o Tabelião anotará a respectiva Vara como apresentante do título e o credor trabalhista principal como beneficiário.

Após enviado o expediente, a Vara não poderá receber diretamente qualquer valor a respeito do crédito, sob pena de responsabilidade.

Portanto, o crédito trabalhista deve ser quitado diretamente no Cartório de Protesto, cujo valor ficará à disposição da instituição bancária conveniada do Tribunal, no primeiro dia útil seguinte.

Lavrado o protesto, o respectivo termo deve ser retirado pela instituição bancária indicada pelo Tribunal e entregue à Vara para apensamento ao processo.

Por segurança, a determinação judicial para sustação do protesto e eventual requerimento de desistência do pedido, como pode ocorrer, se efetivará por meio eletrônico, com certificação digital, até as 16 h do último dia do tríduo anterior à lavratura do protesto, informando-se, obrigatoriamente, o número do protocolo gerado quando do envio do pedido de protesto.

No caso de equívoco da Vara solicitante, devidamente certificado pelo responsável, a desistência do pedido de protesto e o cancelamento de protesto já lavrado não ensejarão o pagamento de emolumentos e de outras despesas destinadas aos tabelionatos, ficando, assim, livre de qualquer prejuízo a Justiça do Trabalho, por algum lapso de seus servidores. Entretanto, isso não significa que não devam adotar medidas necessárias para evitar equívocos ou desistências reiteradas.

Realizado o pagamento ou homologado acordo judicial envolvendo o crédito exequendo após a lavratura do protesto, a autorização judicial de cancelamento do protesto deverá ser emitida pela Vara responsável, por meio eletrônico com certificação judicial.

O cancelamento do protesto nessa hipótese não será efetivado pelo juízo, devendo a parte interessada promovê-lo diretamente no Tabelionato respectivo mediante o pagamento de custas e emolumentos nos valores estabelecidos em tabela própria.

9.12. EMBARGOS DE TERCEIRO

Trata-se de um meio judicial processual para que o terceiro que não seja parte no processo e estiver sofrendo turbação ou esbulho na posse de seus bens, dos quais seja senhor e possuidor ou apenas possuidor, por ato de apreensão judicial, em casos como o de penhora, depósito, arresto, sequestro, alienação judicial, arrecadação, arrolamento, inventário, partilha, lhes sejam manutenidos ou restituídos, conforme dispõe o art. 674 do NCPC. Portanto, há necessidade que o autor não seja parte no processo, caso contrário, não seria terceiro, mas sim a própria parte, cuja defesa deverá ser por meio de embargos à execução ou à penhora, como vimos anteriormente.

Poderá ainda ser aquele que detém a posse sobre o bem penhorado ou mesmo o credor com garantia real que possa obstar a alienação judicial do objeto da hipoteca, penhor ou anticrese.

Sócio de pessoa jurídica, mesmo não se confundindo juridicamente com esta, não pode ser considerado terceiro com relação ao seu bem penhorado, quando a empresa for insolvente, pois, como beneficiário dos resultados positivos do empreendimento, deve ser também responsável pelos negativos, principalmente quando a aquisição do bem se deu na constância de sua atividade empresarial.

Mulher casada com o empregador, da mesma forma que com o sócio, não poderá ser considerada como terceira na relação, principalmente quando o bem objetivado foi constituído na constância do casamento e da atividade empresarial do marido.

Conforme art. 674, § 2º, I, do NCPC, combinado com o art. 843 e parágrafos do mesmo diploma legal, considera-se terceiro para ajuizamento dos embargos, o cônjuge ou companheiro, quando defende a posse de bens próprios ou de sua meação, salvo em se tratando de bem indivisível, que a quota-parte à execução, recairá sobre o produto da alienação do bem. Entretanto, é reservada ao coproprietário ou ao cônjuge ou companheiro não executado, a preferência na arrematação do bem em igualdade de condições. Finalmente, não será levada a efeito expropriação por preço inferior ao da avaliação na qual o valor auferido seja incapaz de garantir, ao coproprietário ou a cônjuge alheio à execução, o correspondente à sua quota-parte, calculado sobre o valo da avaliação.

Considera-se, ainda, como terceiro, o adquirente de bens cuja constrição decorreu de decisão que declara a ineficácia da alienação realizada em fraude à execução; quem sofre constrição judicial de seus bens por força de desconsideração da personalidade jurídica, de cujo incidente não fez parte; e o credor com garantia real para obstar expropriação judicial do objeto de direito real de garantia, caso não tenha sido intimado, nos termos legais dos atos expropriatórios respectivos.

Muito se tem discutido quanto à natureza jurídica do ato, ou seja, se é uma ação autônoma ou meramente um incidente de execução.

A jurisprudência e doutrina dominante no processo trabalhista é que seja um incidente de execução, pois apenas se verifica em decorrência de um processo, normalmente em fase de execução e na dependência da constrição de bens nas condições mencionadas.

A distinção é importante, quanto aos efeitos principalmente, pois se autônoma, o recurso cabível seria o ordinário e enquanto execução, é o agravo de petição, cuja tramitação é mais célere que aquele.

Tanto como incidente ou mesmo como ação autônoma, trata-se de um procedimento contencioso em que o autor deverá expor suas razões por meio de uma petição inicial, na conformidade do que preceitua o art. 319 do NCPC, juntando desde logo as provas que possuir e rol de testemunhas, para possibilitar defesa do exequente-embargado em quinze dias (art. 679 do NCPC), que também produzirá suas provas e apresentará eventual rol de testemunhas.

Ultrapassada a fase de conhecimento e instrução, o juízo proferirá sua decisão.

As partes deverão estar representadas por Advogados, devidamente constituídos nos autos, por se tratar de um ato jurídico processual técnico, como são os recursos em geral.

Os embargos podem ser opostos a qualquer tempo no processo de conhecimento enquanto não transitada em julgado a sentença e, no cumprimento de sentença ou no processo de execução, até cinco dias depois da arrematação, adjudicação ou remição, mas sempre antes da assinatura da respectiva carta (art. 675 do NCPC). Significa que ocorrida antes do transcurso de cinco dias a assinatura da carta, o embargante terá seu prazo reduzido; a recíproca não é verdadeira, pois, atrasando-se a assinatura mais que cinco dias, o prazo será fatal. Importante lembrar que em São Paulo a carta de arrematação é assinada logo após a arrematação em hasta pública.

Em algumas oportunidades, o prazo inicia-se com o conhecimento do terceiro, da ação sobre seu bem, que eventualmente pode até dar-se após a assinatura da carta de arrematação, adjudicação ou remição, na dependência, obviamente, de provas cabais, para não se agasalhar uma procrastinação do feito que se suspende.

9.13. ARQUIVAMENTO — CERTIDÃO CRÉDITO TRABALHISTA

Muitas vezes não se encontra o executado ou ainda bens para serem expropriados para atender ao crédito do exequente e à satisfação do decidido. Nessa situação a execução se paralisa à espera de algum impulsionamento.

Após esgotadas todas as tentativas pelos meios disponíveis pela própria Justiça do Trabalho e verificada pois, a paralisação pela impossibilidade de localização do devedor ou de bens suficientes para a garantia do juízo, o processo de execução é suspenso pelo prazo de até um ano, anotando-se a respectiva movimentação no sistema informatizado, permanecendo no arquivo na própria Vara.

Completado um ano de paralisação, o juízo da execução deverá conceder ao exequente mais trinta dias de prazo para indicar os meios efetivos para o prosseguimento da execução, sob pena de arquivamento definitivo dos autos, liberando-se imediatamente ao autor de créditos parciais existentes nos autos, ainda que provenientes de depósito recursal, mediante compensação, bem como a liberação de bens quando julgada insubsistente a penhora.

Nessa hipótese de arquivamento definitivo, deve ser entregue ao credor, certificando-se nos autos a Certidão de Crédito Trabalhista oriunda do protesto da sentença ou, se o juízo **não entender pertinente o protesto, a entrega da Certidão de Crédito Trabalhista disponível no sistema informatizado do Tribunal.**

9.13.1. Execução — Título Judicial — Certidão de Crédito Trabalhista

Certidão de Crédito Trabalhista não se confunde com a recente Certidão Negativa de Débitos Trabalhista criada pela Lei n. 12.440, de julho de 2011, pois que esta visa comprovar a inexistência de débito de algum interessado junto à Justiça do Trabalho e aquela, ao contrário, comprova a existência de crédito oriundo de algum processo desenvolvido na Justiça do Trabalho e que por alguma razão encontra-se arquivado definitivamente.

Entretanto, mesmo estando arquivado definitivamente, a execução pode ser reiniciada pelo credor por meio da competente Certidão de Crédito Trabalhista.

Assim sendo, tendo encontrado o devedor ou os bens sobre os quais possa recair a penhora, caberá ao credor promover a execução de seu crédito na forma dos artigos 876 e seguintes da CLT, como vimos anteriormente.

A petição inicial deve ser instruída com a respectiva certidão e atender aos requisitos legais exigidos para o regular desenvolvimento da ação, sob o título de EXECUÇÃO DE CERTIDÃO DE CRÉDITO JUDICIAL, devendo ser distribuída à mesma Vara que emitiu a certidão, independentemente de compensação, conforme previsão contida nas Normas da Corregedoria Regional.

Quitado integralmente o débito objeto, proceder-se-á à baixa do processo, arquivando-se o processo definitivamente; no caso de quitação parcial, será emitida nova Certidão com o valor remanescente; e, finalmente, se nada for obtido, será a certidão inicial devolvida ao autor.

XIV Recursos

1. GENERALIDADES

Os recursos vêm discriminados no art. 893 da CLT, o que, entretanto, não esgota a possibilidade da existência de outros, previstos em esparsas leis processuais trabalhistas, além daqueles de natureza civil, compatíveis com o processo trabalhista e outras regimentais.

Socorrem-se os recursos dos princípios gerais estabelecidos no NCPC, desde que, como dispõe o art. 796 da CLT, não sejam incompatíveis com a legislação processual específica celetista.

O Capítulo Celetista que trata dos recursos, foi modificado sensivelmente pela Lei n. 13.015, de 21 de julho de 2014. Para sua adequação, o TST editou o Ato n. 491 procurando interpretar e dar orientações suficientes para sua aplicação plena.

Os recursos não podem ser utilizados simultaneamente em suas espécies, mas apenas sucessivamente, à exceção do recurso de embargos junto ao TST e do extraordinário ao STF, que podem ser concomitantes.

Portanto, a parte não pode entrar com dois recursos ao mesmo tempo, mas esgotada a possibilidade do primeiro, passa-se ao próximo, desde que admitido.

São irrecorríveis as decisões interlocutórias proferidas nos feitos, conforme dispõe o art. 893, § 1º, CLT, que também fixa o momento processual para seu recurso, que é aquele em que a lei permite interpor da decisão definitiva.

Nesse sentido, dispõe a Súmula n. 214 do C. TST em sua nova redação:

> "SÚM. N. 214 DECISÃO INTERLOCUTÓRIA. IRRECORRIBILIDADE
>
> Na Justiça do Trabalho, nos termos do art. 893, § 1º, da CLT, as decisões interlocutórias não ensejam recurso imediato, salvo nas hipóteses de decisão: a) de Tribunal Regional do Trabalho contrária à Súmula ou Orientação Jurisprudencial do Tribunal Superior do Trabalho; b) suscetível de impugnação mediante recurso para o mesmo Tribunal; c) que acolhe exceção de incompetência territorial, com a remessa dos autos para Tribunal Regional distinto daquele a que se vincula o juízo excepcionado, consoante o disposto no art. 799, § 2º, da CLT."

Portanto, no curso do processo, quando prolatada, salvo se terminativa, não comporta recurso e somente serão atacadas posteriormente, se a decisão definitiva evidentemente for prejudicial à parte contra quem se decidiu e ainda se aquela questão teve influência efetivamente.

Exemplo: Quando se decide a arguição de nulidade no curso do processo, como a de cerceamento de defesa, somente no recurso cabível da sentença definitiva é que a parte poderá renovar a arguição, nas condições previstas no art. 795 da CLT, a título de preliminar em grau de recurso após decisão final de conhecimento, pois, às vezes esses despachos põem fim a uma questão incidente. quando a Instância Superior, antes de adentrar no mérito, decidirá a questão prejudicial ou preliminar. Se procedendo a irresignação, a decisão será anulada, para que seja repetido o ato inquinado ou mesmo suprimido.

São despachos, entretanto, que normalmente resolvem matéria de natureza processual ou de mero expediente.

1.1. PROPOSITURA

Como preceitua o art. 899 da CLT, podem ser interpostos por quem de direito, por simples petição, desde que expostas todas as razões recursais, com referência à matéria que se deseja revisar, de modo que a inexistência de fundamentação ou mesmo de contrarrazões é ônus da parte, que poderá não ter conhecida a sua peça.

Portanto, simples petição não significa que possa ser apenas por meio de peça solicitando simplesmente a revisão recursal pelo Tribunal *ad quem*, sem qualquer fundamentação fática ou de direito.

Poderá haver sim, uma simples petição, mas de encaminhamento das razões recursais, em que por outro lado, como explicitado, deverá conter toda a matéria e fundamentos do que se pretende revisar.

A propositura deverá ser encaminhada e apresentada perante o Juiz ou Tribunal de origem que julgou a causa que, dependendo das condições, remeterá ao Órgão Revisor competente.

1.2. TRAMITAÇÃO

Cada recurso, dependendo de sua espécie, tem tramitação distinta, como se verá adiante.

Genericamente, entretanto, todos os recursos deverão ser apresentados em uma via, perante o Juiz ou Tribunal que prolatou a decisão recorrida, de preferência por meio dos serviços de protocolo da Justiça do Trabalho, estabelecidos por Regimentos Internos ou Assentamentos próprios dos Tribunais, com chancela mecânica, contendo, principalmente, o número de identificação da petição, data e hora.

Recebida a peça, o Juiz ou Tribunal, por despacho, a submeterá à parte contrária para contrarrazões e, após escoado o prazo para tanto, a remeterá para o Órgão *ad quem* competente para apreciar e decidir o recurso que, por sua vez, por meio de distribuição própria na sequência de chegada ao Tribunal, designará por sorteio um Desembargador Relator, que terá por incumbência analisar o recurso e propor a solução que entender cabível, para submissão à Turma Julgadora, após ciência do Desembargador Revisor, necessário para alguns recursos.

Antes da distribuição ao Desembargador Relator, alguns processos com o recurso são submetidos à Procuradoria Regional do Trabalho para exarar um Parecer sobre a matéria ventilada e, se necessário, propor também a devida solução. O objetivo está em verificar se a lei, de um modo geral, está sendo cumprida. As hipóteses são aquelas mencionadas anteriormente.

A Secretaria da Turma deve publicar na Imprensa Oficial do Estado, para todos os efeitos e principalmente para ciência das partes, a inclusão em Pauta para julgamento, indicando a data correspondente. Na data assinalada, a parte que desejar, por seu Advogado, poderá se inscrever junto à Secretaria da Turma, para a realização de sustentação oral, perante os Desembargadores que irão julgar o recurso, falando por primeiro, se for o caso, o autor e depois o réu no processo, em até dez minutos cada um.

Embora a minuta de voto com a proposta de solução do Desembargador Relator e eventualmente do Revisor já esteja pronta, é sempre importante a sustentação oral, quando o Advogado poderá diretamente chamar a atenção dos julgadores para os pontos que mais lhe convierem, na defesa de seu posicionamento, tal como ocorre nas razões finais, que pode se verificar antes da prolação da decisão em fase de conhecimento, como vimos.

O julgamento será pela maioria simples e, após proclamado o resultado, não poderá ser mais modificado no mesmo grau de jurisdição. Antes, quaisquer dos Juízes participantes, poderão solicitar vista regimental do processo em julgamento, ou em mesa, que significa no mesmo ato, ou fora, que acarretará a suspensão temporária do feito, até uma próxima sessão, independentemente de nova comunicação às partes.

Inaplicável o art. 942 e parágrafos do NCPC quanto ao prosseguimento de julgamento que não seja unânime, pois como vimos, prevalece a maioria simples, o que significa que não houve julgamento à unanimidade apenas.

O feito submetido a julgamento poderá ainda ser retirado de pauta pelo Relator ou mesmo pelo Presidente da Turma, o que representa que ele não será julgado naquela ou em outra sessão, mas somente após ter sido reincluído em pauta, com nova publicação de ciência às partes.

Após concluído o julgamento, a Secretaria da Turma lavrará certidão contendo a parte dispositiva do acórdão, com o respectivo número de ordem e cópia do Voto Vencedor, em seu inteiro teor. Eventuais notas taquigráficas não servem para substituir o necessário acórdão.

1.2.1. Procedimento Sumaríssimo

O recurso no procedimento sumaríssimo tem algumas condições que devem ser consideradas e observadas, para complementar o objetivo da lei que o instituiu, de maior celeridade em sua tramitação, até o trânsito em julgado.

O recurso apropriado será o ordinário, conforme dispõe o § 1º do art. 895 da CLT, que deverá ser proposto na mesma forma dos demais, apenas com distribuição imediata e com preferência aos demais e, uma vez no Tribunal, deverá ser sorteado Relator, que deverá liberar o recurso, no prazo máximo de dez dias, para colocação em pauta para julgamento e sem revisor como preceitua a lei.

Diante dessa previsão, obviamente os recursos serão apreciados mais rapidamente, principalmente pela preferência e por não haver necessidade de se passar antes por um Desembargador Revisor.

Há, na hipótese, odiosa discriminação com outros recursos aguardando distribuição e pauta, que nos grandes tribunais se acumulam, sendo que versam também sobre a mesma matéria e natureza, e as mesmas partes, mas que se verão preteridos, apenas pelo valor pleiteado ser maior que o limite imposto aos sumaríssimos.

Ademais, essa disposição leva à presunção de que a demora na apreciação e decisão de recursos seja por culpa exclusiva dos Magistrados que compõem a segunda instância, quando, na verdade, não dispõem de condições materiais e tampouco físicas, para desvencilharem-se de uma carga numerosa e enfastiante de processos, mesmo que contassem com maior número de auxiliares, pois a decisão efetiva deve ser deles próprios, por se tratar de ato personalíssimo da judicatura.

O Parecer pela Procuradoria Regional do Trabalho pode ser proferido oralmente na sessão de julgamento, se assim entender necessário.

Surge aqui uma indagação, na hipótese de ausência do representante à sessão de julgamento, se obrigará ao adiamento e, então, com possibilidade de não se observar a celeridade exigida. De qualquer forma, a previsão é salutar, como aliás já se vinha procedendo em recursos perante o TST, salvo algumas exceções previstas em Regimento Interno.

A forma do acórdão consistirá apenas em uma certidão de julgamento, com a indicação suficiente do processo e parte dispositiva, como se faz atualmente, mas na qual deverão constar as razões de decidir do voto prevalente, que se pode dizer na própria decisão da Turma, a menos que se negue provimento, que será feito pelos próprios fundamentos da decisão *a quo*, registrando-se na mesma certidão.

O §2º do supracitado artigo deixa ao arbítrio dos Tribunais designar Turma para julgamentos dos recursos interpostos pelo procedimento sumaríssimo, como se fora especializada, o que também poderá agilizar os julgamentos.

A especialização de Turmas pode ser introduzida nos Tribunais, independentemente de previsão legal, para diversas matérias e também na dependência da qualidade das partes (exemplificativamente: em agravos de petição, de instrumento, em que houver a presença, a qualquer título, de uma pessoa jurídica de direito público etc.).

Nas causas sujeitas ao procedimento sumaríssimo, somente será admitido recurso de revista por contrariedade a súmula de jurisprudência uniforme do Tribunal Superior do Trabalho ou a súmula vinculante do Supremo Tribunal Federal (§ 9º do art. 896 da CLT).

1.3. "REFORMATIO IN PEJUS"

Não se admite a *reformatio in pejus*, ou seja, reformar a decisão recorrida para pior, mesmo com a observação do recurso, agravando ainda mais a posição do recorrente, salvo se a parte contrária tiver também recorrido sobre a mesma matéria e tiver sucesso em sua propositura.

Exemplificando, admita-se que o reclamante pleiteou, na inicial, o pagamento de cem horas extras e, em defesa, a reclamada defendeu-se alegando que não havia qualquer hora extra para ser quitada. Após instrução, decidiu-se que o reclamante possuía direito a receber cinquenta horas extras e não o total pleiteado.

A reclamada nesse caso recorre, renovando a matéria defensiva de que nada devia ao reclamante a título de horas extras.

Na apreciação do recurso, a instância superior decide que a reclamada-recorrente não tem razão e, ainda, que a sentença da qual recorre não estava correta, pois efetivamente o reclamante-recorrido tem o direito a cem horas extras pleiteadas, aumentando, pois, a condenação.

Nessa hipótese, houve a *reformatio in pejus,* pois a reclamada-recorrente não reduziu a condenação, mas, ao contrário, proporcionou o seu aumento, o que não se permite.

Na eventualidade de as duas partes recorrerem no exemplo citado, poderá então haver negativa no da reclamada--recorrente e provimento no do reclamante-recorrente, para reconhecer o que efetivamente pleiteou. Aqui não houve reforma para pior, pois apenas se deu provimento a um dos recursos impetrados.

1.4. DESISTÊNCIA

O recorrente poderá a qualquer tempo, sem anuência do recorrido ou dos litisconsortes, desistir do recurso interposto, que pode ser total ou parcial, desde que divisível a matéria e antes de se iniciar o julgamento propriamente dito, com a leitura do voto pelo Relator e votação pelos demais:

> "Art. 998 do NCPC:
>
> O recorrente poderá, a qualquer tempo, sem a anuência do recorrido ou dos litisconsortes, desistir do recurso.
>
> Parágrafo único. A desistência do recurso não impede a análise de questão cuja repercussão geral já tenha sido reconhecida e daquela objeto de julgamento de recursos extraordinários ou especiais repetitivos."

Não pode, entretanto, haver desistência antecipada, antes da interposição, pois somente pode haver desistência de algo que se iniciou e nessa hipótese de desistência antecipada, haveria sim uma renúncia ao direito recursal que lhe é conferido por lei.

A desistência poderá ser manifestada da própria tribuna de sustentação oral e, se for com relação ao recurso principal, faz também decair o eventual adesivo interposto pela parte contrária, mesmo sem sua vontade, pois o acessório (recurso adesivo) segue a mesma sorte que o principal (recurso ao qual houve adesão).

O Procurador, para manifestar desistência do recurso, precisa estar munido com instrumento de procuração com poderes específicos para tanto.

A desistência independe de homologação do Juiz, bastando a declaração de vontade do desistente e do conhecimento do juízo. Havendo litisconsorte, haverá desistência somente em relação ao que desistiu, prosseguindo o reexame com relação aos demais.

1.5. RENÚNCIA

Renúncia ao direito de recorrer é o que se verifica antes da interposição do recurso, mas que seja após a prolação da decisão recorrível, pois, do contrário, estaria havendo renúncia a um direito que ainda não se verificou no tempo e no espaço.

A renúncia, a exemplo da desistência, independe do consentimento da parte contrária ou dos litisconsortes, como dispõe o art. 999 do NCPC:

> "A renúncia ao direito de recorrer independe da aceitação da outra parte."

Haverá ainda renúncia, se a parte aceitar expressa ou tacitamente a sentença ou decisão e desse modo, estará impedido de recorrer, como preceitua o art. 1000 do NCPC:

> A parte, que aceitar expressa ou tacitamente a decisão não poderá recorrer.
>
> Parágrafo único. Considera-se a aceitação tácita a prática, sem nenhuma reserva, de ato incompatível com a vontade de recorrer.

1.6. LITISCONSORTES

O recurso interposto por um dos litisconsortes aproveitará a todos, como se fossem signatários da mesma peça, salvo se forem distintos ou opostos seus interesses (art. 1.005 do NCPC).

Havendo solidariedade passiva, o recurso interposto por um devedor aproveita aos outros, quando as defesas opostas ao credor forem comuns. (art. 1.005, parágrafo único do NCPC).

Entretanto, o depósito recursal é personalíssimo, não produzindo efeito para outrem, a não ser para o depositante diretamente, conforme entendimento jurisprudencial.

1.7. EFEITOS

Os recursos, quando interpostos, antes mesmo de serem apreciados, provocam algumas consequências no processo, dependendo das condições em que poderão ser recebidos, que, de um modo geral, serão com os efeitos devolutivo e, excepcionalmente, suspensivo.

1.7.1. Devolutivo

Por devolutivo, além de devolver os fundamentos da inicial ou da defesa, não examinados pela sentença, entende-se que na qualidade recursal não enseja paralisação do processo enquanto o recurso interposto é apreciado pela instância superior.

Esse efeito é genérico, inerente a qualquer recurso e, portanto, não havendo declaração, deve ser admitido como tal.

Com o efeito devolutivo do recurso, a parte interessada poderá promover a execução provisória, realizando todos os atos peculiares até a penhora e toda discussão cabível desta.

Deverá então, nessa hipótese, aguardar o resultado do recurso interposto, para adaptar, se no caso, a nova decisão na execução ou até mesmo, se no final for julgada improcedente a reclamatória, extingui-la

Portanto, haverá a devolução da decisão proferida no acórdão que julgou o recurso, recolocando em termos o feito que não foi paralisado em sua tramitação executória.

Quanto à devolução de fundamentos, temos a Súm. n. 393 do C. TST, que menciona a aplicação do art. 515, §§ 1º e 3º do ACPC substituídos pelo art. 1.013 e parágrafos do NCPC e, portanto, ainda aplicável com as respectivas modificações:

> "RECURSO ORDINÁRIO. EFEITO DEVOLUTIVO EM PROFUNDIDADE. ART. 1.013, § 1º, DO CPC de 2015
>
> I — O efeito devolutivo em profundidade do recurso ordinário, que se extrai do § 1º do art. 1.013 do CPC, transfere ao Tribunal a apreciação dos fundamentos da inicial ou da defesa, não examinados pela sentença, ainda que não renovados em contrarrazões, desde que relativos ao capítulo impugnado.
>
> II — Se o processo estiver em condições, o tribunal, ao julgar o recurso ordinário, deverá decidir desde logo o mérito da causa, nos termos do § 3º do art. 1.013 do CPC de 2015, inclusive quando constatar a omissão da sentença no exame de um dos pedidos."

Complementando, dispõe o art. 1.013 do NCPC, que amplia o referido art. 515 do ACPC:

> "A apelação devolverá ao tribunal o conhecimento da matéria impugnada.
>
> § 1º Serão, porém, objeto de apreciação e julgamento pelo tribunal todas as questões suscitadas e discutidas no processo, ainda que não tenham sido solucionadas, desde que relativas ao capítula impugnado.
>
> § 2º Quando o pedido ou a defesa tiver mais de um fundamento e o Juiz acolher apenas um deles, a apelação devolverá ao tribunal o conhecimento dos demais.
>
> § 3º Se o processo estiver em condições de imediato julgamento, o tribunal deve decidir desde logo o mérito quando:
>
> I — reformar sentença fundada no art. 485;
>
> II — decretar a nulidade da sentença por não ser ela congruente com os limites do pedido ou da causa de pedir;
>
> III — constatar a omissão no exame de um dos pedidos, hipótese em que poderá julgá-lo;
>
> IV — decretar a nulidade de sentença por falta de fundamentação.
>
> § 4º Quando reformar sentença que reconheça a decadência ou a prescrição, o tribunal, se possível, julgará o mérito, examinando as demais questões, sem determinar o retorno do processo ao juízo de primeiro grau.
>
> § 5º O capítulo da sentença que confirma, concede ou revoga a tutela provisória é impugnável na apelação."

1.7.2. *Suspensivo*

Por ser exceção, deve ser expresso pelo Juiz que recebe o apelo e, nesse caso, o processo ficará paralisado até resolução final do recurso. Somente após é que se retornará ao processo, para eventual execução, se mantida a procedência do feito.

Tem surgido dificuldades quanto a decisões, seja em tutela antecipada ou não, determinando a execução de obrigações de fazer, principalmente na reintegração de trabalhadores dispensados, diante da propositura de recurso ordinário sem a possibilidade de efeito suspensivo.

Nesse sentido dispõe a Sum. n. 414 do TST dirimindo a questão:

"MANDADO DE SEGURANÇA. ANTECIPAÇÃO DE TUTELA (OU LIMINAR) CONCEDIDA ANTES OU NA SENTENÇA

I — A antecipação da tutela concedida na sentença não comporta impugnação pela via do mandado de segurança, por ser impugnável mediante recurso ordinário. A ação cautelar é o meio próprio para se obter efeito suspensivo a recurso.

II — No caso da tutela antecipada (ou liminar) ser concedida antes da sentença, cabe a impetração do mandado de segurança, em face da inexistência de recurso próprio.

III — A superveniência da sentença, nos autos originários, faz perder o objeto do mandado de segurança que impugnava a concessão da tutela antecipada (ou liminar)."

Vê-se, pois, que o caminho é a ação cautelar ou de tutela de urgência, como ora dispõe o NCPC, paralelamente ao recurso ordinário, que deve ser proposto no Tribunal e ao Desembargador Relator que será competente para conhecer do ordinário.

Na cautelar o objetivo é obter uma liminar de suspensão da decisão originária.

Entretanto, se a decisão é proferida antes da sentença, caberá o mandado de segurança, pois não existe recurso apropriado nesse seguimento processual. Há quem sustente que poderá ser intentada correição parcial à Corregedoria, mas a preferência, diante da jurisprudência citada, é pelo mandado de segurança. Por óbvio, a superveniência da sentença faz perder o objeto do mandado de segurança, mas persiste então, a possibilidade da medida cautelar, se for o caso.

Por outro lado, é incabível ação cautelar para obter efeito suspensivo ao recurso ordinário em mandado de segurança, pois, em última análise, ambas visam o mesmo objeto e, portanto, poderiam ser conflitantes, o que não se admite juridicamente.

Assim dispõe a jurisprudência:

"OJ-SDI 2 n. 113 AÇÃO CAUTELAR. EFEITO SUSPENSIVO AO RECURSO ORDINÁRIO EM MANDADO DE SEGURANÇA. INCABÍVEL. AUSÊNCIA DE INTERESSE. EXTINÇÃO.

É incabível medida cautelar para imprimir efeito suspensivo a recurso interposto contra decisão proferida em mandado de segurança, pois ambos visam, em última análise, à sustação do ato atacado. Extingue-se, pois, o processo, sem julgamento do mérito, por ausência de interesse de agir, para evitar que decisões judiciais conflitantes e inconciliáveis passem a reger idêntica situação jurídica."

Não se confunda com a situação anterior, pois lá houve a concessão do efeito suspensivo por mandado de segurança e que decaiu em razão da sentença proferida e que ainda depende de confirmação em recurso ordinário e, portanto, sujeito a suspensão de seus efeitos antecipados, por cautelar.

1.8. *JUNTADA DE DOCUMENTOS*

Não se permite a juntada de documentos com as razões recursais ou mesmo com contrarrazões salvo se houver prova de justo impedimento para a sua oportuna apresentação ou que seja novo, referindo-se a fatos posteriores à sentença, conforme entende a doutrina e jurisprudência, cristalizada pela Súmula n. 8 do C. TST:

"JUNTADA DE DOCUMENTO

A juntada de documentos na fase recursal só se justifica quando provado o justo impedimento para sua oportuna apresentação ou se referir a fato posterior à sentença."

Quando se tratar de cópias de decisões semelhantes, são admitidas por não se constituírem em documentos propriamente ditos, mas apenas jurisprudência, que poderia ser citada e reproduzida em meio às argumentações expendidas.

Na hipótese do revel, deverão ser aceitos apenas os documentos destinados a fazer prova que eventualmente justifiquem seu impedimento de comparecer em juízo no momento adequado para apresentação de sua defesa e, dessa forma, ilidir a revelia e anular a decisão prolatada, para que seja admitida a sua defesa no processo, reabrindo-se a instrução e, então, acompanhada dos documentos em que se fundar.

1.9. INCIDENTE DE ASSUNÇÃO DE COMPETÊNCIA

Previsto no art. 947 do NCPC e aplicável no processo trabalhista, o incidente de assunção de competência quando o julgamento de recurso ao Tribunal, de remessa necessária ou de processo de competência originária envolver relevante questão de direito, com grande repercussão social, sem repetição em múltiplos processos.

Nessas hipóteses, o relator proporá, de ofício ou a requerimento da parte, do Ministério Público ou da Defensoria Pública, que seja julgado pelo órgão colegiado que o regimento indicar, desde que reconheça haver interesse público na assunção de competência.

Pela lógica jurídico-processual, o órgão colegiado deverá ser o Tribunal Pleno ou Especial, conforme especificação regimental, provocado por uma Comissão à exemplo da Comissão de Uniformização de Jurisprudência ou a ela própria que seja, para proceder à análise necessária para essa admissão e enviar à julgamento, cuja decisão vinculará todos os juízes e órgãos fracionários, exceto se houve revisão de tese.

Aplica-se ainda o disposto neste artigo processual, quando ocorrer relevante questão de direito a respeito da qual seja conveniente a prevenção ou a composição de divergência entre câmaras ou turmas do tribunal.

2. PRESSUPOSTOS DE ADMISSIBILIDADE RECURSAL

Pressupostos de admissibilidade devem ser entendidos como requisitos essenciais ou condições impostas à parte interessada, para que seu recurso seja processado e principalmente conhecido e decidido pela instância superior competente, à qual é devolvido o conhecimento total ou parcial da matéria julgada.

Passam por duplo exame: pelo Juiz *a quo*, ou seja, na instância onde foi prolatada a decisão, que analisa preliminarmente autorizando ou não o seguimento, cujo despacho, entretanto, não constrange o juízo da superior, *ad quem*, que é o segundo a examinar, podendo rejeitar o recurso admitido como ordenar a subida, dando provimento ao provável agravo de instrumento interposto.

As condições podem ser consideradas subjetivas ou objetivas.

2.1. SUBJETIVOS

Pressupostos subjetivos são os que se referem à própria parte que pretende recorrer, com base no que dispõem as normas processuais.

É a legitimidade para recorrer (parte vencida no todo ou em parte). O vencedor somente poderá recorrer quando na verdade sai vencido, tal como ocorre quando requereu pela improcedência do feito (decisão definitiva, que faz coisa julgada) e foi julgado carecedor da ação (decisão terminativa, que não faz coisa julgada), onde há virtualmente a possibilidade de renovar o pedido.

Podem recorrer as partes do processo, sendo que preposto não é parte, mas apenas representante e, portanto, não pode recorrer. O terceiro interessado pode recorrer (art. 996 NCPC). A Procuradoria da Justiça do Trabalho da mesma forma pode recorrer, quando e como representante de incapazes, como vimos anteriormente.

No dissídio coletivo, são as entidades sindicais, federações e confederações, que possuem o direito de recorrer, como também o terceiro interessado, a Procuradoria e Presidência do Tribunal, que apesar de não serem partes no processo, possuem o mesmo direito, conforme art. 898 da CLT, quando a decisão proferida afete empresa de serviço público, ou, em qualquer caso, das proferidas em revisão. Pelo art. 8º da Lei n. 5.584/70, poderá também interpor recurso em dissídio coletivo, a própria União, quando for fixado um índice de reajuste salarial, maior que o estabelecido pela política salarial do Governo.

O DL n. 779/69 tornou obrigatório o recurso ordinário *ex officio* das decisões que sejam total ou parcialmente contrárias à União, Estados, Distrito Federal, Municípios e às autarquias ou fundações de direito público federais, estaduais ou municipais que não explorem atividade econômica. Significa que o próprio juízo que prolatou a decisão na fase cognitiva dela recorre obrigatoriamente, sob pena de nulidade, subindo à instância revisora, quer mencione ou não expressamente no *decisum*. Nesta hipótese, é devolvida ao juízo *ad quem* o conhecimento de toda a matéria ventilada e decidida pelo *a quo* mesmo que tenha sido interposto recurso voluntário pela própria entidade, quando haverão de ser decidido os dois.

2.2. OBJETIVOS

Pressupostos objetivos são os fixados por norma legal ou regimental, referentes ao próprio recurso que se pretende interpor e, em alguns, específicos ou apropriados.

Entretanto, são comuns às partes, com uma exceção, em que é exclusivo de uma delas, a reclamada.

2.2.1. Comuns a Ambas as Partes

2.2.1.1. Prazo para Interposição

Todos os prazos foram unificados para os recursos previstos na CLT, pela Lei n. 5.584/70, em oito dias, a partir da ciência da decisão recorrida.

Esgotado o prazo, transita em julgado contra quem não recorreu.

Quanto ao prazo de oito dias, exceção se faz ao recurso de revisão do valor da causa que é de quarenta e oito horas, da correição em cinco dias, embargos declaratórios na Vara do Trabalho e no TRT. em cinco dias e finalmente recurso extraordinário em quinze dias. A contagem se fará na forma mencionada anteriormente, no Título Atos, Termos e Prazos, ou seja, por dias corridos.

Para as pessoas jurídicas de direito público interno, os prazos são contados em dobro (DL n. 779/69, art. 1º, III), qualquer que seja o recurso interposto.

Interposto recurso no prazo previsto, diz-se ser tempestivo e, consequentemente, fora do prazo, intempestivo ou extemporâneo.

2.2.1.2. Procuração

A representação para interposição deve ser privativa de Advogado devidamente inscrito na Ordem dos Advogados do Brasil, munido do competente mandato ou, no máximo, com o chamado mandato tácito, ou seja, quando houve intervenção anteriormente no processo pelo signatário, acompanhado da própria parte, em que se supõe que o nomeou. Nesta hipótese não haverá os chamados poderes especiais, que devem ser expressos. Pode ser, entretanto, que pessoalmente a parte tenha também formulado que fosse representado com poderes especiais, o que é válido.

Parte da doutrina e jurisprudência entende que a própria parte, ainda que não Advogado, pode recorrer, o que entendemos ser inadequado. Por ser um ato eminentemente técnico, para o que a Justiça não dispõe de meios para tanto.

É comum, por ocasião da ocorrência de sustentação oral junto ao Tribunal, o Advogado requerer e ter deferida a juntada de substabelecimento. É salutar que esse pedido seja anteriormente à sessão, para que possa ser avaliado com os elementos do processo.

2.2.1.3. *Cabimento*

Deve haver previsibilidade legal do recurso desejado e a adequação da matéria ventilada, como ocorre nas hipóteses dos agravos de petição e de instrumento, de revista, de revisão, extraordinário etc., e ainda, conforme a instância prolatora, originariamente ou recursal, como se verá a seguir, na apreciação de cada uma das espécies.

Eventualmente poderá haver a fungibilidade do recurso, ou seja, interposto numa modalidade, ser recebido por outro correto para a hipótese, desde que não haja prejuízo processual à parte contrária ou que não seja erro grosseiro, com relação ao que é exigido principalmente por lei ou regimentalmente.

2.2.1.4. *Custas*

Devem ser pagas pelo vencido, no prazo de cinco dias a contar da data da interposição do recurso, sob pena de deserção.

O valor será o correspondente à condenação, calculado sobre o seu valor, em percentual fixado pela lei.

As entidades de direito público externo e interno, relacionadas no art. 1º do Dec.-Lei n. 779/69 — União, Estados, Distrito Federal, Municípios, autarquias ou fundações de direito público federais, estaduais ou municipais que não explorem atividade econômica — poderão pagar as custas ao final, com exceção da União, que por motivos óbvios não paga em qualquer hipótese.

O falido também está dispensado do pagamento de custas, conforme entendimento jurisprudencial (Sum. n. 86 do C. TST), pois normalmente não possui numerário disponível para fazê-lo, em razão da arrecadação que sofre de seus bens para ficar sob a responsabilidade do juízo universal da falência. O mesmo não pode ocorrer com relação ao que estiver em regime judicial ou extrajudicial de recuperação, e até mesmo ao falido, que se mantém em atividade por ordem judicial, pois presume-se que continuam gerando recursos e com capacidade financeira para solverem seus compromissos mais urgentes.

Na interposição de novos recursos, as custas devem ser complementadas até o valor integral devido.

Por outro lado, não haverá deserção a hipótese em que, acrescido o valor da condenação, não houve fixação ou cálculo do valor devido a título de custas e tampouco intimação da parte para o preparo do recurso, quando, então, a diferença deverá ser paga ao final, pois a parte não pode responder pelo que não tem conhecimento no processo.

Pode haver certa dúvida na hipótese de inversão do ônus da sucumbência em segundo grau, que quando ocorrer, sem acréscimo ou atualização do valor das custas e se estas já foram devidamente recolhidas, descabe novo pagamento pela parte vencida ao recorrer, que, entretanto, deverá ao final, se sucumbente, ressarcir o equivalente.

Nas ações plúrimas, as custas incidem sobre respectivo valor global (Sum. n. 36 TST).

2.2.1.5. *Isenção de custas*

Poderá haver isenção do pagamento por parte do reclamante, e muito tem se discutido se essa concessão é mera faculdade do Juiz ou é obrigatória, decorrente da própria lei, se preenchidas as condições impostas para tanto e como devem ser implementadas.

Compartilho com os que entendem que é uma obrigação do Juiz, desde que as condições sejam regularmente implementadas e, nessa hipótese, com as justificativas seguintes:

a) não ter sido condenado ao pagamento em sentença, pois não poderá ser isento pelo Juiz, que não pode modificar seu próprio julgamento, o que somente é possível pela instância superior, na pendência de recurso apropriado;

b) o recorrente ter assinado declaração ou mesmo o seu procurador, demonstrando sua miserabilidade que trata a Lei n. 7.115/83. Não basta apenas requerer isenção, sob o fundamento, sem qualquer prova, de se encontrar desempregado, o que não é suficiente, visto que se não verdadeira a alegação, sequer poderá sofrer as penas da lei, como prevê a citada lei.

O Advogado, para fazer declaração em nome de seu constituinte, deve ser Procurador bastante (art. 1º da Lei n. 7.115/83), o que significa que deve possuir poderes especiais e específicos para essa finalidade, para que possa o outorgante sujeitar-se às penas da lei, pois que a responsabilidade criminal é sempre subjetiva;

c) que o pedido de isenção de custas, conforme permite o art. 6º da Lei n. 1.060/50, seja feito no curso da ação, o que entretanto não dispensa que haja prova da miserabilidade exigida pela Lei n. 7.115/83, pois, inclusive, o citado artigo dita em seu final que a petição, neste caso, será autuada em separado, apensando-se os respectivos autos aos da causa principal, depois de resolvido o incidente, o que significa que o ato, apesar da faculdade do Juiz em deferir de plano, não dispensa o crivo do contraditório, tanto que o art. 7º do mesmo diploma faculta à parte contrária, em qualquer fase da lide, requerer a revogação dos benefícios de assistência, desde que prove a inexistência ou desaparecimento dos requisitos essenciais à sua concessão;

d) perceber o recorrente menos que o dobro do salário mínimo legal ou desde que sua situação econômica não lhe permita demandar, sem prejuízo do sustento próprio ou da família, que, entretanto, deverá ser comprovado em atestado ou ao menos por declaração, na forma da Lei n. 7.115/83 e estar assistido pelo sindicato da categoria, conforme dispõe o art. 14 da Lei n. 5.584/70, que se refere expressamente à Lei n. 1.060/50, que por sua vez trata da Assistência jurídica aos necessitados e não especificamente de isenção de custas, em que esta é apenas consequência daquela e que, por óbvio, deve se dar durante o transcurso do processo e não apenas com o fim específico de recorrer.

2.2.1.6. Valor de Alçada

Somente se permite recurso para os feitos que excedam o valor fixado para alçada na inicial, que é de dois salários mínimos. Os que não ultrapassarem esse limite são tratados como processos sumários, cujo trâmite se esgota na própria Vara, salvo se a matéria tratada for passível de recurso extraordinário, que, por ser de previsão constitucional, não pode ser obstado.

Há quem sustente que esse requisito foi eliminado pela atual Constituição Federal, tendo em vista que ela garante o amplo direito de defesa e o duplo grau de jurisdição e, portanto, não deveria haver essa limitação.

Essa corrente é minoritária e vencida pela argumentação, de que o direito de defesa, bem como o duplo grau de jurisdição, são garantidos dentro das normas processuais que ordenam o processo, caso contrário nunca haveria fim e, consequentemente, a preclusão e a coisa julgada.

A Súmula n. 356 do TST confirma a manutenção do art. 2º, § 4º, da Lei n. 5.584, de 1970 (alçada recursal), recepcionado pela Constituição Federal de 1988, inclusive sua fixação com base em salário mínimo.

Por outro lado, defende-se a elevação do valor de alçada, por meio de lei apropriada, exatamente para diminuir o volume de recursos para as instâncias superiores, terminando o processo com a decisão em primeiro grau, o que seria bem mais simples e ágil que o procedimento sumaríssimo.

2.2.1.7. Pagamento de Multa dos Embargos Declaratórios

Muito embora o art. 897-A da CLT, não preveja pagamento de multa para a hipótese de interposição de embargos de declaração protelatórios, os parágrafos segundo, terceiro e quarto do art. 1026 do NCPC, de aplicação subsidiária ao processo trabalhista, com base no art. 769 da CLT, o faz objetivamente e, portanto, perfeitamente aplicável.

Dispõem os referidos parágrafos:

> "§ 2º Quando manifestamente protelatórios os embargos de declaração, o Juiz ou o tribunal, em decisão fundamentada, condenará o embargante a pagar ao embargado multa não excedente a dois por cento sobre o valor atualizado da causa.
>
> § 3º Na reiteração de embargos de declaração manifestamente protelatórios, a multa será elevada a até dez por cento sobre o valor atualizado da causa e a interposição de qualquer recurso ficará condicionada ao depósito prévio do valor da multa, à exceção da Fazenda Pública e do beneficiário de gratuidade da justiça, que a recolherão ao final.
>
> § 4º Não serão admitidos novos embargos de declaração se os 2 (dois) anteriores houverem sido considerados protelatórios."

Para a imposição de multa, os embargos necessitam ser manifestamente protelatórios, ou seja, devidamente fundamentado pelo prolator da decisão, as razões pelas quais entende ser, fazendo-o no equivalente a 2% (dois por cento) sobre o valor da causa ou, como vimos anteriormente, nas hipóteses equivalentes. Na reiteração com os mesmos argumentos e sobre o mesmo objeto, a multa é elevada a 10% (dez por cento) e somente então é que passará a ser um pressuposto a ser cumprido para a interposição de qualquer outro recurso no processo.

Por óbvio, o procedimento vale para as partes, que poderão pleitear os favores da isenção do pagamento, se merecedores economicamente a tanto.

A expressão do parágrafo quarto é salutar coibindo a interposição de um terceiro embargos de declaração se eventualmente tiver interpostos dois anteriores e também tido como protelatórios.

2.2.2. Específico da Reclamada

2.2.2.1. Depósito Prévio

Nenhum recurso, inclusive o extraordinário, será admitido sem a comprovação do depósito prévio, que apesar de a lei taxativamente dizer que deve ser prévio, o que significaria ser antes, é admitido dentro do prazo previsto para o recurso, sob pena de deserção.

Deve ser realizado na conta vinculada do empregado no FGTS à disposição do juízo ou aberta com o fim específico, nas mesmas condições, se não houver. As pessoas jurídicas de direito público interno estão dispensadas do depósito (DL n. 779/69, art. 1º, IV). O falido, tal e qual com as custas, está dispensado do depósito, com a exceção anteriormente prevista e da mesma forma a empresa em recuperação judicial ou extrajudicial.

O valor é definido pela lei e varia periodicamente, por Ato do Presidente do Tribunal Superior do Trabalho, conforme dispõe o art. 707, alínea *c*, da Consolidação das Leis do Trabalho e inciso VI da Instrução Normativa n. 03/93-TST, que interpreta o art. 8º da Lei n. 8.542/92. Entretanto, é sempre limitado a esse valor ou ao da condenação, se menor do que aquele.

Exemplo: A Lei fixa o valor máximo, por hipótese, em R$ 2.446,86. A condenação é de R$ 500,00. Neste caso, o depósito deverá corresponder a R$ 500,00, que é o valor da condenação. Na hipótese de a condenação ter sido fixada em R$ 3.000,00, o depósito recursal será limitado ao valor máximo previsto pela lei.

Nos recursos de revista, embargos e extraordinário, bem como a interposição de recurso em ação rescisória, o valor deve ser considerado em dobro, na tentativa de se evitar recursos meramente protelatórios.

Na hipótese de inexistência de depósito recursal ou de sua insuficiência, na eventualidade de depósito em valor menor que o devido, o recurso será tido como deserto e consequentemente não será conhecido pela instância superior.

A Súm. n. 128 do TST tira algumas dúvidas que por ventura possam existir, com relação a depósitos recursais, complementação e atingimento do valor máximo exigido:

"DEPÓSITO RECURSAL

I — É ônus da parte recorrente efetuar o depósito legal, integralmente, em relação a cada novo recurso interposto, sob pena de deserção. Atingido o valor da condenação, nenhum depósito mais é exigido para qualquer recurso;

II — Garantido o juízo, na fase executória, a exigência de depósito para recorrer de qualquer decisão viola os incisos II e LV do art. 5º da CF/1988. Havendo, porém, elevação do valor do débito, exige-se a complementação da garantia do juízo;

III — Havendo condenação solidária de duas ou mais empresas, o depósito recursal efetuado por uma delas aproveita as demais, quando a empresa que efetuou o depósito não pleiteia sua exclusão da lide."

2.3. INTRÍNSECOS DOS RECURSOS

Há recursos que exigem o cumprimento de requisitos próprios para o seu seguimento e conhecimento por parte da instância superior, como veremos a seguir, no exame individual de todos os permitidos e admitidos no processo trabalhista.

3. TIPOS DE RECURSOS

3.1. *EMBARGOS*

Não se confundem com os que podem ser opostos em execução, que não são recursos e sim meio de defesa (embargos à execução, à penhora, à arrematação etc.).

O recurso de embargos cabe especificamente no Tribunal Superior do Trabalho, para uma das Seções Especializadas no prazo de oito dias, contados da publicação do acórdão (art. 894 da CLT), sendo que a lei nova dos recursos trabalhistas modificou o seu inciso II e acrescentou os parágrafos 2º, 3º e 4º:

> I — de decisão não unânime de julgamento que:
>
> a) conciliar, julgar ou homologar conciliação em dissídios coletivos que excedam a competência territorial dos Tribunais Regionais do Trabalho e estender ou rever as sentenças normativas do Tribunal Superior do Trabalho, nos casos previstos em lei; e
>
> II — das decisões das Turmas que divergirem entre si, ou das decisões proferidas pela Seção de Dissídios Individuais, ou contrárias a súmula ou orientação jurisprudencial do Tribunal Superior do Trabalho ou súmula vinculante do Supremo Tribunal Federal.
>
> § 2º A divergência apta a ensejar os embargos deve ser atual, não se considerando tal a ultrapassada por súmula do Tribunal Superior do Trabalho ou do Supremo Tribunal Federal, ou superada por iterativa e notória jurisprudência do Tribunal Superior do Trabalho.
>
> § 3º O Ministro Relator denegará seguimento aos embargos :
>
> I — se a decisão recorrida estiver em consonância com súmula da jurisprudência do Tribunal Superior do Trabalho ou do Supremo Tribunal Federal, ou com iterativa, notória e atual jurisprudência do Tribunal Superior do Trabalho, cumprindo-lhe indicá-la;
>
> II — nas hipóteses de intempestividade, deserção, irregularidade de representação ou de ausência de qualquer outro pressuposto extrínseco de admissibilidade.
>
> § 4º Da decisão denegatória dos embargos caberá agravo, no prazo de 8 (oito) dias.

O inciso II faz citação direta à contrariedade de súmula ou orientação jurisprudencial do TST e acrescenta que a Súmula do STF deve ser "vinculante", o que afasta outro tipo de súmula de julgamentos ordinários, para o devido conhecimento do recurso.

Portanto, houve inserção de parágrafos ao art. 894, iniciando pelo 2º, quando na verdade o artigo em questão não possui o 1º.

De qualquer forma, o §2º nada mais é do que a confirmação do que vem disciplinado no *caput* do inciso II, acrescentando que "a divergência deve ser atual", não se considerando, por óbvio, o que foi "ultrapassada por súmula do Tribunal Superior do Trabalho ou do Supremo Tribunal Federal, ou superada por iterativa e notória jurisprudência do Tribunal Superior do Trabalho".

O § 3º dá poderes ao Ministro Relator, na forma regimental, denegar seguimento aos embargos, fazendo-o no seu inciso I, se a decisão estiver em consonância com o disposto no parágrafo anterior, incumbindo-lhe, como, aliás, prevê a própria Constituição Federal, de fundamentar a denegação, indicando expressamente no que se conforma.

Encerra o artigo com o § 4º, que dispõe sobre a possibilidade de agravar em oito dias a decisão proferida pelo Ministro Relator denegando o seguimento.

Conforme o § 2º do art. 19 do ATO n. 491 do TST sinaliza, o agravo mencionado deverá ser "agravo regimental", pois remete aos respectivos Regimentos Internos dos Tribunais, o que inclui os Regionais e nestes, dirigidos à Seção de Dissídios Individuais.

A finalidade precípua do recurso de embargos no TST é a uniformização da jurisprudência trabalhista, inclusive em consonância com súmulas do Supremo Tribunal Federal. Todos os recursos julgados pelas Turmas e que divergirem entre si ou das decisões proferidas pela Seção de Dissídios Individuais, além daqueles em que há divergência jurisprudencial, são embargáveis, conforme dispõe o art. 231 e seu parágrafo único do Regimento Interno do Tribunal Superior do Trabalho.

Protocolada a petição no prazo de oito dias, contados da publicação da decisão, será encaminhada à Coordenadoria da Turma prolatora, que fará a juntada aos autos respectivos e abrirá vista à parte contrária para impugnação no prazo de oito dias. Transcorrido o prazo, o processo será remetido à unidade competente para ser imediatamente distribuído entre os Ministros não integrantes do Colegiado prolator da decisão embargada.

A Subseção I Especializada em Dissídios Individuais, por medida de economia e celeridade processual, no julgamento de embargos interpostos, julgará desde logo a matéria objeto da revista não conhecida pela Turma, caso conclua que aquele recurso estava corretamente fundamentado em contrariedade à Súmula da Jurisprudência da Corte ou, à Orientação Jurisprudencial.

Nos dissídios coletivos originários julgados, conciliados ou homologados, as decisões que estenderem ou reverem as sentenças normativas do próprio Tribunal Superior do Trabalho e quando previstos em lei, quando não unanimes proferidas pela Seção Especializada em Dissídios Coletivos caberá embargos infringentes.

Nesta hipótese, os embargos infringentes serão restritos à cláusula em que há divergência, e ainda, se esta for parcial, ao objeto da divergência. Portanto, a divergência deve ser pontual e parcial, restrita à nova discussão e decisão.

Havendo a divergência e registrado o protocolo na petição, tal como nos embargos, será encaminhada à Secretaria do órgão julgador competente, que juntará aos autos respectivos e abrirá vista à parte contrária para impugnação no prazo de oito dias, que, uma vez transcorrido, deverá ser imediatamente distribuído.

A finalidade aqui é também uniformizar jurisprudência, apenas que em dissídios coletivos de sua competência originária.

E incabível a interposição do recurso de embargos para reexame de fatos e provas, a menos que estejam em dissonância com jurisprudência sumulada ou prevalente no TST.

3.2. ORDINÁRIO

3.2.1. Generalidades

Cabe para a instância superior (art. 895 da CLT) das decisões definitivas ou terminativas das Varas e Juízos, no prazo de oito dias, para os Tribunais Regionais e dos Tribunais Regionais para o Tribunal Superior do Trabalho em processos de sua competência originária, quer individuais ou coletivos.

Após a modificação havida em 2009, pela Lei n. 11.925, o recurso ordinário passou a caber expressamente das decisões terminativas, o que antes assim ocorria, mas apenas em conclusão da melhor doutrina e jurisprudência sobre a matéria, pois na maioria das oportunidades devem ser revistas pela instância superior, tal como ocorre, por exemplo, quando se determina o arquivamento do feito pelo não comparecimento do reclamante, dando-o por extinto sem julgamento do mérito.

Por competência originária, entende-se aquela instância em que deve ser interposta diretamente a ação, como ocorre com as reclamações individuais ou plúrimas, mandado de segurança nas Varas ou Juízos, e Coletivas, além de mandado de segurança, rescisória etc., nos Tribunais Regionais, se o interesse for regional e no TST, se nacional, sendo que aqui, entretanto, não cabe o ordinário, pois não há instância superior.

Os requisitos intrínsecos são, portanto, que deve haver uma decisão definitiva ou terminativa do feito e que seja prolatada por um juizo originário, de primeiro ou segundo grau.

A distribuição dos recursos ordinários é imediata, mas a liberação pelo Relator é de acordo com sua capacidade produtiva, ante a imensa carga de trabalho que detém. Alguns Tribunais mantém Revisores em seus julgados, como ocorre com o Tribunal da 2ª Região. São julgados por três em Turmas compostas de cinco Desembargadores, em sistema de sorteio e rodizio sequencial.

Conforme IN n. 39/2016 do TST tem aplicação no processo trabalhista e mais especificamente na previsibilidade do recurso ordinário e a devolução de matéria impugnada prevista no art. 1.013 e 1.014 do NCPC.

Por esses dispositivos o recurso ordinário interposto de decisão, devolverá ao tribunal o conhecimento da matéria impugnada, com apreciação e julgamento de todas as questões suscitadas e discutidas no processo, ainda que não tenham sido solucionadas, mas, desde que relativas ao capítulo impugnado. Inclui-se na devolução também, se a decisão atacada optou por uma das alternativas apostas no pedido ou na defesa.

Estando o processo em condições de imediato julgamento, o tribunal deve decidir desde logo o mérito quando se tratar uma das hipóteses previstas no art. 485 do NCPC; quando decretar a nulidade da sentença por não ser ela congruente com os limites do pedido ou da causa de pedir; quando constatar a omissão no exame de um dos pedidos, hipótese em que poderá julgá-lo; ou, finalmente, quando decretar a nulidade de sentença por falta de fundamentação.

Sendo a causa da reforma reconhecendo a decadência ou a prescrição, da mesma forma e se possível, o tribunal julgará o mérito, examinando as demais questões, sem determinar o retorno do processo ao juízo de primeiro grau.

As questões de fato não propostas no juízo inferior poderão ser suscitadas no recurso, desde que comprovado que o recorrente provar que deixou de fazê-lo por motivo de força maior.

3.2.2. Procedimento Sumaríssimo (Ordinário)

Como vimos anteriormente, difere no roteiro do julgamento dos recursos ordinários, pois nos procedimentos sumaríssimos, o recurso deve ser imediatamente distribuído e uma vez recebido no Tribunal, o Relator deverá liberá-lo no prazo máximo de dez dias, para ser colocado em pauta para julgamento também de imediato, sem revisor e com parecer oral do Ministério Público presente á sessão de julgamento, se entender necessário, com registro na certidão.

O acórdão consistirá unicamente na certidão de julgamento lavrado pela secretaria da Turma, com a indicação suficiente do processo e parte dispositiva, e das razões de decidir do voto prevalente. Se a sentença for confirmada pelos próprios fundamentos, a certidão de julgamento registrará essa circunstância e servirá de acórdão.

A lei faculta aos Tribunais divididos em Turmas, a designação para esse tipo de julgamento, o que em nosso entendimento, não é conveniente em favor de uma jurisprudência que identifique o pensamento de um Tribunal.

3.3. REVISTA

3.3.1. Cabimento — Art. 896 da CLT

O art. 896 da CLT trata do cabimento do recurso de revista ao Tribunal Superior do Trabalho, ditando os pressupostos necessários para tanto.

Cabe para as Turmas do Tribunal Superior do Trabalho das decisões proferidas em grau de recurso ordinário, em dissídio individual, pelos Tribunais Regionais do Trabalho quando:

a) derem ao mesmo dispositivo de lei federal interpretação diversa da que lhe houver dado outro Tribunal Regional do Trabalho, no seu Pleno ou Turma, ou a Seção de Dissídios Individuais do Tribunal Superior do Trabalho, ou contrariarem súmula de jurisprudência uniforme dessa Corte ou súmula vinculante do Supremo Tribunal Federal;

b) derem ao mesmo dispositivo de lei estadual, Convenção Coletiva de Trabalho, Acordo Coletivo , sentença normativa (que é aquela proferida em dissídio coletivo) ou regulamento empresarial de observância obrigatória em área territorial que exceda a jurisdição do Tribunal Regional prolator da decisão recorrida, interpretação divergente, na forma da alínea "a";

c) ou ainda e finalmente, as decisões forem proferidas com violação literal de dispositivo de lei federal, ou afronta direta e literal à Constituição Federal.

A interposição deverá ser ao Presidente do Tribunal Regional recorrido, que poderá recebê-lo ou denegá-lo, fundamentando, em qualquer caso, a decisão. O recebimento será sempre no efeito devolutivo.

a) O *caput* do artigo não foi alterado pela nova lei recursal (Lei n. 13.015, de 21 de julho de 2014) apenas deu nova redação a alínea "a" e aos parágrafos 1º, 3º, 4º, 5º e 6º. Foram acrescentados os §§1º-A e seus incisos (I, II e III), e do 7º aos 13. As alíneas "b" e "c" do artigo original foram mantidas inalteradas.

Sob pena de não conhecimento, é ônus da parte os pressupostos intrínsecos (§ 1º):

I — indicar o trecho da decisão recorrida que consubstancia o prequestionamento da controvérsia objeto do recurso de revista;

II — indicar, de forma explícita e fundamentada, contrariedade a dispositivo de lei, súmula ou orientação jurisprudencial do Tribunal Superior do Trabalho que conflite com a decisão regional;

III — expor as razões do pedido de reforma, impugnando todos os fundamentos jurídicos da decisão recorrida, inclusive mediante demonstração analítica de cada dispositivo de lei, da Constituição Federal, de súmula ou orientação jurisprudencial cuja contrariedade aponte.

Há necessidade de prequestionamento da matéria na forma da Súm. 297 do C. TST, para o que, muitas vezes deve haver a interposição de embargos de declaração se a decisão não for explícita a respeito de algum tema, o que se torna, por sua vez, de condição para o conhecimento do recurso.

A nova redação da alínea "a", dita não apenas a condição para a propositura de Recurso de Revista seja por "dar interpretação diversa" na decisão proferida, como também que deva ser "contrária" à súmula de jurisprudência uniforme da Corte ou à súmula vinculante do Supremo Tribunal Federal, o que, sem dúvida, deveria ocorrer com ou sem essa citação na lei, pois a Súmula Vinculante do STF se sobrepõe à qualquer decisão de instância judiciária ou extrajudicial e em qualquer órgão governamental.

b) pelo § 1º depreende-se que a modificação foi apenas redacional, trocando o termo "apresentado" para o recurso por "interposto" e invertendo palavras na oração, sem alterar o conteúdo.

O efeito do recurso continua sendo apenas devolutivo, salvo alguma razão de extrema importância, que poderá ser decretado como "suspensivo".

O que era subentendido e esparso no texto anterior, é agora expresso no § 1º-A, taxando os elementos necessários para que o recurso seja conhecido e que devem ser preenchidos exclusivamente pelo autor do recurso.

Deve a parte indicar clara e objetivamente o trecho da decisão recorrida que consubstancia o prequestionamento da controvérsia objeto do recurso de revista, o que significa que caberá, como nunca foi, mas agora perfeitamente autorizado pela lei, ao Relator do recurso para o julgamento perquirir qual seja efetivamente, exigindo a indicação de forma explícita e fundamentada, a contrariedade ao dispositivo de lei, súmula ou orientação jurisprudencial do Tribunal Superior do Trabalho que conflite com a decisão regional.

Portanto, deve o recorrente, expor as razões do pedido de reforma, além de impugnar todos os fundamentos jurídicos da decisão recorrida, inclusive mediante demonstração analítica de cada dispositivo de lei, da Constituição Federal, de súmula ou orientação jurisprudencial cuja contrariedade aponte.

c) o § 2º continua preservado, ou seja, da impossibilidade recursal de revista, das decisões proferidas pelos Tribunais Regionais do Trabalho ou por suas Turmas, em execução de sentença, inclusive em processo incidente de embargos de terceiro, salvo na hipótese de ofensa direta e literal de norma da Constituição Federal.

O prazo de 8 (oito) dias para a interposição do recurso de revista foi mantido no § 12.

A lei nova inseriu os parágrafos do 7º ao 13, continuando inalterados do 4º ao 6º.

d) o § 3º foi modificado em sua redação, não diferindo essencialmente do original, com relação à uniformização obrigatória da jurisprudência para aplicação por meio de incidente de uniformização de jurisprudência conforme disposto em norma processual civil.

e) o § 4º inova dispondo que o Tribunal Superior do Trabalho, ao constatar, de ofício ou mediante provocação de qualquer das partes ou do Ministério Público do Trabalho, a existência de decisões atuais e conflitantes no âmbito do mesmo Tribunal Regional do Trabalho, determinará o retorno dos autos à Corte de origem para a uniformização da jurisprudência.

Referida providência deve ser determinada pelo Presidente do Regional ao emitir juízo de admissibilidade ao recurso de revista. Não o fazendo, caberá ao Ministro Relator determinar. Ambas as decisões são irrecorríveis.

Para efeito de aplicação dos §§ 4º e 5º o ATO n. 491 do TST salienta que persistindo decisão conflitante com a jurisprudência uniformizada do Tribunal Regional do Trabalho de origem, deverão os autos retornar à instância *a quo* para sua adequação à súmula regional ou à tese jurídica prevalecente no Tribunal em questão e não conflitante com súmula ou orientação jurisprudencial do Tribunal Superior.

"§ 4º A divergência apta a ensejar o Recurso de Revista deve ser atual, não se considerando como tal a ultrapassada por súmula, ou superada por iterativa e notória jurisprudência do Tribunal Superior do Trabalho.

§ 5º Estando a decisão recorrida em consonância com enunciado da Súmula da Jurisprudência do Tribunal Superior do Trabalho, poderá o Ministro Relator, indicando- o, negar seguimento ao Recurso de Revista, aos Embargos, ou ao Agravo de Instrumento. Será denegado seguimento ao Recurso nas hipóteses de intempestividade, deserção, falta de alçada e ilegitimidade de representação, cabendo a interposição de Agravo."

Portanto, continuam os Tribunais Regionais do Trabalho e agora obrigatoriamente, devendo uniformizar sua jurisprudência para aplicação no que couber por meio de incidente de uniformização de jurisprudência previsto no Novo Código de Processo Civil (art. 926 ao 928).

O Regimento Interno do Tribunal Regional do Trabalho da 2ª Região trata da matéria nos moldes do NCPC, no Capítulo III, Seção I: Da Uniformização de Jurisprudência — DO Incidente de Uniformização. Dispõe, ainda, o RI, que o quórum exigido para instalação (abertura) da sessão de julgamento é de 2/3 dos membros efetivos do Tribunal em condições de votar, o que exclui os membros afastados em licença médica.

Assim sendo, compete a qualquer juiz ao proferir o voto no órgão fracionário em que estiver atuando solicitar o pronunciamento prévio do tribunal e, portanto, pelo seu Pleno, quando verificar que ocorre divergência com outro órgão fracionário.

Pode solicitar também a própria parte no arrazoamento do seu recurso ou em petição apartada e que se reconhecida, será dirigida para a uniformização, necessitando para tanto, o voto da maioria absoluta dos integrantes do Tribunal.

Dispõe o ATO n. 491 do TST em seu art. 6º, que os Tribunais Regionais do Trabalho deverão manter e dar publicidade a suas súmulas e teses jurídicas prevalecentes mediante banco de dados, organizando-as por questão jurídica decidida e divulgando-as, preferencialmente, na rede mundial de computadores.

Essa providência, já adotada pelos Regionais, mas sem obrigatoriedade, facilitará, não apenas o desenvolvimento do recurso no Superior, como também no próprio Tribunal de origem e para os advogados de um modo geral.

Após o julgamento do incidente de uniformização (§ 3º), apenas a súmula original do Tribunal Regional e que se não conflitante com súmula ou orientação jurisprudencial do Tribunal Superior, servirá de paradigma para viabilizar o conhecimento do recurso de revista, por divergência.

Nas hipóteses de existência de matéria relevante, por iniciativa de um dos membros da Seção Especializada em Dissídios Individuais do Tribunal Superior do Trabalho, aprovada em sua maioria, o julgamento poderá ser afeto ao Tribunal Pleno, independentemente de haver ou não a uniformização ou o seu procedimento, pelo Tribunal Regional de origem.

Por divergência deve ser entendido com outra súmula ou julgados de outro Regional. Descabida a advertência que somente será conhecida a súmula regional, se não contrária à súmula superior ou de orientação jurisprudencial, pois que é essência dos pressupostos para conhecimento de qualquer recurso, notadamente o de revista.

A divergência deve ser atual e que deverá ser considerada como tal, se não ultrapassada por súmula ou de iterativa e notória jurisprudência superior, ou ainda, do próprio Supremo.

O recorrente tem o ônus de produzir prova da divergência jurisprudencial, o que será válido por certidão, cópia ou citação do repositório de jurisprudência oficial ou credenciado, inclusive em mídia eletrônica em que houver sido publicada. Poderá ser feita ainda, pela reprodução de julgado disponível na internet, com indicação da fonte respectiva, mencionando expressa e detalhadamente em qualquer caso, as circunstâncias que identifiquem ou assemelhem os casos confrontados, para facilitar a análise de viabilidade recursal.

A nova lei repete a restrição à admissão de recurso de revista em procedimento sumaríssimo, que somente se dará, se houver contrariedade à súmula de jurisprudência uniforme do Tribunal Superior do Trabalho ou a súmula vinculante do Supremo Tribunal Federal e, logicamente, por violação direta e não reflexa, da Constituição Federal.

Nas execuções fiscais de competência da Justiça do Trabalho, a admissão do recurso de revista, se dará por violação a lei federal e não apenas à Constituição Federal e, ainda, por divergência jurisprudencial.

Admitir-se-á igualmente o recurso de revistas nas controvérsias da fase de execução que envolva a Certidão Negativa de Débitos Trabalhistas (CNDT), criada pela Lei n. 12.440, de 07 de julho de 2011, que acrescentou o art. 642-A na CLT. Portanto, caberá em qualquer execução perante a Justiça do Trabalho, observando-se apenas, se envolve referida certidão.

Inova a Lei na concessão de faculdade ao Tribunal Superior do Trabalho, na hipótese de recurso tempestivo contiver defeito formal que não se repute grave, de desconsiderar o vício ou mandar saná-lo, julgando o mérito.

Essa disposição atende literalmente o disposto nos artigos celetistas que tratam das nulidades no processo trabalhista.

O prazo peremptório original para a interposição do recurso de revista de oito dias foi mantido, como salientado anteriormente. Claro que as contrarrazões também deverão ser interpostas no mesmo prazo posterior à ciência do recurso.

Finalizando, a matéria de relevância constante no recurso e proposta por iniciativa de um dos membros da Seção Especializada em Dissídios Individuais do Tribunal Superior do Trabalho, aprovada que seja pela maioria dos integrantes da Seção, o julgamento da uniformização de jurisprudência tratada no § 3º do mesmo artigo, poderá ser afeta ao Tribunal Pleno.

O referido Ato n. 491 do TST esclarece que, para este efeito, somente poderá ocorrer em processos em tramitação na Subseção de Dissídios Individuais do Superior (art. 7º). Complementa também esclarecendo, que a "afetação" do *caput* do § 13 do art. 896 da CLT (acréscimo pela lei nova), não pressupõe, necessariamente, a existência de diversos processos em que a questão relevante seja debatida, o que significa que bastará um para que possa ser tido como "relevante" no seu julgamento.

3.3.2. Recursos Extraordinários e Especial Repetitivos — Aplicação CPC — Art. 896-B à CLT

Dispõe o referido artigo que:

> "Aplicam-se ao recurso de revista, no que couberem, as normas da Lei n. 5.869, de 11 de janeiro de 1973 (Código de Processo Civil), relativas ao julgamento dos recursos extraordinário e especial repetitivos."

Este artigo praticamente repete o art. 769 da CLT, ou seja, que nos casos omissos nas disposições processuais judiciais trabalhistas, o processo comum civil será fonte subsidiária. A modificação deve cingir-se à mudança do Novo Código de Processo Civil que a partir do seu art. 976, com algumas ampliações, ao que era previsto no art. 1+029 e seguintes, autorizando especificamente ao recurso de revista, os elementos definidores dos recursos extraordinário e especial repetitivos.

Ressalte-se que somente poderão ser afetados recursos representativos da controvérsia que sejam admissíveis e que contenham abrangente argumentação e discussão a respeito da questão a ser decidida (art. 8º do ATO n. 491, do TST).

3.3.3. Multiplicidade de recursos — Art. 896-C

A lei que modificou os recursos trabalhistas, introduziu ainda este artigo, tratando da multiplicidade de recursos de revista, nos seguintes termos:

> "Art. 896-C. Quando houver multiplicidade de recursos de revista fundados em idêntica questão de direito, a questão poderá ser afetada à Seção Especializada em Dissídios Individuais ou ao Tribunal Pleno, por decisão da maioria simples de seus membros, mediante requerimento de um dos Ministros que compõem a Seção Especializada, considerando a relevância da matéria ou a existência de entendimentos divergentes entre os Ministros dessa Seção ou das Turmas do Tribunal."
>
> § 1º O Presidente da Turma ou da Seção Especializada, por indicação dos relatores, afetará um ou mais recursos representativos da controvérsia para julgamento pela Seção Especializada em Dissídios Individuais ou pelo Tribunal Pleno, sob o rito dos recursos repetitivos.
>
> § 2º O Presidente da Turma ou da Seção Especializada que afetar processo para julgamento sob o rito dos recursos repetitivos deverá expedir comunicação aos demais Presidentes de Turma ou de Seção Especializada, que poderão afetar outros processos sobre a questão para julgamento conjunto, a fim de conferir ao órgão julgador visão global da questão.

§ 3º O Presidente do Tribunal Superior do Trabalho oficiará os Presidentes dos Tribunais Regionais do Trabalho para que suspendam os recursos interpostos em casos idênticos aos afetados como recursos repetitivos, até o pronunciamento definitivo do Tribunal Superior do Trabalho.

§ 4º Caberá ao Presidente do Tribunal de origem admitir um ou mais recursos representativos da controvérsia, os quais serão encaminhados ao Tribunal Superior do Trabalho, ficando suspensos os demais recursos de revista até o pronunciamento definitivo do Tribunal Superior do Trabalho.

§ 5º O relator no Tribunal Superior do Trabalho poderá determinar a suspensão dos recursos de revista ou de embargos que tenham como objeto controvérsia idênticas à do recurso afetado como repetitivo.

§ 6º O recurso repetitivo será distribuído a um dos Ministros membros da Seção Especializada ou do Tribunal Pleno e a um Ministro revisor.

§ 7º O relator poderá solicitar, aos Tribunais Regionais do Trabalho, informações a respeito da controvérsia, a serem prestadas no prazo de 15 (quinze) dias.

§ 8º O relator poderá admitir manifestação de pessoa, órgão ou entidade com interesse na controvérsia, inclusive como assistente simples, na forma da Lei n. 5.869, de 11 de janeiro de 1973 (Código de Processo Civil).

§ 9º Recebidas as informações e, se for o caso, após cumprido o disposto no § 7º deste artigo, terá vista o Ministério Público pelo prazo de 15 (quinze) dias.

§ 10. Transcorrido o prazo para o Ministério Público e remetida cópia do relatório aos demais Ministros, o processo será incluído em pauta na Seção Especializada ou no Tribunal Pleno, devendo ser julgado com preferência sobre os demais feitos.

§ 11. Publicado o acórdão do Tribunal Superior do Trabalho, os recursos de revista sobrestados na origem:

I — terão seguimento denegado na hipótese de o acórdão recorrido coincidir com a orientação a respeito da matéria no Tribunal Superior do Trabalho; ou,

II — serão novamente examinados pelo Tribunal de origem na hipótese de o acórdão recorrido divergir da orientação do Tribunal Superior do Trabalho a respeito da matéria.

§ 12. Na hipótese prevista no inciso II do § 11 deste artigo, mantida a decisão divergente pelo Tribunal de origem, far-se-á o exame de admissibilidade do recurso de revista.

§ 13. Caso a questão afetada e julgada sob o rito dos recursos repetitivos também contenha questão constitucional, a decisão proferida pelo Tribunal Pleno não obstará o conhecimento de eventuais recursos extraordinários sobre a questão constitucional.

§ 14. Aos recursos extraordinários interpostos perante o Tribunal Superior do Trabalho será aplicado o procedimento previsto no art. 543-B da Lei n. 5.869, de 11 de janeiro de 1973 (Código de Processo Civil), cabendo ao Presidente do Tribunal Superior do Trabalho selecionar um ou mais recursos representativos da controvérsia e encaminhá-los ao Supremo Tribunal Federal, sobrestando os demais até o pronunciamento definitivo da Corte, na forma do § 1º do art. 543-B do Código de Processo Civil.

O *caput* do artigo trata das hipóteses de multiplicidade de recursos de revista fundados em idêntica questão de direito, que poderão ser endereçadas à Seção Especializada em Dissídios Individuais ou ao Tribunal Pleno.

Dispõe também a condição essencial para o envio, que deve ser por maioria simples dos membros que compõe aqueles órgãos ou ainda, mediante requerimento de um dos Ministros que compõe a Seção Especializada, qual seja a relevância da matéria ou a existência de entendimentos divergentes entre os Ministros dessa Seção ou das Turmas do Tribunal.

Como comentado anteriormente sobre o art. 896-B, dispõe o Ato n. 491 do TST, em seu art. 8º, que nas hipóteses dos arts. 896-B e 896-C da CLT, somente poderão ser afetados recursos representativos da controvérsia que sejam admissíveis e que contenham abrangente argumentação e discussão a respeito da questão a ser decidido, o que significa, que tanto na primeira instância, como também na segunda, deverá ocorrer destaque nesse sentido.

O art. 9º do Ato n. 491 do TST determina que na hipótese do *caput* do art. 896-C, quando a Turma do Tribunal Superior do Trabalho entender necessária a adoção do procedimento de julgamento de recursos de revista repetitivos, o seu Presidente (da Turma) deverá submeter ao Presidente da Subseção de Dissídios Individuais I, a proposta da afetação do recurso de revista.

Portanto, o que era uma alternativa, por esse dispositivo regulamentador, torna definitiva a competência apenas da Subseção de Dissídios Individuais I para o conhecimento do recurso, que, no prazo máximo de trinta dias deverá ser submetida a julgamento.

Todos os parágrafos tratam da propositura do Recurso de Revista e suas condições para o processamento, conforme genericamente tratado pelo *caput*.

O parágrafo único do art. 9º do Ato n. 491 do TST expõe em seus incisos I, II e III, que se acolhida a proposta por maioria simples, o colegiado também decidirá e por consequência, pela forma gramatical do dispositivo, também por maioria simples decidirá se a questão será analisada pela própria Subseção DI-1 ou pelo Tribunal Pleno, com o processo decidido pela matéria afetada, sendo distribuído a Relator e a Revisor do órgão jurisdicional (Turma ou Subseção) correspondente para a adequada tramitação nos termos do art. 896-C da CLT.

O Relator, tanto na Subseção Especializada em Dissídios Individuais como no Tribunal Pleno, deverá identificar na decisão, com precisão, a questão a ser submetida a julgamento, podendo determinar a suspensão dos recursos de revista ou de embargos tratados no § 5º do art. 896 da CLT, que se reporta ao § 4º do mesmo artigo, requisitando aos Presidentes ou Vice-Presidentes dos Tribunais Regionais do Trabalho a remessa de até dois recursos de revista representativos da controvérsia. Poderá, ainda, conceder vista ao Ministério Público e às partes, nos termos e para os efeitos do § 9º do art. 896-C da CLT.

Os recursos afetados deverão ser julgados no prazo de um ano, com preferência sobre os demais feitos. Não ocorrendo o julgamento nesse prazo, cessam automaticamente a afetação e a suspensão dos processos, o que, entretanto, não impedirá que outro Relator, nos mesmos termos do art. 896-C da CLT, afetar dois ou mais recursos representativos da controvérsia.

Rejeitada a proposta, os autos serão devolvidos à Turma respectiva para julgamento do recurso de revista processado regularmente.

Será muito difícil sem o PJe (Processo Judicial Eletrônico) em pleno e ótimo funcionamento, para realizar a separação pelos Tribunais, principalmente aos grandes como São Paulo, Campinas, Rio de Janeiro, Minas Gerais e outros, dos recursos abrangendo casos idênticos aos afetados como recursos repetitivos, o que ocasionará maior represamento de recursos dirigidos ao Tribunal Superior e a necessidade premente de se pronunciar em definitivo a respeito.

Compete ao Presidente do respectivo Tribunal Regional do Trabalho determinar a suspensão de que trata o § 3º do art. 896 da CLT dos recursos interpostos contra as sentenças em casos idênticos aos afetados como recursos repetitivos.

Como terá ciência o Presidente do Tribunal de origem para admitir um ou mais recursos representativos da controvérsia para encaminhamento ao Tribunal Superior do Trabalho para o seu pronunciamento definitivo? Mais uma vez terá que contar com o auxílio da informática para tal e esta terá que sofrer nova alteração para conseguir o desiderato.

O Ministro Relator no Tribunal Superior do Trabalho também deverá se valer de meios adequados para ter ciência cabal dos recursos sob sua custódia, para determinar eventual suspensão de recursos, de revista ou de embargos, que tenham como objeto controvérsia idênticas à dos recursos afetados como repetitivos.

A distribuição de recurso repetitivo no Tribunal Superior, à sua Seção Especializada ou Tribunal Pleno e a Ministro Revisor não estava suficientemente clara quanto ao procedimento, como agora ocorre por meio do Ato n. 491 do TST.

Na hipótese de não afetação pelo Superior, o Ministro Relator comunicará o fato ao Presidente ou Vice-Presidente que os houver enviado, para que seja revogada a decisão de suspensão referida no § 4º do art. 896-C da CLT.

É vedado ao órgão colegiado decidir, para os fins do art. 896-C da CLT, questão não delimitada na decisão de afetação.

O assoberbamento estará completo nos Tribunais, com a faculdade do Ministro Relator solicitar informações a respeito da controvérsia, que deverão ser respondidas no prazo de quinze (15) dias.

Totalmente inovador a possibilidade estampada no § 8º de ser admitida manifestação de pessoa, órgão ou entidade com interesse na controvérsia, inclusive como assistente simples, na forma do processo civil.

O art. 119 do NCPC que trata da Assistência dispõe que

> "Pendendo uma causa entre duas ou mais pessoas, o terceiro juridicamente interessado em que a sentença seja favorável a uma delas, poderá intervir no processo para assisti-la.
>
> Parágrafo único. A assistência será admitida em qualquer procedimento e em todos os graus de jurisdição, recebendo o assistente o processo no estado em que se encontre."

Deduz-se que a "pessoa", "órgão" ou "entidade com interesse na controvérsia" não deva ter necessariamente alguma "relação jurídica" com quaisquer das partes no processo em questão, mas apenas interesse que determinada tese seja decidida como lhe convier em processo distinto, entre outras partes, portanto, sem qualquer ligação com aquelas do processo.

A nova lei recursal refere-se à possibilidade de assistência simples na forma da lei processual civil. No entanto, a nova lei processual civil refere-se igualmente à assistência litisconsorcial, surgindo a dúvida quanto a sua aplicação. Deve ser entendida cabível, pois o anterior código de processo civil, referia-se à essa possibilidade incluída na Seção que tratava da Assistência e o novo, apenas trata em seções distintas.

Haverá possibilidade de impugnação pelas partes no processo em questão, mas apenas quanto a sua admissão e se foram preenchidas as condições, cabendo ao Relator sua apreciação livre como meras informações prestadas nos autos, como, aliás, dispõe o parágrafo nono seguinte do referido artigo, determinando vista pelo Ministério Público pelo prazo de quinze (15) dias, com as informações, se for o caso, do Tribunal de origem na forma do § 7º do mesmo artigo.

Publicado o acórdão decidindo pela multiplicidade dos recursos, o § 11 do artigo em questão (896-C), dispõe sobre o destino dos recursos de revistas sobrestados na origem, que serão denegados na hipótese de o acórdão recorrido coincidir com a orientação a respeito da matéria no Tribunal Superior do Trabalho; ou serão novamente examinados pelo Tribunal de origem na hipótese de divergência e que se mantida neste tribunal, novos exames de admissibilidade do recurso de revista serão necessários.

Na hipótese do recurso contiver matéria constitucional, não haverá óbice quanto ao conhecimento de recurso extraordinário, na forma prevista na lei processual civil (CPC). Neste caso, o Presidente do Tribunal Superior, selecionará um dos recursos repetitivos para encaminhá-lo ao Supremo Tribunal Federal, cujo julgamento, por óbvio repercutirá nos demais.

Mais uma vez faculta-se ao Presidente do Tribunal Superior do Trabalho oficiar os Tribunais Regionais e os Presidentes das Turmas e da Seção Especializada do Tribunal que preside, para que sejam suspensos os processos idênticos aos selecionados como processos representativos da controvérsia encaminhados ao Supremo.

Há necessidade da verificação da matéria fática ou de direito, não seja distinta das constantes nos processos julgados sob o rito dos recursos repetitivos.

A decisão proferida em recurso repetitivo poderá ser alterada em razão de eventual modificação na situação atual econômica, social ou jurídica, respeitando-se a necessária e constitucional segurança jurídica das relações firmadas anteriormente, podendo haver a sua adequação.

Para os efeitos do § 13 deste art. 896 da CLT, determina o Ato n. 491 do TST, que a afetação de julgamento ao Tribunal Pleno, em face da relevância da matéria, somente poderá ocorrer em processos em tramitação na Subseção de Dissídios Individuais do Tribunal Superior do Trabalho.

Entretanto, a afetação a que se refere o *caput* não pressupõe necessariamente a existência de diversos processos em que a questão relevante seja debatida.

Nas hipóteses dos arts. 896-B e 896-C, somente poderão ser afetados recursos representativos da controvérsia que sejam admissíveis e que contenham abrangente argumentação e discussão a respeito da questão a ser decidida.

O Ato n. 491 do TST fixa o prazo de um ano para julgamento dos recursos afetados, que terão, assim, prioridade sobre os demais feitos na instância superior e até mesmo na inferior, por ser da mesma natureza recursal. Não se verificando o julgamento no prazo mencionado, cessam automaticamente, sem necessidade de qualquer intervenção das partes, a afetação e a suspensão dos processos, o que, entretanto, não sujeitará outro Relator, afetar dois ou mais recursos representativos da controvérsia.

Como costumeiramente ocorre, um recurso pode abranger vários temas para serem decididos e, nesta hipótese, havendo matéria objeto de afetação, após a suspensão dos processos requisitados pelo Superior, deverá o órgão jurisdicional competente, julgar por primeiro a questão afetada, por ser prioritária, e depois as demais, em acórdão específico para cada processo, pois terão finalidades distintas.

Obviamente, ambos os acórdãos deverão fazer parte do mesmo processo objetivado.

O Ato n. 491 do TST faculta ao Relator, instruir o procedimento, fixando data para realização de audiência pública, ouvir depoimentos de pessoas com experiência e conhecimento da matéria, o que significa que para o julgamento, não ficará adstrito apenas às questões recursais, mas sim, de sua conclusão após instrução do feito.

Audiências Públicas estão ocorrendo mais amiúde ultimamente pelos órgãos jurisdicionais. Na 2ª Região houve uma, da qual não se tem ciência se foi a primeira, na jurisdição de Mauá, sobre os efeitos de uma determinada substância química utilizada na época por empresa localizada em seus limites, sobre os empregados. No âmbito do TST, a primeira realizada foi com relação à terceirização de mão de obra.

Essas audiências têm finalidades específicas e exatamente para publicamente serem ouvidas pessoas especializadas em determinadas matérias para orientação do próprio julgador.

De qualquer forma, caberá ao Relator, do Superior ou do Regional, pois a norma não é excludente, realizar ou não audiência pública para determinada afetação.

O conteúdo do acórdão que servirá de paradigma aos demais com iguais temas afetados, deverá abranger a análise de todos os fundamentos suscitados à tese jurídica discutida, favoráveis ou contrários. Portanto, não bastará ser decidido, mas expor todos os fundamentos suscitados quer sejam favoráveis ou contrários, o que demandará, evidentemente, maior tempo de apreciação recursal, o que é justificado pela enorme economia processual aos demais processos suspensos por idêntica afetação.

Para fundamentar a decisão de manutenção do entendimento, o órgão que proferiu o acórdão recorrido demonstrará fundamentadamente a existência de distinção, por se tratar de caso particularizado por hipótese fática distinta ou questão jurídica não examinada, a impor solução jurídica diversa.

As partes serão intimadas da decisão de suspensão do seu processo a ser proferida pelo Relator respectivo. Portanto, a intimação é para presenciar o julgamento e não apenas para ser cientificado da decisão prolatada. A eventual ausência das partes, não trará qualquer efeito ao teor da decisão a ser proferida.

Entretanto, será útil a presença, pois poderá requerer o prosseguimento de seu processo se demonstrar distinção entre a questão a ser decidida no processo e aquela a ser julgada no recurso afetado. Nesta hipótese, na ausência da outra parte, deverá se ouvida sobre o requerimento pelo ex adverso no prazo de cinco dias. A não manifestação, por óbvio, indicará que não se opõe ao que foi requerido, ficando então, para o Relator decidir, cabendo o recurso de agravo regimental e com certeza, apenas para o requerente e ao requerido, se houver alguma questão de direito no próprio julgamento.

Decidido o recurso representativo da controvérsia, depois de esgotado o julgamento do agravo regimental eventual interposto, os órgãos jurisdicionais respectivos declararão prejudicados os demais recursos versando sobre idêntica controvérsia ou os decidirão aplicando a tese, conforme a hipótese.

Publicado o acórdão paradigma, restarão as seguintes alternativas:

a) o Presidente ou Vice-Presidente do Tribunal Regional de origem negará seguimento aos recursos de revista sobrestados na origem, se o acórdão recorrido coincidir com a orientação do Tribunal Superior do Trabalho;
b) o órgão que proferiu o acórdão recorrido, na origem, reexaminará a causa de competência originária ou o recurso anteriormente julgado, na hipótese de o acórdão recorrido contrariar a orientação do Tribunal Superior;
c) os processos suspensos em primeiro e segundo graus de jurisdição retomarão o curso para julgamento e aplicação da tese firmada pelo Tribunal Superior.

Mantido o acórdão divergente pelo Tribunal de origem, o recurso de revista será remetido ao Tribunal Superior do Trabalho, após novo exame de sua admissibilidade pelo Presidente ou Vice-Presidente do Tribunal Regional.

Realizado o juízo de retratação, com alteração do acórdão divergente, o Tribunal de origem, se for o caso, decidirá as demais questões ainda não decididas, cujo enfrentamento se tornou necessário em decorrência da alteração.

Quando for alterado o acórdão divergente e o recurso versar sobre outras questões, caberá ao Presidente do Tribunal Regional, depois do reexame pelo órgão de origem e independentemente de ratificação do recurso ou juízo de admissibilidade, determinar a remessa do recurso ao Tribunal Superior do Trabalho para julgamento das demais questões.

O Tribunal Superior do Trabalho deverá manter e dar publicidade às questões de direito objeto dos recursos repetitivos já julgados, pendentes de julgamento ou já reputados sem relevância, bem como daqueles que sejam objeto das decisões proferidas nos termos do § 13 (art. 896 da CLT.

A dispensa de depósito recursal a que se refere o § 8º do art. 899 da CLT não será aplicável aos casos em que o agravo de instrumento se refira a uma parcela de condenação, pelo menos, que não seja objeto de arguição de contrariedade a súmula ou a orientação jurisprudencial do Tribunal Superior do Trabalho.

Quando a arguição revelar-se manifestamente infundada, temerária ou artificiosa, o agravo de instrumento será considerado deserto.

Tendo seguimento o recurso, a parte interessada poderá requerer carta de sentença para execução provisória; entretanto, denegado, poderá interpor agravo de instrumento.

3.3.3.1. Procedimento Sumaríssimo (Revista)

A modificação para o procedimento sumaríssimo é feita por meio da introdução do § 9º do art. 896 da CLT, dispondo que somente será admitido recurso de revista nesse procedimento, por contrariedade a súmula de jurisprudência uniforme do Tribunal Superior do Trabalho, do Supremo Tribunal Federal e violação direta da Constituição Federal, o que afasta a aplicação dos pressupostos previstos nas alíneas, *b*, totalmente (derem ao mesmo dispositivo de lei estadual, Convenção Coletiva de Trabalho, Acordo Coletivo, sentença normativa ou regulamento empresarial de observância obrigatória em área territorial que exceda a jurisdição do Tribunal Regional prolator da decisão recorrida, interpretação divergente, na forma da alínea *a*), parcialmente a *a* (derem ao mesmo dispositivo de lei federal interpretação diversa da que lhe houver dado outro Tribunal Regional, no seu Pleno ou Turma, ou a Seção de Dissídios Individuais do Tribunal Superior do Trabalho) e a *c* parcialmente (proferidas com violação literal de disposição de lei federal).

No mais, segue todas as considerações normais do recurso de revista.

3.4. AGRAVO

3.4.1. De Petição

Previsto na letra *a* do art. 897 da CLT, cabível apenas das decisões do Juiz nas execuções, após julgamento de embargos próprios e determinados despachos decisórios. Não terá efeito suspensivo, mas é facultado ao Juiz sobrestar a execução, quando conveniente, até o julgamento do recurso.

Há possibilidade de o Juiz agravado reconsiderar sua decisão antes da subida dos autos, o que tornará sem objeto a medida intentada.

O julgamento deverá ser feito pelo próprio Tribunal, presidido pela autoridade recorrida e quando se tratar de decisão de Juiz de primeira instância ou de direito em jurisdição trabalhista, por uma das Turmas do Tribunal a que estiver subordinado. O agravo poderá se formar em autos apartado, com as peças necessárias da matéria controvertida ou, ainda, nos próprios autos, se tiver determinada a extração de carta de sentença (§ 3º do art. 897 da CLT).

De acordo com o parágrafo primeiro do art. 897, o agravo só será recebido, ou seja, apreciado e decidido, quando o agravante delimitar justificadamente as matérias e os valores impugnados, permitindo-se a execução imediata da parte remanescente até o final, nos próprios autos ou por carta de sentença.

Portanto, o agravante deve especificar exatamente o que pretende e contra o que se insurge, indicando valores impugnados e o que entende serem devidos etc., para que se possa objetivamente ser analisado, sem possibilidade de recursos protelatórios.

Quando o agravo de petição versar apenas sobre as contribuições sociais, o Juiz da execução determinará a extração de cópias das peças necessárias, que serão autuadas em apartado, ou nos próprios autos, se tiver sido determinada a extração de carta de sentença, e remetidas à instância superior para apreciação, após contraminutas.

Constituem-se, pois, em pressupostos intrínsecos, a delimitação e justificativas, das matérias e os valores que tiverem sido impugnados, bem como, se no caso, a formação de autos em apartado, com as peças necessárias fornecidas pelo agravante para o exame da matéria controvertida.

No retorno à Vara do Agravo de Petição processado em autos apartados, o resultado será registrado no sistema informatizado e, antes de seu apensamento, para não se avolumarem desnecessariamente os autos, as cópias dos autos principais que o instruíram serão eliminadas, certificando-se no feito e o apensamento.

Do despacho que não receber o agravo, caberá agravo de instrumento ao Tribunal competente para conhecer o recurso denegado, sem, contudo, suspender a execução,

3.4.2. De Instrumento

Cabe dos despachos que denegarem a interposição de recurso por qualquer razão (alínea *b* do art. 897 da CLT).

Nada poderá impedir o seguimento deste recurso, pois essa competência é do Tribunal que deveria apreciar o recurso denegado que, por sua vez, poderá não conhecê-lo, por ausência de pressupostos de admissibilidade.

Na eventualidade de seu conhecimento, poderá ser julgado improcedente, mantendo o despacho agravado e, consequentemente, não se apreciando o recurso principal interposto e não recebido originariamente.

O juízo original poderá reconsiderar seu despacho denegatório. O efeito é devolutivo, muito embora seja facultado também o sobrestamento, até julgamento.

Sob pena de não conhecimento, as partes promoverão a formação do instrumento do agravo de modo a possibilitar, caso provido, o imediato julgamento do recurso denegado originariamente, instruindo a petição obrigatoriamente, com cópias autênticas ou declaradas como tais pelo Advogado subscritor da petição (inciso IX da IN n. 16 do TST) das seguintes peças:

a) decisão agravada;
b) certidão da respectiva intimação;
c) procurações outorgadas aos Advogados do agravante e agravado;
d) petição inicial e contestação;
e) decisão originária;
f) depósito recursal referente ao recurso que se pretende destrancar;
g) comprovação do recolhimento das custas e do depósito recursal equivalente a 50% (cinquenta por cento) do valor do depósito do recurso ao qual se pretende destrancar.

O processamento será em autos apartados, devendo o agravante providenciar as peças necessárias para a formação do instrumento. A falta de alguma peça considerada essencial poderá acarretar no não conhecimento do agravo.

Excepcionalmente, quando houver recurso de ambas as partes ou a sentença for de improcedência, o instrumento poderá ser processado diretamente nos autos principais, conforme autoriza o art. 5º das Normas Consolidadas da Corregedoria Regional da 2ª Região.

O agravado deve ser intimado para oferecer resposta, tanto ao agravo quanto ao recurso principal, instruindo-a com as peças que considerar necessárias ao julgamento de ambos os recursos.

Os pressupostos intrínsecos são, portanto: existência de despacho denegando seguimento ao recurso, formação de instrumento com as peças necessárias e consideradas essenciais, conforme mencionadas.

Provido o agravo, a Turma deliberará sobre o julgamento do recurso principal, observando-se, se for o caso, daí em diante, o procedimento relativo a esse recurso.

A interposição de Agravo de Instrumento não requer preparo, como também não se lhe negará seguimento, ainda que interposto fora do prazo legal (arts. 7º e 8º das NCCR TRT R).

A Lei n. 9.139, de 30.11.95, bem como outras que modificaram o agravo de instrumento no Código de Processo Civil, em nada altera o disposto no art. 897 da Consolidação das Leis do Trabalho, por se tratarem de institutos distintos, embora com a mesma denominação.

Aplicam-se as normas processuais civis apenas no que não conflitar com o dispositivo específico, tal como se observa na formação do próprio instrumento, mas não no processamento.

Na hipótese, aplica-se o dispositivo específico existente.

Interessante notar a Súmula n. 285 do C. Tribunal Superior do Trabalho, que reconhece integralmente recurso de revista, quando o juízo de admissibilidade recursal, ou seja, o Tribunal Regional, entendê-lo cabível parcialmente às matérias veiculadas, o que não impede a apreciação integral do recurso pela Turma Revisora do TST, sendo imprópria ou desnecessária a interposição de agravo de instrumento.

4. OUTROS TIPOS DE RECURSOS

4.1. RECURSO EXTRAORDINÁRIO E RECURSO ESPECIAL

4.1.1. Cabimento

Previsto o recurso extraordinário na própria Constituição Federal (art. 102, III) e, portanto, embora não relacionado especificamente nas normas celetistas, não pode ser proibido pela lei ordinária ou infraconstitucional.

Cabe das causas decididas em única ou última instância, quando a decisão recorrida contrariar dispositivos constitucionais, declarar a inconstitucionalidade de tratado ou lei federal, julgar válida lei ou ato de governo local contestado em face da constituição e, finalmente, julgar válida lei local contestada em face de lei federal.

Entretanto, para o processamento do recurso extraordinário, é necessário, antes, esgotar todos os recursos apropriados para o processo trabalhista e, em todas as fases, prequestionar a matéria que se quer ver discutida por esse meio.

Na possibilidade de processo sumário, ou seja, aqueles com alçada apenas para a Vara em primeira instância, há necessidade, desde logo, de prequestionar a matéria eventualmente passível de recurso extraordinário e, assim sendo, cremos que o recurso ordinário interposto da decisão de primeiro grau deva ser conhecido e decidido pelas instâncias superiores e assim sucessivamente até o Supremo Tribunal Federal.

O art. 67 do RI do TST dispõe sobre sua competência para processar, conciliar e julgar na forma da lei, em grau originário ou recursal ordinário ou extraordinário, as demandas individuais e os dissídios coletivos que excedam a jurisdição dos Tribunais Regionais, bem como os conflitos de direito sindical e outras controvérsias decorrentes de relação de trabalho e os litígios relativos ao cumprimento de suas próprias decisões, de laudos arbitrais e de convenções e acordos coletivos.

Agravos internos (regimentais) interpostos contra decisões que denegam seguimento a recurso extraordinário por ausência de repercussão geral da questão constitucional debatida, é de competência do Órgão Especial do TST.

Finalmente, o art. 266 do RI do TST dispõe que é cabível recurso extraordinário das suas decisões proferidas em única ou última instância, nos termos da Constituição da República e que deve ser interposto em petição fundamentada, no prazo de quinze dias da publicação do acórdão ou de suas conclusões no órgão oficial.

Introduzido pela Emenda Constitucional n. 45, o § 2º do citado art. 102 da Constituição Federal dispõe que as decisões definitivas de mérito, proferidas pelo Supremo Tribunal Federal, nas ações diretas de inconstitucionalidade e nas ações declaratórias de constitucionalidade, produzirão eficácia contra todos e efeito vinculante, relativamente aos demais órgãos do Poder Judiciário e à administração pública direta e indireta, nas esferas federal, estadual e municipal. Portanto, julgamento nesse sentido obrigará a todos indistintamente, em qualquer poder governamental e estágio judicial.

4.1.2. Processamento

A propositura (art. 1029 do NCPC) deve ser perante o Presidente ou Vice-Presidente do Tribunal recorrido, contendo a exposição do fato e do direito; a demonstração do cabimento do recurso interposto; e as razões do pedido de reforma da decisão recorrida.

No processo trabalhista, dispõe o RI do TST em seu art. 36 que compete ao Vice-Presidente exercer o juízo de admissibilidade dos recursos extraordinários (V), bem como examinar os incidentes surgidos após a sua interposição (VI) e a também apreciar ação cautelar a recurso extraordinário.

Interposto o recurso a petição será juntada aos autos após transcorrido o prazo legal sem a interposição de recurso de competência do TST, abrindo-se, de imediato, vista dos autos à parte contrária para contrarrazões no prazo de quinze e após, os autos serão conclusos ao Vice-Presidente para exame de admissibilidade.

Quando fundar-se em dissídio jurisprudencial, o recorrente deverá fazer prova da divergência mediante certidão, cópia ou citação do repositório de jurisprudência, oficial ou credenciado, inclusive em mídia eletrônica, em que tiver sido publicada a decisão divergente, ou ainda pela reprodução de julgado disponível na internet, com indicação da respectiva fonte, mencionando, em qualquer caso, as circunstâncias que identifiquem ou assemelhem os casos confrontados.

É vedado ao tribunal inadmitir recurso fundado em dissídio jurisprudencial, com base em fundamento genérico de que as circunstâncias fáticas são diferentes, sem demonstrar efetivamente a existência da distinção. Portanto, não basta negar processamento, é absolutamente necessária a fundamentação específica e direta porque o faz.

De qualquer forma, na denegação eventual do recurso, cabível o recurso do agravo de instrumento no prazo de dez dias contados de sua publicação no órgão oficial.

Por outro lado, o Supremo Tribunal Federal poderá desconsiderar vício formal de recurso tempestivo ou mesmo determinar sua correção, desde que não repute grave.

Na possibilidade de processamento do incidente de resolução de demandas repetitivas, o presidente do Supremo ao receber o respectivo requerimento de suspensão de processos em que se discuta questão federal constitucional ou infraconstitucional, poderá, considerando razões de segurança jurídica ou de excepcional interesso social, estender a suspensão a todo o território nacional, até ulterior decisão do recurso extraordinário, com julgamento idêntico para todos.

Nessa hipótese desse pedido de concessão suspensiva, o requerimento deverá ser dirigido ao (a) ao TST, no período compreendido entre a interposição do recurso e sua distribuição, ficando o relator designado para seu exame prevento para julgá-lo; (b) ao relator, se já distribuído o recurso; (c) ao presidente ou vice-presidente do tribunal local, no caso de o recurso ter sido sobrestado.

Para o processamento do recurso extraordinário, interposto pelo empregador, será necessária a realização do depósito recursal, como visto anteriormente.

A interposição deve ser no prazo de quinze dias no tribunal local, com igual prazo para a parte contrária responder, conforme dispõe expressamente o art. 1.030 do NCPC. O prazo para contrarrazões será aberto pela secretaria quando receber a petição. A remessa ao tribunal, dar-se-á independentemente de juízo de admissibilidade, o que deverá ser reservado à apreciação do Superior.

Após esse prazo, os autos serão conclusos, para admissão ou não do recurso, no prazo de quinze dias, em decisão fundamentada, e se recebido, será com o efeito devolutivo, o que significa que o processo principal não fica suspenso.

Pelo parágrafo único do art. 1034 do NCPC, admitindo-se o RE por um fundamento, devolve-se ao tribunal superior o conhecimento dos demais fundamentos para a solução do capítulo impugnado.

4.1.2.1. Pressuposto de Admissibilidade — Repercussão Geral

Constitui como pressuposto essencial para a propositura do recurso extraordinário, além dos intrínsecos e extrínsecos, a demonstração, pelo recorrente, da repercussão geral das questões constitucionais discutidas no caso, nos termos da lei, a fim de que o Tribunal examine a admissão do recurso. A recusa na hipótese deverá ser por dois terços dos membros do Tribunal, conforme dispõe o § 3º do art. 102 da CF.

O Supremo Tribunal Federal, em decisão irrecorrível (art. 1.035 do NCPC) não conhecerá do recurso extraordinário, quando a questão constitucional nele versada não oferecer repercussão geral nos termos deste artigo, ou seja, do ponto de vista econômico, político, social ou jurídico, que ultrapassem os interesses subjetivos da causa.

Essa repercussão deverá ser demonstrada em preliminar do recurso para apreciação exclusiva do STF.

Presumivelmente haverá repercussão geral sempre que o recurso impugnar decisão contrária a súmula ou jurisprudência dominante do Tribunal, o que, por essa razão, deverá ser demonstrada copiosamente. O mesmo ocorrerá se a decisão foi proferida em julgamento de casos repetitivos ou tenha reconhecido a inconstitucionalidade de tratado ou de lei federal nos termos do art. 97 da Constituição Federal.

Decidindo a Turma pela existência da repercussão geral por, no mínimo, quatro Ministros, que suplantam os dois terços do total dos membros do Tribunal exigidos pela constituição para rejeição, ficará dispensada a remessa do recurso ao Plenário, cabendo ao relator, determinar a suspensão do processamento de todos os processos pendentes, individuais ou coletivos, que visem sobre a questão e tramitem no território nacional. O recurso que tiver a repercussão geral reconhecida deverá ser julgado preferencialmente no prazo de um ano, sob pena de cessar a suspensão dos processos, que por sua vez, retomarão seu curso normal.

Por outro lado, negada a existência da repercussão geral, a decisão valerá para todos os recursos sobre matéria idêntica, que serão indeferidos liminarmente, salvo revisão da tese, tudo nos termos do Regimento Interno do Supremo Tribunal Federal.

O Ministro Relator poderá admitir na análise da repercussão geral, a manifestação de terceiros, subscrita por procurador habilitado.

Finalmente, a Súmula da decisão constará de ata, que será publicada no Diário Oficial e valerá como acórdão.

4.1.2.2. RECURSO EXTRAORDINÁRIO REPETITIVO

Havendo multiplicidade de recursos com fundamento em idêntica controvérsia de direito, como chegou a haver com origem em julgados pela Justiça do Trabalho, a análise da repercussão deve ser processada regimentalmente, cabendo ao Tribunal de origem selecionar dois ou mais recursos representativos da controvérsia e encaminhá-los ao STF para fins de afetação, sobrestando os demais, individuais ou coletivos, até o pronunciamento definitivo da Corte.

A escolha feita pelo tribunal *a quo*, não vinculará o relator do Superior *ad quem*, que poderá selecionar outros recursos representativos da controvérsia para julgamento da questão de direito, independentemente da iniciativa do tribunal de origem. Somente poderão ser selecionados recursos admissíveis que contenham abrangente argumentação e discussão a respeito e se nos conformes, decidirá identificando com precisão a questão a ser submetida a julgamento; determinará a suspensão do processamento de todos os processos pendentes, individuais ou coletivos, que versem sobre a questão e tramitem no território nacional; poderá requisitar dos tribunais a remessa de um recurso representativo da controvérsia. Não procedendo à afetação, o relator do superior, comunicará ao tribunal inferior, para que seja revogada a decisão de suspensão havida.

O interessado pode requerer ao presidente ou vice-presidente do tribunal de origem, que exclua da decisão de sobrestamento e inadmita o recurso extraordinário que tenha sido interposto intempestivamente, tendo o recorrente o prazo de cinco dias para manifestar-se sobre esse requerimento, que se indeferido, poderá ser agravado (§ 2º do art. 1.036 do NCPC).

Negada a existência, os recursos sobrestados considerar-se-ão automaticamente não admitidos.

Julgado o mérito do recurso extraordinário, os sobrestados serão apreciados pelos Tribunais, Turmas de Uniformização ou Turmas Recursais, que poderão declará-los prejudicados ou retratar-se. Mantida a decisão e admitido o recurso, poderá o Supremo Tribunal Federal cassar ou reformar, liminarmente, o acórdão contrário à orientação firmado.

4.1.2.3. AGRAVO EM RECURSO EXTRAORDINÁRIO

Conforme art. 1.042 do NCPC, cabe agravo contra decisão do presidente ou vice-presidente do tribunal que indeferir pedido formulado de exclusão da decisão de sobrestamento e inadmita o recurso extraordinário que tenha sido interposto intempestivamente ou que tenha sob fundamento de que o acórdão recorrido coincide com a orientação do tribunal superior; ou que negado seguimento ao extraordinário sobrestado na origem que versarem sobre matéria idêntica; finalmente, quando negada a existência de repercussão geral, quando será considerado automaticamente inadmitido do recurso sobrestado.

Eventualmente negado conhecimento do agravo, incumbirá ao agravante demonstrar expressamente, perante o tribunal de origem e independentemente de pagamento de custas e despesas postais, (a) a intempestividade do recurso sobrestado; (b) a existência de distinção entre o caso em análise e o precedente invocado, quando a inadmissão do recurso, fundar-se em entendimento firmado em julgamento de recurso repetitivo por tribunal superior, ou fundar-se em decisão anterior do Supremo Tribunal Federal de inexistência de repercussão geral da questão constitucional discutida.

O agravado deverá na hipótese, ser intimado para resposta em quinze dias e não havendo retratação do juízo, o agravo deverá ser remetido ao tribunal superior competente.

4.2. ARGUIÇÃO DE INCONSTITUCIONALIDADE

4.2.1. Generalidades

Nos Tribunais Regionais, (art. 672, § 2º da CLT) as decisões tomar-se-ão pelo voto da maioria dos juízes presentes, ressalvada, no Tribunal Pleno, a hipótese de declaração de inconstitucionalidade de lei ou ato do poder público (art. 111 da Constituição).

Pelo NCPC (arts. 948 e seguintes) quando arguida em controle difuso, ou seja, quando qualquer juiz e em qualquer grau de jurisdição tem competência para apreciação desde que em caso concreto que se lhe apresente o incidente, deverá submeter ao Tribunal, cujo relator, após ouvir o Ministério Público e as partes, submeterá a questão à turma ou a câmara a qual competir o conhecimento do processo.

Sendo a arguição rejeitada, prosseguirá o julgamento e se acolhida, deverá ser submetida ao plenário do tribunal ou ao seu órgão especial, onde houver e for competente.

Os órgãos fracionários mencionados não submeterão ao plenário do tribunal ou a seu órgão especial, se assim o regimento interno determinar, a arguição de inconstitucionalidade quando já houve pronunciamento destes ou do plenário do Supremo Tribunal Federal sobre a questão.

O julgamento será determinado após remetida cópia do acórdão a todos os juízes para que possam deliberar em audiência.

A parte legitimada à propositura poderá manifestar-se, por escrito, sobre a questão no prazo previsto no respectivo regimento interno do tribunal.

4.2.2. No Tribunal Regional — 2ª Região

A arguição de inconstitucionalidade de lei ou ato normativo do Poder Público perante o Tribunal Regional do Trabalho da 2ª Região se fará na forma do art. 114 e parágrafos do Regimento Interno.

Na eventualidade, o Relator sorteado, submeterá a questão ao órgão fracionário que pertence, conforme o caso. Havendo rejeição da matéria, o julgamento prosseguirá; se for considerada relevante, será lavrado acórdão a fim de ser submetida a questão ao Tribunal Pleno do Tribunal.

A decisão de relevância pelo órgão fracionado é irrecorrível nesta fase do processo, o que, entretanto, poderá ser atacada por ocasião do eventual recurso quanto ao mérito, em preliminar, para apreciação de instância superior, se for a hipótese.

O Ministério Público e as pessoas jurídicas de direito público responsáveis pelo ato questionado serão intimados da decisão do órgão fracionário que acolheu a arguição de inconstitucionalidade e, se assim o requererem, poderão manifestar-se no incidente no prazo de dez dias, assim como, no mesmo prazo, os legítimos a propor a ação direta de inconstitucionalidade e ação declaratória de constitucionalidade referidos no art. 103 da Constituição Federal, por meio de memoriais e documentos.

O Relator tem a faculdade de admitir a manifestação de outros órgãos ou entidades que requererem se manifestar.

Para o julgamento pelo plenário, com a exigência de *quorum* de abertura de dois terços dos membros efetivos do Tribunal em condições legais de votar, todos os Desembargadores receberão cópia do acórdão que admitiu a arguição.

Para a proclamação de procedência, a exigência é de voto da maioria absoluta, editando-se, consequentemente, súmula de jurisprudência dominante do Tribunal, votada na mesma sessão, vinculando a todos os julgamentos.

Após publicado o acórdão, os autos retornarão ao órgão fracionado para prosseguir na apreciação do feito ou aplicar o julgado.

4.2.3. No Tribunal Superior do Trabalho

Perante o Tribunal Superior do Trabalho, a arguição está disciplinada pelos arts. 244 a 249, cuja declaração de inconstitucionalidade de lei ou ato normativo do Poder Público se fará também por maioria absoluta dos membros titulares do Tribunal Pleno, motivando a edição de Súmula.

A arguição poderá ser suscitada pelo Relator, por qualquer Ministro ou a requerimento do Ministério Público, no curso do julgamento do processo nos órgãos judicantes do Tribunal, após concluído o relatório do processo.

Ouvido o Ministério Público, a arguição será submetida ao órgão fracionário em que tramita o feito.

Rejeitada a arguição, prosseguirá o julgamento em seus ulteriores e regulares termos.

Acolhida, os autos serão remetidos ao Tribunal Pleno. Esta decisão é irrecorrível de imediato. Na arguição perante o Pleno, se acolhida, de imediato a matéria será submetida à apreciação.

Após edição de Súmula, ocorrendo nova alegação de inconstitucionalidade da mesma lei ou do mesmo ato do Poder Público, não poderão os órgãos fracionários e judicantes da Corte considerá-la para efeito de encaminhamento do processo ao Tribunal Pleno, salvo se demonstrado que o Supremo Tribunal Federal tenha julgado contrariamente ao decidido pelo Tribunal.

4.3. EMBARGOS DE DECLARAÇÃO

Anteriormente ao art. 897-A da Consolidação das Leis do Trabalho, introduzido pela Lei n. 9.957, de 12.01.2000, o instituto dos embargos de declaração era regulado inteiramente pelo Código de Processo Civil.

Dispõe o referido artigo:

> "Caberão embargos de declaração da sentença ou acórdão, no prazo de cinco dias, devendo seu julgamento ocorrer na primeira audiência ou sessão subsequente a sua apresentação, registrado na certidão, admitido efeito modificativo da decisão nos casos de omissão e contradição no julgado e manifesto equívoco no exame dos pressupostos extrínsecos do recurso.
>
> Parágrafo único. Os erros materiais poderão ser corrigidos de ofício ou a requerimento de qualquer das partes."

Doutrinariamente não são considerados recursos, muito embora esteja classificado como tal no art. 994, IV, do NCPC pois não devolvem o conhecimento da matéria versada no processo e nem possibilitam a reforma do julgado, com raríssimas exceções em contrário, principalmente quando necessário para remediar a omissão ou contradição verificada, que eventualmente deverá ser modificada a sentença embargada. Essa autorização era conferida pelo art. 463, inciso II, do ACPC, atual art. 1.023, § 2º do NCPC, e reproduzida pelo parágrafo único do art. 897-A da CLT.

Portanto, para a correção de inexatidão material ou erro de cálculo, a parte não necessita ingressar com embargos declaratórios, embora possa fazê-lo por esse meio. Uma vez verificado, pode ser declarado e corrigido a qualquer tempo, mediante requerimento das partes ou mesmo *ex officio.*

Por inexatidão, tem-se quando, por exemplo, a fixação do salário foi feito pelo mesmo numeral apresentado pela inicial, mas apenas que à época era expressado no padrão monetário do cruzado e na decisão, por real, que traduzem valores totalmente distintos, em razão da modificação do padrão e valorização da moeda.

Erro de cálculo é quando se verifica na operação aritmética de valores.

Embargos declaratórios cabem quando a decisão apresentar omissão, contradição ou obscuridade que devem ser sanadas, ou, ainda, para efeito de prequestionamento recursal, sob pena de preclusão (Súm. n. 184 do TST), o que significa que não poderá ser a matéria questionada em recurso.

Podem ser interpostos em cinco dias tanto das decisões proferidas nas Varas como nos acórdãos dos Tribunais e deverão ser julgados na primeira audiência ou sessão subsequente a sua apresentação, registrado na certidão de julgamento, na mesma forma procedida para a sentença declaranda, cuja competência para tanto é do próprio órgão prolator, o que não significa que devam ser pelos mesmos componentes ou prolator da sentença.

Na hipótese de embargos declaratórios com efeito modificativo, necessário será o pronunciamento anterior da parte contrária no prazo de cinco dias contados da intimação, sob pena de nulidade do julgado.

A previsão legal que admite o efeito modificativo da decisão, nos casos de omissão e contradição no julgado e manifesto equívoco no exame dos pressupostos extrínsecos do recurso, o que já era admitido em outros procedimentos, em nome dos princípios da celeridade e economia processual que norteiam o processo do trabalho, não se trata mais de mero princípio, mas de faculdade legal.

A Súm. n. 278 do C. TST confirma:

> "EMBARGOS DE DECLARAÇÃO. OMISSÃO NO JULGADO
>
> A natureza da omissão suprida pelo julgamento de embargos declaratórios pode ocasionar efeito modificativo no julgado."

O Juiz ou Relator competente para o recebimento dos embargos declaratórios interpostos não poderá rejeitá-los liminarmente, mas julgar pelo meio e forma competente, declarando-os manifestamente protelatórios, conforme art. 1.026, § 2º, do NCPC e no mesmo ato condenará o embargante a pagar ao embargado, multa não excedente de dois por cento sobre o valor da causa e, na reiteração, elevada a até dez por cento sobre o valor atualizado da causa, ficando condicionada a interposição de qualquer outro recurso ao depósito do valor respectivo (§ 3º).

Pelo dispositivo supramencionado, conclui-se também que a parte pode intentar embargos declaratórios da decisão que julgou, por sua vez, embargos declaratórios interpostos da decisão original.

Conforme disposto no § 2º do art. 167 do Regimento Interno do Tribunal Regional do Trabalho da 2ª Região, a interposição dos embargos de declaração interrompe o prazo recursal.

O mesmo Regimento autoriza a denegação monocrática e liminar dos embargos manifestamente improcedentes, contrariando, em parte, o disposto no art. 1.024 do NCPC, muito embora o atual artigo mencionado, preveja a possibilidade de decisão monocrática, quando opostos contra decisão de relator ou outra decisão unipessoal proferida em tribunal.

A apresentação para julgamento independe de pauta, na primeira sessão disponível, com passagem ao Revisor, somente na hipótese de possuir efeito modificativo.

Frequentemente é necessária a interposição de embargos de declaração para efeito de prequestionamento de matéria recursal, para que haja na decisão impugnada tese explícita a respeito, desde que tenha sido invocada no recurso, conforme Sum. n. 297 do C. TST em sua nova redação:

> "PREQUESTIONAMENTO. OPORTUNIDADE. CONFIGURAÇÃO
>
> I — Diz-se prequestionada a matéria ou questão quando na decisão impugnada haja sido adotada, explicitamente, tese a respeito.
>
> II — Incumbe à parte interessada, desde que a matéria haja sido invocada no recurso principal, opor embargos declaratórios objetivando o pronunciamento sobre o tema, sob pena de preclusão.
>
> III — Considera-se prequestionada a questão jurídica invocada no recurso principal sobre a qual se omite o Tribunal de pronunciar tese, não obstante opostos embargos de declaração."

Como se depreende, a lei nova de recursos trabalhistas, manteve a redação original do art. 897-A da CLT em seu *caput* e transforma o parágrafo único em primeiro e acrescenta dois novos parágrafos (2º e 3º).

O § 1º continua dispondo que "os erros materiais poderão ser corrigidos de ofício ou a requerimento de qualquer das partes." e o § 2º, torna obrigatória a ciência da parte contrária para apresentar razões em cinco dias, quando houver possibilidade de efeito modificativo, desde que sejam para a correção de vício na decisão embargada, tais como, omissão ou contradição no julgado, ou ainda, na hipótese de "manifesto equívoco no exame dos pressupostos extrínsecos do recurso", subjetivos ou objetivos.

O § 3º dirime a questão da interrupção do prazo para outros recursos, por quaisquer das partes, que é provocada pela interposição dos embargos, excepcionando, entretanto, quando intempestivos, irregular a representação da parte ou ausente sua assinatura.

4.4. REVISÃO DE VALOR DA CAUSA

De acordo com o parágrafo primeiro do art. 2º da Lei n. 5.584/70, o recurso de revisão visa apenas à fixação do valor da causa e deve ser interposto ao Presidente do Tribunal em quarenta e oito horas após despacho do Juiz da Vara não acolhendo a impugnação.

Em audiências unas, bem como nas subdivididas, deve ser antes das razões finais. Não tem efeito suspensivo.

É um recurso pouco utilizado, mas que serve para fixar corretamente um valor à ação proposta, que trará, muitas vezes, consequência na recorribilidade ou não de sua decisão, se a atribuída pelo autor, não superar o dobro do salário mínimo (ação sumária), como vimos anteriormente.

Normalmente, por uma questão de facilidade processual, a parte contestante faz a impugnação na peça defensiva e, no mesmo ato, decidida pelo Juiz. Em audiência, a parte deverá ficar atenta e provocar oralmente a apreciação da impugnação oferecida. A parte que se sentir prejudicada poderá apresentar o recurso de revisão, dentro do prazo legal.

Pelo art. 292, § 3º do NCPC e amparado pelo disposto no inciso V da IN n. 39/2016 do TST, o Juiz em qualquer procedimento poderá de ofício corrigir o valor da atribuído à causa, inclusive nos valores pretendido na ação indenizatória e fundada em dano moral.

4.5. AGRAVO REGIMENTAL

A doutrina dividia-se na classificação ou não do agravo regimental como recurso, porque não estava elencado como tal na lei adjetiva e, ao mesmo tempo, entendia que poderia ser enquadrado na previsão do art. 532 do ACPC.

Atualmente, pelo que consta no art. 994, III, do NCPC não há mais dúvida em sua classificação de recurso, pois efetivamente, elenca entre os recursos cabíveis, o "agravo interno", que nada mais é que o "regimental".

Portanto, são previstos nos Regimentos Internos dos Tribunais, como recursos e cabíveis contra alguns atos processuais praticados nos próprios Tribunais, que decidem, conforme são especificados.

Normalmente cabe contra despachos que decidem no processo, dentro do prazo fixado no Regimento e no silêncio, deverá ser observado o comum a todos os recursos que não prevejam outro específico, ou seja, de oito dias.

Conforme art. 1021 do NCPC, a petição de agravo deve impugnar especificamente os fundamentos da decisão agravada, do qual, o relator intimará o agravado para sua manifestação, em que poderá se retratar.

4.5.1. *No Tribunal Superior do Trabalho*

Autorizado pela Lei n. 7.701/88, é previsto nos arts. 235 e 239 do Regimento Interno, respectivamente sob os títulos agravo regimental e simplesmente agravo, que ditam o cabimento e processamento.

Tanto um como o outro cabem no prazo de oito dias, para o Órgão Especial, Seções Especializadas e Turmas, conforme a competência respectiva e dos atos processuais dos órgãos citados e entre eles:

"1 — do despacho do Presidente do Tribunal: que denegar seguimento aos embargos infringentes;

2 — que suspender execução de liminares ou de decisão concessiva de mandado de segurança;

3 — que conceder ou negar suspensão da execução de liminar, antecipação de tutela ou da sentença em cautelar;

4 — concessivo de liminar em mandado de segurança ou em ação cautelar;

5 — proferido em pedido de efeito suspensivo;

6 — das decisões e despachos proferidos pelo Corregedor-Geral da Justiça do Trabalho;

7 — do despacho do Relator que negar prosseguimento a recurso, ressalvada a hipótese do art. 239;

8 — que indeferir inicial de ação de competência originária do Tribunal; e

9 — do despacho ou da decisão do Presidente do Tribunal, de Presidente de Turma, do Corregedor-Geral da Justiça do Trabalho ou Relator que causar prejuízo ao direito da parte, ressalvados aqueles contra os quais haja recursos próprios previstos na legislação ou neste Regimento."

Proposto o Agravo Regimental será concluso ao prolator do despacho, que poderá reconsiderá-lo ou determinar sua inclusão em pauta para a apreciação do Colegiado competente para o julgamento da ação ou recurso em que exarado o despacho.

Os agravos regimentais contra ato ou decisão do Presidente do Tribunal, do Vice-Presidente e do Corregedor-Geral da Justiça do Trabalho, desde que interpostos no período do respectivo mandato, serão por eles relatados. Interpostos após o término da investidura no cargo do prolator do despacho serão conclusos ao Ministro sucessor.

Aqueles interpostos contra despacho do Relator, na hipótese de seu afastamento temporário ou definitivo, serão conclusos, conforme o caso, ao Juiz convocado ou ao Ministro nomeado para a vaga.

Os agravos regimentais interpostos contra despacho do Presidente do Tribunal, proferido durante o período de recesso e férias, serão julgados pelo Relator do processo principal, salvo nos casos de competência específica da Presidência da Corte.

O acórdão do agravo regimental será lavrado pelo Relator, ainda que vencido.

4.5.2. No Tribunal Regional do Trabalho da 2ª Região

Previsto nos arts. 175 e 176 do Regimento Interno, que, da mesma forma que o Superior, ditam o cabimento e processamento.

Contra despacho do Presidente do Tribunal, cabe apenas na hipótese do § 6º do art. 26 do Regimento Interno, ao Órgão Especial, na hipótese de indeferimento de pedido de afastamento de magistrado, para participação em eventos de curta duração.

No mais, cabem das decisões monocráticas de

"I — Relatores:

— que concederem ou negarem provimento a recurso

— que denegarem seguimento a recurso

— que indeferirem a petição inicial nos processos de competência originária

— na habilitação incidente

— na restauração dos autos

— que indeferirem a homologação de acordo

— que aprovarem a imputação de pagamento para quitação nas conciliações e que possam definir as bases da tributação previdenciária e fiscal.

II — do Vice-Presidente Administrativo;

III — do Corregedor Regional:

— proferidas em reclamação correcional

— que indeferirem o processamento de representação contra Juiz

— que negarem pedido de correição geral nas Varas."

O agravo deve ser interposto em oito dias, a contar da ciência do ato que lhe deu causa, e é incabível contra concessão ou não de medida liminar, como também de ato do Presidente do Tribunal que disponha sobre o processamento e pagamento de precatório.

A interposição deve ser ao prolator da decisão, que poderá reconsiderá-la ou submetê-la ao órgão colegiado, independentemente de pauta e após o visto do Revisor e vista do Ministério Público, quando for o caso.

Havendo empate no julgamento, prevalecerá a decisão ou o despacho agravado.

Tratando-se de correição parcial e mantida a decisão objeto do agravo, haverá sorteio de relator na Seção Especializada, parra ser apensada aos autos principais.

O Agravo Regimental no TRT/SP é incabível contra concessão ou não de medida liminar.

4.6. *RECLAMAÇÃO CORRECIONAL — CORREIÇÃO PARCIAL*

4.6.1. *Generalidades*

Prevista, respectivamente, para os Tribunais Regionais e Superior, nos arts. 682, XI, e 709, II, da CLT e regulamentada nos Regimentos Internos dos Tribunais.

Muito embora o art. 682, XI, supramencionado refira-se ao Presidente, nos grandes Tribunais, a função cabe ao Corregedor, cargo criado especificamente para a 2ª Região, pela Lei n. 6.904, de 30.04.81, alterada pelo art. 4º da Lei n. 8.480, de 07.11.92 que por sua vez, recebeu nova redação pela Lei n. 8.636/93, dispondo que dentre os Juízes Togados Vitalícios (à época existia ainda a representação Classista que eram magistrados não togados e não vitalícios) quatro exercerão as funções de Presidente, Vice-Presidente Administrativo, Vice-Presidente Judicial e Corregedor, eleitos na forma regimental.

Portanto, aplicam-se aos Regionais, todas a previsões atribuídas ao Tribunal Superior do Trabalho no art. 709 da CLT, supra mencionado.

A reclamação correcional ou correição parcial não é propriamente um recurso, mas medida de caráter administrativo tendente a coibir ou corrigir erros, abusos e atos contrários à boa ordem processual ou funcional, que importem em atentado a fórmulas legais do processo, quando para o caso não haja recurso ou outro meio processual específico, praticados por Juízes, Desembargadores e Tribunais Regionais.

A reclamação correcional ou correição parcial pode ser instaurada *ex officio* ou a requerimento das partes, de qualquer interessado, ou por determinação do Tribunal Superior do Trabalho.

O prazo para apresentação é de cinco dias contados da publicado do ato ou despacho no órgão oficial, ou da ciência inequívoca pela parte dos fatos relativos à impugnação.

4.6.2. *No Tribunal Superior do Trabalho*

Nas reclamações correcionais, em situação extrema ou excepcional, o Ministro Corregedor-Geral poderá adotar as medidas necessárias para impedir lesão de difícil reparação, assegurando, dessa forma, eventual resultado útil do processo, até que ocorra o exame da matéria pelo órgão jurisdicional competente. É uma espécie de liminar, para se discutir o mérito.

A petição inicial, quando requerida por interessado, deve conter todos os elementos necessários para a sua validade técnica e fática, com as provas que entender necessárias à comprovação do alegado. Obrigatoriamente deverá conter certidão de inteiro teor, ou cópia reprográfica autenticada, da decisão ou despacho reclamado e das peças em que se apoiou, além de outras que contenham elementos necessários ao exame do pedido e da sua tempestividade e, finalmente, o mandato outorgado.

Após regularmente instruída a inicial, a autoridade requerida será notificada por ofício para que se manifeste sobre o pedido, no prazo máximo de dez dias, prestando as informações que entender necessárias.

Ao despachar a inicial, o Ministro Corregedor-Geral poderá indeferir desde logo, caso seja incabível, inepta, intempestiva ou desacompanhada de documento essencial.

Por outro lado, poderá deferir liminarmente a suspensão do ato impugnado, desde que relevantes os fundamentos do pedido ou da eficácia de o ato impugnado resultar justificado receio de dano irreparável ou de difícil reparação e, finalmente, julgar de plano, desde que manifestamente improcedente o pedido.

Uma vez devidamente instruído o feito, a decisão deverá ser prolatada em dez dias, com publicação no Diário da Justiça e com cópia mediante ofício, ao autor, à autoridade a que se refere a impugnação e eventualmente a terceiros interessados e outros Juízes e Tribunais para observância uniforme.

Dessa decisão caberá o recurso de agravo regimental em oito dias, como vimos.

4.6.3. No Tribunal Regional do Trabalho da 2ª Região

Previsto no art. 177 do Regimento Interno e arts. 79 *usque* 90 das Normas Consolidadas da Corregedoria Regional do Tribunal Regional da 2ª Região.

O atentado à fórmula legal do processo praticado no 1º grau de jurisdição, contra o qual inexista recurso específico, poderá ensejar a correição parcial, no prazo de cinco dias, a contar da ciência do ato pelo interessado.

Deve ser dirigida, acompanhada dos documentos indispensáveis ao processamento, ao próprio autor ou ao juiz da causa em que houve o ato impugnado ou da omissão verificada, que deverá manter ou reformar sua decisão. Se mantido, deve ser enviada em autos apartados ao Desembargador Corregedor, com as informações necessárias prestadas também em cinco dias, prazo que pode ser prorrogado pela Corregedoria, na ocorrência de força maior ou de outro motivo relevante, desde que solicitado pela autoridade corrigenda dentro do prazo inicial. A secretaria da Vara não pode suprir qualquer omissão ou falha das partes na formação dos autos.

Na oportunidade da interposição, o Juiz em exercício na Vara, Titular ou não, poderá reconsiderar o ato impugnado, ainda que não tenha sido o autor. Nesta hipótese, a petição deve ser juntada aos autos, com a fundamentação plausível da reconsideração.

A reclamação correcional ou correição parcial deverá ser decidida pelo Corregedor Regional em dez dias, o que poderá ser excedido, na necessidade de esclarecimentos adicionais ou de diligências. A decisão proferida não obsta a interposição de recurso legalmente admitido, na época e na fase processual apropriada. Comunicada a decisão ao Juiz de primeira instância, este deverá dar a ela imediato cumprimento, sob pena de responsabilidade.

Pedido de reconsideração de ato praticado não interrompe o prazo para a interposição de reclamação correcional ou correição parcial. Portanto, sempre é conveniente acumular o pedido, reconsideração com o de reclamação ou correição parcial, pois, mantido o ato ou não suprida a omissão, automaticamente é processada a segunda medida interposta por cautela. O pedido poderá não ser conhecido pelo Corregedor, quando intempestivo, não contiver os elementos necessários ao exame da controvérsia ou quando não existir procuração do subscritor da peça nos autos principais. Poderá, ainda, dar por prejudicado, quando houver perda do objeto da reclamação correcional.

Havendo base fática que comporte penalidade disciplinar, o processo é encaminhado ao Vice-Presidente Administrativo para ser apreciado pelo Tribunal Pleno nas condições previstas.

O resultado da decisão da correição parcial constará dos assentamentos funcionais do Juiz que praticou o ato originário, bem como daquele que teve a oportunidade de reconsiderá-lo e não o fez, que na determinação do envio da petição ou nas informações.

A anotação nos assentamentos funcionais na hipótese de procedência da medida correcional servirá, no âmbito da Corregedoria, apenas para acompanhamento do desenvolvimento funcional e jurisdicional do Juiz.

4.7. RECURSO ADESIVO

4.7.1. Generalidade

Trata-se de um recurso que, por sua natureza jurídica, pode ser havido como incidental, pois efetivamente, somente será admitido se houver um recurso regular e principal no processo, interposto pela parte adversa e ao qual fica subordinado para a sua apreciação e decisão pela instância superior.

Leva o nome de adesivo, pois, nesse sentido, adere ao principal, como seu acessório, para efeito de conhecimento, tanto que se aquele for obstado em seu processamento, quer seja pela não admissão por falta de pressuposto ou mesmo pela desistência do autor, o adesivo, ainda que preenchidos todos os requisitos de admissibilidade, terá a mesma sorte.

4.7.2. Admissibilidade

É admitido no processo trabalhista, com base em entendimento jurisprudencial, cristalizado na Súmula n. 283 do TST:

> "RECURSO ADESIVO. PERTINÊNCIA NO PROCESSO DO TRABALHO. CORRELAÇÃO DE MATÉRIAS
>
> O recurso adesivo é compatível com o processo do trabalho e cabe, no prazo de 8 (oito) dias, nas hipóteses de interposição de recurso ordinário, de agravo de petição, de revista e de embargos, sendo desnecessário que a matéria nele veiculada esteja relacionada com a do recurso interposto pela parte contrária."

Destarte, somente será admitido o recurso adesivo, se houver, nos autos, a existência de recurso processado pela parte adversa. Deverão ser observados pelo recorrente adesivo todos os pressupostos de admissibilidade do recurso comum e cabível na espécie, seja ele ordinário, de revista, de agravo de petição e de embargos. Desse modo, se for a reclamada, deverá até mesmo efetuar o depósito prévio de garantia ao juízo e pagar as custas.

Na hipótese de não ter havido recurso voluntário, em decisões contra entidades de direito público e em que deve haver o reexame da matéria pela instância superior, não se admitirá recurso adesivo, pois, obviamente, não houve recurso para que se pudesse aderir.

4.7.3. Justificativa

Muitas vezes a parte sucumbente parcialmente contenta-se com a decisão prolatada e, consequentemente, com o que lhe foi desfavorável, preferindo não prosseguir com a lide interpondo recursos. Entretanto, nessa hipótese, a parte contrária, que também é parcialmente sucumbente, não se contenta e interpõe recurso para a instância superior. Havendo, pois, que se processar um recurso, a parte contrária que inicialmente não desejava prosseguir com a lide tem o direito de interpor o recurso adesivo e, desse modo, no mesmo ato que julgará o principal, julgará também a sua irresignação.

A matéria do adesivo não necessitará se referir especificamente à mesma matéria abordada no principal, podendo abranger outros aspectos da decisão, totalmente dissociada daquela.

4.7.4. Preclusão Consumativa

Dá-se quando a parte exerce uma faculdade que a lei lhe confere processualmente, consumindo, portanto, um direito e que por alguma razão não é admitida no processo.

Na hipótese recursal, digamos que a parte intentou o recurso principal e que não foi conhecido por ser intempestivo e, desse modo, exerceu um direito que possuía, mas apenas que sem eficácia por sua própria culpa. Havendo recurso da parte contrária, não poderá interpor recurso adesivo, pois assim estaria tendo um duplo direito ou oportunidade de recorrer, não conferido ao adverso.

O mesmo se diga para quem interpôs validamente o recurso principal e depois, na eventualidade da interposição de recurso pela parte contrária, vir a juízo para intentar um recurso adesivo ao último interposto, referindo-se a mesma ou a matéria distinta da alegada no primeiro, de modo que teria dois recursos simultaneamente propostos pela mesma parte para serem apreciados. O direito precluiu com a interposição do primeiro recurso.

Portanto, o direito ao recurso adesivo é somente daquele que a princípio se conformou com a decisão prolatada e apenas aproveitará a oportunidade da interposição pela parte contrária, para ver apreciada matéria que lhe é adversa, com todos os riscos já mencionados anteriormente.

4.7.5. Processamento

O processamento deve ser de acordo com o art. 997, § 2º do NCPC, adaptado para o processo trabalhista, principalmente na observação dos elementos de admissibilidade subjetivos e objetivos, como também da própria parte e do recurso a que se aderiu.

O prazo para a sua interposição é de oito dias, contados a partir da notificação para contrarrazões do recurso principal. A peça poderá ser em conjunto ou em separado das contrarrazões, mas, de qualquer modo, sempre distintos e perfeitamente identificados. O recorrente principal, por sua vez, será cientificado da interposição do adesivo, para que, querendo, o contrarie também no prazo de oito dias.

Referências Bibliográficas

ALMEIDA, Amador Paes de
Curso Prático de Processo do Trabalho — Ed. Saraiva

ALVARES, Manoel e Outros
Lei de Execução Fiscal Comentada e Anotada — Ed. Revista dos Tribunais

ARAGÃO, E.D. Moniz de
Comentários ao Código de Processo Civil — 3. ed. — Ed. Forense

ARAUJO, João Carlos
Perfil da Execução Trabalhista — ed. 1966 — Ed. LTr

AVOLIO, Luiz Francisco Torquato
Provas Ilícitas — 4. ed. — Ed. Revista dos Tribunais — 2010

BARBI, Celso Agrícola
Comentários ao Código de Processo Civil — Tomos 1 e 2 — Ed. Forense — 1977

BARROS, Hamílton de Moraes
Comentários ao Código de Processo Civil — Ed. Forense — 1977

BRUNO FREIRE E SILVA (Organizador)
Leituras Complementares de Direito e Processo do Trabalho — Ed. Jus Podivm — 2010
O Novo CPC e o Processo do Trabalho — Parte Geral — Ed. LTr — 2015
A Aplicação do CPC Reformado às Execuções Trabalhista e Fiscal — Ed. LTr. — 2008
Ação Rescisória — 2. ed. — Ed. Juruá — 2012

BUENO, J. Hamilton (Coordenador)
Curso de Direito Processual do Trabalho — 2008 — Ed. LTr

CARRION, Valentin
Comentários à Consolidação das Leis do Trabalho — 20. ed. — Ed. Saraiva
Nova Jurisprudência em Direito do Trabalho — 1966 — Ed. Saraiva

CONSELHO SUPERIOR DA JUSTIÇA DO TRABALHO
Regimento Interno — Atualizado — dez. 2011

COSTA, Armando Casimiro e Ferrari, Irany (Coordenadores)
Recursos Trabalhistas — 2003 — Ed. LTr

COSTA, COQUEIJO
Ação Rescisória — 4. ed. — Ed. LTr

COSTA, José Ribamar da
Direito Processual do Trabalho — 5. ed. — Ed. LTr

DAIDONE, Decio Sebastião
A Súmula Vinculante e Impeditiva — Ed. LTr

DUBUGRAS, Regina Maria Vasconcelos
Substituição Processual no Processo do Trabalho — 1998

FERREIRA, Pinto
Teoria e Prática do Mandado de Segurança — 3. ed. — Ed. Saraiva

FILHO, Manoel Gonçalves Ferreira
Curso de Direito Constitucional — 2. ed. — Ed. Saraiva

FLEISCHMANN, Renato O.
Processo do Trabalho, Orientação Básica — 1995 — Ed. LTr.

FREDIANI, YONE (Coordenadora)
Valorização do Trabalho Autônomo e a Livre-Iniciativa — Ed. Lex Magister — 2015

FREIRE PIMENTA, Adriana Campos de Souza e PELEGRINA LOCKMANN, Ana Paula (Coordenadoras)
Conciliação Judicial Individual e Coletiva e Formas Extrajudiciais de Solução dos Conflitos Trabalhistas — Ed. LTr — 2014

GIGLIO, Wagner D.
Direito Processual do Trabalho — 13. ed — 2003 — Ed. Saraiva

GONÇALVES, Lilian
Ultratividade das Cláusulas Normativas — 2008 — Ed. LTr

GRANCONATO, Márcio Mendes e NAHAS, Thereza Cristina (Coordenadores)
Contratos de Trabalho no Setor de Transportes — Ed. LTr — 2014

HERKENHOFF, João Baptista
Como Aplicar o Direito — Ed. Forense

JUNIOR, Humberto Theodoro
Curso de Direito Processual Civil — Vol. 1 — 16. ed. — Ed. Forense
Processo de Execução — 4. ed. Livr. e — Ed. Universitária de Direito Ltda.
Processo Cautelar — 3. ed. — Livr. e Ed. Universitária de Direito Ltda.

LIMA, Alcides de Mendonça
Comentários ao Código de Processo Civil — Tomos I e II — 3. ed. — Ed. Forense

LOPES, João Batista
Tutela Antecipada No Processo Civil Brasileiro — 2001 — Ed. Saraiva

MALGARIN, Cláudio Alves
Curso Didático de Direito Processual do Trabalho — ed. 1966 — Ed. LTr.

MANUS, Pedro Paulo Teixeira
Consolidação das Leis do Trabalho e Legislação Complementar em Vigor — 1995 — Ed. Malheiros Editores Ltda.
Negociação Coletiva e Contrato Individual de Trabalho — 2001 — Ed. Atlas
Os Créditos Trabalhistas na Insolvência do Empregador — Ed. LTr

MARTINS, Adalberto
Manual Didático de Direito Processual do Trabalho — 3. ed — Ed. Malheiros

MARTINS, Sérgio Pinto
Direito Processual do Trabalho — Ed. Atlas

MAXIMILIANO, Carlos
Hermenêutica e Aplicação do Direito — 9. ed. — Ed. Forense

MEIRELLES, Hely Lopes
Direito Administrativo Brasileiro — Ed. Revista dos Tribunais

MELLO, Celso Antonio Bandeira de
Curso de Direito Administrativo — 28. ed. — Ed. Malheiros

MOREIRA, J. C. Barbosa
Comentários ao Código de Processo Civil — 3. ed. — Ed. Forense

NAHAS, Thereza Christina
Processo Cautelar no Processo do Trabalho — 2000 — Ed. Atlas

NERY, NELSON JUNIOR E ROSA MARIA DE ANDRADE
Comentários ao Código de Processo Civil — Ed. Revista dos Tribunais — 2015

NASCIMENTO, AMAURI Mascaro
Curso de Direito Processual do Trabalho — 10. ed. — Ed. Saraiva

NEGRÃO, Theotonio
Código de Processo Civil e Legislação Processual em Vigor — 26. ed. — Ed. Saraiva

NETO, José Salem
Curso de Direito e Processo do Trabalho — Ed. Edipro, Edições Profissionais

NEVES, Celso
Comentários ao Código de Processo Civil — 1977 — Ed. Forense

OLIVEIRA, Francisco Antonio de
A Execução na Justiça do Trabalho — 3. ed. — Ed. Revista dos Tribunais
Ação Rescisória, Enfoques Trabalhistas — Ed. Revista dos Tribunais
Medidas Cautelares e Ações Especiais — 3. ed. — Ed. Revista dos Tribunais

PASSOS, J. J. Calmon
Comentários ao Código de Processo Civil — 3. ed. — 1979 — Ed. Forense

PAULA, Carlos Alberto Reis de
A Especificidade do Ônus da Prova no Processo do Trabalho — 2001 — Ed. LTr

REQUIÃO, Rubens
Curso de Direito Comercial — 1º Vol. — 21. ed. — Ed. Saraiva

SAAD, Eduardo Gabriel, José Eduardo Duarte e Ana Maria Saad Castello Branco
Curso de Direito Processual do Trabalho — 5. ed. — Ed. LTr

SANTOS, Amaral Santos
Comentário ao Código de Processo Civil — 1977 — Ed. Forense

SARRO, LUÍS ANTÔNIO GIAMPAULO (Coordenador)
Novo Código de Processo Civil — Principais Alterações do Sistema Processual Civil — Ed. Rideel — 2014

TOLEDO, Patrícia Therezinha de
Solução Extrajudicial dos Conflitos do Trabalho — 2006 — Ed. LTr

TRIBUNAL REGIONAL DO TRABALHO DA 2ª REGIÃO
Regimento Interno — Atualizado — dez. 2011
Normas Consolidadas da Corregedoria Regional da 2ª Região
Atos Normativos e Resoluções

TRIBUNAL REGIONAL DO TRABALHO DA 15ª REGIÃO
Regimento Interno — Atualizado — dez. 2011
Tribunal Superior do Trabalho
Regimento Interno — Atualizado — dez. 2011
Normas da Corregedoria-Geral — Atualizado — dez. 2011

YARSHELL, Flávio Luiz
Ação Rescisória — 2005 — Ed. Malheiros

Produção Gráfica e Editoração Eletrônica: GRAPHIEN DIAGRAMAÇÃO E ARTE
Projeto de Capa: FABIO GIGLIO
Impressão: ORGRAFIC GRÁFICA E EDITORA